LES GRANDS VAINCUS DE L'HISTOIRE

Des mêmes auteurs
en poche

Jean-Christophe Buisson

Mihailovic, héros trahi par les Alliés, Paris, Perrin, tempus n° 370, 2011.
Histoire de Belgrade, Paris, Perrin, tempus n° 481, 2013.
Assassinés, Paris, Pocket, essais, n° 15686, 2014.

Emmanuel Hecht

Les derniers jours des dictateurs (codir.), Paris, Pocket/L'Express, essais, n° 15599, 2014.
Le siècle de sang (codir.), Paris, Pocket/L'Express, n° 16159, 2015.
La Russie des tsars (dir.), Paris, Perrin/L'Express, tempus n° 698, 2017.

collection tempus

Jean-Christophe BUISSON
Emmanuel HECHT

LES GRANDS VAINCUS DE L'HISTOIRE

PERRIN

Secrétaire générale de la collection :
Marguerite de Marcillac

92, avenue de France
75013 Paris
Tél. : 01 44 16 09 00
Fax : 01 44 16 09 01

ISBN : 978-2-262-08558-2
Dépôt légal : janvier 2020

Mise en pages : Nord Compo

tempus est une collection des éditions Perrin.

PRÉFACE

Le savoir-perdre

Ils sont treize, deux femmes et onze hommes, précipités depuis le zénith de la gloire jusqu'aux ténèbres des enfers. Vaincus, ils ont été condamnés à la réclusion, assassinés, suicidés. Ils s'appellent Hannibal, Cléopâtre, Vercingétorix, Jeanne d'Arc, Montezuma, Guise, Condé, Charette, Lee, Chiang Kai-shek, Trotski, Che Guevara, Nixon. Ces treize princes, rois ou empereurs, chefs de guerre ou chefs d'État, mystiques ou idéologues, ont été respectés ou craints, admirés ou adulés, puis voués aux gémonies dès que la roue de la fortune a tourné. Tant il est vrai, comme le dit le poète, que « beauté, rêves, grandeur, tout s'évanouit comme de l'eau dans l'eau »...

Nous n'en avons choisi que treize – kaléidoscope des siècles et des continents –, mais nous aurions pu en ajouter bien d'autres. De Spartacus et Léonidas à Hitler et Saddam Hussein, en passant par Darius, le roi lépreux de Jérusalem Baudouin IV, Charles le Téméraire, Marie Stuart, Cromwell, Robespierre, Cadoudal, Napoléon, Gordon Pacha, Abd el-Kader, le général Mihailović, Mussolini, Patrice Lumumba ou le général Salan, les exemples sont légion de ces figures passées du Capitole à la roche Tarpéienne, de la gloire au peloton d'exécution, de la toute-puissance à l'exil, du soleil aux abîmes.

Treize, donc. Le chiffre porte la poisse, diront les superstitieux. Mais ce n'est ni dans la carte du ciel ni dans le marc de café qu'il faut rechercher une explication aux caprices du destin qui terrassent les champions. C'est plutôt du côté de la vanité et de l'orgueil, du mépris et de la morgue, de la surdité et de l'aveuglement, de l'*hubris* – la démesure selon les Grecs –, de la faiblesse et de l'indécision, bref, du côté des ressorts cachés de l'âme et des ratés du caractère. Parfois, plus prosaïquement, c'est l'incapacité à saisir le moment opportun – le *kairos* de ces mêmes sages de l'Attique – ou à jauger les rapports de force et le poids de la ruse qui font s'échapper la victoire.

Il n'est pas sans risque de dessiner les portraits de ces treize figures hors du commun, car Clio a plus d'un tour dans son sac. Le vaincu peut se métamorphoser en martyr, gagnant ainsi une gloire posthume inespérée. Son sacrifice donne alors un sens plus fort à son combat, que des partisans s'empresseront de perpétuer, ainsi que sa légende. À l'inverse, un perdant magnifique, droit dans ses bottes, verra souvent sa postérité entachée par la légende noire tissée par les vainqueurs, ceux-là mêmes qui écrivent l'histoire.

Le mythe « Che » Guevara, cet autoritaire aux allures de héros romantique, illustre avec éclat l'une de ces ruses de l'histoire. Comme les oiseaux qui vont mourir au Pérou, l'hidalgo argentin est allé se perdre dans la jungle bolivienne, entraînant dans son Golgotha des disciples convaincus que leur « conquistador » allait embraser le continent sud-américain par la magie d'une multiplication des foyers révolutionnaires. Il avait pourtant prévenu son monde : « Mon sort est de mourir en guérillero et je mourrai en guérillero. » Dès l'origine, il y avait maldonne, mais personne n'avait voulu l'entendre. Chacun trouvait son compte dans le déni : le nihiliste, grimé en *libertador*, et ses partisans, qui ne voulaient pas dévier du credo. Son ultime combat en Bolivie était voué d'emblée à l'échec et les rangers locaux arrêtèrent un fantôme en loques. Mais c'est une autre image qui passera à la postérité : celle d'un martyr chrétien gisant, une réplique romantico-révolutionnaire du Christ.

L'orgueil est le mauvais génie des vaincus. Condé, « M. le Prince le héros », disaient Saint-Simon et la Cour, a fini en exil sur ses terres, après avoir échappé de peu à la peine capitale. Qui aurait pu imaginer que cet homme perclus de rhumatismes était entré dans la légende à vingt-deux ans, après une éclatante victoire militaire à Rocroi (1643) ? Convaincu que sa gloire et son rang ne lui imposaient d'autre autorité que son bon vouloir, il n'avait pas compris que la monarchie ne pouvait tolérer les frondeurs. Question de survie. Condé le Grand avait eu l'intelligence du terrain, il n'aura que trop tard celle de ce que Chamfort désignait comme « le monde » : « La lutte de mille petits intérêts opposés, une lutte éternelle de toutes les vanités qui se croisent, se choquent, tour à tour blessées, humiliées l'une par l'autre, qui expient le lendemain, dans le dégoût d'une défaite, le triomphe de la veille. »

Ces « petits intérêts » changent de nom au fil des époques. Trotski parlait du « bifteck » des bureaucrates, métaphore de tous les avantages que leur valait leur soumission au dictateur géorgien dans un empire famélique. Il avait identifié le mal, mais il ne fit rien pour se préserver de cette nouvelle classe dirigeante qui se rangea – après des milliers d'exécutions – derrière le plus brutal d'entre eux, Staline. Aussi, Trotski le cérébral, à force de négliger ces « mille petits intérêts opposés », mourut-il d'un coup de piolet dans le crâne peu de temps après avoir nourri ses lapins dans sa villa-bunker de la banlieue de Mexico. Pourtant, il avait – et de loin – le *curriculum vitae* bolchevique le plus complet sur le papier : chef du soviet de Petrograd en 1905, instigateur du coup d'État d'octobre 1917, orateur exceptionnel, théoricien acéré, fondateur de l'Armée rouge, héritier présomptif de Lénine…

S'il y avait une morale à tirer de ces histoires édifiantes, c'est qu'il n'y a pas plus mauvaise conseillère que l'humiliation ou l'ignorance – ce qui revient au même – de l'adversaire. Tous les polémologues depuis Sun Tse (ve siècle av. J.-C.) le savent et l'enseignent. Le duc de Guise, grand guerrier et homme de culture, incarnation du prince idéal – en cela, et un siècle avant lui, il annonçait Condé –, paya de sa vie le mépris ostensible qu'il affichait à l'égard d'Henri III, son « cher cousin ». Telle une bête blessée, la majesté bafouée n'a d'autre issue que de laver son honneur dans le sang.

Autres temps, autres mœurs. Chiang Kai-shek négligea les paysans chinois, leur imposant des réquisitions et n'hésitant pas à inonder leurs villages au fur et à mesure des opérations militaires. Pendant ce temps, les troupes communistes menées par Mao

– qui, lui, avait lu et retenu les préceptes de l'auteur de *L'Art de la guerre* – aidaient les villageois à survivre et à assurer leur défense. Ils s'en souviendront lors de la lutte finale entre le « généralissime » et le tandem Mao-Lin Biao. Le chef du Guomindang avait réussi le tour de force d'unifier l'empire du Milieu en se débarrassant des « seigneurs de la guerre », mais il perdit la paix en bousculant son propre peuple. « Un grand peuple remué ne peut faire que des exécutions », disait Rivarol.

Ces grands vaincus de l'histoire aiment tutoyer les dieux et manquent le plus souvent de sens commun. Volontiers pétris d'orgueil, ils ont péché en ne voyant pas que partout rôde la trahison, cette incestueuse compagne du pouvoir. Après son incroyable traversée des Alpes, Hannibal tourna en rond dans le sud de l'Italie dans l'attente de renforts qui ne vinrent jamais. Ses pires ennemis n'étaient pas à Rome, mais à Carthage. De la même manière, il suffira de la défection de quelques tribus gauloises pour que le rêve d'unité du jeune chef Vercingétorix se fracasse sur la réalité de la division, le plus terrible – et le plus éternel, en France – des poisons.

Jeanne d'Arc fut elle aussi abandonnée. Aux yeux de son « gentil Dauphin » et futur Charles VII, elle importait moins que la grandeur suprême de la fonction royale, trop longtemps bafouée par l'occupation anglaise. Si le roi, des années plus tard, décidera d'ouvrir un procès en nullité, ce ne sera pas tant pour réhabiliter la Pucelle que pour se laver du soupçon d'être débiteur d'une sorcière. Jeanne, dans sa mystique, prétendait ne rendre compte qu'au Roi des cieux ; elle ignorait que la *realpolitik* est la dure loi du royaume terrestre. Lâchée, martyrisée, elle aurait pu tomber plus bas encore, dans les poubelles de l'histoire, si Jules Michelet ne l'avait ressuscitée. « Souvenez-vous toujours, Français, que la patrie, chez vous, est née du cœur d'une femme, de sa tendresse et des larmes de sang qu'elle a données pour vous », écrivait l'historien républicain, ouvrant après coup, à son corps laïc défendant – sa réhabilitation de la Pucelle avait pour objectif avoué, en pleine IIIe République anticléricale, de discréditer l'Église catholique qui l'avait condamnée au bûcher… –, la voie de sa canonisation.

Tous nos grands vaincus n'ont pas cette seconde chance : une légende noire indélébile peut leur coller à la peau. Ainsi Cléopâtre, que tous les textes publiés à son sujet depuis deux mille ans présentent à l'envi, à la suite des auteurs romains, comme une capricieuse, une ambitieuse, une manipulatrice, « une prostituée infâme qui s'adonne à tous les vices ». Son crime : avoir caressé le rêve accompli trois siècles plus tôt par Alexandre le Grand d'unifier l'Orient et l'Occident, ce qui lui valut l'opprobre des deux. Il ne suffisait pas que ce rêve fût tué une première fois par les assassins de César et une deuxième par le dédain d'Auguste. Il fallait qu'il le fût une troisième fois, par la postérité.

Plus près de nous, Nixon n'est-il pas réduit à la minable affaire du Watergate et caricaturé en incorrigible « tricheur » (« Tricky Dick ») grimaçant et diabolique, alors que le bilan diplomatique et social du trente-septième président des États-Unis devrait faire pâlir d'envie tous ses successeurs ?

Clio est souvent ingrate, mais parfois juste. Comment lui contester que certains cas restent indéfendables ? Quelle plaidoirie le meilleur avocat pourrait-il déployer dans le procès en nullité fait à Montezuma ? La chute de l'Empire aztèque face à une poignée de conquérants espagnols n'incombe-t-elle pas à son indécision, à sa couardise, à son arrogance et à ses superstitions ? Il attendait le retour annoncé du Quetzalcóatl, le serpent à plumes, et il n'eut en retour qu'une fin « vile et désastreuse », envisageant de sacrifier jusqu'à ses propres enfants pour mieux s'épargner.

Il est vrai que le savoir-mourir, ultime pirouette des vaincus, n'est réservé qu'à quelques exceptions héroïques : Hannibal se poignardant pour échapper aux Romains venus le ferrer jusque dans son lointain exil en Asie Mineure ; Jeanne montant sans défaillir au bûcher ; Charette refusant qu'on lui bande les yeux et de s'agenouiller face au peloton d'exécution ; le Che ordonnant qu'on l'abatte plutôt que d'être traîné devant un tribunal.

Dans ce cimetière où se jouent les tragédies de l'histoire, le général Robert Lee, par sa rigueur, sa tenue et son désintéressement, semble une anomalie. Lee, la « légende sudiste » passée par l'académie militaire de West Point – qu'il dirigera –, Virginien pur sucre, fut un personnage cornélien. Déchiré entre deux fidélités – sa famille et ses proches d'un côté, son devoir d'obéissance militaire et son pays de l'autre –, il choisit les siens. Et finit par perdre face aux nordistes, non sans leur en avoir beaucoup remontré. Après avoir signé l'acte de capitulation mettant fin à la guerre de Sécession, il remonta sur son cheval

Traveller, qui avait été de toutes les batailles. « Le plus grand soldat américain vivant » passa devant son adversaire, le général Grant, qui leva en silence son chapeau.

Parfois, un vaincu peut avoir des airs de vainqueur.

I

Hannibal

Le général qui a fait trembler Rome

Le Carthaginois reste à jamais l'homme d'un exploit : la traversée des Alpes avec des éléphants dans le but de marcher sur Rome. Tacticien hors pair, brave parmi les braves, il n'a pas su rallier à son grand projet fédérateur les autres peuples de la péninsule italienne. Ni contrer une oligarchie avide de richesses commerciales et insensible au dessein impérial de celui qui, un siècle après, s'était rêvé en nouvel Alexandre.

En ce printemps 216 av. J.-C., Hannibal et ses soldats entament une longue marche depuis le nord de l'Adriatique, où ils ont hiberné, jusqu'au talon de la botte italienne. Le chef carthaginois a trente ans. Ou trente et un : il est né en 247 ou 246 av. J.-C. selon les sources, qui toutes varient sur les dates, le nombre de soldats engagés, celui des morts sur les champs de bataille… L'homme réserve de nombreux mystères, jusqu'à son physique. De rares pièces de monnaie et quelques bustes, dont un se trouve au musée archéologique de Naples, le représentent glabre, bouclé, avec un nez tantôt droit, tantôt busqué. De sa vie personnelle, on ne sait quasiment rien. Même pas le nom de sa mère. Il aurait eu un fils de sa jeune épouse, une aristocrate ibère. L'historien romain Justin[1] le dit austère. Jamais il ne s'abandonna, dit-il, comme put le faire Alexandre le Grand (356-323 av. J.-C.), modèle absolu de l'Antiquité. « Il ne dîna jamais étendu et ne but jamais plus d'un demi-litre de vin, et [...], bien qu'il eût tant de prisonnières à sa disposition, il resta d'une si grande pudeur que personne ne l'aurait cru né en Afrique. » À l'inverse, Tite-Live[2] accable ce *perfidus* – celui qui rompt la confiance, le traître –, incarnation du Barbare sans foi ni loi. « À ces grandes et nombreuses vertus faisaient pendant chez lui des vices énormes : une cruauté inhumaine, une déloyauté bien digne d'un Carthaginois ; rien en lui de vrai, rien de sacré, aucune crainte des dieux, aucun respect de la parole donnée, aucun sentiment religieux. » Il est vrai que l'historien fut un des plus grands propagandistes de la ville-monde fondée par Romulus.

Toujours est-il qu'aux beaux jours, celui dont le nom signifie « qui a les faveurs de Baal », le grand dieu de Carthage, sa ville de naissance, a décidé de prendre ses quartiers en Apulie (Pouilles), à l'extrême sud de la péninsule italienne. Cette riche région agricole pourra nourrir ses hommes et ses chevaux. En chemin, il s'empare de la citadelle de Cannes

---

1. IIe siècle apr. J.-C.
2. 59 av. J.-C.-17 apr. J.-C.

(actuelle Canne della Battaglia) et de son dépôt de vivres, qu'il ôte sans coup férir aux Romains en même temps qu'il les prive de communications avec leurs alliés du Sud-Est.

Un triomphe « romain »

Pour les consuls romains Varron et Paul Émile, la nouvelle conquête de leur plus redoutable ennemi justifie encore plus leur choix d'en finir avec lui. Ils ont sous leurs ordres les plus gros effectifs jamais réunis par l'*Urbs*[3], pas loin de 100 000 hommes. En juillet, ils installent leur campement à une dizaine de kilomètres de Cannes, en face d'Hannibal. Lui les attend avec ses 45 000 fantassins et ses 10 000 cavaliers. L'infériorité numérique ne l'émeut pas. Au contraire, elle est un atout pour celui qui ne jure que par la mobilité, le mouvement et la *metis*, l'intelligence mise au service de la ruse, que lui ont enseignée ses précepteurs grecs originaires l'un de Sparte, l'autre de Sicile : Sosylos et Silenos. Les Carthaginois sont des Phéniciens d'Afrique, de culture grecque. Issu d'une des plus hautes lignées, Hannibal a été éduqué comme un jeune prince de Thessalie.

À peine installés, les Romains sont privés par leurs adversaires de l'accès au fleuve Aufidus (l'Ofanto, le plus important cours d'eau des Pouilles), leur principal point de ravitaillement en eau. À leur grande surprise, le lendemain, 1er août, Hannibal abandonne

3. *Urbs* : la ville en latin ; avec une majuscule, « la ville d'entre toutes les villes » : Rome.

son camp. Le Carthaginois est coutumier des départs tactiques. Il s'est juste planté sur l'autre rive du fleuve, pour mieux dominer ses adversaires à la veille de la « mère des batailles ». « Si vous êtes vainqueurs, promet-il lors d'une de ces harangues qui captivent ses hommes, c'est l'Italie tout entière qui tombe en votre pouvoir. Cet unique combat mettra fin aux peines que vous endurez, vous livrera les trésors de Rome et soumettra le monde à votre domination. »

Le lendemain, au petit matin, le chef carthaginois place ses soldats le dos au vent chaud et à la poussière. À chaque bataille, il choisit avec minutie le terrain. Celui-ci, plutôt étroit, compense son infériorité numérique, tout en entravant les mouvements de Romains trop nombreux et, partant, moins mobiles. À l'avant, il place l'infanterie légère. Les cavaliers gaulois et espagnols, sous les ordres de son frère Hasdrubal, sont postés sur l'aile gauche ; les cavaliers numides d'Afrique du Nord, sur l'aile droite. Au centre, en un demi-cercle convexe – rebondi –, les troupes les plus faibles, constituées de fantassins légers, serviront d'appât. À l'arrière, les vétérans libyens se tiendront en réserve pour asséner le coup de grâce.

Au premier choc, le centre carthaginois plie sous le poids des légions. Comme prévu. À la réserve près qu'au fur et à mesure de leur poussée, les Romains, qui s'imaginent déjà victorieux, sont enveloppés par la cavalerie numide, avant d'être assaillis de toutes parts, puis massacrés méthodiquement. Le consul Paul Émile, blessé, choisit de mourir au milieu de ses soldats plutôt que de fuir. Il a juste le temps d'envoyer un messager au Sénat afin que Rome organise sa défense. Le second consul, Varron, a pu s'échapper miraculeusement avec quelques cavaliers. Mais le bilan est lourd. Huit légions sont anéanties, deux ex-consuls, quatre-vingts sénateurs et magistrats, deux questeurs, une trentaine de tribuns militaires sont morts au combat, rejoignant au royaume des Enfers les 40 000 à 60 000 fantassins et cavaliers sacrifiés.

Rome combat sur ses terres, Hannibal à l'extérieur : son triomphe inespéré n'en est que plus spectaculaire. En un après-midi, l'*Urbs* enregistre le même nombre de morts que les États-Unis pendant toute la guerre du Vietnam. Cannes est la bataille la plus sanglante de l'Antiquité. Les Carthaginois déplorent de leur côté moins de 6 000 morts : dix fois moins. Sans doute les Romains ont-ils été entravés par leur nombre, la moindre efficacité de leur cavalerie, sans oublier la trop forte proportion de nouvelles recrues dans l'infanterie, les plus anciens et valeureux soldats ayant été décimés dans les précédentes batailles. L'absurde système du commandement alterné – les deux consuls n'exerçant le pouvoir qu'un jour sur deux – aura ajouté à la confusion, d'autant que les deux hommes étaient de tempérament opposé, l'un préférant l'offensive, l'autre la temporisation. À dire vrai, ils se détestaient.

À Rome, c'est la stupeur. « Jamais, observe Tite-Live, on n'avait vu, sans que la Ville soit prise, une telle frayeur et une telle panique à l'intérieur des murs. Peindre ce tableau serait au-dessus de mes forces et je ne veux pas me lancer dans un récit qui ne donnerait qu'une pâle idée de la réalité. » Pour les Romains, la seule explication du désastre réside dans une mauvaise exécution des rites et des offrandes aux dieux. On a trouvé la coupable : une vestale, une de ces prêtresses chargées d'entretenir le feu sacré. Elle est mise de force dans une litière, traverse ainsi le Forum, suivie par un cortège de prêtres et de citoyens. On la fait descendre dans une cavité souterraine où ont été placés un lit, une lampe et quelques aliments. Puis, on bloque l'ouverture.

Sur les traces d'Alexandre

Les vainqueurs ont accompli l'encerclement parfait, inventé le mouvement d'enveloppement de la cavalerie, qui paralyse une infanterie trop lourde. Cette bataille est « la réalisation d'un rêve de tacticien planifié jusqu'au moindre détail et magnifiquement exécuté », commentera, admiratif, plus de deux mille ans plus tard, un connaisseur, le stratège prussien Alfred von Schlieffen[4]. Hannibal vient de remporter sa plus belle bataille, celle d'un génie militaire au sommet de son art. Mais faute de l'exploiter en marchant aussitôt sur Rome, à 300 kilomètres de là, il prend date pour sa future défaite. Au soir de Cannes, les soldats vainqueurs réclament du repos et leur chef de guerre attentif le leur accorde. Seul Maharbal, qui commande la cavalerie numide, l'exhorte à pousser son avantage et à anéantir l'adversaire. Il lui fait même miroiter un dîner au Capitole dans les cinq jours (« *Die quinto victor in Capitolio epulaberis* »).

4. Après avoir combattu contre les Autrichiens à Sadowa (1866) et contre la France (1870-1871), c'est lui qui met au point le plan d'offensive qui sera en partie utilisé en 1914 par l'armée allemande au début de la Grande Guerre. Cannes restera une bataille modèle, enseignée dans toutes les écoles de guerre.

Hannibal tergiverse. Maharbal a alors cette saillie, passée à la postérité : « Il est clair que les dieux ne comblent pas le même homme de tous les dons. Toi, tu sais vaincre, Hannibal, mais tu ne sais pas profiter de la victoire. »

Pour la seconde fois, Hannibal semble refuser l'ultime obstacle, lui qui a passé sa jeune carrière à les déjouer. La première fois, c'était après sa première grande bataille victorieuse sur le sol italien, face au consul Flaminius, un an plus tôt, le 21 juin 217 av. J.-C., à Trasimène. Pour le poète Silius Italicus[5], ces reculades sont un don du ciel. « Les dieux t'ont permis de joncher de carnage les vallées tyrrhéniennes, de faire sortir de leurs rives les fleuves grossis de sang latin, mais jamais Jupiter ne te permettra, jeune chef, de franchir les portes de Rome et d'entrer dans la ville. » En réalité, Hannibal sait que celle-ci, protégée par 16 kilomètres de murailles et des légions prêtes au sacrifice suprême, est imprenable sans les catapultes, béliers et autres machines de guerre abandonnés lors de sa traversée des Alpes déjà légendaire. Stratège audacieux, il jauge les rapports de force et ne se laisse pas aller à la démesure, l'*hubris*, qui fait perdre la raison aux hommes.

Si le Carthaginois ne franchit pas l'obstacle, c'est parce qu'il veut le contourner. Son rêve : contraindre la Ville à la reddition sans engager le combat. Multiplier les victoires sur Rome, provoquer une crise de confiance, puis la défection de ses alliés, tel est son plan. Capoue, la deuxième ville de la péninsule, le

5. 25-101 apr. J.-C.

Samnium[6] et la Grande-Grèce[7] le rejoindront, il en est convaincu, dans une fédération héritière de la Grèce, où chaque cité vivra en toute liberté, selon ses propres lois. Leur seule contrainte sera de contribuer à l'effort de guerre. Le système d'alliance romain n'est-il pas plus contraignant, humiliant même, pour des peuples saignés par les impôts et les obligations militaires ? Hannibal rêve d'imiter Alexandre, qui, en une dizaine d'années, s'était constitué un empire par la séduction et le respect plus que par la menace. Le jour où la majorité des cités de la péninsule aura rejoint le grand dessein carthaginois, la victoire sera totale. Les Romains seront bloqués au sud, mais aussi au nord, par les Gaulois de la plaine du Pô. « Je ne suis pas venu me battre contre les Italiens, mais au nom des Italiens contre Rome », répète-t-il à l'envi.

Au nom du père : Hamilcar

À Cannes, ce soir-là, Hannibal a dû songer à son père, Hamilcar. Ce général, que l'historien grec Polybe juge, « par son intelligence et son audace », « le meilleur » des chefs de guerre de la première guerre punique[8], avait été vaincu par les Romains en 241 av. J.-C., au large des îles Égates, à la pointe occidentale de la Sicile. La moitié de sa flotte avait été coulée. L'oligarchie carthaginoise avait fait de son ancien bras armé un bouc émissaire, même si elle ne

6. Actuelle région de Molise, au sud des Apennins.
7. Actuelles Calabre, Campanie, Basilicate et Pouilles.
8. De *poeni*, mot latin désignant les Carthaginois. La première guerre punique dure de 264 à 241 av. J.-C.

l'avait pas mis en croix, sort habituel des généraux vaincus. Hannibal, qui n'avait que six ans, avait vécu dans sa chair l'humiliation de ce père vénéré.

À sa naissance, Carthage était engagée depuis près de vingt-cinq ans déjà dans une lutte à mort contre Rome. Les guerres puniques (264-146 av. J.-C.) sont la guerre de Cent Ans de l'Antiquité. Les deux cités, qui jusqu'ici avaient vécu en bonne intelligence, ont trop d'ambitions communes pour ne pas devenir rivales, puis adversaires. Deux puissances maritimes pour une seule mer – la Méditerranée –, c'est une de trop. Rome lorgne la Sardaigne et plus encore la Sicile, terre à blé et pont entre l'Europe et l'Afrique. Carthage, thalassocratie prospère, s'appuie sur les îles de la mer Tyrrhénienne pour sécuriser ses routes commerciales. En particulier, sur la Sicile. Le seul port de Drépane (Trapani) abrite ses bateaux de guerre, et c'est aussi par là que transitent l'argent d'Espagne, l'étain, l'or, le fer et le plomb d'Afrique, les céramiques d'Orient, le cuivre de Chypre et de Sardaigne, le blé local exporté.

En 264 av. J.-C., alors que la conquête de l'Italie, plaine du Pô exceptée, est achevée, les Romains poursuivent leur descente vers le sud, initiée soixante-dix ans plus tôt. Ils débarquent à Messine, ravagent les campagnes d'Agrigente et assiègent la cité, qui se rendra trois ans plus tard. Carthage, sa protectrice, a le devoir de répliquer. La première guerre punique, ou guerre de Sicile, vient de débuter. Elle va durer le temps d'une génération.

En 260 av. J.-C., les Romains, moqués pour « ne pas savoir faire flotter une planche », remportent leur première bataille navale, à Mylae (Milazzo), face aux îles Lipari. Le « corbeau » a fait ses preuves. Cette passerelle basculante dotée d'un bec métallique – d'où son nom – s'emboîte dans le pont du navire ennemi et permet aux fantassins de fondre sur le bateau adverse. Les légionnaires, qui n'ont pas le pied marin, ont la sensation de combattre au sol, où ils excellent. Pour Rome, cette première victoire navale marque la fin de l'invincibilité carthaginoise. Et la preuve du bien-fondé de leur nouvelle politique maritime, marquée par la refonte totale de leurs arsenaux, la construction de cent vingt navires de guerre et l'instruction de milliers de prisonniers voués à être rameurs.

Les deux flottes s'affrontent à nouveau en 256 av. J.-C. au large du cap Ecnome (province d'Agrigente), lors de l'une des plus grandes batailles navales de l'Antiquité : 150 000 hommes dans chaque camp. Les Romains enregistrent une nouvelle victoire, suivie par un débarquement en Afrique sous le commandement du consul Regulus. Carthage, qui ne possède plus que quelques forteresses en Sicile, est menacée en son cœur. Elle a beau remporter quelques batailles, elle ne saura jamais exploiter la victoire. Une malédiction carthaginoise ? Nouvelle victoire décisive des Romains, en 250 av. J.-C., lorsque le consul Metellus brise le blocus carthaginois devant Palerme, où sont stockées les récoltes de l'île. Pour la première fois, les légions ont mis en fuite les fameux éléphants, force d'assaut des troupes puniques.

Après une vingtaine d'années de combats sporadiques, la république impériale décide d'en finir. Aux îles Égates, en 241 av. J.-C., sa nouvelle flotte, financée par les grandes familles patriciennes, écrase Carthage. Pragmatique, le belliqueux Hamilcar accepte alors de négocier la paix. Sa priorité est de sauver ses soldats prisonniers. Il y parvient, mais à quel prix. Évacuation de la Sicile, de la Corse et de la Sardaigne. Abandon des vaisseaux de guerre et interdiction d'en reconstruire. Versement de réparations, équivalant à soixante tonnes d'or, pendant vingt ans. Disgracié, Hamilcar boira le calice jusqu'à la lie. À peine a-t-il posé le pied sur le sol africain que les sénateurs le rappellent et lui ordonnent de mater les mercenaires qui se sont révoltés faute d'avoir touché leur solde. Cet épisode, qui dure trois ans (241-238 av. J.-C.)[9], souligne la grande faiblesse de l'armée punique. À l'exception des quelque 3 000 jeunes aristocrates, les Carthaginois ne combattent pas. Les soldats sont recrutés au sein de peuples ralliés plus ou moins sous la contrainte – à l'écrasante majorité des Berbères. Ils sont courageux, mais leur loyauté est à géométrie variable.

Pourtant, les plus redoutables ennemis des Barcides[10] se trouvent à Carthage, au sein de l'oligarchie[11] incarnée par le clan Hannon, protecteur

---

9. Il inspirera Flaubert pour écrire *Salammbô*.

10. Littéralement « les fils de Barca », mot signifiant « la foudre », le surnom d'Hamilcar.

11. Les institutions de Carthage restent méconnues. Aristote voyait dans sa Constitution un modèle d'équilibre entre les principes monarchiques (d'abord des rois, semble-t-il, puis des suffètes, équivalents des consuls romains), aristocratiques (un sénat) et démocratiques (une assemblée du peuple). Les suffètes sont assistés par un Conseil des Anciens, constitué de représentants des grandes familles, équivalent du Sénat romain. Celui-ci a compétence sur la politique étrangère, la déclaration de guerre, la nomination et la sanction des généraux. Il existait également une Haute Cour – le Conseil des Cent Quatre – composée de juges choisis au sein du sénat. Enfin, l'assemblée du peuple est convoquée pour discuter des affaires graves. Sous les Barcides, elle nomme suffètes et généraux.

de l'aristocratie des armateurs, des marchands et des prêtres, chef de file du parti conservateur et partisan de la paix, quel qu'en soit le prix. Leur priorité, c'est le commerce. Aussi renouent-ils rapidement avec les élites romaines, comme si la défaite n'était qu'un incident de parcours. De leur côté, les Barcides, à la tête du parti du peuple, sont partisans de la guerre à outrance. Hamilcar – on l'aura compris – en est la figure de proue. Bien qu'isolé, il ne renonce pas. Il suggère au Conseil des Anciens de rejoindre l'Espagne, où Carthage dispose d'une tête de pont, à Gadès (Cadix), d'où partent l'or, le cuivre, l'ambre et l'argent des réparations dues aux Romains. L'Espagne, avec ses ports et ses mines, pourrait se substituer à la Sicile désormais sous autorité romaine. Encore faut-il, pour la conquérir, venir à bout des tribus ibères.

Le serment au dieu Melqart

Le soir de la victoire de Cannes, Hannibal a dû se rappeler le sacrifice d'un superbe taureau blanc en hommage à Melqart, le dieu phénicien de la fertilité et de la mer, sacrifice ordonné par son père avant son départ pour l'Espagne, en 237 av. J.-C. Ce jour-là, Hamilcar aurait fait jurer à son fils aîné, qui allait atteindre ses dix ans, de ne jamais pactiser avec les Romains. Cette scène, jamais prouvée, sera colportée par les adversaires de Carthage, Tite-Live en tête, afin de placer Rome en situation de légitime défense devant l'histoire et la postérité.

En Ibérie (Espagne), Hamilcar se taille un petit royaume en soumettant les tribus celtes d'Andalousie, puis celles des provinces actuelles de Tolède, Albacete, Alicante – ville qu'il a fondée –, Valence et Murcie. Mais c'est un souverain sans couronne, dont le rêve prend fin en 230 av. J.-C., avec sa noyade lors d'une escarmouche avec des Ibères, en voulant protéger ses fils Hannibal, Hasdrubal le Jeune et Magon. Sans doute les trois jeunes Barcides ont-ils éprouvé tout au long de leur vie guerrière une culpabilité à l'égard de ce héros qui mourut en père.

Hasdrubal le Beau – leur oncle par alliance – succède à son beau-père Hamilcar. Le successeur désigné, le fils aîné Hannibal, n'a en effet que dix-sept ans. Il est trop tendre pour gouverner, mais pas pour commander les 8 000 cavaliers qui ont reçu mission de dévaster les douze villes de la tribu responsable de la mort d'Hamilcar : les Oretanis.

Jusqu'ici, Hannibal s'est consacré à l'étude et à l'apprentissage du métier des armes. Il a appris l'écriture punique et les langues des mercenaires, le grec, le libyo-phénicien, le berbère, le latin. Il a été initié à la littérature, au théâtre, à la stratégie et à la vie des hommes illustres. À dix ans, il s'est aguerri auprès des soldats, dont il est devenu un serviteur, à l'instar des autres enfants de son âge. Il partage leurs repas, le plus souvent de la bouillie de céréales, parfois rehaussée d'une viande séchée. Il dort à même le sol. « Nul travail ne fatiguait son corps ni n'abattait son esprit », affirme Tite-Live. À quatorze ans, il participe à ses premières batailles. Désormais, il va mener ses hommes au combat.

Hasdrubal le Beau préfère pourtant la diplomatie à la guerre. Il souhaite consolider les conquêtes de son beau-père, créer un royaume stable et indépendant de Carthage, avec sa capitale : Qar Hadasht – Carthagène[12] –, la « ville nouvelle », construite sur des collines dominant un golfe, un double port et des arsenaux où sera bâtie la flotte de demain. Partisan d'une alliance avec les populations d'Ibérie, par le mariage et l'enrôlement dans l'armée, il donne l'exemple en épousant une princesse espagnole. Il incite son neveu à l'imiter ; celui-ci se mariera avec une jeune celtibère de Castulo[13]. Enfin, il conclut avec Rome un partage d'influence en Espagne, au sud de l'Èbre pour les Carthaginois, au nord pour les Romains. Mais le règne de ce proconsul fin politique est à son tour interrompu brutalement en 221 av. J.-C., lorsqu'un esclave l'assassine.

Hannibal est alors plébiscité par les soldats pour lui succéder. Leur choix est ratifié par l'assemblée populaire de Carthage. À vingt-six ans, le jeune chef emprunte le sillon des rois hellénistiques, héritiers d'Alexandre, qui devaient leur légitimité à la fidélité de leurs troupes et à leurs victoires. « C'est Hamilcar dans sa jeunesse qui leur est rendu, même énergie dans le visage, même feu dans le regard, mêmes airs, même trait », note un Tite-Live lyrique. Le neveu poursuit l'œuvre de l'oncle en combattant les turbulentes tribus celtes. Deux ans plus tard, le territoire au sud de l'Èbre semble en coupe réglée. Sauf Sagonte[14], ville située dans l'aire carthaginoise mais favorable à Rome. Hannibal veut en finir avec cette anomalie. Demain, craint-il, la ville deviendra la base

12. Dans l'actuelle province de Murcie, dans le sud-ouest de l'Espagne.
13. Près de Linares.
14. Province de Valence.

avancée de Rome en Espagne. Hannon, son principal adversaire carthaginois, le met en garde : « Cette guerre contre les Sagontins, c'est contre Rome qu'il faudra la soutenir. » Les faits lui donneront raison. Mais le jeune général n'écoute pas. En 218 av. J.-C., la ville tombe. Pour les Romains, c'est un *casus belli*. Ils déclarent la guerre à une Carthage affaiblie depuis qu'elle ne possède plus de flotte. La deuxième guerre punique, ou guerre d'Hannibal, vient de débuter. Rome lance une offensive sur deux fronts, l'Espagne et l'Afrique. À son tour, Hannibal décide de porter la guerre chez l'ennemi, en Italie : un coup de dés stratégique.

Avant son départ d'Ibérie, Hannibal se rend au sanctuaire de Melqart à Gadès. Ce temple marque, selon la légende, une étape du périple du demi-dieu, de Gibraltar à la Sicile. Le jeune chef carthaginois s'apprête à suivre ses pas pour reconquérir l'île, après s'être assuré l'alliance d'autres grands adversaires de Rome, les Gaulois de Cisalpine, dans l'Italie du Nord. Plus il y aura de fronts ouverts, moins la victoire sera hasardeuse. Planificateur méticuleux, attentif à la topographie, au climat, à la logistique, le maître de guerre fourbit ses armes.

L'incroyable traversée des Alpes

En mai 218 av. J.-C., une immense armée de plus de 80 000 hommes et 12 000 cavaliers – sans compter les chevaux, les éléphants, les cuisiniers, les serviteurs... – s'ébranle, au rythme de 15 kilomètres par jour. Ce convoi frappera les esprits jusqu'à nos jours, en raison de la présence massive d'éléphants, dressés pour être des chars d'assaut. Dans l'imaginaire occidental, de Goya à Turner, le recours aux pachydermes et le passage en force de la barrière alpine résument l'épopée d'Hannibal. Au risque de la caricature.

Avant les Carthaginois, Alexandre le Grand et Pyrrhus avaient eu recours à ces premiers cuirassés de l'histoire militaire. L'éléphant de l'Atlas ou de Berbérie – espèce aujourd'hui disparue – est plus petit que ses cousins indiens, et moins lourd. L'animal est protégé par une armure, et a le corps ceint de lames : un long couteau au bout de la trompe, des poinçons en fer sur les défenses, des poignards aux genouillères. Il est drogué avec un mélange de vin ou d'alcool de figue et d'encens avant d'être mené au combat. Lorsqu'il charge, il effraie l'adversaire, l'asphyxie, le brise, l'éventre. Il arrive, lorsqu'il est apeuré à son tour, qu'il fasse demi-tour, chargeant son propre camp. Hamilcar avait trouvé la parade pour stopper net la créature échappant à son cornac : lui enfoncer un clou dans le cervelet.

La sortie d'Espagne ne se déroule pas comme prévu. Plusieurs tribus ibères harcèlent l'armée carthaginoise, lui faisant perdre trois mois précieux qui auraient permis la traversée des Alpes avant l'hiver. Le pays n'est pas aussi pacifié que s'en persuadent les Barcides. Aussi doivent-ils se délester de plus de 30 000 hommes, sous les ordres d'Hasdrubal, afin de contrôler ce territoire incertain. Puis de 10 000 autres combattants, en Languedoc, de façon à pacifier une éventuelle retraite. Plus les Carthaginois s'éloignent de leur base, plus ils perdent de leur force.

La traversée des Alpes démarre en octobre, depuis, semble-t-il, la vallée de la Maurienne, une vingtaine de cols revendiquant le passage de cette Grande Armée avant l'heure. Elle durera quinze jours – de cauchemar – pour les 20 000 soldats, les milliers de chevaux et d'ânes, les dizaines d'éléphants s'étirant sur 20 ou 30 kilomètres. Dès les premiers passages difficiles, ils sont harcelés par les Allobroges, une tribu gauloise qui n'a pas passé de pacte avec l'Africain. Avec l'altitude, l'adversaire principal devient le temps : brouillard, neige précoce, sols gelés. Tite-Live raconte qu'après avoir chauffé au feu de bois un rocher obstruant un passage, on le fit exploser avec du vinaigre. L'histoire est sans doute fausse, mais si belle. « Ainsi, ils purent rompre avec le fer la roche brûlée par le feu, puis ils rendirent les descentes moins raides en ménageant quelques modestes virages, en sorte que la route pouvait être suivie non seulement par les bêtes de somme, mais aussi par les éléphants. »

Les hommes, originaires d'Andalousie et d'Afrique du Nord, sont épuisés et meurent de froid. Certains jours, on déplore un millier de morts. Une hécatombe. En haut d'un col, peut-être celui du Clapier (2 477 mètres), Hannibal regonfle le moral de ses troupes : « Nous escaladons les remparts de l'Italie et nous aurons bientôt Rome à notre merci. Un ou deux combats et la capitale de l'Italie tombe en notre pouvoir. Il n'y a qu'à descendre, la conquête peut commencer. » Vite dit. Le terrain est à pic et « quiconque sortait du droit chemin glissait et finissait dans les précipices ». Il faut à nouveau creuser dans la paroi rocheuse pour se frayer un chemin et y faire passer des bêtes effrayées. Un travail de titan. Les chevaux sont sauvés, mais de nombreux éléphants meurent. Il n'y a pas le choix. « Vous n'avez pas de navire pour fuir, rappelle Hannibal, devant vous le Pô [...], derrière vous la barrière des Alpes que vous n'avez franchie qu'à grand-peine [...], il vous faut vaincre ou mourir à l'endroit où vous rencontrez l'ennemi. »

Lorsqu'il débouche dans la plaine du Pô, vaste territoire de forêts denses et de marais, après plus de cinq mois de marche forcée pour parcourir 1 500 kilomètres, il a perdu la moitié de son infanterie et de sa cavalerie, la totalité des trente-sept éléphants, sauf un : Syrus, asiatique celui-là. Les alliés gaulois qui devaient l'accompagner ne sont pas au rendez-vous. Plus grave, ils devaient lancer une insurrection générale mais ils se sont contentés de quelques escarmouches. Tandis qu'Hannibal découvre la solitude du stratège, les Romains sont sous le choc. Même dans leurs pires scénarios, ils n'avaient pas envisagé que le Carthaginois pût traverser les Alpes. Mais leur force tient dans leur ressort, leur ténacité. Ils se mobilisent sous l'autorité de Publius et Cnaeus Scipion. Les deux frères appartiennent à l'une des plus grandes familles patriciennes, la *gens* Cornelia. Le premier a franchi le Pô et se dirige vers l'ouest, dans l'espoir d'affronter Hannibal, tandis que le second file vers l'Espagne par la mer, afin de l'attaquer à revers. Publius Cornelius exhorte ses soldats à « arrêter l'ennemi, comme si nous combattions devant les murailles de Rome ». La victoire n'est-elle pas à leur portée, puisque les Carthaginois ne sont plus que « des ombres d'hommes, des corps épuisés par la faim, le froid, d'une saleté hideuse » ? Pourtant, fin novembre 218 av. J.-C., l'armée des ombres leur inflige une déroute sur le Tessin

– un affluent de la rive gauche du Pô. Le général en chef a mis en pratique pour la première fois ce qui deviendra sa marque stratégique : l'encerclement par la cavalerie. La manœuvre ébranle l'adversaire. Blessé, Publius Cornelius ne doit qu'à l'intervention de son fils, âgé de dix-sept ans – futur Scipion l'Africain et vainqueur d'Hannibal –, de n'être pas fait prisonnier. Ce succès donne du baume au cœur à une armée carthaginoise exténuée, et elle convainc quelques tribus gauloises récalcitrantes de se ranger du côté du plus fort. Pour combien de temps ? Un nouveau choc, le mois suivant, plus violent encore, a lieu à la Trébie (Trebbia), autre affluent du Pô. Il vire au massacre des légions romaines, qui perdent 28 000 hommes sur 40 000. Les Carthaginois dénombrent quatre fois moins de morts. Mais l'hiver n'est pas une saison favorable au dieu Mars. Hannibal et ses troupes décident de remettre au printemps leurs prochaines offensives. Ils attendront les beaux jours entre Mediolanum (Milan), Bononia (Bologne) et Mutina (Modène).

La volonté de fer de la fille de la Louve

Défaits, les Romains ne lâchent rien. Hannibal, si attentif aux préparatifs d'une bataille, ne l'est pas assez au caractère des hommes, sous-estimant l'orgueil et la ténacité de ses ennemis. Au printemps 217 av. J.-C., il repart en direction de Rome, franchissant la chaîne des Apennins par un froid glacial. C'est lors de cette traversée qu'une ophtalmie purulente lui fait perdre son œil droit. La propagande romaine aura beau jeu de faire du borgne l'incarnation de la cruauté et de la fourberie.

Il prend ses quartiers en Ombrie et prépare la bataille de Trasimène, après avoir mis à feu et à sang sur son passage le centre de l'Étrurie[15], pour mieux humilier le général romain Flaminius censé protéger ce territoire. Il établit son camp sur les hauteurs, embusque ses troupes les plus aguerries, dispose l'infanterie légère et les redoutables frondeurs baléares en ligne sur les pentes des collines longeant le lac. À la sortie d'un étroit défilé, il place l'infanterie numide. Au petit matin du 21 juin 217 av. J.-C., Flaminius, confiant, s'engouffre dans la gorge avec ses 25 000 hommes. Son avant-garde est écrasée et le gros de ses troupes stoppé. Les soldats romains roulent dans les précipices, se noient dans le lac ou se font égorger. Quinze mille d'entre eux sont tués. Y compris leur chef. Quatre mille soldats venus à leur secours subissent le même sort.

Hannibal n'est plus qu'à 150 kilomètres de Rome. Mais il file vers le nord, sur l'Adriatique, pour reposer ses hommes. Trasimène annonce d'autres victoires. Cannes, bien sûr, mais même ce triomphe est en trompe-l'œil. Hannibal le lucide sait plus que tout autre que son armée est exsangue. Elle est victime de ses succès et de son éloignement. Après chaque victoire, elle doit laisser sur place des soldats pour former une nouvelle garnison, ce qui éclaircit un peu plus ses rangs. Les glorieux vétérans sont exténués et Carthage est avare en renforts. Pis, elle se montre sourde aux appels du Barcide. Elle n'a jamais été favorable à la guerre, et est franchement hostile à

15. Région de Chianti.

celui qui la conduit. En cas de malheur, Hannibal n'a pas de navires pour rentrer en Afrique. Rome domine la mer. La vérité est qu'il est prisonnier dans son réduit du sud de l'Italie, où il va entamer une quinzaine d'années d'errance.

À Carthage, son adversaire Hannon a beau jeu d'ironiser. Quelle tribu latine s'est-elle émancipée de Rome pour sceller une alliance avec l'envahisseur ? Pourtant, Hannibal est maître de la Campanie et du Bruttium[16], d'une partie des Pouilles et de nombreuses cités du Sud. Capoue, la deuxième ville de la péninsule, lui tend les bras en 216 av. J.-C. Soumise tardivement à Rome, elle rêve de recouvrer son autonomie d'antan. Le zélé Tite-Live prend un malin plaisir à en faire la ville du stupre, où les soldats de Carthage se seraient abîmés, perdant à jamais leur vigueur guerrière. Les Africains ne sont-ils pas à ses yeux des brutes sensuelles ? Le poète Silius Italicus enfonce le clou : « Elle [...] est, avec ses étreintes, ses flots de vin et le sommeil mis en déroute, une armée que ni l'épée, ni la flamme, ni Mars déchaîné n'ont pu abattre. » La légende veut qu'Hannibal ait perdu la guerre à Capoue. En vérité, il s'y est reposé, avec ses soldats, jouissant un moment de l'*otium*, ce retrait, cette distance avec l'action que les Romains plaçaient au firmament de leurs valeurs.

Pendant ce temps, Rome ne pense qu'à la vengeance, au réarmement physique et moral. La Ville n'a plus de généraux ? Qu'importe, un « dictateur », superconsul doté de tous les pouvoirs, est élu : Fabius Maximus, *Cunctator* (Temporisateur), ainsi nommé

16. Le Bruzzio, en Calabre.

parce qu'il n'affrontera jamais l'ennemi, préférant le serrer de près et le harceler. L'armée a été décimée ? Les Romains ont obligation de s'engager dès l'âge de dix-sept ans et des esclaves sont achetés à leurs maîtres pour grossir les légions. Les caisses sont vides ? Les impôts sont augmentés, des emprunts lancés, la monnaie dévaluée. La saignée démographique de la guerre éclaircit les rangs des officiers ? Les aristocraties voisines d'Étrurie, d'Ombrie et de Sabine sont appelées à la rescousse, à coups d'alliances matrimoniales, d'octroi de la citoyenneté et de postes de pouvoir. La machine romaine, dans toute son efficacité intégratrice et volontariste, est en marche, tandis qu'Hannibal piétine et ronge son frein. L'homme des batailles amples et du mouvement est condamné aux coups de main. Les frères Scipion ont pris sa relève, qui progressent dans le royaume d'Espagne, gagnant la confiance de quelques tribus ibères. La guerre entre Carthage et Rome se déploie sur une multitude de fronts en plus de l'Espagne et de l'Italie : Gaule, Sicile, Sardaigne, Macédoine, Afrique du Nord. Eu égard aux horizons alors connus, elle est mondiale.

Les mauvaises nouvelles se succèdent au cours de l'année 211 av. J.-C., comme autant de funestes présages. Syracuse tombe entre les mains des légions romaines, malgré les inventions – en grande partie légendaires – du mathématicien génial Archimède : grue mobile saisissant du haut des remparts les bateaux avant de les retourner, système de miroirs captant les rayons solaires pour brûler les voiles. Plus prosaïquement, un Ibère a trahi en ouvrant les portes de la ville au chef des Romains, Marcellus.

Pour l'anecdote, Archimède, tout occupé à faire des exercices sur le sable, n'aurait pas répondu à l'injonction d'un légionnaire. Pis, il l'aurait éconduit, alors qu'il traçait des figures géométriques sur le sol – « Ne dérange pas mes cercles ! » –, provoquant l'ire du soldat, qui poignarda un génie.

C'est ensuite, justement, au tour de Capoue, ville riche mais mal fortifiée, d'échapper aux Carthaginois. Le coup est d'autant plus rude pour Hannibal que, faute de troupes, il n'est pas venu en aide à la cité alliée. Sa crédibilité est en jeu. Il croit pouvoir sauver la face en marchant enfin sur Rome, par une habile diversion. Il espère que les Romains desserreront l'étau autour de Capoue pour défendre leur capitale. *« Hannibal ad portas ! »*, « Hannibal aux portes ! » : la panique est totale. Jamais le Carthaginois ne s'est autant approché de l'*Urbs*, mais jamais non plus il n'a eu aussi peu les moyens de l'investir. Que peut son armée clairsemée face au pack d'une dizaine de légions qui l'attendent de pied ferme ? Les mauvaises nouvelles s'enchaînent. L'amiral de la flotte carthaginoise est bloqué devant Tarente, incapable de prendre la citadelle, tandis qu'une armée est détruite en Sicile, où elle avait tenté de prendre pied, et que Salapia[17], un des lieux de villégiature hivernale d'Hannibal, se livre à son tour aux Romains.

---

17. Dans les Pouilles.

La naissance de Scipion

En cette année 211 av. J.-C., celle du basculement, Scipion le Jeune – et futur Scipion l'Africain[18] – est nommé proconsul en Espagne, afin de couper Hannibal de sa base. Il débarque à Emporium[19], cité grecque liée à Massalia (Marseille) et sous domination romaine. À la tête de 40 000 fantassins et 4 000 cavaliers, il vient venger son père et son oncle, morts l'année précédente au champ d'honneur sur cette terre ibère.

Scipion est le double inversé d'Hannibal. Il a vingt-cinq ans, l'âge de celui-ci lorsqu'il avait été plébiscité par ses troupes. Huit ans plus tôt, il sauvait son père lors de la bataille du Tessin, dans le nord de l'Italie. Ses bustes le montrent le crâne rasé, affublé d'une double blessure en forme de X. Il a le visage taillé à la serpe, le front carré et le menton en pointe.

Issu d'une grande famille aristocratique, il a reçu lui aussi une éducation de prince grec, même si sa culture n'égalera jamais celle du Barcide. Élevé dans la haine de l'ennemi, il a étudié l'histoire de Carthage, de l'Hispanie, des Ibères, et, surtout, les victoires d'Hannibal, ce qui lui permettra de « lire » son adversaire. À Tarragone[20], il promet à 5 000 soldats ibères de chasser, avec eux, les Carthaginois d'Espagne. « C'est une loi du destin que dans toutes les grandes guerres, nous commencions à être vaincus

18. 236/235-183 av. J.-C.
19. Près de Gérone, en Catalogne.
20. Dans le sud de la Catalogne.

pour vaincre ensuite », martèle-t-il. Il leur promet que bientôt leurs adversaires « rempliront les terres et les mers des débris de leur fuite honteuse ». Leur premier objectif, hautement symbolique : Carthagène, la ville fondée par Hamilcar, la capitale d'un royaume en devenir. Lorsqu'elle tombe (en 210 av. J.-C.), il laisse la population en liberté et restitue les otages ibères à leurs familles. « Vous êtes tombés au pouvoir d'un peuple qui aime mieux enchaîner par les bienfaits que par la crainte et s'attacher les nations étrangères par des liens d'alliance et d'amitié que de les tenir courbées sous un rigoureux esclavage. » Scipion pense, parle et agit comme le général carthaginois. Rome reprend confiance.

208 av. J.-C. : cela fait dix ans qu'Hannibal a engagé cette deuxième guerre punique. Son frère cadet Hasdrubal est bousculé en Espagne à Baecula[21], alors qu'il s'apprête à rejoindre son aîné qui réclame une aide depuis deux ans. À son tour, il entame la traversée des Alpes, plus rapide et davantage couronnée de succès, puisqu'il recrute sur son passage de nouveaux soldats ibères et gaulois, là où Hannibal avait perdu la moitié de son armée. Mais la roue de la fortune tourne à nouveau. Parvenu en 207 av. J.-C. au Métaure, un fleuve des Marches (nord de l'Italie) qui se jette dans l'Adriatique, il est bloqué par les armées romaines commandées par Claudius Néron. Ce général restera dans l'histoire militaire comme celui qui a réussi l'exploit de faire parcourir 500 kilomètres en une semaine, depuis l'Apulie où ils étaient stationnés,

21. Bailén, province de Jaén.

à ses soldats bardés de trente kilos de paquetage, armes, nourriture, couverture et pieux pour le campement. À marche forcée, *Quam maximis itineribus*.

Le choc est violent. La troupe carthaginoise est déstabilisée par une manœuvre enveloppante – à la mode d'Hannibal ! – rondement menée par la cavalerie romaine. Hasdrubal sait la bataille perdue. Plutôt que de se rendre, il préfère mourir au combat. Il se jette sur l'ennemi et finit taillé en pièces. Son sacrifice ne suffit pas à Claudius Néron, qui lui coupe la tête et la fait jeter de nuit au milieu du camp d'Hannibal. « Je reconnais l'infortune de Carthage », aurait murmuré celui-ci. Pour les Romains, la souillure de Cannes est lavée.

Le dieu Baal aurait-il abandonné les Barcides ? Magon, troisième fils d'Hamilcar, subit à son tour un revers en Espagne. Il n'a d'autre choix que de se réfugier à Gadès. Rome exulte, persuadée que la menace carthaginoise s'estompe chaque jour un peu plus. L'heure est à l'offensive tous azimuts sur les côtes africaines et contre les derniers alliés de Carthage. Scipion achève la conquête de l'Espagne. En 206 av. J.-C., dix ans après Cannes, les Carthaginois ont méthodiquement quitté l'Ibérie. La guerre y est terminée, comme en Sicile.

Trahisons

Au printemps suivant, Magon, qui a échoué à reprendre Carthagène aux Romains, se rend par la mer en Italie. Il débarque à Gênes. Mais Hannibal n'a plus les moyens de faire la jonction avec son armée.

Il est coincé entre Catanzaro, Cosenza et Crotone, au creux du golfe de Tarente. Il passe beaucoup de temps au temple de Lacinion, au sud de Crotone, où il fait graver en grec et en punique le récit de ses exploits. Comme s'il ne s'appartenait déjà plus. Et que seule lui importait l'écriture de son épopée pour la postérité.

Les renforts promis par Carthage n'arrivent toujours pas. Ni ceux de Philippe V de Macédoine, qui vient de signer un traité de paix avec les Romains. Hannibal est une fois de plus trahi. Et, pour la première fois, traqué. Les côtes sont surveillées par les vaisseaux romains, interdisant le ravitaillement par la mer. En 205 av. J.-C., il subit un nouveau revers à Locres[22]. Sans l'ombre d'un doute, le maître du jeu s'appelle désormais Scipion. Il a maintenant trente ans, l'âge d'Hannibal lors de la traversée des Alpes, et il n'a jamais été aussi sûr de lui. À l'automne suivant, il dévoile leur nouvelle feuille de route aux soldats : « Jusqu'à présent, c'était Carthage qui faisait la guerre à Rome, désormais, c'est Rome qui fait la guerre à Carthage. Nous allons arracher Hannibal à l'Italie, nous allons transporter la guerre en Afrique et l'y achever. »

Il part de Sicile avec 25 000 fantassins et 2 500 cavaliers embarqués sur quarante navires de guerre, escortés par quatre cents embarcations chargées de vivres et de matériels. Après deux jours de navigation, il parvient au cap Bon (pointe nord-est de la Tunisie). C'est au tour de Carthage de sombrer dans l'affolement. La capitale africaine n'a plus

22. En Calabre.

d'armée digne de ce nom. De plus, sur ses propres rives, elle compte aussi des ennemis, accumulés par faute ou négligence. Le Berbère Massinissa (vers 238-148 av. J.-C.) s'est allié à Rome. Pourtant, il a grandi à Carthage, car son père, un roi numide, était un allié. Mais lorsque celui-ci est mort, les Carthaginois ont laissé un autre de leurs clients numides, Syphax, s'emparer du trône. Dépossédé, Massinissa avait promis de se venger.

Scipion, encore une fois, imite Hannibal. Assiéger Carthage lui importe peu, il veut que la ville se rende. Comme il prend ses quartiers d'hiver sur une colline, il a le temps pour lui. Des Carthaginois le sondent pour engager des négociations et rejettent la responsabilité du conflit sur Hannibal, son ambition et son clan. Ils sont prêts à le sacrifier et à se soumettre au vainqueur. « Dictez-nous vos ordres. » Scipion leur répond qu'il est venu pour la victoire et la gloire. L'heure est à la vengeance, non au compromis.

Dans le nord de l'Italie, Magon tente en vain de soulever les Ligures contre Rome. Au sud, Hannibal n'a plus de quoi verser la solde de ses soldats. Durant le printemps 203 av. J.-C., Scipion remet les navires à flot, attaque le camp carthaginois et celui de Syphax. La victoire du Romain est fulgurante. Les vaincus ramassent 40 000 morts et déplorent 5 000 prisonniers, plus de 1 500 chevaux et 6 éléphants capturés. Leur armée ne compte plus que 2 000 fantassins et 500 cavaliers ; autant dire qu'elle n'existe plus. Les villes alentour se soumettent au vainqueur.

En avril, Syphax essuie un terrible revers au lieu-dit les Grandes Plaines, à cinq jours de marche d'Utique[23]. Carthage redoute un nouveau siège. On consolide les murailles de la ville, on s'approvisionne en vivres, on construit de nouveaux ouvrages de défense. Des émissaires partent pour Crotone demander son aide à Hannibal, qui, d'un coup, retrouve grâce à leurs yeux. Mais l'intéressé n'est pas dupe, comme le lui fait dire Tite-Live : « Cette fois, ce n'est plus par des machinations qu'ils me rappellent, mais ouvertement, ceux qui, en empêchant que l'on m'envoie des renforts et de l'argent, cherchaient depuis longtemps à me faire revenir. Ainsi ce n'est pas le peuple romain, si souvent vaincu et mis en déroute, qui a eu raison d'Hannibal, mais le sénat carthaginois, jaloux et envieux. Mon retour, si honteux, Scipion n'en sera ni si heureux ni si fier qu'Hannon, lui qui, incapable d'agir autrement, a détruit ma famille en ruinant Carthage. »

Après quinze ans de combats et d'errance en Italie, le héros déjà légendaire ramène 30 000 vétérans calabrais, ibères et numides. Pourtant, depuis Cannes, les dieux l'ont abandonné. L'exilé involontaire appréhende de poser le pied sur le sol africain, quitté trente-quatre ans plus tôt. Il ne débarquera pas à Carthage, où il a trop d'adversaires, mais à Leptis Minor[24]. Sa famille y possède des terres. Il se retirerait volontiers du monde. Mais à la fin de l'année 203 av. J.-C., la trêve avec Rome est rompue après que des Carthaginois affamés se sont emparés d'une centaine de navires romains chargés de vivres. Pour les Latins, c'est un *casus belli*. Une fois de plus,

23. Dans le nord de la Tunisie.
24. Près de Sousse.

le peuple carthaginois, apeuré, appelle Hannibal à la rescousse. S'il a perdu de sa superbe, il exerce toujours une fascination. « On craint ce général né sous la tente du plus brave des généraux, son père, confirme Tite-Live, nourri et élevé au milieu des armes, soldat alors qu'il n'était qu'un enfant, général à peine adolescent, qui avait vieilli au sein des victoires et avait empli les Espagne, les Gaules, l'Italie, depuis les Alpes jusqu'à la mer, des souvenirs de ses hauts faits. Son armée était endurcie des souffrances subies, teinte mille fois du sang romain, chargée des dépouilles non seulement des soldats, mais même des généraux de Rome. » Poussé par le devoir, Hannibal fait don de sa personne et recrute, vaille que vaille. Mais les rôles sont inversés. C'est au tour du Carthaginois de se pencher sur les victoires du premier des Romains.

L'ultime bataille

Hannibal organise une rencontre de la dernière chance avec Scipion. Pour empêcher la défaite. Selon l'historien grec Polybe, il aurait avoué qu'« il eût préféré que les Romains n'eussent jamais convoité aucun territoire en dehors de l'Italie et les Carthaginois aucun territoire en dehors de l'Afrique, car ils avaient chacun un bel empire dont la nature avait tracé les limites ». Il aurait ajouté, à l'adresse de son adversaire : « Mais puisque nous sommes entrés en guerre pour la possession de la Sicile, qu'ensuite nous nous sommes à nouveau battus pour l'Espagne, et que, finalement, faute d'avoir prêté l'oreille aux avertissements de la fortune, nous en sommes venus à mettre en péril le sol même de nos patries, hier le vôtre, aujourd'hui le nôtre, il ne nous reste plus qu'à voir si, à nous seuls, nous pourrons nous concilier la faveur des dieux et mettre un terme à notre querelle. Pour ma part, je suis prêt à le faire, car j'ai appris par expérience à quel point la fortune est capricieuse et combien elle s'amuse à se jouer de nous. » Le chef de guerre blanchi sous le harnais se méfie de la jeunesse de Scipion : « Il se peut que ta fierté aime mieux la victoire que la paix, j'ai connu autrefois ces orgueils. » Se rappelant ses propres succès et ses échecs, la mort de ses deux frères, il ajoute : « Si tu l'emportes, tu n'ajouteras rien à ta gloire personnelle ni à celle de ta patrie, et si tu es vaincu, tu auras anéanti tout ce que tu as fait de grand et beau. [...] Aujourd'hui, c'est moi qui demande la paix, parce que je la crois utile et je m'efforcerai de la maintenir. »

Scipion aurait répondu que le non-respect des traités et les agressions sont toujours du fait des Carthaginois. « Ou bien vous vous rendrez à discrétion, en nous livrant vos personnes et votre pays, ou bien il ne nous restera plus qu'à vous vaincre sur le champ de bataille. Préparez-vous à la guerre, puisque vous n'avez pas pu supporter la paix. » Selon Polybe, il ne reste plus « pour les Carthaginois qu'à lutter pour leur propre salut et leurs possessions africaines et pour les Romains à lutter pour la domination du monde et l'empire universel ».

Le 19 octobre 202 av. J.-C., Hannibal sait qu'il livre à Zama[25] son ultime bataille. Il rappelle à ses soldats les victoires d'hier. Croit-il seulement à celle

25. Près de Siliana, dans le nord-ouest de la Tunisie.

d'aujourd'hui ? Il peut compter sur 10 000 vétérans, combattants aguerris et fidèles. Mais comment se comporteront les 30 000 soldats recrutés à la hâte face aux légions romaines endurcies ? Le premier choc n'augure rien de bon. Les quatre-vingts éléphants, affolés par les flèches ennemies, font demi-tour et chargent les troupes carthaginoises, par ailleurs surprises sur leurs arrières par la cavalerie romaine. Scipion a « volé » à Hannibal sa manœuvre enveloppante, aidé en cela par la défection de Massinissa et de ses cavaliers numides. L'élève a dépassé le maître. La déroute est totale. Les rangs africains déplorent 20 000 morts, trois fois plus que les Romains, et autant de prisonniers. Hannibal a juste le temps de s'enfuir.

L'Italie, la Sicile, l'Espagne et maintenant l'Afrique. À force de s'emparer des terres éparpillées de Carthage, les Romains se constituent un empire. La paix imposée par Scipion est un diktat. Les Carthaginois, privés de toute souveraineté, seront à nouveau saignés par le versement de réparations pendant cinquante ans. Le général Hannibal se fait le champion de la paix. Comme son père, autrefois. Le vaincu n'a pas d'autre choix que les conditions du vainqueur, plaide-t-il. La deuxième guerre punique s'est achevée dans l'accablement. Elle porte en germe la destruction de Carthage.

Le Carthaginois errant

Débute une nouvelle vie d'homme public pour l'ex-chef de guerre. À la tête du parti démocrate, il mène le combat contre la corruption et l'aristocratie. Celle-ci le lui rend bien, qui lui reproche d'avoir perdu le conflit et l'accuse d'avoir accaparé le butin des campagnes passées. « Aucune grande cité ne peut jouir d'un long repos : si elle n'a pas d'ennemis au dehors, elle en trouve en son sein », constate avec amertume le Barcide, avant de se retirer sur ses terres avec les soldats de sa vieille garde, qu'il initie à l'agriculture. Sans doute l'éloignement, l'inactivité lui pèsent-ils. Cinq ans plus tard, il revient sur le devant de la scène publique et se fait élire suffète, le plus haut magistrat de la ville. Il recouvre l'ardeur du soldat qu'il fut, prêt à en découdre avec son plus vieil adversaire : l'oligarchie, qui l'a entravé dans son dessein, condamné à l'échec, abandonné. Sa première décision est de réduire les pouvoirs du sénat et du Conseil des Cent Quatre[26], les repaires de celle-ci, au profit de l'assemblée populaire, où il compte de fidèles partisans. Son programme – lutter contre les détournements de fonds, assainir les finances publiques, embellir et agrandir Carthage – lui vaut un regain de popularité. Et la haine recuite des oligarques, qui, une fois de plus, vont le trahir en l'accusant auprès de Rome d'être en contact avec Antiochos de Syrie, son nouvel ennemi numéro un, à la tête d'un jeune empire s'étendant de l'Indus à l'Hellespont[27] et du Taurus aux confins égyptiens. Un axe Antiochos-Hannibal : ce serait le pire des scénarios pour les Romains. Mais l'aristocratie carthaginoise, en condamnant à l'exil le

26. Équivalent à la fois d'une Haute Cour et d'un conseil restreint.

27. Les Dardanelles.

général déchu et en confisquant ses biens, prouve qu'elle demeure leur meilleur allié.

Le plus glorieux des enfants de Carthage est désormais un paria. Un fugitif. Il part pour Éphèse, où il rencontre Antiochos à l'automne 195 av. J.-C., puis prend ses quartiers pour six ans à la cour de ce roi qui rêve, lui aussi, d'égaler Alexandre. Il devient son conseiller militaire, puis son amiral. Il lui suggère d'étoffer son armée et d'adopter le contournement de l'ennemi par les ailes, avec la cavalerie. De fermer aux Romains l'accès à tous les ports en Méditerranée. De lancer des attaques simultanées sur leurs territoires. Mais le vainqueur de Cannes n'est pas écouté. Il finit même par être écarté, victime des éternels jeux de courtisanerie. La malchance s'en mêle, puisqu'il est défait dans deux combats navals.

L'errance du Carthaginois se perd ensuite dans les limbes. Les hypothèses les plus folles circulent. Scipion et Hannibal auraient eu une entrevue dans cette même ville d'Éphèse. Les deux stratèges se seraient prêtés à un échange sur la question de savoir qui sont les plus grands chefs militaires de l'histoire. Pour le Carthaginois, le *primus inter pares* est Alexandre, suivi de Pyrrhus, pour sa maîtrise de la poliorcétique – la technique du siège des villes – et ses talents de diplomate. La troisième place ? Il se l'approprie. « Si tu avais pris Rome, lui demande alors Scipion, à quel rang te placerais-tu ? » Au premier, répond sans barguigner Hannibal. Magnifique dialogue, hélas apocryphe.

Rome, toute à ses ambitions impériales, ne peut laisser Antiochos lui tailler des croupières. Le prétexte à la déclaration des hostilités est le massacre de

300 légionnaires en garnison en Béotie. Au printemps 191 av. J.-C., les troupes romaines envahissent la Thessalie. Antiochos riposte en chargeant les légions dans le défilé des Thermopyles, rendu célèbre par Léonidas, près de trois cents ans plus tôt, dans sa guerre contre les Perses. Mais le « Grand Roi » de Syrie n'a pas l'esprit de sacrifice du Spartiate. Mis en déroute, il laisse sur le terrain 9 000 hommes, n'en sauvant que 500 dans sa retraite vers l'Asie Mineure. En une seule bataille, Rome a chassé de Grèce la puissante dynastie des Séleucides, fondée par un général d'Alexandre. Elle lui inflige une nouvelle défaite lors d'un engagement naval entre Rhodes et Éphèse. Antiochos ne s'avoue pas pour autant vaincu, puisqu'il contrôle encore les Détroits. En ce début d'année 190 av. J.-C., il charge Hannibal, revenu en grâce, de rassembler une flotte en Phénicie.

À l'été, une trentaine de navires rhodiens attaquent l'escadre à peine constituée par le Carthaginois, qui sauve de justesse une vingtaine de bâtiments, mais rate le rendez-vous avec la flotte d'Antiochos. Du coup, celui-ci se retrouve seul à engager un nouveau combat naval contre les Romains et les Rhodiens réunis. La débâcle est telle que le « Grand Roi » se résout à proposer aux Romains de les indemniser de la moitié de leurs frais de guerre et à abandonner ses possessions en Europe, ainsi que trois villes, dont Smyrne. Mais les Scipions ne goûtent pas le compromis, ils ne savourent la victoire que lorsqu'elle se double de l'humiliation du vaincu. Les Romains exigent le paiement de la totalité des frais de guerre et le retrait de toute l'Asie Mineure. Inacceptable. Hannibal suggère à son hôte un triple débarquement dans les Pouilles, les environs de Rome et en Sicile. Trop tard. En 189 av. J.-C., les Romains font déferler leurs légions en Asie Mineure, détruisant la flotte, puis l'armée d'Antiochos, qui meurt après avoir laissé 50 000 hommes sur le champ de bataille. Son fils signera la paix, le traité d'Apamée[28], l'année suivante. Parmi les clauses figure la livraison d'Hannibal et d'autres « ennemis de Rome ».

Une fois de plus, mû par un sixième sens, Hannibal a juste le temps de prendre la mer pour la Crète, à moins que ce ne soit pour la Libye. La Méditerranée n'est plus un refuge pour lui. Son salut sera l'Arménie du roi Artaxias, dans la haute vallée de l'Araxe dominée par le mont Ararat. Loin des champs de bataille et de la mer, le héros malchanceux se métamorphose en urbaniste. Il trace les plans d'une nouvelle capitale, Artaxata, modèle des futures villes d'Arménie.

Seul au monde

Généralissime, sénateur, suffète, chef d'une armada, architecte : Hannibal aura pu déployer tous ses talents, comme avant lui son modèle Alexandre. Aussi pacifiques soient-elles, ses nouvelles activités ne le protègent pas de la haine féroce de Rome, qui fait pression sur Artaxias. L'errant doit quitter le royaume, une fois de plus lâché. Son nouveau refuge : la cour du roi Prusias, souverain de Bithynie[29], alors en guerre contre le roi Eumène de Pergame[30]. Hannibal

28. En Cappadoce.
29. Dans le nord de l'Asie Mineure.
30. Dans la région de Smyrne.

le mercenaire aurait fait gagner à son hôte une bataille navale dans la mer de Marmara. Enfin un succès ! Troquant la stratégie pour la géométrie, il aurait tracé en l'honneur du vainqueur les plans de la ville de Prusa, devenue Bursa, ou Brousse, en Anatolie, future première capitale de l'Empire ottoman.

Rasséréné, Hannibal ? Non, parce que « jamais là où [il] se trouvera, il n'y aura de paix sûre pour les Romains », dit-on dans l'*Urbs*. En 183 av. J.-C., le Sénat romain reçoit une délégation de son allié, le roi de Pergame, qui accuse Prusias de se faire épauler par des soldats envoyés par Philippe de Macédoine. Pour en avoir le cœur net, le Sénat dépêche l'un des siens, Quinctus Flaminius. Lequel décèle la présence d'Hannibal dans ce petit royaume et exige sa livraison immédiate. Le Carthaginois est alors reclus à Libyssa, au bord de la mer de Marmara[31]. Seul au monde, il est entouré de gardes qui resteront passifs lorsque des soldats bithyniens se présenteront au domaine. Le Barcide aura juste eu le temps de tenter d'emprunter une des issues secrètes qu'il a fait aménager. Toutes sont obstruées. Il a été trahi, toujours et encore. Se sachant perdu, il porte à ses lèvres un mélange d'aconit et de ciguë. Selon Tite-Live, il aurait prononcé cette déclaration mémorable : « Délivrons le peuple romain de son angoisse puisqu'il n'a pas la patience d'attendre la mort d'un vieillard. La victoire de Flaminius sur un homme désarmé ne sera ni grande ni mémorable. » Ainsi meurt, à soixante-quatre ans, Hannibal. En Romain.

31. À une cinquantaine de kilomètres d'Istanbul.

Coïncidence, la même année disparaît son plus redoutable adversaire, Scipion. Ces hommes illustres ont eu des vies parallèles. Issus de glorieuses lignées, éduqués par les meilleurs précepteurs, initiés au métier des armes au sortir de l'enfance, ils se sont distingués sur les champs de bataille au plus jeune âge. Ces deux grands généraux ont consacré leur vie à la guerre, avec obstination. Ils ont vécu loin de chez eux. Scipion l'Africain et Hannibal l'Italien ont passé plus de temps sur un autre continent que le leur. Tous deux n'ont cessé d'être trahis par leur propre camp. Scipion sera accusé, lui aussi, d'avoir accaparé une partie du butin amassé lors de ses campagnes militaires. Son plus grand ennemi sera à Rome : Caton l'Ancien (234-149 av. J.-C.). Ancien soldat de la deuxième guerre punique, questeur de Scipion, il lui reprochera de contribuer à l'hellénisation des mœurs, en lieu et place d'une nécessaire austérité. Scipion refusera de se rendre à son procès, préférant se retirer dans sa villa de Linterne, en Campanie, tandis qu'Hannibal, exilé en Asie Mineure, méditait sur l'ingratitude des siens. Pourtant, Hannibal hante la mémoire des hommes, alors que Scipion est oublié. Y aurait-il une gloire des vaincus ?

Au moins Hannibal aura-t-il échappé à la destruction de Carthage, après un siège de trois ans, en 146 av. J.-C., au massacre de sa population et à la servitude imposée aux 50 000 survivants à l'issue de la troisième guerre punique, déclenchée cette fois par Rome qui voulait en finir avec son grand rival commercial. Caton l'Ancien avait prévenu : « Carthage doit être détruite » *(Carthago delenda est)*. Lui non plus n'aura pas vu son rêve se réaliser, étant mort trois ans trop tôt.

Bibliographie sélective

Par commodité, nous ne mentionnons pas la ville d'édition lorsqu'il s'agit de Paris, ce qui représente une large majorité des titres.

Habib Boularès, *Hannibal*, Perrin, 2000.
Giovanni Brizzi, *Moi, Hannibal*, Nantes, Éditions Maison, 2007.
Zakia Daoud, *Hannibal*, Perrin, 2012.
Pierre Grimal, *Le Siècle des Scipions. Rome et l'hellénisme au temps des guerres puniques*, Aubier, 1975.
Serge Lancel, *Hannibal*, Fayard, 1995.
Yann Le Bohec, *Histoire des guerres romaines*, Tallandier, 2012.
Basil H. Liddell Hart, *Scipion l'Africain*, Payot, 1934.
Jean Malye, *La Véritable Histoire d'Hannibal, l'homme qui fit trembler Rome*, Les Belles Lettres, 2011.
Khaled Melliti, *Carthage. Histoire d'une métropole méditerranéenne*, Perrin, 2016.
Claude Nicolet, *Rome et la conquête du monde méditerranéen*, t. II, PUF, 1978.
Colette et Gilbert Charles-Picard, *La Vie quotidienne à Carthage au temps d'Hannibal*, Hachette, 1958.
Paolo Rumiz, *L'Ombre d'Hannibal*, Hoëbecke, 2012 ; Gallimard, coll. « Folio », 2013.

II

Vercingétorix

Celui qui a dit « non » à César

Fils de roi, formé à la guerre lors de ses années d'adolescence passées à Rome, le chef arverne parvint à fédérer pour la première fois des dizaines de tribus pour affronter César, le premier des Romains. Malgré plusieurs victoires et une résistance héroïque, sa défaite à Alésia, en 52 av. J.-C., marque la fin des rêves d'indépendance gauloise, mais aussi l'apparition d'une conscience patriotique dans ce qui deviendra la France. Et la naissance d'un mythe constitutif du futur récit national.

Vaincre ou mourir… de faim. Cela fait maintenant plus d'un mois que Vercingétorix a envoyé ses derniers cavaliers aux confins de la Gaule pour recruter les troupes qui, espère-t-il, lui permettront de briser le siège d'Alésia. Il ne reste presque plus rien des réserves de vivres et d'eau entassées il y a trente jours dans la cité où sont retranchés 80 000 irréductibles

Gaulois encerclés par les légions de César. Ce matin de la mi-septembre 52 av. J.-C., lors du conseil de guerre qu'il réunit quotidiennement, le chef gaulois a ordonné aux femmes, aux enfants et aux vieillards de quitter la ville. Autant de bouches inutiles en moins. « Insuffisant », ont néanmoins grincé certains de ses lieutenants. Vercingétorix a dû faire appel à ses talents d'orateur pour briser les résistances à sa stratégie d'attente. « Je ne parlerai pas de ceux qui songent à se rendre : leur place n'est plus au conseil. Je m'adresse à ceux qui veulent combattre. Ils se croient braves. Ce sont des lâches à leur manière. Craignant de souffrir la faim, ils préfèrent le suicide. »

Pour lui, affronter les troupes ennemies qui encerclent Alésia est insensé. Il faut faire preuve de patience. Une vertu que son peuple ignorait il y a encore deux ans, mais qu'il a fini par apprendre et démontrer au fil des campagnes victorieuses menées par son jeune commandant. À trente ans, celui-ci a fini par en remontrer aux vieux centurions romains blanchis sous le harnais, vétérans d'une « guerre des Gaules » qui dure maintenant depuis six ans.

Vercingétorix prône l'attente car il espère le renfort de plus de 200 000 fantassins en provenance de la seule route libre que les Romains ne contrôlent pas – celle du Nord-Ouest. Avec ces troupes fraîches, il pense qu'il pourra à coup sûr abattre les remparts des huit camps romains déployés en couronne sur les plateaux entourant la ville dans laquelle il est réfugié. Comme à Gergovie quelques mois plus tôt, il obligera alors le proconsul Caius Julius Caesar à battre en retraite pour quitter, cette fois définitivement, la Gaule fédérée, unie et rassemblée qui l'a choisi il y a plus d'un an pour chef. Et s'il faut pour parvenir à cette victoire, dont le retentissement serait universel, que ses hommes aillent jusqu'à s'entre-dévorer, il en accepte l'augure. Si elle peut avoir un goût amer, voire un goût de chair humaine, la liberté n'a pas de prix.

Dans quelques jours, dans quelques heures, le destin de la Gaule basculera. Une nouvelle victoire du jeune chef arverne[1] et il en sera sans doute fini de l'irrésistible ascension politique de César à qui le Sénat romain ne renouvellera pas sa confiance s'il revient au Capitole sans avoir conquis la turbulente Gaule qu'il avait promis de mettre au pas. Libérée de l'occupant romain, celle-ci deviendra vraisemblablement une nation à part entière et, à terme, sûrement, une nouvelle menace pour l'Empire. Mais si Vercingétorix est défait, les rêves d'indépendance « nationale » des quarante tribus celtiques ayant accepté de se ranger derrière son étendard seront définitivement brisés. Toute la Gaule sera désormais soumise à Rome et, avec elle, sa culture, sa religion, ses traditions, sa civilisation.

Vainqueur, Vercingétorix sera le premier héros d'une nation en gestation.

Vaincu, il condamnera son peuple à une domination sans doute éternelle. Et peut-être à l'esclavage.

---

1. La tribu des Arvernes, à laquelle appartient Vercingétorix, est une des cinquante tribus peuplant la Gaule, elle-même divisée en trois grandes régions : celle du nord de la Seine, peuplée par les Belges ; celle du sud de la Garonne, habitée par les Aquitains ; celle du centre, où vivent les Celtes. Le territoire arverne (qui a donné naissance au mot Auvergne) correspond *grosso modo* aux quatre départements actuels de l'Allier, du Puy-de-Dôme, du Cantal et de la Haute-Loire.

Il faut simplement que les renforts arrivent.

Suffiront-ils néanmoins ? Le chef gaulois, s'il ne le montre pas à ses hommes, en doute lui-même. Face aux légions, l'histoire récente l'a montré, la supériorité numérique ne suffit pas. La détermination et l'organisation priment. On lui a assez raconté, enfant, la cuisante défaite d'un autre grand commandant gaulois qui avait tenu tête aux aigles romaines à la tête de forces bien plus grandes avant d'être écrasé. Lui aussi appartenait à la grande tribu des Arvernes. Rien de plus normal : ce sont eux qui, depuis cent cinquante ans, constituent le peuple le plus puissant. Si le centre géographique de la Gaule se situe dans la forêt des Carnutes et ses environs[2], c'est dans le Massif central que bat son cœur. C'est depuis les monts et les vallées arvernes que s'écoulent les fleuves et les rivières qui irriguent toutes les cités qui comptent entre Lutèce (Paris) et Massalia (Marseille). Disposant, avec le Puy de Sancy, qui culmine à près de 2 000 mètres, du sommet le plus élevé de la Gaule centrale, mais aussi des terres les plus riches et les plus peuplées, ce pays montagneux difficile d'accès a toujours échappé aux invasions et aux appétits barbares. À l'écart des routes commerciales, la région a pu croître et se renforcer en toute discrétion. Sans bruit, sans éclat, sans risque, les Arvernes ont réussi à bâtir un petit empire local composé de cinquante peuples gaulois qui, peu ou prou, ont fini par prendre conscience de leur unité.

2. Un territoire qui correspondrait aujourd'hui à une zone englobant une grande partie des Yvelines, l'Eure-et-Loir, le Loir-et-Cher et le Loiret.

En 121 av. J.-C., le grand roi Bituit avait décidé de fédérer définitivement toutes les tribus du centre de la Gaule contre les Romains qui venaient de créer une province au sud des Cévennes (entre les Alpes, le Rhône et les Pyrénées). Les envahisseurs y étaient parvenus grâce à la complicité des Éduens, installés dans le Morvan et le sud de la Bourgogne. Rivaux des Arvernes, avec lesquels ils partageaient une longue frontière commune, ils avaient, eux, estimé que leur intérêt résidait dans une alliance avec la puissance conquérante qui saurait les récompenser pour la précocité de leur ralliement. Sur les bords de l'Isère, le vaillant Bituit, malgré le soutien des Allobroges[3] et une armée forte de 200 000 hommes, avait été écrasé par le consul Quintus Fabius Maximus, ses éléphants et ses légionnaires pourtant cinq fois moins nombreux. À l'issue de ce désastre, Bituit avait été exilé à Rome, la Gaule narbonnaise créée, la puissance arverne brisée et la monarchie abolie au profit d'une assemblée de magistrats. Mais le Sénat avait empêché l'ambitieux Fabius de soumettre la Gaule aux lois romaines, exigeant juste de nombreuses tribus gauloises (les Volques[4], les Salyens[5], les Allobroges, les Helviens[6]...) qu'elles deviennent de fidèles vassales. Ce qui était advenu.

---

3. Peuple gaulois installé entre Vienne et Genève, au pied des Alpes du Nord. Il est mentionné pour la première fois par les auteurs romains lors du passage des Alpes par Hannibal. L'avancée des Romains dans la région à partir de 120 av. J.-C. avait poussé les Allobroges à entamer contre eux une résistance farouche et à se rapprocher notamment des Arvernes.

4. Tribu celto-ibérique établie dans le Languedoc.

5. Fédération de tribus celto-ligures installées dans toute la Provence, entre le Var, le Luberon et le Rhône.

6. Tribu gauloise du sud du Vivarais.

Vers 80 av. J.-C., Celtill, chef civil et militaire des Arvernes, avait tenté à son tour de rassembler tout le peuple et proposé de rétablir à son profit le statut royal. Mais l'audacieux vergobret[7] n'avait pas mesuré le degré de division des Celtes. Hostiles par principe au retour de la monarchie pour les uns, soumis financièrement ou commercialement aux Romains pour les autres, jaloux de leur autonomie locale et de leur liberté politique pour d'autres encore, plusieurs princes de cités gauloises s'étaient élevés contre Celtill, l'avaient fait arrêter, condamner et brûler en place publique de Gergovie. Attaché à son poteau de supplice, l'homme s'était écrié à travers les flammes grignotant son corps : « Tous unis, nous serions allés à Rome ! À Rome, tous unis ! »

Ce jour-là, l'écho de sa voix s'était propagé, disait la légende, dans tout le pays. Après cette montée de fièvre, le Sénat avait ordonné que la Gaule fût divisée en quatre parties : armorique, belge, arverne et éduenne. Dans un louable élan de mansuétude, on avait permis au jeune fils de Celtill – contrairement à celui de Bituit, qui avait été conduit en captivité comme son père – de rester vivant, libre et en Gaule. Ce petit garçon miraculeusement épargné mais habité par un esprit de vengeance, c'était lui : Vercingétorix.

7. Le vergobret est le nom donné au magistrat suprême des cités gauloises.

L'enfance d'un chef

Vercingétorix est né à Gergovie aux alentours de 80 av. J.-C., au moment où son père prenait la tête d'une nouvelle révolte antiromaine. Après la disparition de Celtill, il est recueilli à la campagne par ses oncles qui l'élèvent comme la majorité des enfants de familles gauloises nobles. Très jeune, il apprend à monter à cheval, à manier les armes et à chasser. Ses dispositions physiques frappent ses maîtres. Les travaux de l'esprit ne sont pas négligés. Un rhéteur lui donne des cours quotidiens de grec et de latin. On le forme à l'éloquence oratoire et à cette poésie épique que chantent les bardes du village. À l'école des druides lui sont enseignées la théologie, l'histoire et d'autres valeurs que la force. Il apprend aussi qu'il possède une âme, qu'il existe une vie après la vie et que tous les Celtes descendent d'un seul être divin… Surtout, il voyage. Partout : au nord, à l'ouest, au sud. À vingt ans, aucun des grands peuples de la « Gaule Chevelue » ne lui est étranger. Il a visité les terres des Éduens, des Séquanes[8], des Bellovaques[9], des Carnutes. Il s'est même rendu de l'autre côté des Alpes où il a été envoyé comme « otage » auprès de César en personne : afin de s'assurer que les responsables des régions conquises collaboreraient dans l'intérêt de Rome, celui-ci obligeait les jeunes princes des cités gauloises à passer plusieurs mois sur les bords du

8. Peuple gaulois établi dans l'est de la Gaule, sur le versant occidental des monts du Jura.

9. Peuple de la Gaule belge installé au nord et au nord-est de Lutèce, sur la rive occidentale de l'Oise.

Tibre, bénéficiant d'un statut original de mi-élève mi-prisonnier. Pendant trois ans, à l'âge où l'on devient un homme, Vercingétorix s'est formé aux méthodes de guerre romaines en accompagnant sur les champs de bataille celui qui sera demain son adversaire[10]. Il en a retenu que dans le combat comptent avant tout la vitesse de décision, la capacité d'organisation et l'art du secret. Mais aussi la discipline, cette qualité désespérément étrangère à la race gauloise.

Au cours de l'année 53 av. J.-C., Vercingétorix arpente quotidiennement les environs de Gergovie sur son cheval. Élancé, élégant, droit comme un i sur son destrier, son abondante chevelure s'échappant d'un casque haut qui le grandit encore un peu plus, il impressionne tous ceux qu'ils croisent : simples paysans, druides, chefs de village, commerçants. S'il entend marquer les esprits et les consciences de ses compatriotes, il veut avant tout qu'on se souvienne de lui comme d'un homme dont l'allure est celle d'un chef. Car il a décidé de le devenir. Afin de combattre une occupation devenue à tous de plus en plus insupportable, il veut constituer une armée qui, organisée, encadrée, disciplinée, boutera le Romain hors des frontières de la Gaule en usant de sa propre science militaire. Mais Vercingétorix n'y parviendra qu'en unissant les peuples celtiques autour des Arvernes. Et après avoir réuni les Arvernes eux-mêmes autour de sa personne.

10. Dans sa biographie de référence de Vercingétorix, l'historien Jean-Louis Brunaux estime même qu'une admiration mutuelle teintée d'amitié est née durant cette période entre César et Vercingétorix.

La guerre des Gaules a débuté cinq ans plus tôt, en 58 av. J.-C. Grâce au triumvirat conclu deux ans auparavant avec Pompée et Crassus, César avait réduit l'influence du Sénat romain qui se méfiait, non sans raison, de ses ambitions, et obtenu un titre de consul l'année précédente. Au terme de ce premier mandat, il reçoit en mars 59 av. J.-C. le proconsulat de plusieurs régions situées aux marches de l'Empire, parmi lesquelles la Gaule transalpine. Pacifiée depuis la tentative d'insurrection avortée de Celtill un quart de siècle plus tôt, la région est calme. Plusieurs peuples ont signé des accords avec Rome et rien n'indique qu'un Brennus[11] quelconque se lèvera à nouveau entre les Alpes et l'Armorique pour menacer l'Empire. Mais César a besoin de victoires militaires pour accroître son prestige politique. Arrivera un moment, il le sait, où sa rivalité avec Pompée éclatera au grand jour et où sa brillante carrière dans la magistrature et ses petits succès contre les insoumis ibères ne pèseront que de peu de poids au regard des campagnes triomphales du conquérant de l'Hispanie et du héros qui a crucifié Spartacus, brisé les pirates et vaincu les Parthes. Sans compter que le mode de vie choisi par César tout comme les prodigalités légendaires dont il a cru devoir faire preuve au cours de son ascension politique l'obligent à trouver un moyen de se refaire une santé financière. Autant de bonnes raisons qui le poussent à faire de la paisible Gaule un théâtre d'opérations militaires. Encore faut-il trouver un prétexte.

11. Grand chef de la Gaule transalpine qui avait assailli puis pillé Rome au IVe siècle av. J.-C.

Il l'a : le départ des Helvètes de leur région, entre la Gaule cisalpine et les forêts de Germanie. Leur objectif ? Atteindre la Saintonge, loin des risques d'invasion et de conquête. Emmenés par leur roi Orgétorix, ils brûlent leurs cités et entament leur migration à la fin de l'hiver 58 av. J.-C. Intolérable, juge César. Non seulement l'idée de voir un peuple de 200 000 âmes traverser la Gaule transalpine l'inquiète au plus haut point, mais la perspective de laisser une zone vierge au nord de la Gaule cisalpine, dans le voisinage immédiat des belliqueux et imprévisibles Germains, ne l'enchante guère.

César ne mobilise pas moins de six légions pour ramener les Helvètes à la raison et sur leurs terres. Un premier affrontement a lieu à Genève avec l'arrière-garde gauloise. Victoire romaine. Quelques semaines plus tard, les fantassins romains fondent sur les malheureux Helvètes n'ayant pas encore eu le temps de traverser la Saône. Nouvelle victoire. Enfin, en juin 58 av. J.-C., ses 40 000 hommes écrasent à Bibracte[12], en pays éduen, les 90 000 combattants helvètes leur faisant face. César accepte leur reddition et leur ordonne de bien vite retourner chez eux en leur promettant de s'occuper lui-même de la menace germaine. Il va tenir parole en rejoignant les Vosges puis l'Alsace pour chasser de la rive gauche du Rhin les Suèves[13] coalisés sous l'autorité du chef germain Arioviste. Porté par cette nouvelle victoire, il poursuit sa marche vers le nord et soumet les Belges,

12. Site correspondant à l'actuel mont Beuvray, dans le Morvan.
13. Peuple germanique nomade originaire des bords de la Baltique.

les Nerviens[14] et les Bellovaques avant de gagner l'Armorique[15], qui, à son tour, malgré une résistance héroïque (en particulier des Vénètes du Morbihan), se soumet au puissant proconsul. En 55 av. J.-C., il s'autorise une incursion en Bretagne, *terra incognita* située de l'autre côté de la Manche, et une opération commando sur l'autre rive du Rhin, en plein territoire germain. Deux campagnes de prestige qui, estime-t-il, ne pourront que renforcer son aura politique lorsque viendra l'heure de l'affrontement contre Pompée...

À l'intérieur des frontières historiques de la Gaule, pourtant, tout ne se passe pas aussi bien que César le prétend dans ses messages au Sénat. Révoltes sporadiques contre les collecteurs d'impôts, attaques de commerçants romains sur les routes, soulèvements militaires localisés mais violents dans l'Est agité (chez les Éburons[16] de la Meuse, par exemple), grognements d'une troupe fatiguée de guerroyer loin de son pays natal depuis plusieurs années... La Gaule est en colère et il suffirait d'une étincelle pour que ses habitants se lèvent face aux dix légions (60 000 hommes) stationnées à Sens et dans le pays éduen.

En mars 53 av. J.-C. se déroule à Samarobrive (Amiens) l'assemblée générale de la Gaule présidée par César en personne. Plusieurs peuples n'ont pas daigné envoyer leur représentant : les Trévires, tribu

14. Tribu belge d'origine germanique installée dans le nord-est de la Gaule (actuelles régions du Hainaut et du Brabant).

15. Région située entre la Loire et la Seine, qui correspond dans ses grandes lignes à la Bretagne actuelle.

16. Peuple belge d'origine germanique dont le territoire correspond aux provinces actuelles du Limbourg et de Liège.

mi-germanique de l'est de la Gaule, mais surtout, plus grave, les Sénons[17] et les Carnutes, deux puissantes nations gauloises qui viennent d'abolir en leurs frontières la royauté que leur avait imposée César. Ajouté à leur absence à Samarobrive, le geste sonne comme une révolte. Inquiet, le proconsul reporte l'assemblée générale et part soumettre sans délai les rebelles. La nouvelle réunion des peuples gaulois se déroule plus tard à Lutèce dans une ambiance effroyable. César en profite pour fixer les conditions de reddition des Sénons et des Carnutes : elles sont terribles. Des centaines d'otages sont réclamés, de nouveaux impôts levés. Mais déjà le proconsul reprend la route pour traquer Trévires et Éburons en donnant rendez-vous aux Gaulois à Durocortorum (Reims) pour achever à l'automne l'instruction de l'affaire des Carnutes et des Sénons. Cette ultime session bilatérale s'achève par l'exécution d'Acco, un chef sénon respecté bien au-delà de son propre peuple.

César décide ensuite de rejoindre Ravenne, en Gaule cisalpine, pour se rapprocher de Rome, où les événements semblent s'accélérer, et se reposer de cette année de campagne épuisante. Fort d'une certitude qu'il consigne par écrit : « La Gaule est tranquille et apaisée. » Or, elle ne l'a jamais moins été. Pour de nombreux habitants d'un territoire dont seul un dixième est réellement occupé par les légions romaines, César n'a finalement apporté que misère, soumission, malheurs, pillages. Les sénats locaux ont été détruits pour offrir le pouvoir à des oligarques

17. Tribu gauloise établie au sud-est de Lutèce (actuels départements de la Seine-et-Marne et de l'Yonne).

vendus à l'occupant, les meilleurs cavaliers ont été réquisitionnés et envoyés sur des fronts lointains, tandis que des milliers d'autres vaillants enfants de la patrie gauloise étaient intégrés aux armées de César pour servir de premières lignes de protection à ses fantassins. En arrivant cinq ans plus tôt, le proconsul avait promis de délivrer la Gaule du danger barbare ; il n'a fait que l'asservir.

Les Gaulois n'ont jamais cultivé l'esprit d'union. Les chefs des principales tribus parviennent pourtant à tomber d'accord lors d'une réunion dans la forêt des Carnutes au cours de laquelle chacun échange les informations qu'il a pu glaner. Puisque César est à Ravenne, loin de ses troupes, et que sa situation est fragilisée par la mort de son vieil ami Clodius qui faisait régner l'ordre à Rome en son nom, c'est le moment de passer à l'action. Aurait-il les moyens d'intervenir qu'il serait obligé d'attendre le printemps, les routes reliant les Gaules cisalpine et transalpine étant pour la plupart fermées jusqu'à la fonte des neiges. Les étendards de chaque tribu sont rapprochés et réunis en faisceau. Un serment est solennellement prêté. Il est décidé que les Carnutes prendront la tête du soulèvement et agiront les premiers. Présent à l'assemblée au nom du peuple arverne, Vercingétorix rentre à Gergovie impatient de se lancer dans la bataille.

Préludes

Un matin de la fin du mois de janvier, des marchands romains sont assassinés à Cenabum (Orléans), sur ordre des chefs carnutes Gutuater et Conconnetodumn : c'est le signal tant attendu. Partout dans le pays les Gaulois prennent les armes. À Gergovie, Vercingétorix exhorte les habitants à se préparer à rejoindre la grande armée de la liberté qui se soulève, mais il est chassé de la ville par son propre oncle. Qu'à cela ne tienne : à cheval, le jeune Arverne part mobiliser dans les heures qui suivent les paysans des campagnes qu'il parcourt depuis des mois et revient devant les murs de sa ville à la tête d'une troupe conquérante. Attirés par son prestige – il est le fils de Celtill –, séduits par la détermination qui se lit dans son regard, fascinés par son verbe (« nous combattons pour la défense de la liberté de toute la Gaule »), aimantés par l'énergie qu'il dégage, des centaines de ces gueux gaulois offensés et humiliés par le Moloch romain l'accompagnent, l'entourent, le suivent, le précèdent. Gergovie est conquise sans coup férir, son oncle Gobannitio expulsé, son nom acclamé. Sous le charme, la cité fait de Vercingétorix plus que son nouveau maître : son souverain. Et avec elle, bientôt, tout le pays arverne.

Cette première victoire, quoique modeste, en appelle d'autres. Il faut exploiter immédiatement le prestige né de ce fait d'armes. Sûr de lui, de sa force, de son charisme, de sa science militaire, Vercingétorix envoie des messagers dans toute la Gaule, invitant les chefs des tribus soulevées à le rejoindre à Gergovie. Son appel est entendu. Les uns après les autres arrivent dans la capitale arverne les représentants de vingt peuplades en armes (Sénons, Parisii, Pictons[18],

18. Tribu établie dans le haut Poitou et le sud de la Vendée.

Cadurques[19], Turons[20], Andécaves[21], Aulerques[22], Lémovices[23], etc.). Tous adhèrent au principe d'une armée commune. Donc d'un commandement commun. Or, Vercingétorix a déjà remporté une première bataille et il est le fils du dernier commandant d'une fédération de tribus gauloises. Est-il chef plus légitime ? Plébiscité à la tête d'un pouvoir militaire naissant, il promet de ne pas se muer en dictateur et de laisser à ses alliés leur autonomie politique. De garder un contact permanent avec chacun des commandants gaulois. Et de réunir le plus souvent possible un conseil devant lequel il rendra compte des opérations. Il tiendra parole.

Comment s'attaquer à la plus grande armée du monde ? En s'inspirant de ses méthodes et de son organisation. Vercingétorix connaît les faiblesses de ses troupes. Des généraux médiocres. Une infanterie virtuellement forte de centaines de milliers d'hommes, mais indisciplinée, peu courageuse, peu expérimentée pour la guerre, mal équipée, totalement étrangère à toute notion de stratégie. Peu de frondeurs et d'archers pour répondre aux javelots romains en cas de combats à distance.

Mais le chef arverne sait aussi ses forces : une cavalerie d'élite et un certain nombre de places fortes imprenables.

Vercingétorix a étudié de près les batailles dans lesquelles s'est engagé César durant les années

19. Tribu établie dans le Quercy (région de Cahors).
20. Tribu établie en Touraine.
21. Tribu établie en Anjou.
22. Tribu établie dans les environs de Vindunum (Le Mans).
23. Tribu établie dans le Limousin.

précédentes. Par exemple, son expédition en Bretagne (la future Angleterre) en 54 av. J.-C. Cassivellaunos, le principal chef breton, avait entravé efficacement la marche en avant du proconsul en obéissant à une stratégie très précise. Ses 4 000 cavaliers harcelaient sans cesse les colonnes à pied romaines en refusant tout combat frontal. Ils dévastaient consciencieusement les terres sur lesquelles les légions s'apprêtaient à pénétrer, massacraient éclaireurs et traînards ennemis, profitaient des routes étroites ou des défilés pour fondre sur l'adversaire et s'évanouir en se gardant de réapparaître dans les plaines, terrains découverts favorables aux fantassins romains. Durant les sept mois de guerre totale qu'il va imposer au proconsul, Vercingétorix ne se départira qu'à de très rares exceptions de cette technique de guérilla du faible au fort, qui, faute de pouvoir éliminer l'ennemi en une seule bataille décisive, prétend le blesser pour le vider de son sang, goutte après goutte.

C'est en février 52 av. J.-C., une fois une grande cavalerie gauloise formée, que Vercingétorix décide de passer à l'attaque. Il fixe trois points d'assaut. Au centre, sous son commandement direct, seront attaqués les Bituriges[24], dont le territoire coupe les Arvernes de leurs alliés du Nord. Au nord-ouest seront lancées des escarmouches contre les légions qui campent notamment en Armorique. Enfin, au sud-ouest, une opération de diversion sera lancée contre la province romaine, du côté de Narbonne. Et le Sud-Est ? Inutile d'y mobiliser quelque troupe que

24. Tribu établie dans le Berry.

ce soit : recouvertes de plusieurs mètres de neige, les Cévennes, en cette saison, forment une frontière naturelle et un rempart de glace infranchissables.

L'attaque contre les Bituriges est un succès. Non seulement ceux-ci n'ont pas obtenu le secours des Éduens – ce que craignait par-dessus tout Vercingétorix –, mais ils ont très vite renoncé à combattre pour se rallier au chef arverne. L'événement est de taille : rassemblés sur un territoire immense, les Bituriges forment le plus vieux peuple de la Gaule, et leur capitale, Avaricum (Bourges), est considérée comme la plus belle ville gauloise ! La victoire est double : militaire et symbolique.

La joie de Vercingétorix est de courte durée. La campagne de son lieutenant Lucter dans la province romaine, elle, ne s'est pas déroulée comme prévu. Arrivé aux portes de Narbonne, il a dû rebrousser chemin face à la remarquable organisation de la défense ennemie. Celle-ci était l'œuvre de César en personne, accouru à marche forcée depuis sa retraite de Ravenne. Informé de l'offensive lancée dans toute la Gaule par Vercingétorix, le proconsul avait compris qu'il devait se lancer dans la bataille immédiatement. Et briser dans l'œuf le mouvement insurrectionnel gaulois naissant.

Rapidité, surprise, détermination. César n'est pas le plus grand chef militaire de son temps pour rien. Pour empêcher Vercingétorix de poursuivre sa marche en avant et voir son armée grossir, il ne doit pas perdre de temps et contre-attaquer sans attendre le printemps. Il surgira par la seule voie où il n'est pas attendu : les Cévennes. Une folie. Suivant le chemin qu'empruntent les marchands l'été pour rejoindre le Velay, le proconsul entraîne ses troupes sur les kilomètres de chemins verglacés zigzagant entre les versants abrupts des monts cévenols. Même si ses courageux sapeurs ont réussi à tailler un couloir dans la muraille de glace et de neige, l'expédition relève de l'exploit. En pleine nuit, dans le froid, la bise et le brouillard, cavaliers à pied, fantassins et chariots quittent Montpezat pour entamer l'ascension du col du Pal – 700 mètres de dénivelé. De nombreuses pertes seront à déplorer, mais la troupe réussira à traverser les Cévennes pour déboucher en plein territoire arverne, dans le bassin du Puy. Laissés sans défense, les villages sont vides d'hommes, tous partis rejoindre les armées gauloises mobilisées au nord-ouest du pays. Tout en laissant ses légions razzier consciencieusement la région du Puy, César poursuit sa contre-offensive. Objectif : le plateau de Langres, où demeurent les rares Gaulois qui lui sont fidèles. Là-bas, il pourra aussi surveiller les Éduens dont il se méfie et dont la défection serait catastrophique. Ses légions pourront également se ravitailler dans ce Nord-Est qui lui est acquis. Et qui sait s'il ne parviendra pas à recruter quelques auxiliaires germains campant dans les environs ? Cavaliers réputés, ils lui seraient d'un grand secours face aux troupes à cheval de Vercingétorix.

César gagne Dijon, puis part s'installer à Sens à la fin de l'hiver, après y avoir rassemblé toutes ses légions. En quelques semaines, par une manœuvre inattendue et géniale – et pratiquement sans combattre –, il a brisé la dynamique gauloise, sidéré ses adversaires, remis en ordre de bataille son armée dispersée et ajouté une page glorieuse à sa légende.

Triomphe de la volonté et de l'intelligence tactique. Désormais, le duel contre l'impudent chef gaulois va pouvoir commencer. À armes égales. Ou presque : Vercingétorix dispose à ce moment de deux fois plus d'hommes en armes (100 000) et de 7 000 cavaliers.

Premier face-à-face

La première grande confrontation directe entre les deux hommes a lieu à Noviodunum (Neung). Après s'être emparé sans coup férir de Vellaunodunum (Montargis) et Cenabum (Orléans), à laquelle est réservé un sort particulièrement terrible afin de la punir d'avoir été le berceau de l'insurrection gauloise, César parvient devant Noviodunum, en pays biturige. Cédant à l'excitation des principaux cadres de son état-major, malgré ses réticences, Vercingétorix accepte d'engager le combat. C'est un désastre. Après avoir pris le dessus sur son homologue romaine, la cavalerie gauloise voit surgir un escadron de cavaliers germains qui l'oblige à se retirer en désordre. Noviodunum se rend aux Romains qui la pillent consciencieusement avant de mettre le cap sur la capitale du pays, Avaricum (Bourges). César est déterminé à s'en emparer. Avec ses 40 000 habitants, elle est selon lui « la plus belle ville de toute la Gaule, l'ornement et la citadelle de leur pays ».

Le chef arverne, de son côté, n'est pas si mécontent de la défaite de Noviodunum. Anecdotique d'un point de vue militaire, elle illustre la pertinence de sa vision stratégique : pour vaincre les légions, il faut impérativement esquiver toute bataille rangée et multiplier les opérations de guérilla ou les obliger à mettre le siège devant des villes imprenables. C'est ce qu'il rappelle aux chefs gaulois rassemblés en conseil quelques jours après la chute de la cité biturige : « Il faut conduire la guerre autrement que nous l'avons fait et couper aux Romains le fourrage et les vivres. Rien de plus facile pour nous. Le fourrage n'est pas bon à faucher en ce moment, l'ennemi doit envoyer des escouades piller les fermes. Nos cavaliers pourront détruire chaque jour ces détachements isolés. Mais il y a plus. Que chacun oublie ses intérêts domestiques : brûlons nous-mêmes tous nos villages ouverts, brûlons nos fermes, partout où les Romains pourraient fourrager. Brûlons aussi les villes fortifiées, sauf celles que la force de leurs remparts rend inexpugnables. Si vous les laissez debout, vos forces s'égrèneront, chacun refusant de suivre l'armée pour s'abriter derrière les murs de sa cité, et quand les Romains en deviendront les maîtres, ils y trouveront les vivres dont ils ont besoin et le butin qu'ils convoitent. Cela vous paraît de trop durs sacrifices ? Ce sont des douleurs autrement terribles de voir vos femmes et vos enfants destinés à l'esclavage et vous-mêmes à la mort. Car c'est votre lot si vous êtes vaincus. »

Convaincu, son auditoire adopte la stratégie proposée par Vercingétorix. À une question près : comment distinguer une « ville fortifiée », condamnée à l'autodestruction, d'une ville « aux remparts inexpugnables », qu'il conviendra d'épargner et de sauver ? Elle se pose immédiatement pour Avaricum, prochain objectif des légions romaines. Pour le chef arverne, elle n'est en aucun cas une ville inaccessible. Ce n'est pas l'avis des Bituriges, qui, une fois encore, parviennent à le circonvenir. Persuadé de commettre une erreur mais incapable d'autoritarisme, Vercingétorix laisse une troupe d'élite brûler les villages proches d'Avaricum – par lesquels César doit arriver – et rejoindre la ville gauloise pour organiser sa défense. Lui-même restera à une vingtaine de kilomètres au nord-est de la cité, de l'autre côté de vastes marais. De là-bas, il lancera chaque jour ses cavaliers pour harceler les escouades romaines cherchant à se ravitailler dans les pays boïen[25] et biturige.

César installe son camp à 500 mètres au sud de la ville. Pendant trois semaines, il fait construire à ses huit légions une terrasse quadrangulaire de la hauteur des enceintes de la cité et flanquée de deux tours. Le vingt-sixième jour du siège, alors qu'un orage dantesque s'est abattu sur la ville et que nombre de ses défenseurs ont quitté leur poste pour se mettre à l'abri, le chef romain ordonne l'assaut. Grâce à sa terrasse, le sommet des murailles ennemies est facilement atteint. Avaricum tombe en quelques heures. Les Bituriges sont massacrés par milliers. César triomphe. Sa marche depuis Sens n'a été jalonnée que de succès. Aucune tribu gauloise alliée à Rome ne l'a trahi. Aucun second front ne s'est déclaré. Partout et par tous, son génie tactique est salué.

Une nouvelle fois, comme lors du passage des Cévennes, il a su utiliser à son avantage les éléments naturels. Une nouvelle fois, par leur indiscipline et le manque de confiance en leur chef, les Gaulois, eux, ont essuyé une cuisante défaite. En ce mois d'avril

25. Dans le Bourbonnais.

52 av. J.-C., il ne reste plus aux Romains que Gergovie à conquérir. La ville natale de Vercingétorix.

Le dernier sourire de la victoire

Les grands chefs se révèlent autant après une défaite qu'au lendemain d'un succès. Plutôt que de se lamenter sur la chute d'Avaricum ou de rappeler combien il avait raison de ne pas l'estimer imprenable, Vercingétorix prononce un discours conquérant et optimiste lors du conseil de guerre qui a lieu quelques jours après le désastre. « Entendez-vous le vent d'espoir qui se lève dans toute la Gaule ? Voyez-vous toutes ces cités qui, une à une, envoient des combattants grossir notre armée ? » Mais il attend plus et mieux de ses hommes. Pour vaincre César, ses troupes doivent ressembler à celles de son adversaire. Le chef arverne est déterminé à insuffler plus que jamais la discipline et la rationalité romaines dans la fougue et la dispersion gauloises. Par exemple en fixant un nombre de recrues déterminé et une date de retour précise aux différents émissaires chargés de parcourir le pays à la recherche de nouveaux volontaires.

Vercingétorix n'oublie pas non plus de garder un œil du côté des Éduens. Depuis le début de l'insurrection, il compte sur leur ralliement pour faire basculer définitivement le rapport des forces en sa faveur. En ce début de printemps, ils doivent élire leur nouveau vergobret. Déchirés entre deux grandes factions, ils ont réclamé l'arbitrage de César. Quittant

Avaricum, celui-ci gagne Decize[26] pour désigner le nouveau maître éduen avant de se lancer à la poursuite de l'armée de Vercingétorix. Il le rejoint bientôt, mais celui-ci progresse de l'autre côté de l'Allier. Les deux armées vont se suivre à distance pendant plusieurs kilomètres le long du fleuve auvergnat. Quand César trouve enfin un pont, le chef arverne a pris de l'avance et installé ses quartiers à Gergovie. Posée à 700 mètres d'altitude, au sommet d'un plateau de 75 hectares, la capitale arverne bénéficie de solides défenses naturelles : au nord et à l'est, de gros rochers presque impossibles à escalader ; à l'ouest, une épaisse forêt. Pour ne pas commettre la même erreur qu'à Avaricum, Vercingétorix a massé ses troupes à l'extérieur de la ville (au sud), en entourant son camp de murailles de pierre de plusieurs mètres de haut. Chaque matin en partent des escouades de cavaliers et d'archers chargés de rôder aux abords du camp romain bâti, lui, au nord de Gergovie.

Dès les premiers jours du siège parvient au général romain l'incroyable nouvelle : les Éduens appelés à venir rejoindre ses légions ont fait défection. Pis, c'est Convictolitan, le vergobret désigné par ses soins quelques jours plus tôt, qui a trahi en l'accusant – un comble ! – de s'être immiscé dans les affaires intérieures des Éduens. Ceux-ci le suspectent en outre de vouloir sacrifier les 10 000 hommes de leur tribu qu'il a réclamés en les envoyant en première ligne dans l'assaut contre Gergovie. César n'est pas dupe. Derrière ces dénonciations se trouve la main du chef

26. Cité éduenne du Nivernais, à 100 kilomètres à l'est de Bourges.

arverne qui a vraisemblablement trouvé les arguments financiers suffisants pour convaincre ses ex-ennemis. Mais pas tous. Plusieurs seigneurs éduens ont refusé l'alliance nouvelle qui leur a été imposée et sont venus le faire savoir au proconsul. Comme à son habitude, César choisit de répondre vite et fort. À la tête d'une petite troupe, il parcourt à bride abattue 25 milles[27] vers le nord et gagne Randan où son arrivée inattendue et spectaculaire sidère les milliers d'Éduens qui s'apprêtaient à faire allégeance à Vercingétorix. L'initiative est immédiatement oubliée. Après quelques courtes heures de repos, César peut repartir rassuré vers Gergovie. Une autre mauvaise nouvelle l'y attend. Le rusé Arverne, informé de son départ, en a profité pour attaquer les deux légions demeurées sous le commandement de Fabius. De nombreux blessés sont à déplorer.

La situation frise la catastrophe. César n'a plus à sa disposition qu'une troupe composée d'hommes épuisés les uns par quarante-huit heures de marche intensive, les autres par un violent assaut ennemi. Quant aux Éduens, après avoir reconquis *in extremis* leur soutien, il ne peut certes pas les envoyer combattre seuls les furieux Gaulois, galvanisés par leur première victoire. Il ne lui reste qu'à partir. Sans combattre ? Impossible. On prendrait son retrait pour une fuite. Après avoir lancé un leurre, prenant lui-même la tête de son unité d'élite, la Xe légion, César lance une opération téméraire : attaquer la forteresse par un de ses côtés supposés imprenables, La Roche-Blanche.

---

27. Soit un peu moins de 40 kilomètres, un mille faisant 1,6 kilomètre.

Inopiné, l'assaut est d'abord un succès. En quelques minutes, les assaillants parviennent aux portes de Gergovie, après avoir bousculé ses défenseurs. C'en est assez pour la fortune de César, qui sonne la retraite, craignant l'arrivée massive des Gergoviens. Mais, exaltés par le succès apparent de leur opération, les Romains se font gaulois et n'écoutent pas leur chef. Ils continuent leur ascension vers les sommets des remparts pierreux de la cité. Entre-temps, Vercingétorix a pris la mesure des événements et rameuté ses meilleurs soldats là où la bataille fait rage. Fondant sur les Romains essoufflés par leurs efforts, ils provoquent leur débandade. Fabius et quarante-six des cent soixante centurions sont tués. La VIIIe légion est décimée : des centaines de morts sont à déplorer dans ses rangs. Cette fois, César est obligé de partir. Vaincu par un adversaire ayant fait usage de ses propres armes : patience, discipline, détermination. Le prestige de Vercingétorix est à son apogée, tandis que l'étoile du proconsul a de nouveau pâli.

Le départ de César en direction du nord-est après sa défaite à Gergovie provoque un immense soulagement chez Vercingétorix, satisfait de voir le Romain porter le fer et le feu loin de son cher pays arverne. Ses hommes ont besoin de souffler, et lui d'asseoir son pouvoir. La fortune souriant aux victorieux, le ralliement à son étendard de toutes les tribus gauloises (sauf les Rèmes[28] et les Lingons[29]) est une heureuse nouvelle d'un point de vue comptable. Mais il faut digérer l'arrivée de ces nouvelles recrues. Et

28. Tribu établie en Champagne.
29. Tribu établie entre le Morvan et les Vosges.

gérer, au sein du conseil, l'intégration de leurs chefs. Or, plus le conseil s'agrandit, plus les jalousies et les rancœurs à son égard sont susceptibles de s'accroître. Autre interrogation : quel est le degré de fidélité réel des nouveaux ralliés helvètes, séquanes et éduens ?

Les Éduens, justement. Ils exigent que le chef gaulois vienne à Bibracte au début de l'été 52 av. J.-C. afin de leur céder le pouvoir à la tête du conseil ! Vercingétorix refuse bien entendu de leur transmettre son sceptre, mais admet publiquement que l'arrivée de nouveaux alliés au sein de l'état-major militaire gaulois oblige à des changements structurels importants. Et de proposer une nouvelle élection… On ne saurait imaginer tactique plus habile. Au grand désarroi des Éduens, le vote prend les allures d'un plébiscite. « Le Conseil de toute la Gaule » conforte Vercingétorix dans son statut de général en chef des armées gauloises confédérées. Son autorité est une nouvelle fois renforcée. Il en profite pour réclamer 15 000 cavaliers supplémentaires : informé du brusque changement de direction décidé par César, aperçu près de Dijon, fonçant vers le territoire allobroge, le général gaulois se met en quête d'un nouveau lieu dans lequel il attirera son adversaire pour en finir avec lui. Un nouveau Gergovie. Ce sera Alésia.

L'étranglement

Imposant plateau cerclé de vallées elles-mêmes entourées de collines et de coteaux, Alésia est baignée à ses pieds par deux rivières – l'Oze et l'Ozerain – et de nombreux marécages. Les versants de son plateau pentu sont couverts de rochers abrupts – autant de remparts naturels. À l'est, une langue de terre forme un col reliant la cité au mont Pennevelle.

Au-delà de sa topographie avantageuse, le lieu est chargé de symboles et d'histoire. Les Grecs le connaissaient et l'appréciaient, au point d'y avoir situé une scène avec Héraclès pour héros. Surtout, chez les prêtres gaulois, on le considère comme « le foyer et la cité mère de toute la Celtique ». Voilà pourquoi une victoire à Alésia serait autant politique que militaire.

Une telle perspective a-t-elle tourné la tête de Vercingétorix ? Le fin tacticien du printemps serait-il redevenu avec l'été un vulgaire et fougueux chef de clan gaulois ? De manière incompréhensible, lui qui, depuis des mois, s'applique à éviter le combat direct décide soudain d'abandonner sa stratégie de terre brûlée et de harcèlement méthodique des colonnes romaines pour se jeter de front sur les légions ennemies avant même leur arrivée au pied de la forteresse dans laquelle il a déjà entreposé assez d'armes et de vivres pour tenir un siège d'un mois. Pour imposer sa surprenante décision, il a tenu au conseil un discours ferme et lyrique : « Les Romains battent en retraite mais César les ramènera. Cet homme ne se lassera jamais de la guerre si on ne lui inflige pas un affront irréparable. Au lieu de décimer les légions, il faut en finir avec elles. »

Vercingétorix envoie donc ses meilleurs hommes dans l'attaque de la tête de la colonne romaine s'approchant d'Alésia. Il a également demandé à la cavalerie (essentiellement des Éduens) de fondre sur celle-ci en divers lieux. Il est persuadé que ses adversaires, empêtrés dans leurs bagages, fatigués par leur marche, résisteront peu. Mais César a tout prévu. Aux 15 000 cavaliers l'attaquant en trois endroits, il n'oppose pas la lourde infanterie attendue mais trois corps de cavalerie germains. En quelques heures, leur discipline prend le dessus sur la furia gauloise désordonnée. Militairement et psychologiquement.

Sans attendre, César ordonne à ses légions de rejoindre les hauteurs d'Alésia, à deux jours de marche, pour installer ses fantassins sur le flanc oriental du mont Auxois. Malgré la rapidité de l'initiative, il arrive trop tard : les Gaulois sont déjà disposés sur le côté de la colline dont le général romain avait noté qu'il s'agissait du point de défense le plus vulnérable du site. Tout assaut se révèle impossible, la forteresse gauloise de 100 hectares, qui s'étend sur 2 kilomètres de long et 800 mètres de large, semble inexpugnable. Reste le siège. Comme à Agrigente[30] ou à Numance[31] (en 262 et 133 av. J.-C.). Deux prestigieuses victoires romaines.

Trente jours se sont écoulés depuis que Vercingétorix a envoyé ses cavaliers en quête de renforts dans toute la Gaule. Trente jours au cours desquels il a assisté, impuissant, admiratif, aux travaux de terrassement herculéens de ses adversaires. Délaissant leur épée et leur javelot pour la pelle et la pioche, les 40 000 soldats romains ont bâti des camps, des fossés et des redoutes tout autour d'Alésia. Le chef gaulois a bien lancé de petites attaques quotidiennes, mais sans grande envergure. Et sans effet.

---

30. Les Romains firent durant sept mois le siège de cette ville fortifiée de Sicile aux mains de Carthage.

31. Ville d'Espagne assiégée durant quinze mois par Scipion Émilien, avant de tomber, vaincue par la famine.

Au sein de la ville, le blé et la viande manquent désormais. On commence à faire cuire sangles et harnais pour avoir quelque chose à mâcher. Des bagarres éclatent pour un morceau de lard ou un quignon de pain. La colère gronde. Des défections sont signalées chez les habitants de la ville elle-même (les Mandubiens), qui craignent de voir leur cité punie au-delà du raisonnable une fois conquise. L'idée de reddition fait son chemin. « Ni reddition ni sortie, rétorque Vercingétorix quand ses lieutenants viennent l'alerter sur les mouvements d'humeur des troupes. César n'épargnerait personne. Les abords de ses lignes sont truffés de pièges. » Surtout, rappelle-t-il, les renforts vont arriver…

Et ils arrivent, un beau matin de septembre. Une colonne immense de plusieurs dizaines de kilomètres de long : 250 000 Gaulois. À la demande de Vercingétorix, ils sont venus, ils sont tous là : des Osismiens de la lointaine Armorique, des Nitiobroges de la région agenaise, des Morins des Flandres, des Helvètes, des Bellovaques, des Séquanes, des Médiomatriques de la Moselle, des tribus du Poitou, de la Gironde, de Normandie, d'Anjou. Une armée gigantesque, plus ou moins bien équipée, hétérogène, relativement inexpérimentée, mais déterminée à chasser César et sauver Alésia. Et, semble-t-il, irrésistible : face à elle sont alignées seulement une dizaine de légions, soit un peu plus de 50 000 hommes.

Le chef gaulois aurait-il dû attendre que son armée de secours se soit déployée dans son intégralité aux abords d'Alésia avant de lancer la bataille ? Sans doute. Mais les assiégés auraient-ils pu tenir encore une semaine, temps minimal nécessaire à la mise en place de l'armée gauloise dans sa nouvelle configuration ? Et César l'aurait-il permis ? Le 25 septembre 52 av. J.-C., dès les premières heures de la confrontation dans la plaine des Laumes, « couverte de cavaliers » (César), il est évident que la situation ne tournera pas à l'avantage des Gaulois. Furieux mais désorganisé, l'assaut de leurs fantassins se brise sur les lignes de défense romaines. Quant aux cavaliers, ils sont à nouveau laminés par leurs homologues germains, surgis comme des diables des pentes du mont Réa où ils étaient stationnés depuis plusieurs jours.

Après ce premier échec, Vercingétorix tente un coup de poker et ordonne une attaque de nuit. Une guerre des ombres s'engage, qui tourne encore une fois à l'avantage des Romains. Sans doute informés de cette offensive, les légionnaires ont eu le temps de répondre à l'attaque nocturne à l'aide de frondes, d'épieux, de catapultes et de javelots. Quand ils ne sont pas freinés dans leur progression, les attaquants s'empalent sur les pointes acérées disposées dans les fossés protégeant le camp ennemi. La bataille dure jusqu'à l'aube. Craignant une contre-attaque de la cavalerie germaine, les hommes de Vercingétorix se retirent : ils ne sont pas vaincus, mais sûrement pas vainqueurs.

Le troisième et ultime assaut est donné le lendemain. Au terme d'un conseil de guerre, il a été admis que le mont Réa et la montagne de Flavigny, où est installé le quartier général de César, doivent constituer l'objectif prioritaire. Cette fois, tous les hommes valides sont mobilisés. Face aux vagues successives se jetant sur les remparts de leurs camps disséminés autour d'Alésia, les Romains sont sur le point de céder quand la vue de leur chef, César, drapé dans son manteau aux couleurs resplendissantes, plongeant en personne au cœur de la bataille, son glaive à la main, provoque un sursaut d'énergie et d'orgueil décisif. Des hauteurs d'Alésia, où il est resté pour observer la bataille, Vercingétorix assiste, impuissant, à l'effondrement de son rêve. Heure par heure, les nouvelles lui parviennent, toutes désastreuses : le fidèle et vaillant Vercassivellaunos fait prisonnier ; le chef lémovice Sédullus tué ; des enseignes par dizaines saisies par l'ennemi ; les fantassins et les cavaliers décimés ; et surtout, les renforts de l'armée de secours qui attendaient sur les flancs de la montagne de Mussy, à l'ouest de la plaine des Laumes, disparus. Volatilisés. Évanouis « comme un fantôme ou un songe » (Plutarque). Avant même la fin des combats, ce 27 septembre 52 av. J.-C., des dizaines de milliers de Gaulois ont plié bagages et rebroussé chemin, désormais sûrs de l'issue funeste de la bataille. Ils sont repartis dans leurs villages répandre la nouvelle : César vainqueur à Alésia. Et Vercingétorix vaincu. La Gaule sera romaine. Définitivement.

Défaite, humiliation, mise à mort

« Eo duces producuntur ; Vercingetorix deditur, arma projiciuntur. » « Les chefs lui furent amenés ; Vercingétorix lui fut livré et les armes furent jetées à ses pieds. » La sobriété lapidaire avec laquelle César rend compte, dans *La Guerre des Gaules*, de la reddition de son ennemi gaulois étonne encore aujourd'hui – tout comme l'usage de la troisième personne en parlant de

lui-même... Sans doute le futur maître de Rome ne veut-il pas laisser penser que l'insurrection gauloise a pu être une grande source d'inquiétude pour lui : en minimisant l'événement, il rabaisse son adversaire, sa force, sa menace et son propre affaiblissement. Faux modeste, il laissera en revanche ses thuriféraires chanter son exploit militaire en exagérant la scène – trente cavaliers gaulois entourant Vercingétorix qui mettent pied à terre au son des trompettes et jettent cérémonieusement leurs armes aux pieds du général romain tandis que leur chef lance au vainqueur un admirable : « Je suis brave mais tu l'es davantage et tu m'as vaincu ! »

La réalité est autre. Après avoir convoqué un ultime conseil de guerre le matin suivant le départ de l'armée de secours, et après avoir rappelé le sens de son combat (« Je n'ai pas entrepris cette guerre pour mes intérêts personnels mais au nom de la liberté de tous »), Vercingétorix met au vote son destin : la mort ou la reddition (qui signifie aussi la mort, mais plus tard). On opte pour cette dernière et des parlementaires sont envoyés dans le camp de César, qui la réclame sans condition. Tandis que d'autres chefs comme Commios ont réussi à s'enfuir – ce qu'aurait sans doute pu faire Vercingétorix –, le vainqueur de Gergovie sort à pied et sans armes de l'oppidum d'Alésia par la porte principale donnant sur la plaine des Laumes. Il est immédiatement saisi et enchaîné, tout comme les autres chefs de tribu qui l'accompagnent. Derrière eux, plusieurs charrettes remplies d'armes offertes par les assiégés aux vainqueurs. Les chefs gaulois sont conduits jusqu'à une estrade montée au centre du camp romain. Assis sur son siège, César reste muet quand le chef arverne arrive à sa hauteur. À peine lui jette-t-il un regard. Une indifférence toute calculée : qui pourrait supposer que derrière cette distance aristocratique peut se cacher un quelconque respect, voire de l'admiration ?

Malheur au vaincu ! Le calvaire de Vercingétorix sera long. Le temps que César organise son triomphe : six ans. Six longues années à suivre d'abord son vainqueur comme un vulgaire bagage durant ses campagnes autour de la Méditerranée à la poursuite de Pompée, puis à croupir dans un cachot sombre et humide creusé à proximité du Capitole. Privé de lumière, attaché jour et nuit aux parois de sa geôle, dévoré par les poux et les araignées, interdit de barbier, parfois torturé et privé de nourriture, il ne reçoit de visites que celles du chef de la prison. Par exemple pour lui annoncer, au début de l'année 50 av. J.-C., la soumission totale de toutes les régions gauloises, des Pyrénées au Rhin et à l'océan, « à l'exception des terres rendues inaccessibles par les marécages » (les Flandres). Ou pour lui relater les victoires successives de César – Pharsale en Thessalie, l'Égypte, Thapsus en Afrique, pour ne citer que les principales. *Veni, vidi, vici !*

En août 46 av. J.-C., de retour d'Afrique, César veut stupéfier Rome et le monde en exhibant ses trophées. Des butins matériels ou humains comme Arsinoé, rivale de Cléopâtre[32], Juba, fils du roi de Numidie qu'il vient d'écraser, ou… Vercingétorix. Devant le peuple romain rassemblé le long de la Voie sacrée, l'ancien chef gaulois, extirpé pour la première fois de son cul-de-basse-

32. Voir le prochain chapitre.

fosse, est un des clous du spectacle organisé par celui qu'il avait réussi à faire trembler le temps d'une ou deux saisons, de l'autre côté des Alpes. Entravé par ses chaînes, boitant bas, ivre de fatigue, aveuglé par une lumière qu'il n'a pas vue depuis soixante-dix mois, Vercingétorix, le visage noyé sous une barbe et une chevelure épaisses, suit le char doré tiré par quatre chevaux blancs sur lequel l'*imperator* a pris place pour rejoindre le Forum. Derrière eux suivent des dizaines de chariots couverts d'armes et de lingots, quarante éléphants et les légions drapées dans leurs plus beaux costumes d'apparat. Soudain, une fourche. À gauche file la route qui mène au Capitole, la colline où se dressent les temples de Jupiter et de Junon, symboles de la puissance religieuse et militaire romaine. La voie qu'emprunte César. À droite serpente en descendant le chemin qui rejoint le Tullianum[33]. C'est par là que les licteurs poussent Vercingétorix. Mais cette fois, il retourne en prison pour y mourir. À peine est-il entré qu'on le jette dans une vaste salle humide où l'attend un bourreau. Après l'avoir immobilisé au sol, celui-ci lui glisse un lacet autour du cou et commence à serrer lentement, lentement, très lentement…

Une heure plus tard, le corps de l'Arverne est traîné à l'aide de crocs de boucher sur les marches de l'escalier des Gémonies qui sépare la prison du temple de la Concorde. Son corps sans vie y est exposé pendant plusieurs jours au peuple de Rome avant d'être jeté dans le Tibre, tout proche.

Vercingétorix est mort. Sa légende peut naître.

33. Prison souterraine, creusée au pied du Capitole. Y séjourneront, après Vercingétorix, les apôtres Pierre et Paul.

Bibliographie sélective

Jean-Louis BRUNAUX, *Vercingétorix*, Gallimard, 2018.

Jean-Louis BRUNAUX, *Alésia*, Gallimard, 2012.

Jean-Louis BRUNAUX, *Les Gaulois*, Les Belles Lettres, 2005.

Jean-Louis BRUNAUX, *Guerre et religion en Gaule. Essai d'anthropologie celtique*, Errance, 2004.

Luciano CANFORA, *César, ou le Dictateur démocrate*, Flammarion, 2001.

Jérôme CARCOPINO, *Alésia et les ruses de César*, Flammarion, 1958.

Jérôme CARCOPINO, *Jules César*, Bartillat, 2013.

CÉSAR, *La Guerre des Gaules*, Les Belles Lettres, 1923.

DION CASSIUS, *Histoire romaine*, Les Belles Lettres, 1994.

Alain DEYBER, *Les Gaulois en guerre. Stratégies, tactiques et techniques*, Errance, 2009.

Robert ÉTIENNE, *Jules César*, Fayard, 1997.

Christian GOUDINEAU, *Le Dossier Vercingétorix*, Arles, Actes Sud/Errance, 2001.

Jacques HARMAND, *Vercingétorix*, Fayard, 1996.

Camille JULLIAN, *Vercingétorix*, Tallandier, coll. « Texto », 2012.

Yann LE BOHEC, *Alésia*, Tallandier, 2012.

Yann LE BOHEC, *César, chef de guerre*, Le Rocher, 2001.

Serge LEWUILLON, *Vercingétorix ou le mirage d'Alésia*, Complexe, 1999.

Jean MARKALE, *Vercingétorix*, Hachette, 1982.

Paul M. MARTIN, *La Guerre des Gaules. La Guerre civile*, Ellipses, 2000.

Paul M. MARTIN, *Vercingétorix : le politique, le stratège*, Perrin, 2009.

Laurent OLIVIER, *Le Pays des Celtes*, Seuil, 2018.

PLUTARQUE, *Vies parallèles*, t. III, Gallimard, coll. « Quarto », 2002.

Danielle PORTE, *Vercingétorix, celui qui fit trembler César*, Ellipses, 2013.

Michel REDDÉ, *L'Armée romaine en Gaule*, Errance, 1996.
Philippe RICHARDOT, *Les Erreurs stratégiques des Gaulois face à César*, Economica, 2006.
SUÉTONE, *Vie des douze Césars*, t. I, Bartillat, 2010.
Jean-Michel THIBAUX, *Vercingétorix*, Plon, 1994.
Jean-Louis VOISIN, *Alésia*, Perrin, « Tempus », 2014.

III

Cléopâtre

Illusions perdues

Pour sauver son pays, l'Égypte, et restaurer sa grandeur pharaonique évanouie, elle envisagea de s'unir à la grande puissance de son siècle : Rome. Maîtresse de Jules César puis de Marc Antoine, elle caressa l'illusion d'unifier, comme un autre prince grec trois siècles plus tôt, Alexandre le Grand, l'Orient et l'Occident. Usant de ses charmes, de sa force de conviction et de son or, elle faillit y parvenir avant qu'Octave, le futur Auguste, ne mette fin à ses espoirs en la poussant au suicide, puis n'œuvre, par une habile et efficace propagande, à la salir. Pourtant, Cléopâtre fut une femme et une reine qui vaut davantage que son image.

Cela ne peut pas continuer ainsi. En cette soirée de printemps 47 av. J.-C., Cléopâtre est inquiète. Le bonheur dans lequel elle nage sur le Nil depuis quelques jours lui semble trop grand, trop beau, trop inédit pour durer. Et encore moins s'éterniser.

Autour d'elle, le paysage qui s'offre à ses yeux relève de la féerie. Parti d'Alexandrie, le navire royal que manœuvrent des dizaines de bancs de rameurs a dépassé Thèbes, l'ancienne capitale où dorment les momies dorées des pharaons de la XIe et de la XVIIIe dynastie, et longe désormais les rives près desquelles se dressent le Sphinx et les pyramides de Kheops, de Khephren et de Mykérinos. Bientôt apparaîtront les murailles blanches de Memphis, les sites de Karnak et de Louxor, la première cataracte d'Assouan. Quand les quatre cents embarcations qui accompagnent l'imposant *Thalamegos* s'écartent un peu, elle peut deviner, au milieu des touffes de papyrus et de lotus, les silhouettes d'hippopotames, de crocodiles, de hérons et de cigognes cohabitant plus ou moins harmonieusement dans les eaux verdâtres du roi des fleuves. Et, au-delà, un océan de blé délimité par des rangées d'abricotiers, de dattiers et de bananiers. Spectacle naturel grandiose, paradisiaque, auquel fait écho celui qu'offre le palace flottant sur lequel elle a pris place : longue de plus de 100 mètres, sa nef royale possède une proue en ivoire sur laquelle veillent des statues dorées de 6 mètres de haut. S'élevant sur deux niveaux, elle comprend des cours à colonnades, des salles pour les fêtes et la danse, des dizaines de chambres à coucher, des sanctuaires divins, un jardin d'hiver, des salles de banquet. Rien ne saurait paraître assez luxueux pour exprimer la richesse et la puissance de la descendante des Ptolémées qui, depuis la mort d'Alexandre le Grand, il y a bientôt trois siècles, règnent sur l'Égypte[1]. D'autant qu'à son côté

1. Le fondateur de la dynastie, Ptolémée Ier, était un général macédonien désigné comme satrape d'Égypte lors du partage de

voyage le maître du monde, dont elle porte l'enfant : César.

L'empereur romain[2] n'est pas seulement le père de son futur fils : il est d'abord celui qui lui a permis de reconquérir son trône.

Un peu moins d'un an plus tôt, en septembre 48 av. J.-C. (elle avait alors vingt et un ans), son mari et frère (de sept ans son cadet) l'avait littéralement chassée de sa terre natale sous la pression de conseillers qui lui étaient hostiles. Depuis son exil – le désert syrien –, elle avait suivi les soubresauts politiques et diplomatiques hasardeux dans lesquels Ptolémée XIII avait plongé le pays en feignant d'accepter d'accueillir le consul romain Pompée, pourchassé par César depuis sa défaite à Pharsale, un mois plus tôt[3]. À peine arrivé sur le sol égyptien, l'ancien triumvir

---

l'Empire, en 323 av. J.-C. La dynastie est aussi parfois appelée Lagide, du nom du père de Ptolémée, Lagos. Son fils, Ptolémée II, qui lui succède en 283 av. J.-C., se fait proclamer non seulement roi, mais aussi pharaon des prêtres égyptiens.

2. Le terme empereur utilisé à propos de Jules César n'a pas un sens politique (la République est le régime en place à Rome à son époque) mais un sens militaire. Il fait référence à son statut de général victorieux *(imperator)*.

3. Après avoir tous les deux partagé le pouvoir avec Crassus lors du premier triumvirat (59-50 av. J.-C.), un conflit éclate en janvier 49 av. J.-C. entre Pompée, consul unique soutenu par le Sénat, et César, qui, auréolé de ses succès militaires, réclame un prolongement de son statut de proconsul bien que sa mission en Gaule soit terminée. Pompée refuse et le somme de dissoudre son armée. Au lieu de quoi César franchit le Rubicon, qui marque la frontière entre Gaule et Italie, à la tête de ses légions en armes, au mépris des lois de la République. Ainsi débute la guerre civile entre ses troupes et celles de Pompée qui s'affrontent notamment en Thessalie, à Pharsale, en août 46 av. J.-C. Avec des troupes pourtant inférieures en nombre, César y remporte une victoire éclatante, obligeant son adversaire à fuir dans les îles de la Méditerranée orientale, puis en Égypte.

avait été lâchement assassiné et sa tête envoyée à son rival : Ptolémée espérait ainsi dissuader César – débarrassé de son principal ennemi – de débarquer à Alexandrie. Mauvais calcul. Horrifié par le geste barbare commis à l'encontre d'un adversaire qu'il respectait, César en avait profité pour s'installer dans la capitale égyptienne dont la beauté et la grandeur l'avaient comme happé. Pis, il avait fait savoir à Ptolémée sa volonté de voir ses relations avec sa sœur se normaliser. Avant de regagner sa patrie, il entendait que la région, dont les richesses économiques lui étaient indispensables pour asseoir son pouvoir universel, se dote d'un régime apaisé, sûr, durable et fidèle à Rome. C'est-à-dire soumis.

Le conquérant conquis

Cléopâtre avait appris le « souhait » de César. Fine politique, elle avait immédiatement compris l'avantage qu'elle pourrait en tirer.

Se sachant menacée par les hommes de son frère qui cherchaient à l'éliminer physiquement – une tradition familiale qui s'était prolongée jusqu'à leur propre père qui avait égorgé leur sœur Bérénice ! –, elle avait mis au point un stratagème audacieux pour approcher le « divin chauve ». Revenue clandestinement à Alexandrie, elle s'était glissée dans un tapis qu'un de ses plus fidèles serviteurs avait apporté comme présent à l'*imperator*. Aucun garde ne s'était donné la peine de regarder à l'intérieur avant qu'Apollodore le Sicilien ne le déroule devant César, à la fois stupéfait et amusé d'en voir s'extirper une jeune femme de vingt ans affirmant être Cléopâtre : une beauté arrogante, un sourire espiègle, des yeux pétillants d'intelligence et de défi. Séduit par le panache de la petite reine déchue, il avait franchi ce soir-là un nouveau Rubicon : celui de l'Orient. Il était écrit que le guerrier aux dizaines de victoires capitulerait devant la beauté d'une princesse macédonienne portant le même prénom que la sœur de son modèle Alexandre le Grand. Que Mars céderait un jour à Vénus.

Envoûté, le quinquagénaire avait décidé de rester en Égypte et de goûter un repos amoureux inédit. Geste fou, illogique, irrationnel. Prolonger son absence de Rome après presque un an d'éloignement n'était-il pas prendre un risque démesuré alors que les plaies de la guerre civile demeuraient béantes ? S'enfermer dans un palais avec de maigres troupes dans une ville chauffée à blanc par les partisans de Ptolémée appelant à chasser l'occupant romain et son usurpatrice de sœur n'était-il pas suicidaire ? La tentative de destruction de sa flotte par un incendie avait semblé en attester. Mais les dieux avaient tourné casaque. Attisé par un vent violent, le feu s'était propagé à toute la rade, jusqu'à la bibliothèque d'Alexandrie, semant la stupeur et bientôt la colère contre les incendiaires dans toute la ville. César en avait profité pour gagner l'île de Pharos et renouer ainsi ses liaisons avec la haute mer. Quelques semaines plus tard, grâce à l'arrivée des armées de son allié parthe Mithridate, en provenance de Syrie, et de 3 000 fantassins juifs de Palestine, il avait repris la main et combattu victorieusement les molles troupes de Ptolémée XIII. Celui-ci s'était même noyé dans le Nil, emporté par le poids de sa cuirasse d'or. Impressionnés, les Alexandrins avaient reconnu la supériorité de César. Et espéré que le vainqueur restaurerait le prestige et la grandeur de l'Égypte en tombant amoureux de leur reine. Ce qui était arrivé.

Ces semaines exaltantes, Cléopâtre ne peut y songer aujourd'hui sans éprouver, déjà, une forme de nostalgie, de mélancolie. Conquérir le pouvoir est une chose, le conserver en est une autre. *Idem* pour les hommes. Dans quelques jours, celui dont elle a conquis le cœur repartira. Le Capitole et son épouse Calpurnia l'attendent. Les vétérans des guerres de Gaule, de Grèce, d'Espagne et d'Asie, dont on tarde à verser les primes et les terres promises, s'impatientent ; leur agitation s'étend. Loin d'elle, César l'oubliera. Sans lui, elle perdra de son pouvoir, sinon de sa légitimité[4]. Ses victoires se mueront à coup sûr en défaites – politiques et sentimentales.

À moins qu'elle ne fasse le nécessaire pour qu'il ne puisse pas vivre sans elle. En mettant au monde un fils – un héritier – plutôt qu'une fille. Et en lui laissant des souvenirs exaltés qui agiront comme une drogue distillée dans son sang et son esprit.

La fin d'un rêve

Un an plus tard, Cléopâtre vogue à nouveau vers son destin : Rome, où, comme elle l'espérait, Jules César l'a appelée à ses côtés. Après un détour en

---

4. En épousant son frère puîné, Ptolémée XIV, Cléopâtre s'est d'ores et déjà réassuré la confiance de son peuple, attaché à cette tradition locale.

Asie Mineure pour écraser, à Zéla, le roi Pharnace, et installer à sa place le fidèle Mithridate – « *Veni, vidi, vici* », s'est-il exclamé après sa victoire éclair –, l'éternel vainqueur a d'abord restauré l'ordre dans la Ville Éternelle, où la grogne menaçait de se muer en colère insurrectionnelle, puis renforcé ses pouvoirs institutionnels, au point de rendre le mot de République vide de tout sens. Ayant aussi mis au pas les soutiens de Pompée réfugiés en Numidie, il a estimé qu'il pouvait inviter sa princesse d'Orient à venir le rejoindre. Avec leur fils, Césarion-Ptolémée. Et bien entendu sans Ptolémée XIV, régent sans pouvoir.

C'est dans la maison de campagne de César, sur la rive droite du Tibre, que va vivre pendant près de deux ans Cléopâtre. L'endroit a peu à voir avec le mirifique palais de Lochias qui avait abrité les amours alexandrines du couple, mais la vue somptueuse qu'offrent les terrasses de la villa qui surplombe la capitale romaine lui convient parfaitement. D'autant que son impérial amant y passe beaucoup plus de temps qu'auprès de Calpurnia, son élégante mais ennuyeuse épouse officielle. Surtout depuis son retour d'Espagne, à l'automne 45 av. J.-C., où il a éteint les derniers feux pompéiens.

L'influence que l'Égyptienne exerce sur le premier consul romain n'est pas négligeable. Elle peut en mesurer avec satisfaction l'ampleur au gré de certaines décisions qu'il prend, comme le réaménagement urbanistique de Rome sur le modèle d'Alexandrie, avec de grandes voies rectilignes (les Julia), ou l'adoption d'un calendrier de 365 jours (dit julien), qui se base sur les calculs des astronomes égyptiens venus dans les bagages de leur maîtresse. Mieux, elle a réussi à le convaincre de se parer des vertus divines associées aux pharaons d'Égypte. En attendant – pourquoi pas ? – de restaurer à son profit la monarchie de droit divin dont l'Orient est friand. La République n'est-elle pas un régime politique trop étroit pour lui ? Feint-il de s'offusquer d'une telle idée qu'elle lui rappelle les initiatives spontanées de certains de ses concitoyens. Ceux, par exemple, qui ont récemment ceint une statue d'or le représentant d'un diadème portant une bandelette blanche, symbole de la royauté. Ou ceux l'ayant acclamé au cri de « *rex* » quand il s'est présenté sur son cheval blanc, à l'entrée de la ville, au retour des Féries latines[5] (janvier 44 av. J.-C.). Et que dire de ce Licinius qui, un mois plus tard, lors des Lupercales[6] (15 février), a escaladé la tribune d'où César présidait la fête pour poser solennellement sur sa tête une couronne de laurier flanquée, elle aussi, d'une bandelette du diadème royal ? Quant au nouveau consul et premier lieutenant, Marc Antoine, ne lui a-t-il pas lancé ce même jour un vigoureux « Salut, ô Roi ! » ? Bref, César va-t-il attendre encore longtemps avant de se rendre à l'évidence : Rome n'a pas seulement besoin d'un dictateur à vie – dont il a hérité du titre en février –, mais d'un roi divin, seul à même de garantir l'ordre dans la durée. Un pharaon romain. Avec elle à ses côtés, ils reconstitueraient le

5. Fête religieuse organisée chaque année à 20 kilomètres de Rome, sur les monts Albains, par le consul en exercice, en l'honneur de Jupiter Latiaris, protecteur des cités latines du Latium.

6. Fête de « purification » donnée quelques jours avant le début de la nouvelle année (le 1er mars), au pied du mont Palatin, en l'honneur du dieu Faunus, protecteur des troupeaux menacés par le loup *(lupus)*.

rêve brisé d'Alexandre : le mariage de l'Orient et de l'Occident. Ils deviendraient les maîtres de l'univers.

Les ides de mars viennent mettre un terme aux espoirs et aux rêves de Cléopâtre. Menés par Brutus, inspirés par Cicéron, les sénateurs, craignant justement la dérive autocratique et monarchique de César, le poignardent sauvagement à l'entrée du Capitole. Quand elle apprend la nouvelle, un profond accablement s'empare de la reine. Elle s'enferme et refuse de voir quiconque. Douleur sentimentale sincère ? Blessure d'orgueil (elle ne sera jamais impératrice romaine) ? Elle n'a de toute façon guère le temps de mesurer quelle part de l'une et de l'autre entre dans son chagrin : le jour des funérailles de César, dont Antoine prononce l'éloge funèbre comme s'il se proclamait son successeur naturel, elle entend depuis la chambre de sa villa la foule gronder. « À mort le serpent du Nil ! », « À mort l'étrangère ! », hurlent les plus déterminés, qui se sont rassemblés devant les grilles des jardins. Il est temps de quitter Rome.

Moins d'un mois après la mort de César, à la grande satisfaction de Cicéron (« Je déteste la reine »), elle embarque donc sur sa galère pour rentrer à Alexandrie. Une ombre de malheur couvre désormais son visage : en deux ans, elle a perdu un peu de sa superbe, mais surtout des illusions et un statut. Et aussi l'espoir de voir son fils hériter d'un trône impérial qui vient d'être noyé dans le sang. Avant de mourir, César a désigné Octave, dix-huit ans, son petit-neveu par alliance et fils adoptif, pour être son successeur : sa participation l'année précédente à ses côtés aux ultimes batailles contre les pompéiens en Espagne l'a convaincu de ses grandes qualités. Il lui a offert les trois quarts de sa fortune. Cléopâtre ne le connaît pas mais se doute qu'il n'appréciera guère celle qui a failli, en mettant au monde un Césarion, lui ravir sa couronne. Seule consolation : l'homme chargé d'épauler Octave dans son apprentissage impérial n'est autre qu'Antoine, qu'elle apprécie. N'a-t-il pas osé, lors des funérailles de César, rejeter l'accusation faite au défunt de s'être attardé en Égypte au gré des plaisirs de la volupté ? Si demain, aux dieux ne plaise, elle doit avoir affaire à nouveau aux maîtres de Rome avides de ses richesses et jaloux de sa souveraineté, qui sait si elle ne pourra pas s'entendre avec celui-là ? Cléopâtre est ainsi faite : ne pas s'apitoyer sur son sort ni ruminer ses échecs et ses défaites, mais jeter à nouveau les dés du Destin dans l'espoir qu'ils rouleront une seconde fois en sa faveur.

Le temps des doutes

Gérée en l'absence de sa souveraine par un efficace ministre des Finances, l'Égypte que retrouve Cléopâtre au printemps 44 av. J.-C. se porte bien. Le royaume est pacifié et prospère. Aucune révolte sociale à mater. Seule ombre au tableau : les velléités de sa jeune sœur, Arsinoé IV, de lui ravir son trône. Veuve de Ptolémée XIII, elle s'était déjà opposée à elle lors de l'arrivée de César en Égypte. La défaite de son frère-mari avait aussi été la sienne : faite prisonnière, elle avait été envoyée à Rome où elle avait subi l'humiliation de défiler enchaînée lors d'un triomphe de César, avant d'être envoyée en exil en Asie Mineure, à Éphèse. C'est de là qu'elle semble vouloir entamer sa reconquête, avec la complicité… de Ptolémée XIV, las des frasques et de l'autoritarisme de son autre sœur – et épouse – Cléopâtre. Celle-ci réussit alors un coup de maître : au lieu de s'enliser dans un nouveau conflit, elle fait empoisonner Ptolémée XIV et proclame son fils Césarion corégent puis pharaon, coupant ainsi court aux accusations de confiscation personnelle du pouvoir et de dévoiement des institutions traditionnelles. Mieux, elle le fait appeler « le roi Ptolémée, qui est aussi César, le dieu aimant son père et sa mère » – manière de rappeler à Rome à la fois qu'elle sait ce que l'Égypte lui doit… mais aussi l'inverse. Césarion est donc à la fois romain et égyptien, fils d'empereur et pharaon, doublement héritier de droit divin. De quoi se sentir pousser des ailes, n'était son âge, gage de tranquillité pour sa mère : trois ans.

Plus Isis que jamais – dont le partenaire masculin Osiris s'était fait étriper par ses ennemis –, Cléopâtre n'a de cesse de ressusciter la grandeur de l'Égypte pharaonique par d'ambitieuses constructions urbanistiques, la création de la première école de philosophie égyptienne ou encore le développement de l'enseignement et de la pratique de la médecine. Une frénésie d'activité qui a autant pour but d'asseoir la puissance et la richesse de son pays que de lutter contre le sentiment d'abandon et de solitude qui l'habite depuis ce funeste 15 mars 44 av. J.-C.

À l'été 43 av. J.-C., pourtant, Rome vient à nouveau frapper à sa porte en la personne de Cassius. Général de qualité ayant jadis fidèlement servi Pompée, il fait partie de ceux qui ont guidé la main des assassins de César. Pourchassé par Marc Antoine et

Octave, qui ont décidé de s'unir après avoir passé les premiers mois de l'année à se combattre[7], il a pourtant le toupet de lui demander assistance. Cela tombe mal, lui répond-elle le plus diplomatiquement possible et non sans dire la vérité : le pays est ravagé par une épidémie de peste qui se double d'un début de famine après les mauvaises récoltes du printemps – la traditionnelle crue du Nil n'a pas eu lieu cette année-là. Cassius ne croit pas la reine et prépare ses légions et ses redoutables troupes d'archers à cheval à envahir l'Égypte depuis la Syrie qu'il contrôle déjà, mais il finit par y renoncer : avec l'accord du Sénat, Octave et Marc Antoine ont traversé la mer Adriatique et se dirigent vers l'Orient, précisément en Grèce où s'est réfugié son ami Brutus. Cassius décide de le rejoindre.

La chance sourirait-elle de nouveau à Cléopâtre ? Soucieuse de voler au secours de la victoire, elle arme son vaisseau amiral et des dizaines de navires de guerre à voile carrée pour prêter main-forte aux deux hommes désireux de venger la mort de son ancien amant. Vaine initiative. Une tempête apocalyptique s'abat sur la flotte égyptienne, forçant Cléopâtre à rentrer piteusement à Alexandrie à la tête d'embarcations aux allures d'épaves, tandis que Marc Antoine et Octave écrasent leurs adversaires à Philippes, en

7. Contestant le statut d'héritier de César dont se prévalait Octave, Marc Antoine avait lancé ses légions contre celles de son rival dans plusieurs régions, avant que les deux hommes ne décident d'une trêve pour unir leurs forces contre les césaricides regroupant les pompéiens (derrière Sextus Pompée, le fils de Pompée) et les républicains, en particulier Brutus, le principal assassin de César réfugié en Macédoine où Cassius finira par le rejoindre début 42 av. J.-C.

Macédoine orientale (octobre 42 av. J.-C.). Son heure est passée à nouveau. Déjà parvient à ses oreilles la méchante rumeur l'accusant de n'avoir fait que feindre l'envoi d'une flotte de secours pour mieux en toucher les dividendes. Bientôt débarquera à Alexandrie un émissaire romain qui lui demandera des comptes ou, à tout le moins, des excuses. Ce jour-là, elle comprendra qu'elle ne peut plus rester dans l'expectative sans mettre en danger la souveraineté et l'autonomie qu'elle a su préserver vis-à-vis de Rome depuis plus de deux ans. Ce jour-là, elle prendra à nouveau la mer pour rejoindre l'homme qui, après le partage de l'Empire en trois entités (à Lavinius, près de Bologne, en novembre 43 av. J.-C.), a hérité de l'Orient – donc notamment de l'Égypte –, laissant l'Afrique à Lépide[8] et l'Occident à Octave : Marc Antoine.

Marc Antoine ébloui

L'homme que Cléopâtre envisage de circonvenir en le séduisant vaut beaucoup mieux que l'image de César au rabais que lui accolera sa légende noire, elle aussi édictée par Auguste. Âgé d'un peu plus de quarante ans, il a été, à la tête de la cavalerie romaine, un des meilleurs lieutenants de César qu'il a accompagné lors des derniers combats de la guerre des Gaules puis durant la guerre civile contre Pompée. Après l'assassinat de son mentor, il a dû en rabattre dans

8. Ancien protégé de César, ce brillant général a jusque-là tenté de rester à l'écart du conflit annoncé entre Octave et Marc Antoine. Ayant finalement choisi le parti de ce dernier, il sera écarté du pouvoir civil et militaire à partir de 36 av. J.-C.

ses ambitions avec l'irruption du jeune Octave, adolescent mal dégrossi aux boucles blondes et au visage pâle et boutonneux que l'ancien maître de Rome, on l'a dit, avait choisi pour lui succéder. Faisant contre mauvaise fortune bon cœur, les deux rivaux, on l'a dit aussi, ont fini par signer une alliance pour venger la mort de leur mentor en se débarrassant de Cassius et de Brutus à Philippes. À cette occasion, Antoine en a profité pour raser le collier de barbe qu'il portait en signe de deuil.

Doté d'une santé florissante et d'un physique impressionnant (taille de géant, épaules larges, visage buriné, mâchoire carrée et volontaire), Marc Antoine est aussi adulé par ses soldats que vénéré par les populations des villes d'Asie. Officier aguerri, jouisseur et buveur impénitent, l'ancien consul désormais triumvir est célébré partout où il passe : Athènes, Éphèse et surtout Tarse, en Cilicie, où il a installé son quartier général. C'est là qu'il a ordonné que le retrouve la reine d'Égypte de quinze ans sa cadette, bien décidé à ne pas la laisser repartir sans une promesse de vassalité en bonne et due forme. Au minimum. Ce n'est pas exactement ce qui se passera.

Avant de se rendre à sa convocation, Cléopâtre s'était remis en mémoire ce que César lui avait dit d'Antoine, qu'il appréciait énormément : un brave, doté d'une nature bonne, mais versatile, capable de sautes d'humeur imprévisibles et très attaché aux apparences, à la mise en scène. Vaniteux, il aimait le spectacle, les hommages et le luxe ? Il serait servi.

Même Plutarque, qui raconta la scène, avouera avoir peiné pour trouver les mots décrivant l'arrivée de Cléopâtre dans le port fluvial de Tarse, au pied des contreforts du Taurus, en face de Chypre et d'Antioche. Sa galère aux immenses voiles pourpres est ornée à sa poupe d'une gigantesque tête d'éléphant en or. Au son de harpes, pipeaux et tambourins, dans un nuage d'encens aux effluves envoûtants, on avait dévoilé le baldaquin – broché d'or lui aussi – dans lequel était lovée Cléopâtre, entourée d'une nuée de naïades, de néréides et de cupidons l'éventant à l'aide d'immenses plumes d'autruche. Puis Antoine avait été invité à monter à bord pour un banquet inoubliable, allongé sur un matelas de pétales de roses d'un demi-mètre d'épaisseur : on eût dit les retrouvailles de Dionysos et Aphrodite. D'autres festins estivaux suivraient, qui seraient chaque fois l'occasion pour la souveraine orientale d'avancer ses pions politiques et sentimentaux dans une atmosphère faite de musique délicate, de boissons douces et de parfums capiteux.

Au terme de son séjour de deux semaines, l'affaire était conclue. Elle avait rendu Antoine amoureux d'elle et l'avait convaincu qu'une victoire sur les Parthes[9] assoirait définitivement son prestige – tout en écartant accessoirement une menace permanente sur son propre royaume… En ce mois d'août 41 av. J.-C., elle lui avait aussi montré combien, par les richesses qu'elle lui avait fait toucher du regard, elle lui serait indispensable le jour où il déciderait

9. Fondé au IIIe siècle av. J.-C. dans la région correspondant à l'actuel nord-est de l'Iran, l'Empire parthe s'est étendu au fil des décennies sur les décombres de l'Empire séleucide né après la mort d'Alexandre le Grand : au nord jusqu'au Caucase, à l'ouest jusqu'aux actuels Irak et Syrie, au sud jusqu'au golfe Persique. Quand Antoine arrive au Levant, la République romaine n'a pas encore effacé la déroute subie par les armées de Crassus, en 53 av. J.-C., lors de la bataille de Carrhes.

de mener le combat qui l'attendait pour conquérir le pouvoir suprême – les caisses de Rome sont vides et l'Asie plus pauvre qu'on l'a longtemps cru. Reste l'Égypte, donc, dont l'appui lui permettrait de devenir le nouveau César.

Cléopâtre ne tarde pas à comprendre que son plan a réussi au-delà de ses espérances. Dès l'hiver suivant, Antoine la rejoint à Alexandrie après avoir renvoyé ses troupes dans leurs quartiers d'hiver – elles n'en furent pas les dernières étonnées. Il y arrive seul ou presque, sans escorte militaire, presque anonymement. Sans doute envisage-t-il d'évaluer un possible financement d'une prochaine campagne militaire, mais il vient surtout pour goûter le repos du guerrier auquel il aspire après vingt-cinq ans de batailles. Fêtes déguisées, repas grandioses, parties de pêche interminables, courses, jeux : ce seront quatre mois de vacances, de plaisirs, de détente, d'orgies, d'amour. Accepté par la population locale, il se promène en ville en toute liberté : on apprécie qu'il ait abandonné sa toge pour une chlamyde grecque sur le dos et des cothurnes blancs aux pieds. Il visite savants et philosophes, s'intéresse aux traditions religieuses locales. Les prêtres égyptiens acceptent même de bénir leur union, que la naissance de jumeaux (Alexandre Hélios et Cléopâtre Séléné) sanctifiera l'année suivante.

Marc Antoine n'a pas l'élégance et le raffinement de César, mais Cléopâtre s'en fait une raison. Leur alliance représente l'assurance-vie de son trône, son amant fût-il maladroit et vulgaire. Elle aimerait néanmoins qu'il ne néglige pas outre mesure ses responsabilités : à trop s'alanguir sur les rives du Nil, il risque de laisser filer son pouvoir, sa puissance, sa réputation. Raison pour laquelle elle le presse de repartir au printemps 40 av. J.-C. afin de repousser la menace parthe qui grossit en Syrie : son gouverneur, nommé par Antoine, a été assassiné.

Fine tacticienne, Cléopâtre est piètre stratège. En éloignant son amant de ses bras voluptueux pour qu'il ne s'amollisse pas, elle l'a renvoyé dans ceux de sa femme, Fulvie[10] : ayant appris qu'il avait quitté l'Égyptienne, celle-ci a appelé son époux à son secours en Grèce où les troupes d'Octave l'avaient chassée après qu'elle eut, prétend ce dernier, tenté de le renverser. Délaissant les Parthes, il la rejoint sans tarder. Ces retrouvailles marquent le début d'une succession d'événements qui plongent Cléopâtre dans le désarroi. Après une déroute des troupes d'Antoine face à celles d'Octave à Pérouse, les deux hommes se réconcilient et concluent une nouvelle alliance à Brindes (septembre 40 av. J.-C.) : son espoir de voir son amant éliminer l'autre fils de César s'éloigne. Quant à sa joie d'apprendre un peu plus tard la mort de Fulvie[11], elle est de courte durée : Antoine, lui annonce-t-on, a immédiatement épousé la propre sœur d'Octave, Octavie – plus jeune que Cléopâtre, ce qui ajoute à sa colère –, afin de sceller justement leurs retrouvailles[12]. Mais il y a pis : les mois puis les années passent sans que Marc Antoine, dont on dit qu'il a repris sa vie festive avec une vigueur

10. Avant d'épouser Marc Antoine, cette descendante de Scipion l'Africain, riche aristocrate romaine aux activités politiques intenses, avait déjà perdu ses deux premiers maris.

11. Elle a été contrainte par celui-ci à divorcer de Marc Antoine puis a été exilée en Grèce où elle est morte à trente-sept ans.

12. Dans neuf mois, Octavie accouchera d'une fille, Antonia, future grand-mère de l'empereur Néron.

redoublée, donne aucune nouvelle. Comme s'il avait totalement oublié cette reine d'Égypte dont chacun pensait qu'elle avait réussi à l'ensorceler. Aurait-elle aussi perdu sa puissance de séduction ? Le Destin l'aurait-il abandonnée ?

L'impact d'un pacte

En janvier 37 av. J.-C., le triumvirat, entre l'insignifiant Lépide, l'ambitieux Octave et l'imprévisible Marc Antoine, est reconduit pour cinq ans. Il s'accompagne d'un troc aussi disproportionné qu'incompréhensible : le maître de l'Orient abandonne cent trente vaisseaux de sa flotte au fils de César dont il récupère seulement 20 000 légionnaires. Autant dire qu'il lui laisse la possibilité d'étendre sa domination en Méditerranée quand la force navale d'Octave ne lui permettait guère mieux jusqu'alors que de contrôler l'Adriatique et les rivages de la Gaule et de la Sicile. Geste irrationnel qui en annonce un autre, qui l'est encore plus : sa soudaine répudiation d'Octavie avec qui il vivait à Athènes. L'acte est moins sentimental que politique : il signifie à terme la fin de l'alliance entre les deux rivaux. Antoine déclare qu'il quitte définitivement Rome – où il passait du reste peu de temps. Sous-entendu : la ville est trop exiguë pour abriter deux hommes comme lui et Octave. S'il revient un jour, ce sera pour régner seul.

Quand elle lit le message que le lieutenant de Marc Antoine, Fonteius Capito, vient de lui déposer, Cléopâtre est partagée. Ainsi il ne l'a pas oubliée ? Mais, en regard, comment ose-t-il espérer une seconde qu'elle ne lui fera pas payer tout ce temps à attendre, pleurer, se lamenter ? Il lui demande de se rendre à Antioche pour renouer avec une passion mise entre parenthèses durant plus de quarante mois ? Soit, elle viendra. Mais avec un pacte qui l'empêchera de repartir.

Loin de la chaleur qui avait accompagné leur première rencontre tout près de là, à Tarse, les retrouvailles entre Cléopâtre et Antoine sont glaciales. Délaissant les bras musclés qu'il ouvre pour la serrer contre lui, la fière souveraine tend une feuille de papyrus roulée qui contient l'accord qu'il devra signer s'il ne veut pas la voir repartir immédiatement à Alexandrie. Ce « pacte d'Antioche » prévoit entre autres leur mariage selon la coutume égyptienne, l'acceptation de Césarion comme corégent et héritier légitime de l'Empire romain, la promesse d'aider l'Égypte à reconquérir les territoires qui étaient les siens à l'époque de la XVIIIe dynastie, qui a marqué son apogée quatorze siècles plus tôt[13]. De son côté, Cléopâtre veut bien mettre toutes ses ressources financières et militaires au service de son « mari ».

Il ne faut pas plus de quelques minutes à Marc Antoine pour accepter ce diktat, dont il sait pourtant qu'il porte la promesse définitive du conflit avec Octave et sera critiqué à Rome tant il favorise « le serpent du Nil ». Mais il conçoit que le prix à payer pour prétendre vivre au côté de la reine d'Égypte soit élevé. Très élevé.

13. Ces territoires sont : la presqu'île de Sinaï, la province romaine d'Arabie, la côte orientale de la mer Morte, la majeure partie de la vallée du Jourdain, la côte phénicienne, sauf Tyr et Sidon, le Liban et le sud de la Syrie, la quasi-totalité de la Cilicie, dont Tarse et Chypre, la partie orientale de la Crète.

À la fin de l'hiver 36 av. J.-C., requinqué par quatre mois auprès de celle qu'il se jure de vite retrouver au terme de sa nouvelle campagne – forcément victorieuse –, le triumvir met en branle son armée pour aller affronter les Parthes et les rejeter de l'autre côté de l'Oxus. Entre-temps, il doit être rejoint par le roi d'Arménie et le roi du Pont, ses alliés. Cela n'arrivera pas : leurs armées ont été attaquées et dispersées par les Mèdes[14]. Antoine poursuit néanmoins sa marche vers le nord. Qui vire au chemin de croix. Dans les six mois qui suivent, 40 000 de ses fantassins et 20 000 cavaliers périssent de faim, de froid, de fatigue, de maladie et de coups portés par les vaillants guerriers du roi Phraatès IV. La piteuse retraite des légions s'achève à Béryte où Cléopâtre retrouve son amant privé de ses illusions, de son prestige et même de sa cuirasse, perdue quelque part dans les montagnes du Caucase. Il est désespéré ; elle le soigne, le réconforte, le remobilise. Pourquoi s'entêter à batailler contre les Parthes ?, lui glisse-t-elle. Son destin ne l'appelle-t-il pas plutôt à Rome ? Octave n'est-il pas le seul ennemi digne de lui ? Antoine est tout près d'en convenir, mais la révolte des Mèdes contre les Parthes l'incite à une dernière expédition asiatique. Victorieuse, celle-là. Son prestige restauré, il peut maintenant, oui, songer à cet avorton d'Octave en cet automne 34 av. J.-C.

14. Tribu établie sur le territoire de l'actuel Iran, ralliée à cette époque aux Parthes.

Le tournant d'Actium

Antoine ? « Un être dégénéré, une outre gonflée de vin. » Cléopâtre ? « Une prostituée infâme qui s'adonne à tous les vices. » Entre le Colisée et le Capitole, les citoyens de la Ville Éternelle ne décolèrent pas, comme en témoignent les libelles qui circulent au grand jour. Cela fait maintenant deux ans que le couple qui navigue entre Alexandrie, Éphèse et Athènes – au gré de ses envies et de ses lubies – nargue les pouvoirs constitués romains et organise des banquets qui coûtent plusieurs millions de sesterces – ainsi celui où Cléopâtre a fait fondre dans le vinaigre une perle d'un prix inestimable avant de le boire. Deux ans qu'Antoine a abandonné son épouse légitime, Octavie. Deux ans qu'il refuse de démentir qu'il envisagerait de déplacer un jour la capitale de l'Empire romain à Alexandrie. Deux ans qu'il dédaigne de venir s'expliquer sur le scandaleux pacte d'Antioche et son triomphe organisé dans les larges avenues d'Alexandrie – au lieu de Rome – après son ultime campagne d'Asie. Deux ans qu'il rassemble des troupes qu'on imagine dirigées vers la péninsule italienne. Deux ans que des centaines de galères manœuvrent en Méditerranée centrale, avec à leur bord des soldats mèdes, arméniens, juifs, grecs, syriens, thraces, arabes. Deux ans que le Romain héroïque vire au satrape et menace de singer Hannibal.

Au printemps 32 av. J.-C., décision est prise d'envoyer un groupe de quatre cents sénateurs romains à Éphèse, où se trouve Antoine, afin qu'il s'explique sur ces étranges préparatifs et pour évaluer s'il mérite d'être reconduit comme triumvir. Il ne leur faut pas une semaine pour comprendre la situation : ivre du matin au soir et du soir au matin, indifférent à tout, Antoine ne dirige plus et ne contrôle rien. Tout le pouvoir est entre les mains de la reine égyptienne qui a fait d'un des plus grands généraux de la République un jouet docile au service de son ambition insatiable. Plutôt que se lancer dans un nouveau conflit civil, on envisage de circonvenir le Romain afin qu'il se sépare de sa maîtresse et retrouve ses esprits en même temps que la confiance du Sénat. Mais ladite maîtresse a vent de l'initiative avant même qu'elle n'arrive, formulée, aux oreilles de son amant. Et d'imposer à celui-ci qu'il répudie formellement Octavie dans des termes aussi injurieux que violents et ordonne à ses armées de gagner, avec eux, la ville d'Athènes. Deux gestes qui signifient qu'Antoine a définitivement rompu les liens qui le rattachaient à Rome. Et qu'il veut la guerre. *Alea jacta est.*

La réponse d'Octave est immédiate. Il rappelle les sénateurs qui sont restés auprès de son rival et publie une déclaration annonçant qu'Antoine « est déchu de toutes ses charges et fonctions puisqu'il a laissé une femme les exercer à sa place ». Le frisson qui agite celle-ci quand elle apprend la teneur de ce texte est double : de fierté et de crainte. Antoine sera-t-il à la hauteur du défi militaire d'Octave ? Est-il de la trempe de César ? A-t-elle misé sur le bon cheval ? S'il perd, ne risque-t-elle pas d'être emportée avec lui, et l'Égypte – la riche, puissante et fière Égypte – d'être réduite au rang de province romaine ? Seul moyen d'éviter cette atroce perspective : l'accompagner, le guider, le diriger, afin de le rendre digne du statut de pharaon qui est, de fait, devenu le sien.

Après avoir crânement défié son adversaire en duel singulier (« partout où il lui plaira, en dehors de la péninsule »), puis lui avoir proposé de se retrouver, chacun avec son armée, dans la plaine de Pharsale, là même où César et Pompée s'étaient affrontés naguère – deux propositions sagement rejetées par le frêle Octave[15] –, les deux rivaux se retrouvent à l'été 31 av. J.-C. à Actium, chacun d'un côté du chenal qui permet au golfe d'Ambracie, en Épire, de communiquer avec la mer Ionienne. Leurs flottes se font face, l'affrontement est imminent, mais il en est un autre, sentimental, encore plus décisif. Ulcérée qu'Antoine ait rejeté son plan – organiser le blocus de la flotte d'Octave puis cingler vers Rome et s'y emparer du pouvoir –, Cléopâtre lui bat froid. Elle lui refuse sa couche et ne lui adresse plus la parole. De voir leur maître errer comme une âme en peine en se demandant comment reconquérir les faveurs de sa dulcinée à un moment si décisif décide plusieurs de ses généraux à l'abandonner pour rejoindre le camp d'Octave. Tous se disent désespérés de voir le grand guerrier, aveuglé par sa passion, céder aux caprices d'une femme hautaine et vindicative. Triste présage annonçant la tournure pitoyable que va prendre la bataille du siècle opposant, plus que deux hommes, l'Orient et l'Occident.

Dès les premières heures du combat naval entre les lourds et peu maniables vaisseaux d'Antoine et

15. Il sait son armée de terre plus faible que celle de son adversaire alors que sa flotte, dirigée par le meilleur officier de marine de son temps, Agrippa, a toutes les chances de l'emporter.

les rapides et légers bâtiments d'Octave, l'issue ne fait guère de doute. À moins d'un changement rapide de tactique. Mais Antoine en est incapable. Il est obsédé par une vision : l'éloignement de l'*Antonia*, la galère de Cléopâtre, en direction du sud. De l'Égypte. L'orgueilleuse souveraine a en effet décidé de s'en aller. Ne lui a-t-on pas assez fait comprendre qu'elle était indésirable ? Antoine lui-même n'a-t-il pas préféré écouter ses médiocres officiers romains plutôt que suivre son plan ambitieux ? La bataille étant perdue d'avance, ne vaut-il pas mieux sauver ce qui peut encore l'être ? Adieu, Actium. Adieu, Rome. N'est pas César qui veut. Et son fils l'attend. Dans ses veines à lui coule le sang du vrai César.

La suite est confuse et a donné lieu à des interprétations contradictoires. Antoine, à son tour, abandonne le combat – et, par là, l'histoire. Est-ce parce que perdre tout espoir de victoire contre Octave lui paraît moins insupportable que perdre l'amour de sa reine orientale, et ce, au mépris de son honneur, de sa réputation et de son prestige passés ? Ou est-ce le fruit d'un plan mûrement réfléchi : s'extraire d'Actium avec à sa suite des dizaines de vaisseaux, pour déplacer – mais où ? – le lieu des combats ? Mais seule la galère rapide dans laquelle il a pris place avec deux de ses lieutenants échappe aux mailles du filet octavien pour rattraper le vaisseau amiral égyptien, tandis que ses troupes privées de leur chef se font écraser par celles d'Agrippa, qui n'en demandait pas tant : entre 5 000 et 10 000 tués, le reste des troupes d'Antoine étant capturé ou se ralliant. L'attitude méprisante que lui réserve Cléopâtre à son arrivée ne laisse guère de doute sur la faible probabilité d'un plan mûrement réfléchi d'Antoine. Elle lui fait comprendre par sa royale indifférence son dépit, son mépris et sa colère. Pour elle, à Actium s'est définitivement évanoui le rêve d'un Empire égypto-romain. Pis : désormais maître des mers, Octave n'aura sans doute de cesse de projeter un débarquement en Égypte afin d'empêcher son pays de conserver son statut de royaume indépendant. Tout cela par la faute de l'homme qu'elle aperçoit depuis sa cabine, prostré dans un coin de son vaisseau, confit de honte, plongé dans un abattement pathétique. Ainsi se présente celui dont elle avait cru qu'il la mènerait au Capitole. Au lieu de quoi se profile l'hideuse silhouette de la roche Tarpéienne.

Pressions et dépression

La fin est proche : Cléopâtre le sent, le sait. La défaite d'Actium en annonce d'autres. Mais elle ne périra pas sans avoir jeté toutes ses forces dans la bataille. Ainsi l'exigent son tempérament et son statut de souveraine égyptienne de sang grec.

Dès son retour à Alexandrie, elle ne laisse pas le temps à ses adversaires intérieurs de lui lancer des reproches. Elle les fait exécuter, récupère leurs biens et leurs richesses, avec lesquels elle espère acheter de nouvelles alliances : avec le roi des Mèdes ou le roi de Judée, Hérode. Mais le premier fait la sourde oreille à ses avances et le second préfère se rallier directement à Octave. Sur le plan de la stratégie militaire, elle se lance dans une folle entreprise : faire passer par la terre ferme les navires de sa flotte rescapés du désastre de la Méditerranée à la mer Rouge. Objectif : rejoindre l'Inde, « loin de la guerre et de l'esclavage », loin du destin tragique qui l'attend sans doute. Là aussi, son initiative se solde par un fiasco : l'isthme de Suez séparant les deux mers est occupé par les Nabatéens, ennemis historiques de l'Égypte des Ptolémées. Par de petites actions commandos, ils mettent consciencieusement le feu à tous les bateaux sortant de l'eau. Cléopâtre est prisonnière en ses frontières.

Et Marc Antoine ? Après avoir erré quelques semaines loin d'Alexandrie et songé au suicide en apprenant que les dernières légions romaines fidèles ont elles aussi fait défection, il a fini par gagner la capitale égyptienne, mais pour embrasser une vie d'ermite – à la manière du misanthrope Timon d'Athènes –, dans une modeste maison au pied du phare. Jusqu'au jour où il obtient le droit de se présenter au palais : après mûre réflexion, Cléopâtre a décrété que les semaines qui lui restent à vivre avant l'inévitable triomphe d'Octave seront plus agréables auprès de son amant. Banquets divins, fêtes orgiaques et soirées folles reprennent de plus belle, à peine entrecoupés par des tentatives diplomatiques aussi vaines que pathétiques auprès d'Octave. Tantôt c'est Cléopâtre qui lui envoie un sceptre, une couronne et un trône en or (symboles des immenses richesses dont elle dispose encore), et lui propose son abdication. Tantôt c'est Antoine qui suggère de le laisser gagner Athènes pour y vivre en tant que simple citoyen. Pour preuve de sa soumission, il lui envoie la tête de Turullius, un des derniers assassins de César, qui vivait à ses côtés. À la reine, le futur Auguste répond par la menace ; au triumvir déchu, par le plus méprisant des silences. Les deux amants ont compris : leur sort est scellé. Il est devenu inutile d'envoyer de nouveaux messagers à Rome. Du reste, ils n'en ont plus : un par un, conseillers, officiers et amis les ont quittés. Seuls restent à leurs côtés les fidèles des fidèles. Et leurs fils respectifs, tous deux désignés éphèbes, donc majeurs, à seize et dix-sept ans : Antyllus et Césarion[16]. Sans oublier les trois enfants nés de leur union passionnée : les jumeaux Alexandre Hélios et Cléopâtre Séléné (onze ans), et Ptolémée Philadelphe (cinq ans).

L'hiver et le printemps 30 av. J.-C. passent. Cléopâtre broie du noir. Négligeant les propositions – secrètes – d'Octave de se débarrasser d'Antoine en échange de son pardon, elle se lance dans des expériences sur les poisons : elle voudrait mettre au point une toxine qui, ingérée, permettrait d'engourdir les sens et de conduire à la mort sans souffrance. Elle fait aussi changer le nom du cénacle qu'elle a fondé avec son mari pour mettre sur pied leurs soirées de débauche : le joyeux « La Vie inimitable » devient le morbide « Les Compagnons de la mort »... Enfin, elle fait bâtir à l'intérieur de l'enceinte du palais un monument de deux étages près du sanctuaire d'Isis, en bord de mer : son futur mausolée, dans lequel elle entasse mille trésors et du combustible en grande quantité.

Il ne reste plus qu'à attendre.

---

16. Cléopâtre parvient néanmoins à convaincre Césarion de quitter le pays afin d'échapper à la mort qui lui est promise. Malheureusement pour lui, il sera retrouvé par les troupes d'Octave dans le port de Bérénice et étranglé immédiatement. Antyllus, lui, aura été décapité quelques jours plus tôt à Alexandrie.

Morts sur le Nil

Les armées d'Octave pénètrent en Égypte au début de l'été (30 av. J.-C.). Cléopâtre a ordonné à ses partisans de ne pas tenter de s'opposer à elles : l'esprit de résistance a cédé la place chez elle à celui de résignation. Mais Antoine, lui, ne l'entend pas de cette oreille. Après des mois de dépression puis d'abandon dans les bras retrouvés de sa maîtresse, il semble habité d'une vigueur nouvelle. À la tête d'une maigre troupe de cavaliers, il se lance à l'assaut de l'avant-garde romaine qu'il bouscule facilement. Fort de cette victoire surprise, il ordonne à sa petite armée, le 1er août au matin, une nouvelle offensive par terre et sur mer. Lui-même s'installe sur les hauteurs à l'est d'Alexandrie pour assister aux combats. Il n'y en aura pas. À l'approche des navires d'Octave, les rames de ses vaisseaux se lèvent en signe de ralliement à l'ennemi. *Idem* pour ses cavaliers. L'or de son adversaire, conjugué à la disproportion des forces, assure à celui-ci la victoire sans combat. Pour Antoine, la honte le dispute au ridicule.

Ivre de rage, il se précipite au palais pour invectiver Cléopâtre : il ne doute pas que c'est elle qui a ordonné à ses armées de se rendre. Elle n'est pas là. Dès l'aube, elle s'est enfermée avec ses servantes dans son mausolée en refermant derrière elle les hautes herses qui l'entourent. Son amant comprend qu'elle a choisi de disparaître : il ne lui reste plus qu'à en faire autant. Parce que la vie sans elle n'a pas de sens. Parce qu'il ne veut pas laisser à Octave le plaisir de le tuer de sa propre main ou, pis, de l'emprisonner et de l'humilier lors d'un triomphe avant de l'envoyer *ad patres*. À son fidèle Eros, il ordonne de lui donner la mort. Celui-ci lui désobéit pour la première fois de sa vie et se transperce avec son épée : Antoine devra se suicider seul. Las, il échoue en se perforant l'abdomen et non le cœur. Il s'évanouit, se réveille, hurle qu'on l'achève, mais il n'est entendu que de Cléopâtre qui, depuis le sommet de son mausolée, le voit baignant dans son sang. « Elle n'est donc pas morte ! », s'étonne-t-il. « Il est toujours vivant ! », constate-t-elle, avant d'ordonner à ses serviteurs de le transporter jusqu'à elle en le faisant monter par l'extérieur à l'aide des cordes et des chaînes dont on se sert pour transporter des blocs de pierre. Spectacle pathétique, grotesque, théâtral que celui de la reine d'Égypte tirant de toutes ses faibles forces le corps ensanglanté de l'ancien triumvir pour leur ultime adieu. Quelques minutes plus tard, Antoine rend son dernier souffle dans les bras de celle qu'il avait démesurément aimée durant dix ans et qui avait fini par causer sa perte. Non sans lui avoir demandé un dernier verre de vin et l'avoir incitée à négocier sa vie sauve en échange d'un accord avec Octave – à condition que cela se fît sans déshonneur.

Après avoir longuement pleuré, gémi, crié et barbouillé son visage du sang d'Antoine, Cléopâtre accepte de discuter avec les envoyés de son vainqueur, Gallus et Proculeius. Ses conditions sont claires : soit on l'épargne et elle accepte de se retirer du trône – mais à condition que ses trois enfants héritent du royaume –, soit elle met le feu au mausolée où sont entreposés tous ses trésors. Tandis que les discussions se poursuivent, Proculeius parvient à pénétrer à l'intérieur de l'édifice et s'empare par surprise de la reine avant qu'elle n'ait le temps de s'enfoncer dans le cœur la dague qu'elle porte au côté. La voilà prisonnière.

Les jours suivants, la captive, autorisée à organiser les funérailles d'Antoine, n'en cherche pas moins un moyen de se donner la mort. Elle pense y être parvenue quand les griffures qu'elle s'est infligées sur le visage et le corps s'infectent et lui donnent de la fièvre. Hélas, cela ne dure pas. Changeant de tactique, elle sollicite une rencontre avec Octave qui vient d'assurer aux édiles alexandrins qu'il ne punirait pas leur ville pour avoir abrité pendant des décennies un ennemi mortel de Rome doublé d'un traître. Espère-t-elle charmer son troisième empereur en vingt ans ? Cela n'est pas impossible, mais le temps a agi et ses atouts se sont affadis. Reste sa fortune, qu'elle promet si on lui épargne l'humiliation d'un triomphe à Rome, où, quinze ans plus tôt, elle vivait avec les honneurs au bras de son père adoptif, César. Le futur Auguste écoute, mais ne promet rien.

Par un jeune aristocrate romain amoureux d'elle, elle apprend le 9 août qu'Octave s'apprête à quitter la ville trois jours plus tard. Avec elle dans ses bagages. Et ses enfants. Sa dernière initiative a donc échoué. Il ne lui reste plus qu'une seule issue si elle veut éviter qu'à la honte de laisser son pays occupé par les Romains s'ajoute le déshonneur de mourir enchaînée.

Après s'être rendue sur le tombeau d'Antoine où elle a pu une dernière fois laisser libre cours à son chagrin, la reine d'Égypte retourne à son mausolée où elle se fait servir un somptueux déjeuner. Au garde chargé de la surveiller, elle tend à la fin du repas une missive en lui demandant de l'apporter immédiatement à Octave. Une fois l'espion sorti, elle renvoie tous ses domestiques, sauf ses servantes Iras et Charmion à qui elle ordonne de la vêtir de ses atours royaux et de ceindre son front du diadème pharaonique. Puis les trois femmes se donnent la mort : grâce à un serpent selon la légende ; à l'aide d'un breuvage empoisonné selon toute vraisemblance.

Dans la lettre que Cléopâtre avait fait porter à Octave, la dernière des Ptolémées réclamait d'être enterrée auprès d'Antoine. Le futur empereur ne put faire autrement qu'accéder à son désir, non sans avoir organisé des funérailles dignes de son rang et de son règne, long de vingt-deux ans. Il lui devait bien cela. Le 31 août 30 av. J.-C., l'Égypte devenait officiellement une province romaine, consacrant la mondialisation d'un empire réunissant l'Orient et l'Occident. En accomplissant à son profit le rêve brisé de Cléopâtre, Octave allait pouvoir devenir Auguste, le premier empereur romain véritable. César avait vraiment trouvé en lui un successeur.

Quant à la reine morte, le mythe finirait par l'emporter sur l'histoire, la légende sur la réalité. Dans les siècles futurs, jusqu'à aujourd'hui, elle incarnerait tous les visages de la femme : déterminée, ambitieuse, voluptueuse, amoureuse, langoureuse, ensorceleuse, impérieuse, manipulatrice, jalouse, insoumise, intraitable. Susciterait fantasmes, exagérations et extrapolations. Inspirerait peintres, écrivains et cinéastes. Sans jamais qu'aucun d'entre eux, pas plus que les historiens les plus rigoureux, parvienne à percer dans son intégralité le mystère de cette souveraine qui ne put accepter d'être un jour vaincue.

Bibliographie sélective

Mary Beard, *SPQR, histoire de l'ancienne Rome*, Perrin, 2016.

Jacques Benoist-Méchin, *Cléopâtre*, dans *Le Rêve le plus long de l'histoire*, vol. 2, Perrin, coll. « Tempus », 2010.

Michel Chauveau, *Cléopâtre. Au-delà du mythe*, Liana Levi, 1998.

Pierre Cosme, *Auguste, maître du monde. Actium, 2 septembre 31 avant Jésus-Christ*, Tallandier, 2014.

Pierre Cosme, *Auguste*, Perrin, coll. « Tempus », 2009.

Michael Grant, *Cleopatra*, Edison, Castle Books, 2004.

Lucien Jerphagnon, *Les Divins Césars : idéologie et pouvoir dans la Rome impériale*, Fayard, coll. « Pluriel », 2011.

Emil Ludwig, *Cléopâtre*, Plon, 1956.

Paul M. Martin, *Antoine et Cléopâtre*, Bruxelles, Complexe, 1995.

Régis F. Martin, *Les Douze Césars*, Perrin, coll. « Tempus », 2007.

Plutarque, *Vie d'Antoine*, Les Belles Lettres, 2015.

Pierre Renucci, *Marc Antoine. Un destin inachevé entre César et Cléopâtre*, Perrin, 2015.

Pierre Renucci, « Le rêve brisé, Cléopâtre, Alexandrie, août 30 avant J.-C. », dans *Les Derniers Jours des reines*, Perrin, 2015 ; Pocket, 2017.

Stacy Schiff, *Cléopâtre*, Flammarion, 2012.

Joël Schmidt, *Cléopâtre*, Gallimard, coll. « Folio », 2008.

Christian-Georges Schwentzel, *Cléopâtre, la déesse-reine*, Payot, 2014.

Filmographie

Joseph Mankiewicz, *Cléopâtre*, 1963 (avec Elizabeth Taylor dans le rôle-titre).

IV

Jeanne d'Arc

La victoire dans la mort

Y a-t-il plus belle figure de légende que celle de la jeune Lorraine, fille du peuple héroïque au service exclusif de Dieu et d'un roi, Charles VII, dont elle rétablit à la fois l'autorité et la légitimité, le sauvant en même temps que la France meurtrie par la guerre de Cent Ans ? Et pourtant. Sans la défense et l'illustration de l'historien Jules Michelet, qui en fit une sainte laïque, et de Mgr Dupanloup, qui permit que cette fille condamnée comme hérétique par un tribunal ecclésiastique devînt une sainte de l'Église catholique, qu'aurait-on retenu de celle qui fut sacrifiée sur l'autel de la realpolitik *par une monarchie qui avait plus besoin d'institutions solides que de figures exaltées ?*

Jules Michelet en a fait une « sainte » et une « légende vivante » de son *Histoire de France* publiée à partir de 1833. Pour l'historien, le peuple, le patriotisme s'incarnent dans cette fille de laboureur des marches du royaume : « Souvenons-nous toujours, Français, que la patrie, chez nous, est née du cœur d'une femme, de sa tendresse et de ses larmes, du sang qu'elle a donné pour nous. » Quarante ans plus tard, l'écrivain Charles Péguy, rattrapé par la foi, attribue la « vocation » de la jeune Lorraine à sa hantise du mal, et à la révolte que celui-ci suscite en elle. Le socialiste Jean Jaurès s'incline devant celle qui porta l'armure dans *L'Armée nouvelle* (1910). Le bouquet d'hommages à Jeanne d'Arc balaie l'échiquier politique, des socialistes à l'extrême droite, qui tente de se l'accaparer – d'Édouard Drumont à Jean-Marie Le Pen, en passant par le régime de Vichy –, opposant la Pucelle aux Juifs et/ou à « l'anti-France ». En 1920, le Vatican canonise celle qui avait été brûlée en hérétique par un tribunal d'inquisition. Jeanne incarne l'héroïne nationale par excellence. Figure hors pair, elle est désormais indépassable. Intouchable. « À tout ce pour quoi la France fut aimée, tu as donné ton visage inconnu », semble conclure André Malraux dans un discours fiévreux prononcé en 1964 à Rouen, la ville de son martyre.

Mais alors que viendrait donc faire la Pucelle, personnage hors pair, dans cette galerie de « perdants magnifiques » ? Tout simplement se départir des oripeaux de la légende et apparaître, au-delà de son immense courage, dans son humanité, ses doutes, sa fragilité, son échec aussi, d'une certaine manière. Car l'envoyée de Dieu a beau ne rendre compte qu'au Roi des Cieux, elle est novice en politique, et elle se casse les dents sur les mauvaises manières et les surprises de la *realpolitik*, même conduite par son « gentil Dauphin », Charles VII.

Six ans, c'est la durée de l'épopée de Jeanne d'Arc, de la première apparition de saint Michel, à l'été 1425, dans son village de Domrémy, jusqu'au bûcher où elle périt, sur la place du Vieux-Marché, à Rouen, le 30 mai 1431. Dans ce drame en trois actes – la mission, les batailles, le martyre –, Jeanne connaît la gloire de son vivant quelques mois à peine de 1429. La France est alors divisée, depuis que le « honteux » traité de Troyes (21 mai 1420)[1] a fait du roi d'Angleterre Henri V l'héritier de la couronne de France, au détriment du dauphin Valois. Cette « double monarchie » autoproclamée contrôle sur le continent une France lancastrienne[2], avec pour noyau le duché de Normandie, et deux bases, la Guyenne et sa capitale Bordeaux, et Calais. Depuis ces territoires dispersés, cette « Françanglaise » étend son influence jusqu'aux limites de l'Anjou au sud, puis, à l'intérieur d'un demi-cercle, d'ouest en est, passant par Châteaudun, Reims et Compiègne, jusqu'au littoral de la côte d'Albâtre, tout en englobant Paris.

La deuxième France est celle du duc de Bourgogne, allié versatile de l'Angleterre et cousin peu fiable du roi de France. Son territoire s'étend entre Saône et Loire, inclut les villes de Dijon, Auxerre, Nevers, plus la Champagne, la Picardie et la Flandre au-delà de Bruges. Mais aussi Paris, partagée avec les Anglais.

1. Ce traité, signé par les Anglais et les Bourguignons huit mois après l'assassinat de Jean sans Peur, duc de Bourgogne, déshérite le dauphin Charles de Valois en vertu de supposés « horribles et énormes crimes ». Charles VI, sujet à des crises de folie, conserve la couronne et ses revenus, mais le roi d'Angleterre Henri V est investi de la régence avec « la faculté et exercice de gouverner et ordonner la chose publique ».

2. Du nom des Lancastres, la famille régnant outre-Manche.

Reste le pays du futur Charles VII, la « France delphinale », la plus vaste en superficie, mais pas la mieux armée – ni militairement ni mentalement. Elle comprend le duché de Berry, le Poitou, l'Auvergne, l'Armagnac, le Dauphiné, le Languedoc. À Bourges, sa capitale, siègent le Conseil, la Chancellerie, la Chambres des comptes, tandis que Poitiers accueille le Parlement. Le roi, parfois, loge à Chinon. C'est dans cette ville qu'il rencontrera Jeanne, originaire de la France des confins, sur la rive gauche de la Meuse, dans une région enclavée entre la France et l'Empire germanique. Son village de Domrémy est convoité par le duc de Lorraine, allié des Anglais et des Bourguignons. Ce dernier poursuit les razzias menées depuis un siècle par ses ancêtres : vols de troupeaux, pillage de villages, meurtres et noyades de paysans. Par deux fois, en 1425 et 1428, Jeanne et sa famille doivent se réfugier dans la forteresse voisine de Vaucouleurs, fidèle à la couronne de France. À treize ans à peine, elle a donc vécu dans sa chair les ravages des attentats locaux et de la guerre de Cent Ans. Ces violences ont nourri le « nationalisme des frontières » naissant, cette revendication d'une appartenance à la fleur de lys, qui se manifeste tant à Tournai, enclave fidèle à la couronne de France dans une Flandre proanglaise, qu'à Montaigu, à quelques lieues d'une Bretagne hostile. Ce sentiment nouveau, la Pucelle le portera haut et fort, par sa fidélité irréductible aux Valois.

Le verrou stratégique d'Orléans

Depuis la perte de Paris et de l'Île-de-France[3], Orléans, deuxième ville du royaume depuis les Capétiens, est un site clé, à la limite septentrionale du « royaume de Bourges » – ainsi nommé par dérision – où s'est replié le futur roi. Il a renforcé les remparts de la ville, hauts de 8 mètres et précédés d'un large fossé, érigé trente et une tours rondes et un donjon de près de 30 mètres. La citadelle est reliée à l'autre côté du fleuve, sur la rive gauche de la Loire, par un pont protégé par une levée de terre, puis un fossé protégeant le fort des Tournelles. Son meilleur atout, c'est l'artillerie : soixante-dix pièces, de la couleuvrine, ancêtre du fusil, maniée par le *sniper* maître Jean de Monteclair, dit le Lorrain, jusqu'aux canons de tous calibres. Environ 5 000 hommes, mercenaires béarnais, gascons et écossais compris, plus les habitants de la ville, attendent de pied ferme les 4 000 Anglais et leurs alliés bourguignons, picards et flamands. L'objectif de Thomas Montague, comte de Salisbury, le meilleur soldat anglais, « moult expert en armes », est de prendre Orléans, puis de faire sauter l'un après l'autre les verrous français le long du fleuve, de manière que Paris demeure hors d'atteinte de toute reconquête, et qu'à l'inverse Bourges soit

3. Le 29 mai 1418, les Parisiens ouvrent les portes de la ville au parti bourguignon, allié des Anglais, lequel massacre les partisans des Valois, Bernard d'Armagnac, beau-père du duc d'Orléans, en tête. Les fidèles du dauphin Charles, futur Charles VII, revendiquent ensuite, par fidélité, leur appartenance au parti des Armagnacs.

à sa portée. Salisbury n'aura pas le loisir de réaliser son dessein : il est emporté par un projectile le 24 octobre 1428, douze jours après le début du siège.

Celui-ci s'éternise tout l'hiver, émaillé d'accrochages sans lendemain. Les Anglais, affaiblis depuis la mort de leur chef, ne sont pas assez nombreux pour organiser un blocus étanche. Les Français peuvent sortir et entrer dans la ville, mais ils ne sont pas assez puissants pour briser l'étau. Ils se découragent un peu plus après le fiasco de l'attaque d'un convoi de centaines de chariots de ravitaillement destinés aux Anglais, le 12 février 1429[4]. Pour le dauphin, l'humiliation est à son comble, au point qu'il songe à renoncer à la couronne.

La madone au visage inconnu

C'est à ce moment qu'entre en scène Jeanne, fille d'un laboureur, un paysan aisé possédant terre et charrue. Ce petit notable représente souvent le village de Domrémy. Il connaît Robert de Baudricourt, le capitaine de Vaucouleurs, le « chef-lieu » : c'est ce dernier qui aidera Jeanne à rencontrer le roi. La femme du laboureur s'appelle Isabelle Romée, peut-être en raison d'un pèlerinage à Rome. Leur fille est sans doute née en 1412, le 6 janvier, jour de l'Épiphanie, « la nuit des rois », affirment d'aucuns… On sait qu'elle a un fort accent de l'Est – elle dit « choyeaux »

4. Cet épisode peu glorieux est passé à la postérité sous le nom de « détrousse des Harengs » ou « journée des Harengs », car en ce temps de carême le convoi débordait de poisson.

pour « joyeux » –, mais on ignore tout de son physique et de son allure. Certains témoignages la décrivent brune et de courte taille. L'évêque de Chalon, présent lors de son arrestation, constate que « ses seins, que son armure retenait prisonniers, sont libérés et tombent sur son ventre, [et que] ses grosses fesses attestent son aptitude aux sornettes des femmes »… Ces précisions ne nous renseignent guère sur le visage de la madone. Ressemblait-elle à Renée Falconetti, Ingrid Bergman, Sandrine Bonnaire, Milla Jovovich, qui l'ont successivement incarnée au cinéma ? Ou à aucune d'entre elles ?

Elle ne sait ni lire ni écrire. « Je ne sais ni *a* ni *b* », dira-t-elle à son procès. Elle possède l'éducation rudimentaire des paysans. Sa mère lui apprend le *Pater* et l'*Ave*, et l'art du fuseau, pour filer la laine. Le curé lui enseigne le prône dominical au sein de la paroisse, cette ultime cellule de stabilité dans un monde en proie à une crise généralisée : guerres, épidémies de peste, crises frumentaires, schisme de l'Église[5]. Elle s'exprime souvent par proverbes, donnant l'illusion d'un langage châtié. Quand ses juges lui demanderont : « Savez-vous être en état de grâce ? », elle répondra : « Si je n'y suis, Dieu veuille m'y mettre, et si j'y suis, Dieu veuille m'y tenir. » Sa piété est si grande que des villageois s'en moquent. Elle multiplie les pèlerinages « à petits pas » – de proximité – qui ont tant contribué à la christianisation du pays et

5. Entre 1378 et 1418, l'Église est déchirée entre deux obédiences : l'une obéissant aux papes de Rome, l'autre à ceux d'Avignon. Le roi de France avait longtemps suivi les papes d'Avignon, avant de se rallier à la solution conciliaire de Bâle – l'élection d'un seul pape – pour résoudre le schisme.

se montre attentive aux prédicateurs itinérants qui déplorent « la grande pitié du royaume de France ».

Depuis l'âge de douze ans, elle prétend entendre les voix d'anges, celles de sainte Catherine, sainte Marguerite et saint Michel, l'archange devenu premier protecteur du royaume. Elle a appris leur vie exemplaire à la paroisse et leur a rendu hommage au petit oratoire voisin de Notre-Dame de Bermont. Une injonction plus pressante lui fait quitter un jour son village. « Il convient que tu mènes une autre vie et que tu accomplisses des actions merveilleuses, disait la voix, car tu es celle que le Roi du Ciel a choisie pour être la réparation du royaume de France, l'aide et la protection du roi Charles, expulsé de sa seigneurie. Revêts un habit d'homme : en prenant les armes, tu seras chef de guerre ; toutes choses seront gouvernées par ton conseil. » Jeanne saisit le premier prétexte, la grossesse de sa cousine germaine, pour rejoindre, accompagnée de son beau-frère, la forteresse voisine de Vaucouleurs, restée fidèle au dauphin, dans cette région acquise aux Anglo-Bourguignons. Le capitaine, Robert de Baudricourt, l'éconduit à leur première rencontre, en mai 1428, à moins que ce ne soit en janvier 1429. Là encore, les dates varient d'un témoignage à l'autre. Obstinée, elle revient en février et parvient – on ignore avec quels arguments – à convaincre Baudricourt de lui fournir une escorte armée. Elle part pour Chinon déguisée en page et les cheveux coupés, accompagnée de deux hommes d'armes, pour y rencontrer le futur roi.

La démarche peut sembler incongrue, mais il n'est pas rare qu'un monarque reçoive ces femmes du peuple confinées au silence qui, d'un coup, prennent la parole au nom de Dieu afin de rétablir la paix et l'unité du royaume. L'Église ne les encourage-t-elle pas à le faire, en insistant sur l'élection des pauvres ? Ceux-ci sont à l'image du Christ, des enfants innocents ou des bergers, à qui la Nativité avait été annoncée. En outre, la Cour est loin d'avoir une étiquette stricte, l'accès au souverain est sans façon, même si les clercs craignent toujours une ruse du Malin. Car tout le monde croit à la sorcellerie. Qui dit qu'une sorcière ne se cache pas derrière une prophétesse ? Qu'une femme simple n'a pas passé un pacte avec le diable ? Avant de donner sa confiance, Baudricourt fait exorciser Jeanne, et Charles VII la fait examiner sous toutes les coutures. Mais une fois la preuve faite de la pureté de la messagère, on l'écoute, car aucune décision politique majeure ne se prend sans la consultation des oracles et des astres.

Les prophétesses, on en compte plusieurs à cette époque, Constance de Rabastens, Catherine de La Rochelle, Piéronne la Bretonne… L'une des plus célèbres est Marie Robine, paysanne des Pyrénées, morte peu avant la naissance de Jeanne. Elle aurait annoncé la perte de la France par une femme – Isabeau de Bavière, épouse, qu'on disait infidèle, de Charles VI ? – et son salut par une autre femme : « Une vierge des marches de Lorraine… » Jeanne ?

La pucelle de Domrémy arrive le 4 mars 1429 – pour d'autres, dès le 23 février –, après une chevauchée souvent nocturne d'une dizaine de jours et 600 kilomètres, « par les champs, les châteaux et les cités hostiles ». Là a lieu sa première rencontre avec Charles VII. Jeanne l'aurait « reconnu », alors qu'il s'était fondu, en guise d'épreuve, dans un groupe de nobles – de la même manière qu'elle s'était dirigée d'emblée vers Robert de Baudricourt. Elle lui aurait donné au cours d'un entretien privé un « signe » pour preuve de la protection qu'elle détient du Ciel et de sa mission divine. Lequel ? On l'ignore. Peut-être aurait-elle rassuré le roi en lui affirmant qu'il était bien le fils légitime de Charles VI, quoi qu'en disaient les rumeurs alimentant la légèreté supposée de sa mère.

Séduit sans être encore convaincu, le roi l'envoie à Poitiers où plusieurs femmes de la noblesse doivent vérifier sa féminité et sa virginité, et des clercs s'assurer de sa bonne foi. Tous concluent à l'unanimité qu'elle n'est qu'« humilité, virginité, dévotion, honnêteté, simplicité ». En guise de dernier test, elle doit donner un autre « signe ». Ces « signes », ce sont ses prédications. Jeanne les dévoilera à son procès : la levée du siège d'Orléans et le sacre du roi, voire, selon d'autres témoignages, la prise de Paris, tenue par le régent Bedford, frère du roi d'Angleterre Henri V ; enfin la libération du duc et poète Charles d'Orléans, prisonnier à Londres depuis la bataille d'Azincourt (1415).

Déclarée « apte » à Poitiers, la jeune Lorraine est dotée d'une « maison militaire » : un écuyer, deux hommes d'armes, deux pages, un confesseur. Elle reçoit au début du mois d'avril une arme commandée par le dauphin. Elle est habillée en homme par commodité, et pour son intégrité. Mieux vaut ne pas être une femme au milieu de la soldatesque.

En 1429, Jeanne n'en est qu'au début de son épopée. Elle part pour Blois où l'attendent une armée de 3 000 hommes et un convoi de vivres et de munitions, commandés par le maréchal de Sainte-Sévère et

Gilles de Rais, grand soldat et plus fidèle compagnon de la Pucelle, passé à la postérité sous les traits de Barbe-Bleue, pour ses viols et meurtres d'enfants, une fois la paix revenue. Le 25 avril, elle quitte la ville au son d'un *Veni Creator Spiritus*. Direction Orléans, où les effectifs ont été étoffés par l'arrivée de plusieurs centaines d'hommes sous les ordres du Bâtard d'Orléans, comte de Dunois, fils naturel du duc d'Orléans. Depuis la calamiteuse « journée des Harengs », les Orléanais doutent. Ils ont même envisagé de se mettre sous la protection du duc de Bourgogne, allié des Anglais, mais préférable à eux. Le régent Bedford n'a rien voulu savoir. Du coup, le camp bourguignon, fâché, retire ses troupes, qui manqueront cruellement pendant les combats.

Dunois tient à faire entrer Jeanne dans Orléans, afin de redonner le moral aux habitants qui ont entendu dire – de village en village et de ville en ville, la rumeur circule beaucoup plus vite à l'époque qu'on ne l'a longtemps cru – qu'une jeune femme les sauverait. La voici, montée sur un cheval blanc, avec à sa gauche Dunois et les capitaines qui l'accompagneront tout au long de sa chevauchée, La Hire, Thibault de Termes…, entrant par la porte de Bourgogne. Elle met pied à terre devant la cathédrale et fait chanter un *Te Deum*. Le lendemain, elle propose d'attaquer. Dunois et les chefs militaires temporisent, préférant attendre l'armée de secours promise par le dauphin. Après des échanges doux-amers, la Pucelle finit par obtempérer. Tout en prenant des initiatives personnelles. Ainsi n'hésite-t-elle pas à multiplier les sommations, parfois décousues, à l'adversaire, mais toujours assorties de menaces. C'est au nom de Dieu, de Jésus et de Marie qu'elle agit, jamais au nom du roi de France : comment lui en tenir rigueur ? « Roi d'Angleterre, si vous ne le faites ainsi, je suis chef de guerre, affirme-t-elle, et en quelque lieu que j'atteindrai vos gens en France, je les en ferai aller, qu'ils veuillent ou non. Et s'ils ne veulent obéir, je les ferai tous occire ; je suis ici envoyée de par Dieu, le Roi du Ciel, corps pour corps, pour vous chasser hors de toute la France. » Dans la foulée, elle invite le duc de Bedford à l'accompagner à la croisade en Terre sainte. Les Anglais rétorquent à cette *ribaude* – une « débauchée » – ou à la « putain des Armagnacs » qu'ils la brûleront. De son côté, Dunois, excédé, file à Blois exiger les troupes de secours. Il trouve en face de lui des chefs de guerre apathiques, qui se résignent à mettre en branle 2 000 hommes, rejoints par les garnisons de Gien, Château-Renard et Châteaudun.

Le 4 mai, les combats débutent autour de la bastille Saint-Loup sans que Jeanne en ait été informée. Elle rejoint à la hâte le front et participe vaillamment à cette première victoire des Orléanais, jusqu'ici accablés par les échecs. Ingratitude ? Elle n'est pas conviée au conseil de guerre du lendemain : la guerre est une chose trop importante pour être confiée à une prophétesse. Qu'importe, elle prendra sa revanche sur le terrain.

Deux jours plus tard, lorsque les Français investissent le monastère des Augustins, autour d'Orléans, elle est une fois de plus au premier rang, n'écoutant que son courage. Avec elle, la victoire appelle la bataille suivante, jusqu'à la défaite totale de l'ennemi. Elle suggère, là encore sans qu'on lui ait demandé son avis, de prendre le fort des Tournelles, principal bastion anglais sur la rive sud de la Loire. Les capitaines la snobent avant de lui donner raison. L'opération est un nouveau succès, près de 500 Anglais sont tués. Jeanne n'avait-elle pas rassuré les assaillants juste avant le choc : « Ne craignez pas, la place est nôtre ! » Mieux, elle avait prophétisé la mort du chef anglais Glasdale, qui se noiera dans l'effondrement d'un pont-levis. Lorsqu'elle entre dans Orléans, en empruntant le pont libéré, elle est accueillie par un nouveau *Te Deum*.

L'honneur retrouvé des Valois

Le 8 mai au matin, les chefs anglais semblent prêts à engager « la mère des batailles ». Jeanne est contrariée : on ne combat pas un dimanche, jour du Seigneur. Finalement, ils refusent l'affrontement et se replient à Meung-sur-Loire, à une trentaine de kilomètres. Les Français les harcèlent et s'emparent d'une partie de leur artillerie et de leurs équipements. Le siège d'Orléans est définitivement levé. Cette victoire, « c'est le plus grand miracle après la résurrection du Christ », note un bourgeois de la ville.

Charles VII n'est pas loin de le penser. Pour un Valois, l'humiliation de près de quatre-vingt-dix ans de défaites, certes entrecoupées des victoires éphémères de Charles V, est effacée. Le cycle de la déveine avait été inauguré par son arrière-arrière-grand-père Philippe VI (1293-1350), premier souverain de la dynastie succédant au dernier des Capétiens, sans héritiers. En 1340, devant L'Écluse, l'avant-port de Bruges, la flotte française, chargée d'empêcher le débarquement du roi d'Angleterre Édouard III en Flandre, avait été entièrement détruite. Le contrôle de la Manche était durablement perdu[6]. Six ans plus tard, le souverain anglais infligeait aux troupes françaises l'une des plus grandes défaites de la guerre de Cent Ans, à Crécy, le 26 août 1346. Avec son fils Jean II le Bon (1319-1364), les Valois iraient de Charybde en Scylla, puisqu'il sera fait prisonnier à la bataille de Poitiers, le 13 septembre 1356. Son successeur, Charles V (1338-1380), sembla stopper la spirale de l'échec. L'heure était à la reconquête des territoires perdus.

À la fin du XIVe siècle, les Anglais sont relégués à la Guyenne et à Calais. Les trêves entre les deux parties se multiplient. Serait-ce la fin de la guerre ? Las, le changement de dynastie outre-Manche, les Lancastres succédant aux Plantagenêts[7], donne des ailes au « parti de la guerre », la grande aristocratie désireuse d'accroître possessions et richesses. Le nouveau roi d'Angleterre Henri V traverse la Manche, entreprend

6. La principale cause de la guerre de Cent Ans est la revendication du royaume de France par les rois d'Angleterre, Édouard III étant, par sa mère Isabelle, le petit-fils de Philippe le Bel. Mais après la mort, en 1328, de Charles IV, dernier fils de Philippe le Bel, sans héritier mâle, son cousin Philippe VI de Valois lui succède. Le 24 mai 1337, ce dernier annonce la confiscation pour félonie de la Guyenne, terre d'Édouard III. Celui-ci réagit en octobre en revendiquant le trône de France. On situe généralement le début de la guerre de Cent Ans cette année-là. La bataille navale de L'Écluse marque le premier affrontement majeur entre les deux Couronnes.

7. Maison royale issue des comtes d'Anjou et du Maine. Ses membres furent roi de Jérusalem, puis d'Angleterre. Au milieu du XIIe siècle, leur royaume comprenait la moitié occidentale de l'Irlande, l'Angleterre et l'ouest de la France actuelle au-delà d'une ligne Normandie-Béarn.

le siège d'Harfleur, à 10 kilomètres du Havre, en août 1415, et défait deux mois plus tard la chevalerie française à Azincourt[8]. En moins d'une heure, 7 000 chevaliers – la fine fleur de l'armée française – succombent sous les flèches des archers anglais. « *We few, we happy few, we band of brothers* » (« Nous cette poignée, cette heureuse poignée d'hommes, cette bande de frères »), plastronnent-ils dans le *Henri V* de Shakespeare. Après la défaite de la flotte française, puis la prise des principales places fortes de Caen, Honfleur, Cherbourg et Rouen, l'installation anglaise en Normandie est plus solide que jamais à partir de 1417.

Un malheur ne venant jamais seul, les Valois doivent gérer les crises de folie du cinquième du nom, Charles VI (1368-1422). En outre, la guerre civile se superpose au conflit séculaire avec Albion. En 1404, à la mort du duc de Bourgogne Philippe le Hardi (1342-1404), les rapports s'enveniment entre son fils Jean sans Peur (1371-1419), qui lorgne le trône de son cousin défaillant, et leur autre cousin Louis d'Orléans (1372-1407), qui a la mainmise sur les finances royales et sur le Conseil du roi, l'exécutif du royaume. Jean, marginalisé, tente le tout pour le tout. D'abord, la séduction, en essayant de s'attirer les grâces du dauphin. Puis la démagogie, en proposant ni plus ni moins la suppression de l'impôt. En désespoir de cause, il fait assassiner Louis d'Orléans, le 23 novembre 1407, à Paris, brisant le lien entre les deux branches des Valois. Au-delà de cette lutte à mort pour le pouvoir suprême, les deux camps

8. À 60 kilomètres à l'est du Touquet.

affichent des visions antinomiques de la souveraineté. Les Bourguignons sont partisans d'impôts faibles, d'une monnaie stable – pour en finir avec les dévaluations à répétition –, d'une justice souple et d'un régime de liberté. Les Armagnacs sont, à l'inverse, des partisans de l'ordre et d'une justice coercitive. Ils défendent l'impôt pour huiler la machine administrative et rémunérer les officiers royaux chargés d'assurer la continuité de l'État naissant.

En septembre 1419, alors que le temps de la réconciliation avec la maison de Bourgogne semble venu, son chef Jean sans Peur, venu à Paris pour traiter avec le pouvoir royal, est assassiné. Pour les Valois, le meurtre de 1407 est vengé, mais pour le nouveau duc, Philippe le Bon, la « vendetta » ne fait que commencer. Sa première réaction est de s'allier au meilleur ennemi du dauphin Charles, le roi d'Angleterre Henri V, au moment où celui-ci devient l'héritier de la couronne de France.

La longue marche de la Pucelle

Jeanne d'Arc, tout à sa mission – et au péril de sa vie –, n'a pas ce tableau politique et familial en tête. Charles VII, si. À Orléans, il n'est pas dupe : il a gagné une bataille contre les Anglais, pas la guerre. Ceux-ci se sont repliés en bon ordre dans les places fortifiées situées dans un rayon de 30 kilomètres, à Jargeau, Meung-sur-Loire et Beaugency. Ils tiennent solidement leurs nouvelles positions. Les Français en ont la confirmation après avoir buté sur la défense de Jargeau, à peine deux jours après la victoire d'Orléans. Que faire ? Quelles doivent être les priorités du roi de Bourges ? Se faire sacrer à Reims, afin qu'« une digne couronne » rende sa légitimité indiscutable : c'est le désir le plus ardent de Jeanne. Les capitaines préfèrent consolider la victoire en s'emparant des places fortes occupées de la Loire, puis attaquer la Normandie, tête de pont des Anglais sur le continent. Le roi tergiverse, avant de se ranger à l'idée de l'offensive sur la Loire. Une armée de 5 000 hommes est rassemblée sous les ordres du duc d'Alençon. Le jeune (vingt et un ans) prince du sang veut en découdre. Il vient d'être libéré contre rançon par les Anglais. Jeanne affirme que le premier objectif doit être Jargeau, une forteresse sur la rive sud de la Loire, défendue par 2 000 hommes. Par chance, il y a unanimité. Le 12 juin au matin, l'assaut est donné, après que l'artillerie eut fait chuter la tour principale. Jeanne est en première ligne, étendard à la main, tandis qu'Alençon hésite. « Gentil duc, as-tu peur ?, demande la Lorraine. Ne sais-tu pas que j'ai promis à ton épouse de te ramener sain et sauf ? » Groggy, une pierre ayant heurté son chapeau de fer, elle repart à l'assaut. Infatigable, insatiable. Après la reddition des Anglais, elle songe aux prochaines batailles. « Je veux aller voir ceux de Meung. Faites que la compagnie soit prête à partir à cette heure. » Le 15, la place forte de Meung se rend, suivie, le 17, par celle de Beaugency. Les Français ne s'arrêtent pas là, ils se lancent à la poursuite de l'ennemi, sur les exhortations de la Pucelle : « Chevauchez hardiment, on aura bon conduit. » À Patay, le 18 juin, les Anglais subissent une lourde défaite. Leurs principaux chefs sont prisonniers, y compris le redouté Talbot[9], qui a ce joli mot, qu'on dirait *understatement* : « C'est la fortune de la guerre. » Jeanne, cette fois, était à l'arrière-garde, sur ordre de Dunois, qui a géré de bout en bout la bataille.

Après cette victoire, des cérémonies d'actions de grâce sont données dans les villes fidèles à la Couronne. La rumeur gonfle. Charles VII serait aux portes de Paris. Il se rendrait ensuite à Rome pour être couronné par le pape. Les Anglais et les Français auraient signé la paix et se seraient engagés à une année de pénitence. Tout cela est faux, mais trois semaines après Orléans, l'initiative et l'enthousiasme ont changé de camp. Jeanne y a sa part. Mais laquelle ? Est-elle un génie militaire ? Ou une meneuse d'hommes, magnifiée par la propagande royale qui a besoin d'une héroïne populaire pour faire oublier ses turpitudes ? L'iconographie de l'époque lui donne le rôle suprême. Dans *Les Vigiles de Charles VII*, superbes enluminures sur parchemin de Martial de Paris, vêtue d'une robe-cuirasse – il est interdit de la représenter en homme –, elle tient un bâton de commandement face aux remparts de Paris. Dans une miniature illustrant les *Poésies* de Charles d'Orléans – où elle est rousse –, elle a le coude droit replié sur la poitrine, le glaive pointé vers le haut. Pourtant, elle n'a jamais été nommée « lieutenant général », commandant en chef des armées, ne serait-ce que parce qu'elle est femme. Elle n'a pas davantage été capitaine de l'armée royale. Sa place dans la hiérarchie reste

9. John, comte de Shrewsbury, un des plus grands capitaines anglais.

marginale. Elle est exclue des conseils de guerre. En revanche, personne ne nie sa hardiesse et sa capacité à entraîner les troupes. S'il y a un reproche à lui formuler, ce serait précisément sa témérité. Elle a déjà été blessée trois fois : par une flèche d'arbalète au cou pendant l'assaut des Tournelles ; à la tête, par un jet de pierre, lors de la bataille de Jargeau ; par une autre flèche, à la cuisse, dans les fossés de Paris. Même la chronique probourguignonne, dite des Cordeliers, souligne qu'« elle faisait merveille d'armes de son corps et maniait un bourdon de lance [une longue lance] très puissamment », ou que « n'était forteresse qui, à sa simple parole et semonce, ne se voulût rendre, croyant et espérant par ses merveilles que ce fût chose divine », voilà qui est plus convaincant. Jeanne n'en démord pas, elle veut « bouter les Anglais hors de France ». Par sa persuasion, son enthousiasme, elle redonne confiance aux grands capitaines, elle enclenche la reconquête. Son rôle est essentiel dans la mobilisation, pas dans la stratégie.

Un sacre pour ultime mission

En route pour le sacre du roi. Afin de donner plus d'éclat et de solennité à la cérémonie, des membres de la famille royale – le duc d'Alençon, les comtes de Clermont et de Vendôme, le Bâtard d'Orléans – se joignent aux plus grands capitaines. Malgré les apparences, l'entourage de Charles VII, en particulier son plus proche conseiller, Georges de La Trémoille, n'est pas enthousiaste. N'est-ce pas prendre des risques inutiles que d'entreprendre une longue marche de 300 kilomètres dans une région truffée de garnisons anglo-bourguignonnes ? N'eût-il pas mieux valu consacrer toute l'énergie à la prise des citadelles de La Charité-sur-Loire et Cosne-sur-Loire, qui menacent le « royaume de Bourges » ? Le sacre s'impose-t-il alors que pour les juristes la transmission du sang suffit à la légitimité du souverain ?

Jeanne a, encore une fois – c'est la dernière –, raison des atermoiements du roi. La troupe s'ébranle de Gien le 29 juin 1429. Sur sa route, elle épargne les villes bourguignonnes : Auxerre, en échange de fourniture de vivres ; Troyes, par des « lettres d'absolution », contre une entrée dans la ville. Le 16 juillet, l'armée royale entre dans Reims. Le sacre a lieu le lendemain dans le chœur de la cathédrale Notre-Dame. La cérémonie débute le matin à 9 heures, après les prières du roi. L'abbé remet la sainte ampoule, conservée au monastère de la ville – Saint-Remi –, à l'archevêque Regnault de Chartres, qui la dépose sur le grand autel de la cathédrale. C'est le seul attribut du sacre, les autres, couronne, sceptre..., étant conservés à l'abbaye de Saint-Denis sous contrôle anglais. Douze pairs de France sont là, comme le veut la tradition. La fin de la cérémonie est marquée par les récompenses habituelles aux plus loyaux sujets, meilleurs combattants et fidèles de Jeanne : Gilles de Rais est fait maréchal de France, La Hire reçoit le comté de Longueville, en Normandie – il n'a plus qu'à le conquérir, puisque la province est anglaise ! –, Xaintrailles est promu grand écuyer de France. Plusieurs centaines de nouveaux chevaliers sont armés. Jeanne s'agenouille et dit en pleurant : « Gentil roi, maintenant est exécuté le plaisir de Dieu, qui voulait que je levasse le siège d'Orléans et que je vous amenasse en cette cité de Reims recevoir votre saint sacre en montrant que vous êtes le vrai roi, et celui auquel le royaume doit appartenir. »

En faisant sacrer le roi, la Pucelle a réduit à néant le traité de Troyes qui écartait Charles VII du trône. La légitimité de l'ex-dauphin est incontestable. C'est la seconde et ultime victoire de Jeanne. L'apogée de son épopée. À l'archevêque qui lui demande : « Où croyez-vous donc mourir ? », elle répond, selon Michelet : « Je n'en sais rien, où il plaira à Dieu… Je voudrais bien qu'il lui plût que je m'en allasse garder les moutons avec ma sœur et mes frères. Ils seraient si joyeux de me revoir. »

Désenchantement

Charles VII a beau être le « vrai roi », sa situation reste précaire. Lorsqu'il parvient à Reims, les Anglais sont à 20 kilomètres au sud, à Épernay, et à 30 kilomètres au nord, aux environs de Rethel et Laon. Malgré les apparences, ils ne sont pas dans une posture plus enviable. Le régent, contraint par l'activisme des troupes royales, a dû se replier sur son pré carré, entre Paris et la Normandie. Mais il dispose d'un « joker », le duc de Bourgogne. De fait, Bedford et Philippe le Bon annoncent leur réconciliation à l'issue d'une rencontre, le 15 juillet 1429. Mais sur le terrain, la situation est toujours aussi contradictoire. D'un côté, l'armée de Charles VII engrange les succès : les villes de Laon, Corbeny, Soissons, Château-Thierry, Provins, Coulommiers – Paris est tout proche – font allégeance. De l'autre, le roi décide subitement un repli vers la Loire à la seule vue de l'armée anglaise. Mais la route vers le sud est barrée. Le « roi de Bourges » est condamné à reprendre son errance, vers le nord.

Ces tergiversations exaspèrent Jeanne, qui ne jure que par l'offensive et sa troisième « mission » : faire entrer Charles VII à Paris. Le souverain l'écoute, mais ne la suit pas. Elle ira donc seule. Avec une petite troupe commandée par le duc d'Alençon, elle quitte Compiègne le 22 août. Trois jours plus tard, elle parvient au nord de la capitale, à Saint-Denis, où, depuis Dagobert, les rois de France sont enterrés dans l'église abbatiale. Or, Paris est inexpugnable. La ville est solidement défendue par des capitaines du duc de Bourgogne, des soldats anglais et des milices bourgeoises. Les Parisiens sont déterminés. Pour eux, Charles VII représente le parti armagnac, et la rumeur enfle : le « roi » vient venger le massacre des partisans du dauphin, assassinés par les Bourguignons en 1418, lorsqu'ils ont investi la capitale. Les autorités ecclésiastiques rappellent leur fidélité à la « double monarchie », faisant serment « de vivre en paix et union en cette ville sous l'obéissance du roi de France et d'Angleterre ». Une procession se rend à l'abbaye Sainte-Geneviève, où sont déposées les reliques de la sainte patronne de la capitale qui a barré la route à Attila. Charles VII serait-il le nouveau visage du chef des Huns ?

Les Parisiens ne sont en tout cas pas disposés à répondre favorablement à la proposition du duc d'Alençon : leur accorder une amnistie générale en échange de l'ouverture des portes de la ville. Il n'y a pas plus de probabilité qu'un détachement militaire modeste comme celui de Jeanne, en campement à La Chapelle, au nord de la capitale, puisse les faire plier.

L'assaut est pourtant fixé au 8 septembre, jour de la Nativité de la Vierge. Au petit matin, les troupes royales essuient les premiers coups de canon à Saint-Lazare, puis à la porte Saint-Honoré. La Pucelle franchit le premier fossé, mais elle est stoppée au second, rempli d'eau. Elle fait apporter des fagots pour le combler. Les combats sont âpres. Elle est touchée à la cuisse par un tir d'arbalète, à l'actuel numéro deux de l'avenue de l'Opéra. Les Parisiens résistent. Un capitaine doit aller la chercher, alors qu'elle s'obstine en un combat incertain. On dénombre 1 500 morts.

Le lendemain, au lever du jour, c'est une Pucelle ragaillardie qui se présente, prête à repartir à l'assaut : elle ne quittera pas les lieux sans avoir investi Paris. Las, le roi ordonne aux troupes de se replier sur Saint-Denis, puis vers la Loire. Charles n'est pas d'humeur guerrière. Sa priorité : consolider les acquis de l'été en Champagne, dans l'est de l'Île-de-France et le Valois (le sud de l'Oise et une partie de l'Aisne), sans oublier Senlis, qui surveille Paris, et Beauvais, qui observe la Normandie. Le roi de France n'exclut pas une nouvelle campagne militaire contre les Anglais, mais elle ne pourra se faire qu'avec les Bourguignons. En attendant, il annonce à Gien, le 21 septembre, le licenciement du gros de l'armée royale, puis regagne Bourges. Les plus pugnaces sont accablés. « Et ainsi furent rompus le vouloir de la Pucelle et l'armée du roi », regrette Perceval de Cagny. Ce serviteur du duc d'Alençon est persuadé que si le monarque avait poussé son avantage après Patay, le

18 juin, « on eût chassé les Anglais jusqu'à la mer, vu le courage que chacun avait, car un Français eût abattu dix Anglais ». Mais Charles VII a l'œil rivé sur les négociations engagées depuis plusieurs mois pour une réconciliation avec Philippe le Bon. Qu'importe si celui-ci vient de réaffirmer de façon théâtrale son alliance avec Londres, le roi ne conçoit pas de chasser les Anglais du continent sans une alliance des deux branches rivales des Valois. De fait, le 28 août, alors que Jeanne est aux portes de Paris, une trêve est signée entre les deux parties. Les clauses sont favorables au duc de Bourgogne, qui récupère, entre autres, la Picardie.

L'incompréhension des capitaines est à son comble lorsque le mois suivant le Bourguignon est nommé « lieutenant du roi de France et d'Angleterre » pour le nord du royaume, à l'exception de la Normandie. N'est-ce pas Jeanne la va-t-en-guerre, Jeanne l'instinctive, qui voyait juste en stigmatisant « la Bourgogne pleine de fausseté » ?

Prison, procès, bûcher

En cet automne 1429, l'armée royale est démoralisée et le désordre règne. Les chefs de guerre retournent sur leurs terres, les capitaines commandent les forteresses conquises, appuyés par les soldats restés sous les armes. Car les combats n'ont pas cessé et il faut repartir à l'assaut. À la fin de l'année, les villes de Laval, Torcy, Verneuil, Conches, Château-Gaillard, Louviers – à 20 kilomètres de Rouen, capitale des Anglais – auront rejoint le roi de France.

Jeanne aurait aimé accompagner le duc d'Alençon dans sa campagne militaire en Normandie. Le conseiller du roi La Trémoille a préféré l'envoyer à La Charité-sur-Loire, à la frontière du comté de Nevers, terre bourguignonne et du Berry, fidèle à Charles VII. La ville est occupée par un aventurier, Perrinet Gressard, tour à tour allié des Bourguignons et des Anglais, mais d'abord à son propre compte. L'assaut est donné à deux reprises en novembre, et c'est un double échec. Aussi grave que celui devant Paris.

Entre la Pucelle et le roi, le courant ne passe plus. Comment pourrait-il voir en elle une « fille de Dieu », alors que ses prophéties sont démenties depuis l'échec sous les murs de Paris ? Et surtout, peut-il encore s'entendre avec cette héroïne dont la gloire commence à lui faire de l'ombre ?

Au printemps 1430, elle prend congé de son ex-« gentil Dauphin » sans l'en avertir – donc en lui désobéissant –, avec un petit groupe de fidèles. Son but de guerre : protéger des positions menacées, Lagny-sur-Marne, et surtout Compiègne. Mais les Anglais n'ont pas dit leur dernier mot. Ils veulent conserver Paris et la Guyenne, tout en faisant pression sur les villes reconquises par le « roi de Bourges ». Après une vaine tentative contre Pont-l'Évêque, le 14 mai 1430, Jeanne d'Arc, à la tête de 400 hommes, se dirige vers Compiègne. Elle entre dans la ville le 23 mai à l'aube. Elle fait fermer les portes et ordonne une grande assemblée des habitants. Elle jure que sainte Catherine, envoyée par Dieu, lui a demandé de faire une sortie contre les ennemis du roi. Elle en sortira victorieuse et le duc de Bourgogne sera capturé. Elle persuade alors 500 gens d'armes de sortir de la ville, franchit gaillardement l'Oise et se trouve face aux hommes de Jean de Luxembourg. Dans l'accrochage, un archer saisit Jeanne par son manteau et la fait chuter de son cheval. Ses compagnons ne peuvent la secourir. La voilà prisonnière. Selon Michelet, celui qui la livra – un certain Jean de Ligny – « fit peindre sur ses armes un chameau succombant sous le faix avec la triste devise inconnue aux hommes de cœur : *Nul n'est tenu à l'impossible* ».

Pourtant, le Seigneur n'a-t-il pas abandonné la Pucelle ? Ses partisans semblent le penser qui se résolvent à son arrestation. La cour royale ne se précipite ni pour la libérer par un coup de main, ni pour la racheter au moyen d'une rançon. Son échec n'est pas celui du roi, mais le sien : celui d'une intrépide qui s'est prise pour une élue de Dieu. À l'issue de près de cinq mois de négociations, elle est finalement cédée contre espèces sonnantes et trébuchantes aux Anglais, et transférée à Rouen. Le 3 janvier 1431, ceux-ci la remettent à la justice ecclésiastique le temps d'un procès qui s'ouvre six jours plus tard. Le président du tribunal est l'évêque Pierre Cauchon[10]. À cinquante-neuf ans, ce prélat est chargé avec Jean Le Maistre, vicaire du grand inquisiteur de France, de déterminer si Jeanne est coupable

10. Docteur en théologie, il est nommé recteur de l'université de Paris à vingt-six ans, en 1397. Chassé de son poste par les Armagnacs, il se met au service du parti bourguignon, puis du roi d'Angleterre après le traité de Troyes de 1420, qu'il a contribué à rédiger. Nommé évêque de Beauvais, il fuit la ville à l'arrivée des troupes royales pour Rouen, la capitale des envahisseurs. Ambassadeur à plusieurs reprises d'Henri VI, il est l'un des derniers défenseurs de la présence anglaise. Il meurt subitement à soixante-douze ans, alors qu'on lui faisait la barbe.

d'hérésie[11]. La prétention de la damoiselle à invoquer la volonté divine n'est-elle pas la preuve qu'inspirée par le diable elle attente à la toute-puissance de la majesté divine ? Et donc aux fondements théologico-politiques du pouvoir du roi ? Mais de quel roi ?, dira-t-on. Charles VII ou Henri VI, qui a succédé à son père, mais est encore mineur[12] ? La question est d'autant plus brûlante que l'Occident est plongé dans une crise globale de l'autorité. Pendant le grand schisme d'Occident, trois papes revendiquent la légitimité, tandis qu'en France, depuis la mort de Charles VI, deux souverains règnent. À qui un bon chrétien doit-il obéir ?

Les juges respectent la procédure du droit canonique, lancée par une « diffamation[13] » débouchant sur la « notoriété[14] » des crimes : hérésie, rébellion, port contre nature de vêtements d'homme. L'accusée est interrogée six fois en public, et une dizaine de fois en prison. Le 28 mars est lu l'acte – on parle alors de « libelle » – d'accusation de soixante-dix articles, où il est réclamé que les juges la déclarent « sorcière ou lectrice de sorts, devincresse, fausse prophétesse, invocatrice et conjuratrice de malins esprits, superstitieuse, impliquée et appliquée aux arts magiques, mal-pensante et, au sujet de notre foi catholique, schismatique [...], sacrilège, idolâtre, apostate à la

11. L'hérésie est au sens strict une errance dans la foi assimilée à un crime de lèse-majesté divine.

12. Une régence est exercée par ses deux oncles paternels. Henri VI sera sacré à Notre-Dame de Paris le 16 décembre 1431.

13. Dans le droit de l'Église, la « diffamation » est l'établissement de la mauvaise réputation (*fama* en latin) de l'accusé par une enquête.

14. Au sens de « ce qui est connu ».

foi, maldisante et malfaisante, blasphématrice envers Dieu et ses saints [...] troublant et empêchant la paix, excitant aux guerres, cruellement altérée de sang humain et incitant à le répandre [...] prenant sans pudeur l'habit infâme et l'état des hommes d'armes [...] séductrice des princes et des simples [...] hérétique ou du moins véhémentement suspecte d'hérésie [...] ».

Clercs, juristes et théologiens sont consultés. Le 24 mai, dans le cimetière de Saint-Ouen à Rouen, devant la foule, Jeanne finit par accepter d'abjurer ses erreurs. Elle est condamnée à la prison perpétuelle. Mais à peine dans sa geôle, elle revêt à nouveau des habits d'homme, sans doute plus pour échapper au viol que dans le dessein de revenir sur ses aveux. Ses bourreaux ne voudront rien savoir. Elle est jugée relapse – elle retourne à l'erreur qu'elle avait confessée – et livrée au « bras séculier », les Anglais. Elle sera brûlée vive.

Le 30 mai 1431, à 9 heures, « elle fut revêtue d'habits de femme et mise sur un chariot », écrit Michelet. Les témoignages manquent et se contredisent. À proximité du bûcher, sur la place du Vieux-Marché de Rouen, elle demande une croix. Un Anglais lui en confectionne une avec un bâton. Elle baise la croix et la place « sous ses vêtements, sur sa chair ». Sous « l'écriteau infâme » (« Hérétique, relapse, apostate ») le bourreau met le feu. Alors que la flamme monte, elle réclame de l'eau bénite. Elle trouve la force de crier : « Oui, mes voix étaient de Dieu, mes voix ne m'ont pas trompée ! » Selon un moine présent, 10 000 hommes pleuraient. Un Anglais, qui avait juré de mettre un fagot au bûcher, se trouva mal en la voyant expirer. Emmené à une taverne pour reprendre ses esprits, il aurait confié avoir vu de la bouche de la jeune martyre « avec le dernier soupir, s'envoler une colombe ». Quant au secrétaire du roi d'Angleterre, il aurait pesté tout haut : « Nous sommes perdus, nous avons brûlé une sainte. »

La « grant monarchie de France » recouvrée

Il faudra attendre encore quatre ans après le supplice de Jeanne et le traité d'Arras (20 septembre 1435) pour entériner la fin de la guerre civile. Mais à quel prix. À genoux, prêt à tout pour une réconciliation avec son cousin, Charles VII désavouera le meurtre de Jean sans Peur. Il promettra de punir les coupables, de faire dire chaque jour une messe expiatoire pour l'âme du défunt, d'ériger un monument et de fonder un monastère sur les lieux du crime. Mais l'année suivante, il entrera triomphalement dans Paris.

Donner du temps au temps : le roi en fait une règle de gouvernance, que Jeanne la guerrière, impatiente de rétablir ce qui à ses yeux constitue le Bien, refusera toujours de toute son âme. La fracture entre la politique et la mystique, dont Charles Péguy fera un principe, trouve ici l'une de ses premières incarnations.

C'est sans la Pucelle que Charles VII achève donc la reconquête du royaume, préalable au rétablissement dans son intégrité de la « grant monarchie de France ». Le traité d'Arras (1435) constitue un préalable. La trêve générale avec les Anglais est encouragée par les fiançailles d'Henri VI, favorable à la paix, et de Marguerite d'Anjou, nièce du roi de France. Dans l'immédiat, ce dernier a jeté les bases d'une armée de métier permanente, commandée par quinze capitaines, soldés régulièrement et choisis parmi les meilleurs chefs de guerre. Ils seront responsables du recrutement des 12 000 hommes, pages, valets, archers et coutiliers compris, du corps de cavalerie. À ce fer de lance prestigieux s'ajoutera l'armée de garnison : cavalerie légère, francs archers, fantassins mercenaires, souvent helvètes. La guerre et l'impôt sont les deux piliers de l'État monarchique.

En 1449, le roi de France se sentira assez fort pour reprendre l'initiative en rompant la trêve avec l'Angleterre, quitte à prétexter des révoltes en Normandie. Il multipliera les victoires et entrera à Rouen à cheval, le 10 novembre. Charles VII n'en a pas pour autant fini avec Jeanne d'Arc. Le roi a-t-il été ébranlé par la propagande anglaise à destination de la chrétienté, affirmant que juste avant d'être brûlée, la Pucelle avait de nouveau abjuré ses erreurs et demandé pardon ? Quoi qu'il en soit, son honneur est sali par le procès de Rouen. Comment le « Roi Très Chrétien » pourrait-il devoir sa couronne à une sorcière ? Pour se laver de l'infamie, il fait ouvrir une action judiciaire en 1450. La sentence du second procès, ouvert six ans plus tard, en 1456, déclare « nul, invalide, sans effet et sans valeur » le précédent jugement, parce que « entaché de dol [accomplissement d'un acte en connaissance de son illégalité], de calomnie d'iniquité, de contradictions et d'erreurs ». Plus qu'une réhabilitation de Jeanne, c'est un procès en nullité que le roi a engagé. Son but est de minorer le rôle de la jeune femme. Au fond, la Pucelle lui importe moins que la grandeur suprême de la fonction royale.

La conquête de la Guyenne sera plus difficile. La population est attachée au commerce du vin avec Albion. Les Anglais n'en sont pas moins battus en 1453 à Castillon. Leur dernier bastion sur le continent est Calais, qui tombera un siècle plus tard, en 1558, mettant un terme à la guerre de « Cinq Cents Ans », depuis Hastings (1066), entre la France et l'Angleterre, même s'il faudra attendre véritablement le traité d'Amiens de 1802, lorsque le souverain d'Angleterre abandonnera formellement son titre de roi de France et retirera la fleur de lys de son blason.

Après l'épisode napoléonien, Jeanne n'est pas encore revenue en odeur de sainteté. Son héroïsme sacrificiel gêne la monarchie – accusée de l'avoir abandonnée – et il faudra attendre le milieu du XIXe siècle – Michelet surtout, puis Péguy – pour voir naître son imaginaire, à la fois patriotique, mystique et populaire, qui fera d'elle la première incarnation des sauveurs à la française. L'idole intouchable des monarchistes comme des républicains.

Bibliographie sélective

Colette Beaune, *Jeanne d'Arc*, Perrin, 2004.

Colette Beaune, *Naissance de la nation France*, Gallimard, 1985.

Jacques Chiffoleau, *La Comptabilité de l'au-delà*, Rome, École française de Rome, 1980.

Philippe CONTAMINE, *Charles VII. Une vie, une politique*, Perrin, 2017.

Philippe CONTAMINE, *Jeanne d'Arc, histoire et dictionnaire* (avec Olivier Bouzy et Xavier Hélary), Robert Laffont, coll. « Bouquins », 2012.

Philippe CONTAMINE, *La Guerre de Cent Ans*, PUF, 2010.

Philippe CONTAMINE, *La Vie quotidienne pendant la guerre de Cent Ans*, Hachette, 1976.

Georges et Andrée DUBY, *Les Procès de Jeanne d'Arc*, Gallimard, coll. « Folio », 1995.

Jean FAVIER, *La Guerre de Cent Ans*, Fayard, 1980.

Jean FAVIER, *Pierre Cauchon. Comment on devient le juge de Jeanne d'Arc*, Fayard, 2010.

Claude GAUVARD, *Le Temps des Valois*, PUF, coll. « Une histoire personnelle », 2013.

Claude GAUVARD, *La France au Moyen Âge du Ve au XVe siècle*, PUF, 2014.

Gerd KRUMEICH, *Jeanne d'Arc à travers l'histoire*, Albin Michel, 1993.

Gerd KRUMEICH, *Jeanne d'Arc en vérité*, Tallandier, 2012.

Jules MICHELET, *Jeanne d'Arc*, Gallimard, coll. « Folio », 2017.

Georges MINOIS, *La Guerre de Cent Ans*, Perrin, coll. « Tempus », 2016.

Régine PERNOUD, *J'ai nom Jeanne la Pucelle*, Découvertes Gallimard, 1994.

Jacques TRÉMOLET DE VILLERS, *Jeanne d'Arc. Le procès de Rouen (21 février-30 mai 1431)*, Les Belles Lettres, 2016 ; Perrin, coll. « Tempus », 2017.

V

Montezuma II

Le dernier empereur

Propulsé sur le trône du jeune Empire aztèque alors qu'il le redoutait plus que tout, Montezuma II ne sut jamais forcer son caractère timide et réservé pour affronter les événements qui rythmèrent son règne chaotique. À commencer par celui qui, en 1529, changerait la face de l'Amérique : le débarquement sur la terre des Mexicas des conquistadors espagnols en quête des richesses du Nouveau Monde. Face au déterminé et fin stratège Cortés, le monarque, aussi faible qu'indécis, prisonnier de croyances et de traditions impuissantes face à l'armada militaire de son ennemi, alla de reculade en concession, de défaite en déroute. Il se montra incapable d'organiser un mouvement de résistance face à l'envahisseur et finit lui-même méprisé et rejeté par son propre peuple, avant de rendre son dernier souffle dans un cachot espagnol de sa capitale, Mexico-Tenochtitlán. Sa mort sonna le glas de l'Empire aztèque, et, partant, la fin d'une civilisation.

« Et toi, illustre jeune homme, ne doute pas que le Créateur, qui t'a imposé un si grand fardeau, ne te donne aussi la force nécessaire pour le porter. S'il fut prodigue pour toi dans le passé, il fera pleuvoir sur ta tête des bénédictions plus abondantes encore. Il maintiendra ton trône inébranlable pendant de longues et glorieuses années. »

À trente-cinq ans, le nouvel empereur aztèque Montezuma[1], second du nom, a tout pour être un homme heureux. Comme vient de le lui prédire Nezahualpilli, le roi de la cité amie de Tezcuco, située sur la côte orientale du grand lac qui les sépare, tout indique que le règne qu'il entame se révélera grandiose. L'Empire aztèque dont il vient d'hériter ce jour de 1502, après la disparition accidentelle et inattendue de son oncle Ahuitzotl, est à son apogée et rien n'indique qu'il ne le restera pas. Assis sur des mines d'or, d'argent, de plomb, d'étain et de cuivre qu'exploitent des dizaines de milliers d'esclaves, craint et respecté par ses voisins, il s'étend du golfe du Mexique à l'océan Pacifique et, au sud, jusqu'au Guatemala et au Nicaragua. Près de 20 millions d'hommes vivent à l'intérieur de ses frontières. Sa capitale, Mexico-Tenochtitlán, bâtie cent cinquante ans plus tôt à force d'ingéniosité et d'opiniâtreté sur des marécages et des bancs de sable et de boue, compte près d'un million d'habitants et ne cesse de croître et de s'embellir, malgré de fréquentes et dramatiques inondations. Le système féodal sur lequel il s'appuie semble aussi inébranlable que le trône sur lequel Montezuma II vient de poser son royal séant. L'avenir lui appartient et il ne peut

1. Parfois orthographié Moctezuma.

être que radieux. Qu'il semble loin le temps où les Aztèques n'étaient qu'un modeste peuple nomade errant dans les déserts, avant de s'installer à Mexico puis d'étendre leur territoire dans toutes les directions. C'était pourtant il y a seulement deux siècles…

Sans doute certains de ses proches ont-ils noté l'absence curieuse de réaction de Montezuma lorsque les six nobles l'ayant choisi de préférence à ses frères pour devenir le chef de leur nation sont venus lui annoncer la nouvelle de son élection[2]. Ils ont alors mis la chose sur le compte de son caractère, si bien reflété par le choix de son patronyme – « un homme triste ou sévère ». Ils avaient tort. S'il ne fait pas de doute que ses qualités militaires et ecclésiastiques le désignaient naturellement pour occuper cette fonction – comme en Égypte pharaonique, les futurs empereurs aztèques suivent une formation de prêtre et de soldat –, Montezuma n'éprouve ni joie ni enthousiasme à voir posée sur sa tête l'impériale mitre couverte d'or, de pierres précieuses et de plumes. Ni les sacrifices humains qui se succéderont dans les jours qui suivront son sacre, ni les conquêtes militaires des premiers mois de son règne, ni les tributs que viendront lui apporter les différents peuples de l'Empire pour marquer leur allégeance au nouveau souverain, ni la perspective de ne plus jamais poser le pied sur le sol, de croiser le moindre regard d'un de ses sujets

2. Depuis deux siècles, le « tlatoani », c'est-à-dire le plus haut dignitaire militaire et religieux du royaume aztèque, est désigné par quelques dignitaires du royaume. Le choix se fait parmi les membres de la famille régnante et n'obéit pas à quelque règle précise de succession en fonction de l'âge, de l'ordre générationnel ou de la filiation directe.

(ils n'en ont pas le droit) ou de sentir quelque main l'effleurer (acte sacrilège) ne parviendront à ôter désormais de son haut front la ride d'inquiétude qui le traverse. Et qui, plus jamais, ne le quittera.

De nature réservée, voire timide, le neuvième empereur aztèque n'est pas sûr d'être capable de porter le fardeau qu'on vient de lui transmettre. On le suppose fort, il se sait faible. Mais il n'a pas le droit de le dire ou de le montrer. Ou alors avec prudence. Comme lors de cette cérémonie au cours de laquelle des seigneurs tlascalans – ennemis héréditaires des Aztèques – avaient été repérés et arrêtés au sein de la foule. Plutôt que de leur faire arracher le cœur pour espionnage, Montezuma leur avait offert les meilleures places pour continuer à assister aux festivités. L'effet de surprise dissipé, ses courtisans avaient voulu voir en ce geste la preuve de la magnanimité du prince. Il s'agissait d'autre chose, mais lui seul le savait. Et aussi peut-être les deux femmes partageant, en toute légitimité et à tour de rôle, la couche de l'homme le plus puissant et l'un des plus séduisants d'Amérique centrale, si l'on en croit les témoignages de l'époque. La peau plus claire que celle des Indiens, d'une taille plus élevée que la moyenne, portant une barbe courte, il affiche une réelle prestance physique. Une allure de seigneur – qu'il est.

Mauvais présages

Les années passent, Montezuma se fait au métier de roi. Pour camoufler ses scrupules et ses craintes, il force son caractère. Naturellement moins porté sur la guerre que ses prédécesseurs, il multiplie les conquêtes militaires et agrandit démesurément les limites de l'Empire, sans comprendre que celui-ci s'affaiblit à force de croître et risque de s'effondrer sous son propre poids, comme jadis Rome en Europe. Homme de tempérament simple et aimable, il vit désormais dans un luxe inouï, se montre odieusement arrogant, se dérobe de plus en plus aux yeux du peuple pour s'enfermer dans un palais qui, derrière ses hauts murs s'étendant sur 200 mètres de long, a pris l'allure d'une véritable ville dans la ville. Faisant fi des conseils de Nezahualpilli, il augmente les impôts pour assurer le train de vie d'une cour devenue obèse et dont ont été chassés les moins nobles des membres. Pourtant, il laisse parfois entrevoir sa véritable personnalité, enfouie sous l'épais maquillage de l'absolutisme royal. Comme ce jour où, ayant cueilli un épi de maïs dans un champ, il est apostrophé par son propriétaire :

— N'as-tu pas condamné à mort par une loi celui qui volerait un épi de maïs ? lui lance, crâne, le paysan.

— C'est vrai, répond le souverain.

Montezuma propose à l'homme de lui restituer son épi, mais celui-ci refuse. Alors que des soldats s'apprêtent à arrêter l'impudent, l'empereur lui tend son manteau impérial et le nomme gouverneur d'une région ! Aux dignitaires l'entourant, muets de stupéfaction, il lance : « Ce pauvre malheureux a montré plus de courage qu'aucun de vous car il a osé me reprocher en face d'avoir violé mes propres lois. »

L'organisation politique et sociale du peuple aztèque est étroitement liée à ses croyances religieuses et à celles relevant de la mythologie – qui est un peu la poésie de la religion. Pour lui règne sur l'univers un être suprême, omniscient, tout-puissant, parfait, immortel mais invisible. Créateur du monde, il a à ses côtés une dizaine de divinités principales, elles-mêmes flanquées de plus de deux cents divinités inférieures. Toutes obéissent au terrible dieu de la Guerre, Huitzilopochtli, aussi craint et vénéré que le dieu de l'Air Quetzalcóatl – « le Serpent à plumes » – est apprécié et regretté. Ayant subi un jour les foudres d'une divinité plus puissante alors qu'il séjournait sur terre, il a dû faire ses adieux au peuple mexicain à qui il avait enseigné l'agriculture, la transformation et l'usage des métaux, mais aussi le culte de la paix. Après avoir embarqué sur un esquif en peaux de serpents, il a disparu à l'horizon, plein est, non sans avoir promis qu'il reviendrait. La légende transmise depuis des décennies le décrit comme de taille plus élevée que la moyenne, la peau blanche, la barbe fournie, le cheveu noir.

Superstitieux, les Aztèques interprètent depuis les signes de la Nature ou du Ciel comme l'annonce du retour de Quetzalcóatl – sans savoir s'ils doivent le craindre ou l'espérer. Mais à partir de 1509, la succession de ces signes va les jeter dans un désarroi inédit. Les eaux du grand lac de Mexico se mettent à s'agiter violemment et même à bouillonner sans raison apparente (ni ouragan ni éruption volcanique) ; un mini-tsunami s'abat sur la ville ; la charpente d'une tour du grand temple de Huitzilopochtli où se déroulent les principaux sacrifices humains prend feu ; trois comètes tombent à proximité de la capitale ; une immense clarté lumineuse en forme de pyramide apparaît à l'orient (selon les témoignages, cette nappe de feu semblait « toute poudrée d'étoiles » et « on aurait dit qu'elle marchait comme un géant blanc ») ; 1 800 guerriers se noient dans un fleuve lors d'une bataille ; une éclipse de soleil survient (« le soleil avait été mangé ») ; la terre se met à trembler ; on prétend avoir aperçu des hommes à deux têtes et un oiseau portant un miroir sur la sienne. S'il n'en laisse rien paraître lors de ses rares apparitions publiques, Montezuma II vit chaque relation de ces événements comme un pas supplémentaire vers le gouffre où l'Empire semble destiné à tomber, alors qu'un des cycles de cinquante-deux ans qui constituent le calendrier aztèque touche à sa fin.

En 1517, des coureurs en provenance de la côte nord-orientale de l'Empire, en territoire totonaque, lui apportent, sur une tablette de bois, une inquiétante dépêche. Selon le hiéroglyphe peint sur la feuille froissée, trois « montagnes se déplaçant sur l'eau » ont accosté près du cap Catoche[3], et des dizaines d'hommes au teint pâle, étrangement habillés et armés, maniant une langue incompréhensible, en sont descendus. Ils ont arpenté pendant quelques jours les environs puis, ayant échoué à entrer en communication avec les paysans locaux, ils sont repartis. Mais ils pourraient revenir. Et plus nombreux.

La nouvelle plonge Montezuma dans un abîme de perplexité. Qui sont ces hommes ? D'où viennent-ils ? Que cherchent-ils ? Sont-ils l'avant-garde d'une grande armée de conquête étrangère et inconnue ? Ou les éclaireurs du Serpent à plumes qui, comme promis, revient prendre possession de son royaume ? Si c'est

3. À proximité de la ville de Cancún.

le cas, ne doit-il pas les accueillir avec bienveillance ? Le métier de roi est décidément bien difficile.

En route vers la gloire

« Je pars pour la guerre / Parce que je suis pauvre / Mais si j'avais de l'argent / Je ne partirais pas. » Ainsi que le résumera à la fin du siècle Cervantès, le jeune Hernán Cortés a, comme l'immense majorité de ses jeunes compatriotes, embarqué, à dix-neuf ans, sur un navire quittant l'Espagne pour le Nouveau Monde afin d'y trouver la fortune. Bien qu'il fût issu d'une bonne famille d'Estrémadure, la médiocrité de ses études ne lui avait pas permis d'embrasser la carrière lucrative de légiste dont son père rêvait pour lui. Tant mieux. Devenir riche mais en vivant la grande aventure lui paraissait un destin bien plus glorieux. Après quelques années passées sur l'île d'Hispaniola[4] à travailler puis à gérer la terre qu'on lui avait octroyée, à séduire les femmes de ses compagnons et à éteindre les révoltes indiennes locales, il avait participé à la conquête de Cuba en 1511. Devenu secrétaire du gouverneur de l'île, il avait rongé son frein et réprimé avec peine sa déception quand Diego Velázquez avait envoyé un autre que lui gagner un territoire inconnu découvert quelques mois plus tôt – par hasard – par un vaisseau espagnol déporté par une tempête. L'endroit avait été baptisé Yucatán[5]. Mais

4. L'île formée de Saint-Domingue et Haïti.

5. Incapables de comprendre la langue parlée par les envahisseurs, les indigènes ne cessaient de répéter « *tectecan* », qui

Juan de Grijalva tardait à revenir, même s'il avait fait rapporter d'impressionnantes quantités d'or et d'argent, laissant penser que les nouvelles le concernant n'étaient pas forcément mauvaises. Et s'il restait là-bas et accaparait ces nouvelles terres en oubliant qu'il était d'abord et avant tout un sujet espagnol ? Velázquez avait demandé à Cortés d'armer quelques navires pour ramener, si besoin, Grijalva à la raison, et accomplir une mission très précise : nouer des relations commerciales avec les indigènes du Yucatán, évaluer leur richesse, les convertir si possible en douceur et « les inviter à reconnaître la suzeraineté du roi d'Espagne et à lui faire de beaux présents d'or, de perles, de pierres précieuses, afin d'obtenir, par ce témoignage de leurs bons sentiments, sa faveur et sa protection ». Cortés avait approuvé, quoiqu'il n'en pensât pas moins. Enfin, son heure était venue.

En ce 10 février 1519, du haut de ses trente-trois ans, Hernán Cortés ne doute pas qu'il embarque pour l'aventure de sa vie. Sera-t-elle glorieuse, heureuse, sanglante, tragique ? Il s'en moque. Un sang froid coule dans ses veines, une résolution inébranlable l'habite, jusqu'aux tréfonds de son âme. Mais ceux qui l'accompagnent ? Que pensent et que veulent ces 110 marins, ces 553 soldats et ces 200 Indiens – fraîchement recrutés pour les uns, mercenaires des Caraïbes ou aventuriers au long cours pour les autres – qui lui font face, devant les onze vaisseaux amarrés dans le port de La Havane et sur lesquels ils vont bientôt rejoindre les seize chevaux que Cortés

signifie : « Je ne vous comprends pas. » Les Espagnols comprirent Yucatán, croyant qu'il s'agissait du nom de la région.

a tenu à emmener, persuadé que la simple vue de ces animaux inconnus sèmerait la terreur chez les indigènes ? Pour encourager ses troupes et s'assurer de leur enthousiasme, l'hidalgo a fait coudre sur l'étendard de sa petite armée – sur fond noir, une croix rouge entourée de flammes bleues et blanches – une inscription en latin qui sonne comme un cri de guerre : « Amis, suivons la croix ; si nous avons la foi, nous vaincrons par ce signe. » Et comme si cela ne suffisait pas, il a décidé de s'adresser à eux juste avant le grand départ. Un discours aux allures de harangue : « Je vous offre une glorieuse récompense, mais il faut la gagner par d'incessantes fatigues. Les grandes choses ne s'accomplissent que par de grands efforts et jamais la gloire n'a été le prix de l'oisiveté. Si je me suis donné tant de mal, si j'aventure tout ce que je possède dans cette entreprise, c'est pour l'amour de la renommée, la plus noble récompense de l'homme. Mais si quelques-uns d'entre vous convoitent surtout les richesses, gardez-moi seulement votre foi comme je vous garderai la mienne et je vous rendrai maîtres de trésors tels que nos compatriotes n'en ont jamais rêvé. Vous êtes peu nombreux mais forts par votre résolution et, pourvu qu'elle ne chancelle pas, soyez sûrs que le Tout-Puissant, qui n'a jamais abandonné les Espagnols dans leurs luttes contre les infidèles, vous couvrira de son bouclier, fussiez-vous enveloppés d'une nuée d'ennemis ; car votre cause est une juste cause, et vous combattez sous la bannière de la croix. »

Une heure plus tard, l'escadre levait l'ancre. Sûre de sa mission, sûre de sa foi, sûre de son chef dont la peau blanche, la barbe fournie, les cheveux noirs et la haute taille le font ressembler à ce dieu que le peuple aztèque attend depuis près de deux siècles.

Nuages à l'est

Que faire ?

Présidant un grand conseil où il a convoqué les rois de Tezcuco et de Tlacopan, Montezuma peine, en ce jour étouffant d'avril 1519, à masquer son désarroi. Depuis une semaine, d'inquiétantes nouvelles lui sont parvenues de la côte atlantique, qui l'ont obligé à organiser cette réunion extraordinaire. Après le débarquement de Grijalva quelques mois plus tôt, explique-t-il à ses interlocuteurs, il a fait installer des postes d'observation au-dessus des plages de sable s'étendant sur la côte est de l'Empire. Ordre a été donné aux caciques locaux, en cas d'arrivée de nouveaux étrangers, de leur faire un accueil correct, mais aussi et surtout de recueillir un maximum d'informations sur leurs objectifs et leurs ambitions, et de les lui rapporter. Il y a quelques jours, justement, plusieurs vaisseaux ont surgi de l'horizon ; ils mouillent dans une crique du golfe du Mexique. Des centaines d'hommes armés en sont descendus, montés pour certains sur des créatures terrifiantes à quatre jambes qui leur permettent de progresser plus vite, sans se fatiguer. Leur ont été offerts des fleurs, des fruits, du gibier, des joyaux, des étoffes de coton et des manteaux en plumes, en précisant qu'ils proviennent du plus puissant monarque de l'univers. En échange, les étrangers ont chargé leurs hôtes de faire porter à leur roi un fauteuil richement sculpté et peint, un chapeau orné d'un médaillon sur lequel un homme combat une créature crachant du feu et des bracelets fabriqués dans une matière inconnue (le verre), tout en soulignant qu'ils sont offerts par un monarque encore plus puissant que le leur, qui vit de l'autre côté des mers, à des milliers de lieues de là. Ils ont aussi dit qu'ils souhaitaient rencontrer leur roi. C'est-à-dire lui, Montezuma II.

À ces informations recueillies grâce à une esclave prénommée Marina « offerte » aux Espagnols et qui, en quelques jours, a réussi à se familiariser suffisamment avec la langue castillane pour faire office d'interprète, s'ajoutent des toiles peintes durant les palabres par les artistes aztèques dépêchés sur place. Un frisson de crainte et d'admiration mêlées parcourt les conseillers présents lorsque Montezuma II, d'un geste las, les dévoile à leurs yeux. Assurément, ces Espagnols-là ne sont pas venus pour découvrir mais pour conquérir. Et imposer leur culture et leurs mœurs. À Tabasco, dit-on, ils n'ont pas hésité à agir avec violence, jetant depuis le haut des escaliers des temples les statues des dieux aztèques pour les remplacer par celle d'une femme avec un enfant dans les bras. Dans le même lieu a ensuite été organisée une cérémonie à laquelle les habitants ont été forcés de participer en s'agenouillant devant la nouvelle divinité.

— Il faut les chasser immédiatement du pays, lance une voix déterminée au sein de l'assemblée.

— Ce sont des êtres surnaturels et tout-puissants, nous ne pourrons pas les vaincre, assène un autre.

— Faisons-leur bon accueil, suggère Cacama, le roi de Tezcuco, que la vision hiéroglyphe des armes et des armures des étrangers a rendu soudain prudent.

Après plusieurs heures de discussion au cours desquelles il a été établi que le chef de cette troupe, en dépit de sa ressemblance manifeste avec le Serpent à plumes, ne pouvait être Quetzalcóatl, puisqu'il a œuvré contre la religion aztèque, Montezuma décide d'impressionner les étrangers en envoyant dans le Yucatán une ambassade et des cadeaux dont la somptuosité dira la richesse et la puissance de l'Empire. Dans le même temps, un message de fermeté leur sera adressé : interdiction absolue de s'approcher de la capitale. Étrange et maladroite initiative. En se faisant mi-agneau mi-loup face à un lion, le souverain aztèque laisse entrevoir la faiblesse de son caractère et son médiocre sens politique. Offre-t-on des présents à quelqu'un qu'on menace ? Menace-t-on quelqu'un à qui on offre des présents ? Dans le meilleur des cas, le chef des Espagnols sera intrigué. Dans le pire, sa résolution n'en sera que décuplée et sa curiosité, renforcée. Et avec elle, son ambition et sa cupidité.

Tout va se dérouler exactement à l'inverse de ce qu'envisageait l'empereur aztèque. Les deux ambassades chargées de cadeaux qu'il envoie à Cortés reviennent un mois plus tard, dépitées. En dépit des masques de turquoise, disques de jade, bracelets de pierres précieuses, boucliers, casques, cuirasses, mitres, éventails en or ou en argent, costumes en plumes de quetzal et autres merveilles, l'envahisseur a refusé d'entendre l'interdiction qui lui était signifiée de gagner Mexico. Plus grave : des émissaires totonaques ont été aperçus dans son campement. Victimes depuis des décennies du joug aztèque, contraints de livrer chaque année des femmes et des jeunes filles qui seront mariées de force à des nobles de Mexico, les Totonaques auraient même proposé à Cortés de l'aider à bâtir une ville côtière pour accueillir de nouveaux colons. Elle serait baptisée Villa Rica de Vera Cruz, « La riche ville de la véritable croix » (actuelle Veracruz).

Montezuma II est effondré.

Progression

Le 16 août 1519, sous un soleil de plomb, 400 fantassins espagnols, 15 cavaliers, 7 pièces de canon, 1 300 guerriers indiens totonaques et 1 000 porteurs quittent Veracruz. La veille, Cortés a fait détruire ses navires : un bon moyen de faire comprendre à ses compagnons que leur avenir est devant eux, à l'ouest, et qu'il n'y aura pas de retour possible. Après avoir longé des dizaines de champs de cactus et de plantations d'aloès, ils empruntent les premières pentes qui doivent les mener sur le plateau de Mexico, à plus de 2 000 mètres d'altitude, traversent Xalapa et parviennent à Tlatlauquitepec. Son premier édile accueille courtoisement Cortés, qui lui demande s'il est un vassal de Montezuma. « Où est l'homme qui n'est pas un vassal de Montezuma ? », grince le cacique. « Devant toi », répond Cortés, qui reprend la route malgré les recommandations de son interlocuteur. Selon ce dernier, Montezuma a trente grands vassaux pouvant lever chacun 100 000 hommes, possède des garnisons dans toutes les villes de l'Empire, et sa capitale, posée sur un vaste lac, est entourée de ponts de bois qui, une fois levés, empêchent tout accès à la ville. Autant d'avertissements qui piquent un peu plus la volonté et la détermination du conquistador.

Deux semaines à peine après avoir quitté Veracruz, Cortés et sa troupe pénètrent dans la république de Tlascala qui abrite un peuple montagnard et guerrier ayant souvent tenu tête aux Aztèques. Pourtant, les Tlascalans refusent de laisser le passage aux Espagnols : ici, les ennemis de vos ennemis ne sont pas forcément vos amis. Pendant plus d'une semaine, des milliers d'Indiens aux corps nus peints de couleurs écarlates, le visage surmonté de casques étincelants sculptés parfois avec des têtes d'animaux et ornés de panaches indiquant – par leur taille et leur couleur – le grade et la famille de leur propriétaire, vont se précipiter, hurlant, armés de lances, de javelines, de dards au bout cuivré ou de bâtons à double poignée garnis à intervalles réguliers de rasoirs, protégés par de dérisoires boucliers colorés faits de roseaux entrelacés, contre les chevaux, les chiens, les canons et les armures métalliques des soldats aguerris de Charles Quint. Mi-septembre, leur chef, Xicotencatl, se soumet.

La nouvelle de la chute de Tlascala ne fait qu'accroître l'inquiétude de Montezuma. Ainsi donc, cette poignée d'hommes a réussi à vaincre en quelques jours ces farouches Tlascalans qu'il peine à mater depuis des décennies ? Toujours aussi maladroit, il envoie une nouvelle ambassade à Cortés. Les bras encore chargés de magnifiques présents, ses émissaires ont pour mission de féliciter les Espagnols pour leur victoire, tout en leur rappelant qu'il leur est déconseillé de s'aventurer aux abords de la turbulente capitale aztèque. Une nouvelle vraie-fausse menace qui se double d'une proposition puérile : payer à Cortés un fort tribut qu'il transmettra à son propre souverain. En échange de sa promesse de ne pas venir jusqu'à Mexico, bien entendu. Cortés refuse, bien entendu.

L'obstination de l'Espagnol semble payante. Quelques jours plus tard, une nouvelle ambassade en provenance de Mexico se présente à Tlascala où les conquistadors, séduits par la ville qui rappelle à certains d'entre eux leur chère et lointaine Grenade, ont installé leurs quartiers en attendant de reprendre leur marche. Surprise : cette fois Montezuma semble admettre son impuissance, puisqu'il invite en bonne et due forme Cortés à gagner la capitale aztèque ! Avec une recommandation : passer par la ville de Cholula. Située à 20 lieues de Mexico, Cholula est l'équivalent aztèque de la Jérusalem chrétienne. Dans cette ville sainte, près de 6 000 hommes et femmes sont sacrifiés chaque année à la gloire des dieux[6].

En pénétrant dans Cholula, les Espagnols sont frappés par la beauté, la richesse et la propreté de la cité. Magnifiquement accueillis, ils s'installent dans les cours de temples fastueux. Chaque soir, on vient les distraire et leur apporter des vivres, synonymes de festin. Puis vient un jour où les visites amicales

6. Les sacrifices humains existent depuis toujours dans de nombreuses civilisations de la région, mais les Mexicas ont développé cette tradition jusqu'au massacre de masse. Originellement envisagé comme un moyen de nourrir les dieux en régénérant le cosmos par le don du sang, le sacrifice humain est aussi utilisé comme un instrument de pouvoir : au prétexte de plaire aux divinités, on leur offre les corps des ennemis vaincus, moyen efficace de se débarrasser de prisonniers dangereux et de jeter en même temps dans l'effroi des rivaux potentiels. Mis en scène de manière grandiose, les sacrifices relèvent aussi de la société du spectacle : ils divertissent le peuple autant qu'ils le rassurent sur la puissance de leurs dirigeants.

s'espacent, où les regards des autochtones se font plus distants, les relations plus méfiantes. Ce changement mystérieux et inattendu intrigue Cortés. Grâce à sa précieuse interprète et désormais maîtresse Marina, il apprend qu'un piège lui a été tendu. Vingt mille hommes attendent sa petite armée à la sortie ouest de la ville, dans les rues étroites où sa cavalerie peinera à progresser. Grâce à un prêtre dont il achète les bonnes grâces, il parvient à faire la lumière sur la brusque transformation de ses hôtes. Des oracles ayant prédit à Montezuma que Cholula serait « le tombeau de ses ennemis », l'empereur est revenu sur sa décision de leur faire bon accueil et a décidé de les combattre et les chasser ! Ce virage tactique totalement improvisé, dicté par la seule superstition religieuse, exempt de toute réflexion ou préparation militaire, est une aubaine pour Cortés. Il convoque un matin les caciques cholulans dans la cour d'un temple et les sermonne avec violence. Ceux-ci ont à peine le temps de comprendre que ce sont eux qui sont désormais piégés : sur un geste de Cortés, des dizaines d'arquebusiers et d'archers disposés autour de la cour commencent à tirer. C'est un massacre. À l'extérieur, les habitants déterminés à venir en aide à leurs chefs sont fauchés par les canons disposés aux entrées du temple. À la fin de la journée, d'épaisses rigoles de sang coulent dans toutes les rues proches de la grande place de Cholula. Dans son rapport à Charles Quint, Cortés annonce fièrement 3 000 tués – il y en eut sans doute le double.

Quinze jours plus tard, alors que l'effet de sidération sur les populations environnantes n'est toujours pas tombé, le chef espagnol reprend sa longue marche en avant. Dans quelques jours, il longera les contreforts du volcan Popocatepetl et apercevra les plaines cultivées, les collines boisées et les lacs bleutés de la vallée de Mexico, « la Venise des Aztèques ». Dans quelques jours, il en sera définitivement fini des douleurs dues aux crises de dysenterie, de la crainte d'affronter un ennemi dont le niveau de civilisation laisse imaginer une puissance inédite ou du mal du pays grignotant le moral de ses hommes. Dans quelques jours, ils entreront vainqueurs dans la capitale du plus puissant empire d'Amérique indienne. Et ce, peut-être sans même avoir à combattre.

Les masques d'hypocrisie tombent

Les crises révèlent les hommes de caractère. Or, Montezuma en est totalement dépourvu. Élevé dans l'idée de l'immortalité de son empire et de la civilisation qu'il incarne, persuadé que jamais une armée étrangère ne parviendrait à franchir les hautes montagnes entourant la vallée de Mexico, convaincu qu'il n'aurait jamais à combattre pour la sauvegarde de son trône, il sombre dans un désespoir total. Enfermé dans son palais, il refuse désormais de s'alimenter, multiplie les prières, convoque quotidiennement des oracles dont le silence décuple son angoisse. Ses sursauts d'orgueil ou de fierté sont sans lendemain. Le jour même où, devant le Grand Conseil, il prononce un plaidoyer volontariste et guerrier digne d'un héros grec de l'Antiquité (« Je plains le sort des vieillards et des infirmes, des femmes et des enfants, trop faibles pour combattre ou pour fuir. Quant à moi et aux braves gens qui m'entourent, il faut nous découvrir la poitrine et affronter l'orage comme nous le pourrons »), il envoie son neveu, Cacama, au-devant des Espagnols pour leur ouvrir la route de Mexico. Encore et toujours ces louvoiements, cette incertitude, cette incapacité à prendre une décision ferme et à s'y tenir…

Après un échange d'amabilités et de cadeaux avec Cacama, arrivé en grande pompe à Ajotzinco où campe la troupe espagnole, Cortés emprunte les larges digues de pierre et de chaux séparant les lacs de Chalco et de Xochimilco. De chaque côté de la colonne, des centaines de pirogues les suivent, d'où les autochtones les observent, sans hostilité, intrigués, comme des curieux observeraient des animaux dans un zoo. Mexico n'est plus qu'à quelques heures de marche maintenant.

Le 8 novembre 1519, à la tête de 400 Espagnols, dont une poignée de cavaliers, et des milliers de supplétifs recrutés au fil de sa progression au cœur de l'Empire aztèque, Cortés traverse un petit pont-levis de bois qui marque la frontière entre les faubourgs de Mexico et la ville elle-même. Le sort en est jeté. Les Espagnols peuvent désormais voir se refermer derrière eux la « porte d'entrée » de la majestueuse capitale. Elle sera leur tombeau ou le témoin de leur triomphe.

Soudain, un nuage de poussière à l'horizon les oblige à stopper. Des dizaines d'hommes avancent dans leur direction en balayant le sol. Derrière eux, à l'intérieur d'un palanquin d'or bruni porté sur les épaules de riches nobles, l'empereur Montezuma. Après être descendu de sa litière, précédé d'esclaves jetant des manteaux ou des tapis de coton devant lui afin que ses pieds ne soient pas souillés par un contact avec le sol, le souverain se dirige vers Cortés. À son passage, tous les habitants massés autour baissent les yeux ou se prosternent dévotement. Il porte un manteau et des sandales parsemés de pierres précieuses et de perles et, sur la tête, un panache de plumes colorées. Petite barbe, cheveux noirs mi-longs, teint pâle, démarche altière, regard ne laissant apparaître aucune émotion – ni peur, ni admiration.

— Êtes-vous Montezuma ?, interroge le conquérant espagnol.

— Oui, je suis lui, répond le souverain aztèque.

Et les deux hommes d'échanger bijoux et verrerie, avant que Cortés ne tente de glisser autour du cou de son hôte une chaîne en verre de couleur. En vain. Plusieurs caciques arrêtent net son geste, lui faisant comprendre que nul n'est en droit de toucher la personne sacrée de l'empereur. Aucunement fâché, celui-ci invite les Espagnols à gagner les quartiers qu'il leur a fait préparer, non loin de sa propre demeure, au cœur de la ville, dans le palais d'Axayacatl qui fait face à l'immense temple pyramidal dédié au dieu de la Guerre. Après en avoir pris possession, Cortés fait installer des sentinelles à toutes les entrées et positionne sur les murailles plusieurs canons dirigés vers la grand-place – on n'est jamais trop prudent. Après une visite de courtoisie de l'empereur au cours de laquelle, assurera Cortés plus tard, celui-ci lui aurait déclaré : « Tu as suivi des tribulations mais te voici arrivé dans ta ville », des salves d'artillerie sont tirées à la tombée du jour. Ayant mesuré le haut degré de superstition des Mexicains, Cortés espère bien impressionner la population et les édiles en leur montrant qu'il est capable de faire tomber la foudre du ciel et de créer des nuages de fumée comme seuls les volcans alentour le pouvaient jusqu'alors.

Le lendemain, c'est au tour de Cortés de rendre visite à Montezuma en son palais. Composé de murs en pierre noire veinée de blanc et de rouge, orné de marbre, on y pénètre par une grande porte surmontée d'une sculpture : un aigle tenant en ses serres un ocelot. L'empereur vit au premier étage, tandis que les corps du bâtiment sont habités par les domestiques, les majordomes, les cuisiniers et les comptables. À son hôte assis sur une natte de roseau, Cortés tente d'expliquer la cosmogonie chrétienne et la barbarie effroyable des sacrifices humains autorisés par les religions païennes, pratiques indignes d'une civilisation pour qui tous les hommes sont frères. Incrédule, l'empereur affiche un visage qui hésite entre la tristesse et la résignation. Et tout en soulignant que ses dieux, après tout, valent bien ceux des Espagnols, il donne l'impression d'être prêt à céder son autorité au conquérant ou, à tout le moins, à la partager : « J'aurai soin qu'on ait égard à vos désirs comme si c'était les miens. » Mais Cortés, fin psychologue, a bien saisi la personnalité indécise et cyclothymique de Montezuma. Ni ses propos fatalistes ni les larmes qu'il a cru voir sur le visage de son hôte en prenant congé ne l'ont convaincu qu'il avait la partie gagnée. Du moins pas encore.

La tension entre les deux hommes va monter de quelques crans au cours de la visite du temple de Huitzilopochtli, en plein centre de la ville. Estimé, à tort, par Cortés « plus haut que la cathédrale de Séville », il abrite plusieurs sanctuaires où sont adorés dieux et idoles aztèques. Invité à les visiter, le conquérant espagnol ne parvient pas à cacher son dégoût et sa colère en pénétrant dans ces lieux aux murs rougis de sang, imprégnés d'une odeur d'abattoir pestilentielle et décorés de dizaines de statuettes païennes incrustées de pierres précieuses. Il se lance dans une violente diatribe contre la barbarie de son hôte et exige de celui-ci qu'il le laisse ériger une croix et construire une chapelle dédiée à la Vierge ici même. À son tour, Montezuma s'emporte : « Si j'avais su que vous proféreriez ces insultes, je ne vous aurais pas montré mes dieux. Ce sont eux qui nous ont conduits à la victoire depuis que nous formons une nation, ce sont eux qui apportent la santé et la pluie, c'est pourquoi nous devons les vénérer et leur offrir des sacrifices, et je vous conjure de ne plus rien dire contre eux. » Au terme de ce bref mais vif échange, les deux hommes se quittent. Les masques d'hypocrisie qu'ils portaient respectivement depuis leur rencontre sont tombés. Désormais, la lutte est officiellement engagée ; seule la forme qu'elle prendra est encore inconnue. Elle ne le restera guère longtemps.

Dans les jours qui suivent, les relations entre les deux communautés ne cessent de se dégrader. Les domestiques aztèques dont disposent les officiers castillans se montrent de plus en plus insolents et il n'est plus rare de voir les marchands de cacao, de maïs, de piment, de chaussures, de miel, de poisson, de grenouilles ou de canards refuser de vendre leurs produits aux Espagnols sur le grand marché. Un coup de force devient nécessaire, estime le conquistador, qui craint de voir Montezuma et les habitants de la capitale mexicaine prendre confiance s'ils ne sentent pas la force et la supériorité de leur adversaire. Quand il apprend que des Indiens ont attaqué la garnison de

Veracruz, tué plusieurs soldats et même sacrifié l'un d'entre eux – un certain Argüello –, Cortés juge que le destin lui tend les bras. Voilà le prétexte idéal pour agir. Rapidement. Brutalement.

Ayant sollicité une audience de Montezuma dans son propre palais, le conquistador s'y rend accompagné d'une trentaine de ses meilleurs compagnons. Après un échange d'amabilités forcées – Montezuma lui propose même une de ses filles en mariage –, Cortés fait connaître son courroux à propos de l'attaque de Veracruz et exige que les responsables de cette agression lui soient livrés. Après avoir protesté avec virulence de son innocence, l'empereur ordonne à un messager de partir chercher le responsable de ces actes, Quauhpopoca. Cortés joue alors son va-tout et convie d'une voix ferme et glaciale son hôte à venir s'installer dans le palais qu'il a mis à sa disposition en attendant que Quauhpopoca et ses complices soient amenés et jugés. Montezuma est sidéré. Il a compris que l'instant décisif tant redouté où il devrait manifester son caractère de roi était venu. À son tour, il élève la voix : « Depuis quand a-t-on vu un grand prince comme moi quitter volontairement son propre palais pour se constituer prisonnier entre les mains des étrangers ? Je ne suis pas de ceux dont on fait les prisonniers. Même si j'acceptais, mon peuple ne le souffrirait pas. » Alors que Cortés feint de s'offusquer de l'utilisation abusive du terme de « prisonnier » et proteste de la noblesse de ses intentions, un de ses cavaliers, Velázquez de León, perd patience. Massif, flanqué d'une épaisse barbe noire, il tonitrue : « À quoi bon tant de paroles avec ce barbare ? Nous sommes trop engagés pour reculer. Emparons-nous de lui et s'il résiste, plongeons-lui nos épées dans le sein. » Cette fois, le Rubicon de la paix a été franchi. La pièce étant tenue par les Espagnols, Montezuma n'a plus le choix : à défaut de sauver sa vie, il lui reste l'honneur de la race aztèque à défendre. Appeler ses gardes à l'aide et se battre, même à un contre trente, même au risque de mourir, avec la certitude que son peuple se soulèvera dans les moments qui suivront son sacrifice. Au lieu de quoi Montezuma propose piteusement de livrer plutôt son fils et ses deux filles. Puis, devant le refus de ses interlocuteurs, il accepte, tête basse, de suivre les Espagnols dans leur palais et de quitter le sien. Il ne le reverra jamais.

Ayant négligé la litière royale qu'on lui proposait, le souverain aztèque traverse la place à pied, escorté par ses ennemis. À la vue de ce singulier spectacle, les habitants du quartier se regroupent, prêts à le libérer. Montezuma les en dissuade. Il a parlé au dieu Huitzilopochtli, leur lance-t-il, et celui-ci lui a conseillé pour sa santé d'aller vivre chez les Espagnols. Rassurés, les Mexicains se dispersent. L'ultime occasion de résistance armée des Aztèques avec à leur tête leur chef naturel vient de s'évanouir.

Le début de la fin

Les mois qui suivent voient le délitement du pouvoir de Montezuma s'accélérer. Tétanisée par l'audace des envahisseurs, la population mexicaine ne tente aucune action pour libérer son empereur. Chacun a compris qu'il était bel et bien prisonnier, et la manière dont il en a accepté l'augure a considérablement choqué ses sujets. Pour la première fois dans la jeune histoire de la nation aztèque, on évoque avec mépris – et peut-être même un peu de honte – le nom d'un homme qui, quelques mois plus tôt, parlait au nom des dieux – « dont il est le siège, la flûte, les mâchoires et les oreilles » – et ne suscitait que crainte et admiration.

De l'empereur qu'il était, Montezuma n'a plus que le titre. Sa vie quotidienne est celle d'un embastillé de luxe. Il prend deux bains par jour, reçoit les visites de ses épouses et de femmes aux réputations moins nobles, chasse au faucon, se promène en bateau sur le lac, observe les étoiles, joue au totolaque – un jeu d'anneaux – avec des bracelets en or. Ne se satisfait-il pas, au fond, de la situation ? Quand son neveu Cacama organise une opération pour le faire libérer, il juge bon de le dénoncer aux Espagnols et le dépossède de ses titres : comme s'il avait deviné que le roi de Tezcuco ne souhaitait le délivrer que pour mieux se débarrasser de lui pour avoir trahi sa fonction royale. Cacama est envoyé enchaîné à Veracruz, mais des lieutenants de Cortés le conduisent à Tezcuco pour se faire livrer tout l'or de la ville. Non sans l'avoir au préalable attaché à un pieu et brûlé à petit feu à l'aide de tisons enflammés pour le faire avouer où se trouvaient ses trésors.

Le pouvoir aztèque est désormais de papier. Chaque initiative de Montezuma revient à se priver un peu plus de son autorité. Jusqu'au matin de janvier 1520 où il convoque tous ses vassaux pour leur demander de faire allégeance à la Couronne espagnole car, « pour le moment, les dieux me demandent de demeurer prisonnier ici » – une allégeance qui inclut bien entendu la mise à la disposition des conquistadors des immenses ressources d'or de chacun. Désormais, les Mexicains sont les sujets de l'empereur Charles Quint.

Enfin vient le jour où le coupable de l'attaque de la garnison de Veracruz est amené à Cortés. Hélas pour Montezuma, Quauhpopoca assure – peut-être après avoir été torturé par les Espagnols – avoir agi sur ordre de son souverain. L'homme est mis à mort et brûlé sur la grand-place devant une foule silencieuse, pétrifiée, sidérée. Ce jour-là, Montezuma a été mis aux fers de peur d'une révolte, mais l'initiative était superflue : le peuple aztèque, à l'image de son empereur, n'est plus que l'ombre de lui-même. Résigné. Soumis. Et même christianisé : après avoir mollement protesté, Montezuma a accepté de cesser les sacrifices et laissé Cortés détruire d'antiques sanctuaires pour édifier à leur place des églises et des chapelles.

Désormais, pour le *caudillo*, le danger n'est plus du côté de Mexico, mais vient des côtes orientales de l'Empire. Jaloux de son succès, Diego Velázquez a armé près d'une vingtaine de vaisseaux qui ont jeté l'ancre près de Veracruz. Il prétend faire valoir ses droits sur la terre mexicaine grâce à des centaines d'hommes menés par Pánfilo de Narváez, ennemi personnel de Cortés depuis leurs années cubaines.

Laissant la capitale à la garde d'Alvarado, le conquérant espagnol emmène avec lui soixante-dix compagnons : les meilleurs – preuve qu'il ne craint guère une révolte locale en son absence. À marche forcée, il fond sur ses frères ennemis après avoir obtenu le renfort des cent vingt soldats de Velázquez de León, resté à Cholula pour fonder une colonie, d'auxiliaires tlascalans, d'une soixantaine de soldats de Veracruz commandés par un de ses meilleurs capitaines, Sandoval et… de déserteurs de l'armée de Narváez. La victoire est éclatante mais lui laisse un goût amer : contrairement à ce qu'il pensait, les Aztèques ont profité de son départ pour se soulever contre l'occupant. C'est du moins le sens des messages qui lui sont parvenus depuis Mexico. En réalité, Alvarado a prétexté un complot armé de la noblesse aztèque le jour de la fête de Toxcatl pour se livrer à un massacre et à un pillage du centre-ville. Dès le lendemain, la population a pris les armes et marché sur les quartiers des Espagnols. Sans leur empereur dont ils n'attendent plus rien, les Aztèques ont enfin choisi la résistance armée contre l'occupant.

En attendant le retour de Cortés, Alvarado tente d'organiser la défense du palais où se sont réfugiés les Espagnols. Face à la détermination des Mexicains guidés par tous les grands princes locaux, il force Montezuma à paraître sur la terrasse du palais d'Axayacatl pour ordonner à ses sujets de déposer les armes. Une énième humiliation qui donne à comprendre à celui-ci, si besoin en était, combien son autorité est désormais nulle : dans la nuit suivante, les Indiens élèvent d'immenses barricades autour des quartiers militaires espagnols. Le blocus commence. Il durera trois semaines. Jusqu'au 24 juin 1520, quand, subitement, les assaillants s'évanouissent des alentours du palais assiégé. Ruse de guerre ? Non : fuite devant l'arrivée majestueuse de Cortés sur son cheval caparaçonné, à la tête d'une armée de 1 300 hommes et d'une centaine de montures. Sa victoire sur Narváez lui a permis de se renforcer militairement.

Sa deuxième entrée dans Mexico a des allures de triomphe romain.

Après avoir tancé son lieutenant dont il a deviné la fougue coupable, il envoie des hommes en ville pour trouver des vivres frais. Peine perdue : quasi déserte et silencieuse, la capitale semble s'être arrêtée de respirer. À défaut de quelque produit alimentaire, les émissaires de Cortés rapportent d'inquiétantes informations. Les Mexicains se sont trouvé un nouveau chef en la personne de Cuitláhuac, ont levé tous les ponts de la cité lacustre et s'apprêtent à attaquer le palais. Vite, les canons sont mis en batterie et déjà déferlent les premières hordes de combattants, vêtus d'un simple pagne et armés d'arcs, de frondes et de hachettes. Fauchés par dizaines par la mitraille, ils ne ralentissent pas le rythme de leurs assauts. Leur courage force l'admiration des plus aguerris des Espagnols qui assurent n'avoir jamais rencontré de si farouches guerriers durant leurs campagnes contre les Français ou les Turcs. Cortés organise bientôt des sorties à cheval pour disperser les groupes compacts qui progressent dans les angles morts de ses bouches à feu. Lui-même est légèrement blessé à la main gauche lors d'une de ces contre-attaques.

Le déshonneur et la mort

Et Montezuma ? Mortifié de savoir qu'un autre que lui mène la lutte du peuple aztèque contre l'occupant, honteux de sa situation, il a d'abord refusé toute médiation, ainsi que l'en implorait Cortés. « Je ne désire qu'une chose, c'est mourir : voilà où m'a conduit mon empressement à lui être agréable. » Mais comme souvent chez lui, cette crânerie et cet apparent sursaut d'orgueil ne seront que provisoires. Après une semaine de combats de rues acharnés, il condescend à sortir de son silence et de sa retraite. Convaincu par un prêtre que les Espagnols, épuisés, accepteraient de quitter la ville si on les laissait sortir en sécurité, il revêt son manteau bleu et blanc parsemé d'émeraudes, chausse ses sandales d'or, se coiffe de sa tiare impériale, se saisit de sa baguette d'or, emblème de la monarchie aztèque, et se montre sur les remparts du palais à son peuple en armes réuni sur la grand-place. Au premier rang, il peut apercevoir des membres de sa propre famille. À sa vue, les centaines de Mexicains regroupés devant les murs du palais d'Axayacatl oublient leur rancœur et se prosternent dans un inattendu réflexe de servilité collective. Montezuma se lance dans un discours qui résume à la perfection dans quels pusillanimité et aveuglement il vit désormais.

« Croyez-vous que votre souverain est prisonnier et cherchez-vous à le délivrer ?, lance-t-il à la foule muette. Si telle est votre pensée, vous avez bien agi. Mais vous vous trompez : je ne suis pas prisonnier. C'est de mon plein gré que je reste avec eux et je puis les quitter quand il me plaira. Rentrez chez vous ! Rangez vos armes et les hommes blancs qui sont mes amis et mes hôtes s'en retourneront dans leur pays, et tout sera bien encore dans les murs de Tenochtitlán ! »

« Mes amis » ! Ses « amis » ! Des centaines de vaillants Aztèques sont tombés depuis une semaine sous les balles et les sabres des Espagnols, et leur souverain appelle leurs bourreaux ses « amis » ? La stupeur le cède bientôt à la colère. À la suite du propre neveu de Montezuma, Guatmozin, une pluie d'insultes (« Les hommes blancs t'ont rendu femme ! Tu n'es propre qu'à manier la quenouille ! ») et de projectiles (« Le ciel pleuvait des pierres, des flèches, des dards et des bâtons », rapporte un chroniqueur espagnol) s'abat sur l'empereur. Les boucliers espagnols sont brandis trop tard. Trois pierres l'atteignent, dont une en pleine tête. Il s'effondre, on l'emmène. Soudain horrifiés par l'acte sacrilège qu'ils viennent de commettre, les Mexicains quittent la grand-place.

Montezuma n'est pas mort, mais à quoi bon vivre ? Vaincu par les Espagnols sans avoir combattu, il est violemment rejeté par son propre peuple. Plus rien ne le retient sur cette terre. Il refuse les soins que tentent de lui prodiguer ses « amis », ses « hôtes », arrache systématiquement ses bandages, crache les potions qu'on tente de lui faire avaler, se mure dans un silence total. Du moins ses dernières heures ne seront-elles pas aussi déshonorantes que ses derniers mois. Son agonie va durer plusieurs jours. Malgré l'insistance du père Olmedo, il refuse de se convertir au seuil de la mort à ce Dieu chrétien au nom duquel les Espagnols viennent de conquérir son empire. Sa seule requête auprès de Cortés : prendre soin de ses trois filles, « mes trois joyaux les plus précieux ».

Le 30 juin 1520, à cinquante-quatre ans et au terme d'un règne de dix-huit ans, Montezuma II rend l'âme. Son corps est inhumé à Mexico mais, comme un ultime et cruel symbole, personne ne juge indispensable de noter l'emplacement du tombeau de l'homme dont la fin coïncidera, à quelques mois près

– l'insurrection de Mexico est définitivement écrasée en août 1520 –, avec celle de l'Empire aztèque. « Sa fin fut vile et désastreuse, écrit dans son oraison le père dominicain Diego Durán. À son enterrement, il n'y eut personne pour parler de lui et se lamenter. Bien au contraire, aucune sépulture ne lui fut donnée, lui qui faisait trembler la terre et dont le seul nom faisait frémir. »

Parvenu contre sa volonté au pouvoir, Montezuma II fut incapable de surmonter les épreuves que le destin lui avait imposé. Face au malheur, il fut tétanisé, comme le sont les oiseaux devant le serpent. Sauf un : l'aigle. L'emblème de la dynastie aztèque. Jamais il ne sut s'élever à sa hauteur.

Sa disparition inaugure le début de l'âge d'or de l'Empire américain de l'Espagne. Dans le sillage de Cortés, qui partira ensuite vers le nord à la recherche de nouveaux trésors, d'autres conquistadors (Pizarro, Aguirre, Almagro...) s'emparent de territoires plus immenses que jamais, mettant au pas les peuples locaux, les exterminant au besoin. Afin de les empêcher de prendre trop de pouvoir, Madrid crée des vice-royautés (Nouvelle-Espagne[7], Pérou[8], puis, au XVIIIe siècle, Nouvelle-Grenade[9] et Río de la Plata[10]),

7. Le territoire conquis par Cortés auquel sont ajoutés tout le reste de l'Amérique centrale, le Venezuela et ce qui correspond aujourd'hui aux États du Texas, de l'Arizona, de la Californie et du Nouveau-Mexique.

8. Englobe alors la quasi-intégralité de l'Amérique du Sud. Seuls l'est du Brésil, conquis par les Portugais, et le Venezuela n'en faisaient pas partie.

9. Correspond au territoire des actuels Colombie, Équateur, Venezuela et Panama.

10. Argentine, Uruguay, Bolivie, ainsi qu'une partie du Brésil et du Chili actuels.

pour organiser administrativement le pillage et l'exploitation des richesses locales au profit de la Couronne espagnole. Et d'elle seule. Cela durera un long siècle, qualifié à juste titre « d'or ». Le temps des règnes courant de Charles Quint à Philippe IV.

Bibliographie sélective

Bartolomé Bennassar, *Cortés, le conquérant de l'impossible*, Payot, 2001.

Bartolomé Bennassar, *Le Siècle d'or espagnol*, Perrin, coll. « Tempus », 2017.

Hernán Cortés, *La Conquête du Mexique*, La Découverte, 1981.

Bernal Diaz del Castillo, *Histoire véridique de la conquête de la Nouvelle-Espagne*, La Découverte, 1987.

Jean Descola, *Les Conquistadors*, Tallandier, coll. « Texto », 2017.

Christian Duverger, *Cortés*, Fayard, 2001.

Christian Duverger, *Les Origines des Aztèques*, Seuil, 1983.

Michel Graulich, *Montezuma : l'apogée et la chute de l'Empire aztèque*, Fayard, 1994.

José Lopez-Portillo, *Quetzalcoatl*, Gallimard, 1965.

William H. Prescott, *La Fabuleuse Découverte de l'Empire aztèque*, Pygmalion, 1991.

William H. Prescott, *La Chute de l'Empire aztèque*, Pygmalion, 1992.

Jacques Soustelle, *La Vie quotidienne des Aztèques à la veille de la conquête espagnole*, Hachette, 1955.

Hugh Thomas, *La Conquête du Mexique*, Robert Laffont, coll. « Bouquins », 2011.

VI

Henri de Guise

Pour Dieu et contre le roi

Henri Ier de Guise avait tout pour lui : le courage au combat, la culture, la prestance, la séduction. Ne lui manquait qu'une couronne royale. Sa maison ducale en rêvait depuis des générations et les alliances matrimoniales l'avaient rapprochée des trônes. Mais faute pour lui d'être un « prince du sang » – un descendant de Saint Louis –, cette quête était vouée à l'échec. Surtout en s'appuyant de plus en plus sur la Ligue, privilégiant la guerre à outrance contre les protestants à une conquête « pacifique » du pouvoir. En soulevant les catholiques contre Henri III, accusé de trahir ses devoirs envers « la vraie foi », le Balafré signa sa condamnation.

Cela fait un siècle déjà que le château de Blois est résidence royale. Louis XII et François Ier en ont fait un symbole du renouveau de l'art français où se mêlent gothique et décors italiens rapportés par les armées après leurs incursions entre Milan et Naples.

Catherine de Médicis, épouse florentine d'Henri II – fils de François Ier – et mère des trois futurs rois de France, François II[1], Charles IX[2] et Henri III[3], apporte un soin particulier aux trois jardins.

Le dernier des Valois, Henri, séjourne fréquemment dans ce joyau du Val de Loire, renommé pour sa quiétude et la qualité de l'air. Mais depuis le mois de mai 1588, sa villégiature est contrainte car les journées des Barricades l'ont obligé à fuir les Parisiens enrôlés sous la bannière de la très catholique, apostolique et romaine Ligue, fer de lance de la lutte contre l'« hérésie » : le protestantisme. La capitale s'est déchaînée contre un monarque à ses yeux trop faible avec les huguenots et prêt au compromis.

On comprend mieux qu'en cette soirée du 18 décembre 1588 le roi de France ne soit pas d'humeur à vanter les avantages comparés des châteaux de Chambord, Loches ou Villandry, autres splendides demeures de la Renaissance. L'heure est dramatique. Il a pris la décision de faire assassiner deux hommes : le duc Henri de Guise, chef du clan le plus puissant du royaume de France, roi de cœur de cette Ligue qui l'a humilié, et le frère de ce dernier, le cardinal de Guise. « Si vous ne les occisez pas, ils vous occiront ; ils sont les plus forts. Dites qu'ils soient occis, on les occira », lui ont assuré ses gentilshommes. Au royaume de France, il y a un homme de trop, et, à quelque camp qu'il appartienne, il s'appelle Henri.

1. François II (1544-1560) règne un an et meurt à quinze ans.
2. Charles IX (1550-1574) succède à son frère et meurt de pleurésie à vingt-trois ans.
3. Henri III (1551-1589) a le plus long règne des trois frères : quatorze ans.

Le « Balafré » – surnom d'Henri de Guise depuis qu'une blessure de guerre lui barre le visage – ne se déplace jamais sans une escorte armée. Il s'en dispense uniquement lorsqu'il pénètre dans l'antichambre du roi – lieu de réunion du Conseil, sorte de gouvernement restreint –, située au premier étage du château. Il n'a pas le choix, le protocole imposant de laisser les armes en haut de l'escalier.

Le roi, prétextant l'urgence d'expédier des dossiers avant Noël, a convoqué ses conseillers les plus proches pour le lendemain, le 23 décembre 1588, dès potron-minet. En fait de séance de travail, il s'agit d'un guet-apens, préparé par les Quarante-Cinq, la garde rapprochée du monarque : des gentilshommes gascons et languedociens dévoués à sa personne jusqu'au sacrifice. Deux des trois portes de l'antichambre ont été condamnées afin d'empêcher toute tentative de fuite. Les Quarante-Cinq seront en majorité rassemblés dans la galerie voisine, dite des Cerfs, les autres guetteront à l'étage supérieur, prêts à dévaler dans la chambre du souverain.

Le jour J, à 4 heures du matin, Henri III se fait réveiller par son valet. Il vérifie les préparatifs, s'assure de la détermination intacte des comploteurs, puis assiste à une messe. À 7 heures, tandis qu'il achève ses dévotions, Guise se présente au château. Il a ce maintien, cette élégance, cette morgue, disent ses ennemis, dont jamais il ne se départ. Le duc aurait pourtant toutes les raisons d'en rabattre. Depuis plusieurs jours, il a reçu des messages d'avertissement, le plus souvent d'inconnus glissant un papier sous sa serviette de table ou déposant des billets à son hôtel particulier. Sa mère, son cousin René, marquis d'Elbeuf... tous le supplient de quitter Blois sans tarder, il y va de sa vie. « On n'oserait ! », s'est-il écrié à chaque fois, balayant d'un revers de main ces mises en garde. Un grand capitaine comme lui, familier de la mitraille et des dagues adverses, se laisserait-il impressionner par des ragots ? Aussi a-t-il passé son ultime nuit dans les bras de sa maîtresse Charlotte de Sauve, marquise de Noirmoutier, qui, elle aussi, l'a imploré de redoubler de vigilance.

Un meurtre fondateur

Ce matin du 24 décembre, Guise gravit donc le grand escalier menant à la salle du Conseil. Il salue les conseillers, parmi lesquels son frère le cardinal, puis son ami l'archevêque de Lyon. Ce petit monde attend le secrétaire d'État porteur de l'ordre du jour. Le voici. Tout a l'air si normal. La séance est ouverte. Lecture est faite des affaires à traiter. Le roi, depuis le cabinet vieux, demande à Guise de le rejoindre. Le duc s'exécute, suivi par des gardes royaux. La porte s'ouvre sur lui et se referme. D'autres gardes sont là, inhabituellement nombreux. Le Balafré comprend sur-le-champ, mais il est déjà trop tard. « Les uns lui saisissent les deux bras, d'autres lui tirent son épée et son poignard, un lui lance un coup de poignard dans la gorge... », racontera l'auteur anonyme d'un pamphlet catholique, *Le Martyre des deux frères*. Précisément, Louis, son cardinal de frère, entendant les appels de détresse, se précipite dans les appartements du roi. Aussitôt arrêté, il sera exécuté le lendemain.

Du haut de ses presque deux mètres, Guise a juste eu le temps de bousculer quatre des assaillants. Mais que faire lorsqu'une trentaine de dagues s'abattent sur vous ? Il se serait indigné une dernière fois : « Ah ! Messieurs ! Quelle trahison ! » À peine le forfait perpétré, le roi apparaît, reconnaissable entre tous par une fistule entre l'œil droit et le nez. Il a la barbe et les cheveux blanchis. Ses joues sont creusées. À trente-six ans, on dirait un vieillard. Élancé et charpenté malgré tout, il est d'une bonne taille pour l'époque (un mètre soixante-huit), mais il ne tient pas la comparaison avec le géant à terre. David aurait-il eu raison de Goliath ?

Le monarque aurait, dit-on, frappé du pied l'estomac, la gorge et le visage – « agréable » disait-on de son vivant – de sa victime, avant de s'écrier, en découvrant des dents gâtées : « Nous ne sommes plus deux, je suis roi maintenant ! » Et d'ajouter : « Il est plus grand mort que vif ! »

La saillie est sans doute apocryphe, mais elle est de celles qui entrent dans l'histoire, sans qu'on sache s'il s'agit d'une allusion à la morphologie de la victime ou à sa valeur. Plus vraisemblablement, le royal commanditaire aurait déclaré : « Quiconque osera donner atteinte à mon autorité apprenne par cet exemple ce qu'il doit attendre de moi. » Il n'y a rien de plus terrible que la vengeance d'un homme humilié.

Henri III est désormais sans rival. Libre. Toute sa vie, il est resté dans l'ombre d'un autre. Un quart de siècle plus tôt, son aîné, le roi Charles IX, l'avait congédié, prétextant qu'en France « il ne peut exister deux rois » et qu'il ferait mieux de chercher une autre couronne. Henri avait alors été élevé au trône (en 1574) par la noblesse polonaise, grâce à l'entregent de sa mère Catherine de Médicis, avide d'une couronne pour chacun de ses fils et entremetteuse hors pair pour dégoter les mariages généreusement dotés. Son règne n'avait duré que quelques mois, la mort précoce de son frère obligeant le nouveau monarque à rentrer à Paris pour lui succéder. Libéré de la Pologne où il avait sombré dans la mélancolie, il devint prisonnier de tous : de sa mère omniprésente, des huguenots vindicatifs, des catholiques va-t-en-guerre avec à leur tête, déjà, un bretteur qui se prenait pour un roi : Guise. Nous y reviendrons.

En cette veille de Noël 1588, un miracle s'est donc produit. Henri III a réussi son « coup de majesté », forme monarchique du coup d'État. Il n'est plus ce « roi de cartes, roi de papier, roi de la fève », celui qui fait rire à ses dépens, celui, si pieux, mystique même, à qui la duchesse de Montpensier, sœur de Guise, promettait de tailler elle-même la tonsure avant son enfermement dans un monastère.

Une affaire de famille

Henri de Valois aimait donner du « mon cousin » à Henri de Guise, même s'il s'en est toujours méfié. « Il fait toujours le mal, et veut être le maître partout », se plaignait déjà Marguerite de Valois, la sœur du futur roi. Cousins, ils le sont par leur grand-père, Louis XII (1462-1515) et, à des degrés divers, par les liens matrimoniaux tissés par leurs familles au fil des générations.

Le fondateur de la maison des Guises[4], un patronyme qui renvoie à une terre acquise en Picardie, s'appelle Claude (1494-1550). Il descend en droite ligne de Gérard d'Alsace, fondateur de la maison de Lorraine dans les années 1000. Pendant cinq siècles, celle-ci subit la tyrannie de la géographie, coincée entre la Bourgogne, le Saint Empire et le royaume de France, auquel elle finit par se rallier. Cette union eut un coût : la cession au roi de l'Anjou et de la Provence, terres que les Guises ne cesseront de revendiquer.

Claude est le premier Français de la dynastie, mais les ennemis des Guises les traiteront toujours d'« étrangers ». Son ascension est fulgurante. Il entre au Conseil royal de Louis XII, puis est nommé grand échanson[5]. Magnifique soldat, héros de Marignan (1515) au côté de François Ier et vainqueur de Fontarabie (1521) face aux troupes de Charles Quint, il est élevé à la dignité de duc pour services rendus. Son mariage avec Antoinette de Bourbon, une princesse du sang, et plus tard le mariage de leur premier enfant, Marie, au roi d'Écosse, rapprocheront le clan des têtes couronnées d'Europe. Aussi, leur célèbre petite-fille, Marie Stuart – cousine germaine d'Henri de Guise –, sera-t-elle une éphémère reine de France, puis d'Écosse, jusqu'à son emprisonnement pendant vingt-huit ans avant d'être exécutée sur ordre de son

---

4. Prennent la marque du pluriel les noms de certaines familles royales ou princières, précise le *Dictionnaire Larousse des difficultés de la langue française*. Prennent notamment un « s » les Bourbons, les Capets, les Condés.

5. Un poste de confiance, puisqu'il s'agit au premier chef d'empêcher un empoisonnement du roi.

autre cousine Élisabeth Ire d'Angleterre, craignant pour son propre trône.

Un autre cousin a épousé Christine de Danemark, nièce de Charles Quint. Leur premier fils convolera avec Claude de France, sœur du futur Henri III. De quoi rapprocher encore un peu plus les Guises d'un trône. Mais, on l'a dit, il leur manque d'être princes du sang pour espérer une couronne en France.

À la mort de Claude, son fils François (1519-1563) lui succède et épouse Anne d'Este, petite-fille de Lucrèce Borgia d'un côté, de Louis XII et d'Anne de Bretagne de l'autre. Leur fils aîné sera Henri de Guise. François est lui aussi un valeureux chef de guerre. Il s'illustre à Calais face aux Anglais et à Metz et Thionville contre les troupes de Charles Quint, ce qui lui vaut d'être nommé lieutenant général du royaume, c'est-à-dire commandant en chef des armées. Après la bataille de Renty (1554), dans le Pas-de-Calais, un incident l'oppose à Montmorency, un seigneur de guerre d'autant plus en rivalité avec lui qu'il est un familier du roi. Il lui reproche son manque de pugnacité. Coligny, neveu de Montmorency, prend la défense de son oncle et provoque Guise. Le roi doit séparer les deux hommes pour éviter le pire.

Pendant près d'un demi-siècle de guerres de Religion, les Guises, catholiques zélés, et les Montmorency, catholiques prêts au compromis – on les surnommera les « politiques » –, appuyés par leurs propres cousins protestants, les Coligny-Châtillon, se querelleront à mort. Autant pour la défense de leur foi que pour le pouvoir et ses honneurs, l'acquisition de nouveaux titres et charges. La guerre des noblesses – jusqu'à la Fronde au siècle suivant – fera le lit de l'absolutisme : en attendant, elle ronge la royauté de l'intérieur.

Le désir des Guises s'aiguise

De François de Guise, on apprécie le pouvoir de conviction et les dons oratoires. « Il était si plein de jugement, note un chroniqueur, qu'après son opinion il ne fallait pas penser en trouver une meilleure. » Lorsque le roi de France Henri II meurt accidentellement au cours d'un tournoi, en 1559, son fils, futur François II, quatorze ans, est trop jeune pour monter sur le trône. La régence est assurée par sa mère, Catherine de Médicis. Pendant cet interrègne de dix-huit mois – le jeune roi meurt à quinze ans –, la réalité du pouvoir passe entre les mains de François de Guise et de son frère Charles, cardinal de Lorraine et tête politique du clan[6]. Le premier est chef des armées et bientôt il devient grand maître de France, en charge des services de la maison du roi. Le second a la haute main sur les finances et la justice. Tous deux auront l'honneur d'accompagner le roi suivant, Charles IX, à Reims, pour le sacre. Dans le protocole, le duc de Guise est le « troisième homme », juste derrière le Valois – le roi – et son cousin Henri de Navarre, futur Henri IV. Preuve, s'il en est, que ce rang n'est pas le bon.

À chaque vacance du pouvoir royal, la priorité du clan est de renforcer les liens avec l'Espagne, au-delà

6. Depuis la génération précédente, la pourpre cardinalice se transmet en effet de l'oncle au neveu, tantôt pour être cardinal de Lorraine, tantôt de Guise.

de la paix du Cateau-Cambrésis[7] et du mariage de la sœur du roi, Élisabeth, avec le très catholique et puissant Philippe II. Cette alliance, ils en sont convaincus, devrait permettre d'exterminer l'« hérésie » huguenote. À Paris, déjà, les suspects sont arrêtés, les maisons rasées en cas d'assemblées interdites, des images de la Vierge et des saints sont placées aux carrefours pour rappeler la « vraie foi ». En province, des pasteurs sont massacrés. Les chefs protestants ne l'entendent pas de cette oreille. Ils dénoncent pêle-mêle la répression et l'accaparement du pouvoir par les Guises. Et se soulèvent dans plusieurs régions. Le plus illustre d'entre eux, l'amiral de Coligny – évoqué plus haut –, ourdit un complot afin de dégager le jeune roi de leur tutelle et exiger la liberté de religion. Avertis, les Guises rapatrient en urgence la famille royale du château de Blois à celui d'Amboise, plus facile à défendre. Les conjurés sont arrêtés le 16 mars 1560 dans les bois voisins. Ils sont, au choix, noyés, décapités, pendus, et leurs corps exhibés aux grilles du château. On dénombre plus d'un millier de morts.

La conjuration d'Amboise[8] est le prélude à quarante ans de violences, que les appels à la temporisation de Catherine de Médicis, fragilisée par la mort de son fils aîné, ne sauront endiguer. L'objectif constant de la reine mère sera de maintenir l'équilibre précaire entre les factions rivales, alternant aventures du

---

7. Le second traité du Cateau-Cambrésis (avril 1559) met fin aux guerres d'Italie, débutées en 1494, entre la France, d'un côté, l'Espagne et le Saint Empire romain germanique, de l'autre. En échange de la paix, la France perd la Corse, la Toscane, la Savoie et le Piémont.

8. Nom donné à cet épisode macabre, parfois aussi appelé « le tumulte d'Amboise ».

côté huguenot et coups de barre du côté catholique au gré des circonstances. La temporisation a ses vertus, mais elle peut être interprétée comme de la faiblesse. Des chefs protestants, convaincus à tort de leur impunité, rêvent déjà de convertir le royaume, tandis que d'autres pillent les églises. Les grands seigneurs catholiques sont à leur tour exaspérés par les « reculades » de la Couronne et résolus à défendre, sans celle-ci s'il le faut, la « foi traditionnelle ». Pour mieux signifier leur méchante humeur, quelques-uns quittent la Cour. Le premier d'entre eux n'est autre qu'Henri de Guise, désormais considéré comme le chef de l'opposition nobiliaire et « papiste ».

Un homme de caractère

L'édit de Saint-Germain, signé au début de l'année 1562 par le pouvoir royal, les échauffe un peu plus, car, après la liberté de conscience, c'est la liberté de culte qui est accordée aux réformés. Puisque le principe de la monarchie française – « une foi, une loi, un roi » – est battu en brèche, il y aura donc la guerre. Une guerre civile.

L'étincelle est provoquée par le passage du duc de Guise, le 1er mars 1562, dans le bourg de Wassy, en Champagne. Une altercation entre quelques soldats et une assemblée de six cents huguenots réunis dans une grange pour écouter un prêche dégénère en pugilat, puis en massacre. Sans doute les premiers reprochent-ils aux seconds la célébration de leur culte à l'intérieur de la cité, alors que la loi cantonne les offices hors des bourgs.

Les protestants relèveront une cinquantaine de morts et trois fois plus de blessés. Il n'aura donc fallu que quelques heures à peine à la famille lorraine pour ruiner la politique de conciliation de Catherine de Médicis et du chancelier Michel de L'Hospital[9]. Henri de Guise a alors seulement onze ans et il ne peut imaginer que toute sa vie se déroulera au milieu des violences.

« L'inconvénient de Wassy » – litote en usage chez les chefs catholiques – a un vaste écho dans les monarchies protestantes, tandis qu'à Paris François de Guise est accueilli en héros. Il est escorté par 3 000 gentilshommes de la porte Saint-Denis à l'Hôtel de Ville : l'itinéraire emprunté par les rois. La capitale est en liesse alors que la province a sombré dans la violence. Les huguenots, menés par Louis de Condé[10], prennent les armes et enlèvent plusieurs villes, avant d'être défaits à la bataille de Dreux, en décembre, par Guise, à nouveau accueilli triomphalement à Paris. On l'imagine déjà maître du royaume. Mais en février 1563, devant Orléans, il reçoit un coup de pistolet tiré par un certain Poltrot de Méré. Il meurt moins d'une semaine plus tard. C'est une véritable exécution. « Dieu te fasse la grâce de devenir homme de bien », a-t-il eu le temps de dire à son fils et héritier de douze ans, Henri.

Malgré son âge tendre, le nouveau chef de la maison des Guises ne manque pas de caractère. Il n'a

9. À ce titre, il a la charge de la bonne administration de la justice, mais il s'est d'abord illustré par une volonté jamais démentie d'empêcher la guerre civile.

10. Fondateur de la maison du même nom, Louis Ier de Bourbon, duc d'Enghien, est le chef du parti protestant pendant les trois premières guerres de Religion.

pas sept ans quand il éconduit son oncle, le cardinal Charles de Lorraine, qui lui fait miroiter un office de chanoine à Reims : « J'aimerais mieux être auprès de vous pour rompre une lance ou une épée sur quelque brave Espagnol ou Bourguignon pour éprouver si j'ai bon bras, car j'aime mieux escrimer ou rompre une lance que d'être enfermé dans une abbaye avec un froc. » Le jeune homme est têtu et rancunier. Ses traits fins, sa blondeur, « sa bonne mine, ses grâces, son adresse et la distinction de son maintien » en feront un modèle. Il séduit déjà et séduira toujours.

Mineur, il ne peut assurer les charges de grand maître et de grand chambellan que son père occupait et que Catherine de Médicis s'est empressée de lui transmettre. Il se trouve sous la tutelle de son oncle, le cardinal Charles de Lorraine, une forte personnalité lui aussi : madré en politique et mécène pour les arts. Ses nombreux bénéfices ecclésiastiques en font un homme riche, qui a sauvé plusieurs fois le Trésor d'une mauvaise passe. Serviteur zélé d'Henri II, il a été mis sur la touche par ses successeurs. Mais il rêve de revenir au premier plan. Les protestants le craignent et lui donnent le surnom de « Tigre de France ». Pourtant, au moins en paroles, il soutient la politique de réconciliation prônée par Catherine de Médicis. Par son brio et son esprit acéré, il séduit le troisième fils de celle-ci, le futur Henri III, pour l'heure lieutenant général du royaume, c'est-à-dire chef des armées.

La première guerre de Religion est close par l'édit de pacification d'Amboise (15 mars 1563), qui, comme celui de Saint-Germain un an plus tôt, impose la reconnaissance du culte réformé. Désormais se multiplieront édits et « paix », à chaque fois rompus, précipitant le pays dans une nouvelle guerre : huit au total, jusqu'à la signature de l'édit de Nantes (30 avril 1598) [11] qui mettra fin à la guerre civile, mais non aux luttes entre catholiques et protestants[12].

La guerre civile à dix-sept ans

Quatre ans après Amboise débute un nouveau conflit dans la foulée de « la surprise de Meaux » (26 au 28 septembre 1567), coup de main raté par lequel Condé a tenté de s'emparer du roi et des siens. Les chefs protestants, inquiets de la progression des troupes espagnoles le long des frontières orientales de la France, s'étaient en effet convaincus que la prise en otage de Charles IX serait leur meilleur bouclier contre une incursion des troupes de Philippe II.

La deuxième guerre de Religion (1567-1568) est la première d'Henri de Guise. Le jeune homme, bientôt dix-sept ans, revient d'un tour d'Europe de deux années. Il a appris le métier des armes et s'est battu en Hongrie contre les Turcs avec d'autres

11. Signé par Henri IV, le texte accorde aux protestants la liberté de conscience, la liberté de culte (avec des conditions de lieu et de nombre pour son exercice), l'égalité civique et l'octroi d'une centaine de places de sûreté où ils ont droit de tenir garnison.

12. Certains historiens datent la fin des guerres de Religion de juin 1629, avec l'édit d'Alès, qui, après dix années de nouveaux conflits, retire aux protestants toute place de sûreté, annihilant ainsi leur puissance politique et militaire. D'autres poussent jusqu'en 1787, lorsque Louis XVI accorde un état civil aux protestants, qui en étaient privés depuis la révocation de l'édit de Nantes (1685) par Louis XIV.

gentilshommes français sous les ordres de l'empereur Maximilien. Sitôt rentré en France, il participe aux opérations militaires au côté de son cousin, le duc d'Anjou – futur Henri III –, chef des armées et deuxième personnage du royaume. Bon sang ne saurait mentir : le jeune homme s'illustre à la bataille de Saint-Denis, en novembre 1567, en repoussant les troupes protestantes qui font pression sur la capitale ; en mars 1569, à Jarnac – où le huguenot Condé est assassiné alors qu'il présentait son gant en signe de reddition ; six mois plus tard, en délivrant Poitiers assiégée, puis encore à la bataille de Moncontour. Dans la foulée, il épouse Catherine de Clèves, comtesse d'Eu, après avoir un moment espéré se marier avec Marguerite de France, sœur du roi – les deux jeunes gens s'aimaient d'amour tendre. La maison de Lorraine – autre nom de celle des Guises – y avait vu l'occasion de resserrer les liens avec la dynastie régnante afin d'avoir toujours un trône en ligne de mire. Perpétuel mirage. Charles IX les avait rapidement fait déchanter en s'opposant formellement à cette union, allant jusqu'à menacer de mort le jeune impudent. En réalité, le roi et sa mère Catherine de Médicis comptaient sur un autre mariage, célébré le 18 août 1572, entre leur sœur et fille Marguerite avec Henri de Navarre, chef du parti protestant et de la branche cadette des Bourbons, afin de cimenter la paix dans le royaume. Mais aux yeux des catholiques les plus zélés, cette union n'était rien d'autre que « l'accouplement exécrable », duquel accouchera une semaine plus tard le plus terrible massacre des guerres de Religion, la Saint-Barthélemy.

Trop à ses manœuvres politiques et matrimoniales, la Couronne a sous-estimé l'exaspération de la plèbe catholique. Le traité défensif signé avec la reine d'Angleterre, l'excommuniée Élisabeth, alliée des huguenots, a suscité l'indignation populaire. Circonstance aggravante, selon une rumeur persistante, l'amiral protestant Coligny aurait reçu l'autorisation du roi pour recruter des troupes afin de combattre Philippe II en Flandre. Le royaume de France ne serait-il pas à la veille de sombrer dans le camp des « hérétiques » ? Les prédicateurs le jurent. Les Parisiens sont prêts à en découdre, déjà exaspérés par la « souillure » du mariage de la sœur du roi avec Navarre. Ils n'attendent qu'un ordre de leur nouveau chef, Henri de Guise, pour passer à l'action.

Le jeune duc reste prudent. Certes, Charles IX a déclaré Coligny, chef militaire des huguenots, « purgé, déchargé et innocent » du meurtre de François de Guise, son père, pendant le siège d'Orléans, neuf ans plus tôt. Et il lui a interdit, à lui, son fils, de le venger au motif que le royaume ne doit pas être ensanglanté par une vendetta. Henri est tiraillé entre le devoir filial et l'intention, partagée avec son oncle le cardinal, alors à Rome auprès du pape, de ne pas gêner les efforts du roi en faveur de la paix.

Les événements l'aident à sortir de l'indécision. Le 22 août, à 11 heures, de retour d'une séance du Conseil du roi, Coligny est touché à la main et au coude par une arquebuse. Aussitôt, le roi et son frère se rendent à son chevet pour calmer la fureur prévisible des huguenots. Le lendemain matin, la milice bourgeoise de Paris – catholique – s'arme pour parer à toute éventualité. L'ambassadeur d'Espagne met de l'huile sur le feu en annonçant qu'il rompt les relations diplomatiques avec la France. Philippe II, dit-on, déclarera la guerre au cas où ses plus proches alliés, les Guises, seraient accusés de l'attentat manqué contre Coligny. Avisés, le jeune duc, que d'aucuns jugent responsables de l'attentat[13], et son oncle, le duc d'Aumale, regroupent leurs fidèles.

Charles IX n'a jamais été aussi seul en son palais. Ses gardes font défection et la milice n'obéit plus. La cavalerie des Guises se rassemble dans la ville. Pour sortir de la nasse, il accepte, avec l'appui du Conseil, de sacrifier une vingtaine de gentilshommes protestants de l'entourage d'Henri de Navarre. « Où est ma foi et la promesse que je leur ai donnée ? », geindra-t-il. Trop tard, le mal était fait.

Vers 3 heures du matin, le 24 août 1572, les cloches des églises parisiennes sonnent l'hallali. Soldats et plèbe assoiffée de sang, artisans et bourgeois zélés, ils sont tous unis dans la chasse à « l'hérétique », convaincus d'accomplir la volonté de Dieu et du roi – même si celui-ci reste suspecté de vouloir trahir la « foi traditionnelle ». Le massacre de la Saint-Barthélemy vient de commencer.

Les corps tombent des fenêtres

La curée durera quatre jours, amplifiée par les massacres en province, à La Charité, Bourges, Orléans, Angers, Saumur, Troyes, Rouen, Lyon, puis

13. Notamment parce que celui-ci eut lieu rue de Béthisy, où une maison avait été louée à un prêtre, précepteur du duc.

Bordeaux, Toulouse, Albi, Gaillac, etc. Trois mille personnes périssent dans la capitale et plusieurs centaines dans chaque réplique provinciale. « L'air résonnait des hurlements des mourants, ou de ceux qu'on dépouillait à la mort, note le magistrat et historien Jacques-Auguste de Thou ; les corps détranchés tombaient des fenêtres ; les portes cochères et autres étaient bouchées de corps achevés ou languissants ; le milieu des rues de ceux qu'on traînait, non sur le pavé, mais sur le sang qui cherchait la rivière ; on ne pouvait nombrer la multitude des morts, hommes, femmes et enfants, quelques-uns sortant du ventre des mères. »

Ce soir-là, le plus meurtrier des dix années passées, c'est bien Henri de Guise qui marche à la tête des troupes chargées d'exécuter les chefs protestants. A-t-il pour autant été le commanditaire du meurtre de Coligny, achevé dans son lit et jeté par la fenêtre ? Rien ne le prouve, même si, selon certains témoignages, c'est un commando dirigé par le duc d'Aumale et lui-même qui aurait pénétré dans la maison de l'amiral. Et lui encore qui aurait donné un coup de pied au cadavre en lâchant : « Bête venimeuse, tu ne répandras donc plus ton venin. » D'autres récits affirment qu'au contraire, à ce moment précis, il pourchasse les chefs protestants sur la rive gauche de la Seine. Il n'aurait donc pas pu être présent dans les murs de la ville au plus fort du massacre. Il ne serait d'ailleurs rentré que le lendemain, furieux de ne pas avoir capturé le nouveau chef militaire huguenot, le comte Gabriel Ier de Montgommery[14].

14. Il sera décapité deux ans plus tard.

Sur l'ordre du roi, Guise fait d'ailleurs cesser la tuerie et les pillages, et il rétablit l'ordre. Ses adversaires l'accuseront d'avoir été indulgent avec les massacreurs. Sans preuve, une fois encore. La seule certitude, et elle lui est favorable : son hôtel particulier a servi de refuge à des protestants. Sa grand-mère Renée de France n'est-elle pas hugenote ? Il a tenu à l'accompagner hors de la ville pour la mettre en sécurité[15].

Après la barbarie, la politique reprend ses droits. En juin 1573, l'échec des cinq mois de siège de La Rochelle, ville phare du protestantisme, sonne comme la preuve de l'incapacité de la monarchie à pousser son avantage[16]. De grands seigneurs catholiques, le duc de Montmorency en tête, mais aussi Navarre et Condé, qui doivent d'avoir la vie sauve à leur qualité de prince du sang et leur abjuration de la foi protestante, se prononcent pour une politique de conciliation, alors que le roi demeure intransigeant. En conséquence, les « malcontents », c'est leur nom, revendiquent une réforme de l'État pour en finir avec le caractère absolutiste du pouvoir. Leur chef et candidat au trône n'est autre que Monsieur, frère cadet du roi : François d'Alençon.

15. À Montargis, où elle est établie, Renée, la duchesse de Ferrare, fille cadette de Louis XII et d'Anne de Bretagne, accueille tous les calvinistes qui comptent. Pour l'anecdote, son propre fils François de Guise, père d'Henri, l'avait menacée de lui faire prendre le voile de force si elle ne renvoyait pas ses encombrants invités et ne retournait pas à la « foi traditionnelle ». À l'inverse, lorsque le Parlement s'avisa de confisquer ses biens pour hérésie, Charles IX intervint en sa faveur.

16. Les négociations entre les deux parties aboutissent le 11 juillet 1573 à un nouvel édit de pacification, rendu à Boulogne, mettant fin à la quatrième guerre de Religion.

Charles IX – peu de temps avant sa mort, de pleurésie – et sa mère, Catherine de Médicis, soucieux de ne pas ajouter une révolte nobiliaire au conflit religieux, lâchent du lest, restituant la Picardie à Condé, appelant Montmorency au Conseil royal, offrant un commandement au dernier des Valois. Alençon, Navarre et Condé, en revanche, sont assignés à résidence à la Cour et surveillés de près.

Le 13 février 1575, au sacre d'Henri III[17], la maison des Guises est surreprésentée. C'est le cardinal-archevêque qui officie, les ducs de Guise, de Mayenne et d'Aumale représentant les trois pairs laïques et le marquis d'Elbeuf étant le grand maître de France. Le surlendemain, le jeune roi épousera une de leurs parentes, Louise de Vaudémont.

En cadeau de bienvenue, le nouveau monarque, Henri III, hérite d'une guerre civile, la cinquième en douze ans. Les hostilités sont déclenchées par Henri de Montmorency-Damville, « le roi du Languedoc », un catholique allié aux protestants, bientôt rejoint par François d'Alençon, échappé du Louvre et à la tête de troupes venues d'Anjou, du Limousin et du Poitou. À l'est, Condé a fait appel à Jean Casimir, fils du comte palatin du Rhin, et à ses mercenaires. Mais ceux-ci n'auront pas le loisir de rejoindre l'armée de Monsieur (Alençon), encore moins de menacer Paris, car ils sont écrasés par Henri de Guise le 10 octobre à la bataille de Dormans, dans la Marne. C'est là que le duc écope de la balafre qui inaugure sa gloire et lui vaut son surnom. Le roi le remercie pour ce « grand et

17. La cérémonie dura cinq heures, le roi devant changer sept fois de costume, se prosterner dix fois et prêter trois serments.

signalé service ». Une fois de plus, un Guise a sauvé le trône de France.

Sus aux mignons !

Malgré cette victoire, le monarque, peu sûr de lui et tiraillé, donne des gages aux huguenots, puis aux catholiques. L'édit de Beaulieu (mai 1576) rétablit le culte réformé sur tout le territoire, réhabilite les victimes de la Saint-Barthélemy, ainsi que la mémoire de Coligny et Montgommery, enfin octroie huit places de sûreté aux protestants. Il accroît l'apanage[18] de son frère François d'Alençon, en échange de son retour dans le giron royal. On parle ironiquement de « paix de Monsieur », tant celui-ci semble l'avoir emporté. Le jeune roi de vingt-quatre ans a cédé aux uns et aux autres. Il est humilié et il en a les larmes aux yeux.

Ne doit-il pas justifier cette paix qu'il exècre ? Or celle-ci reste toute relative en raison du non-respect de certains accords. Plusieurs gouverneurs, le premier étant celui de Picardie, Jacques d'Humières – un proche des Guises –, à Péronne, refusent de céder les clés des villes aux protestants. Ces actions défensives sont le fait d'organisations catholiques locales, bientôt baptisées « ligues », exaspérées par l'attribution de places de sûreté aux protestants, l'affaissement de l'autorité monarchique et la misère grandissante du royaume.

18. Portion du domaine royal accordée aux cadets de la maison de France en compensation de leur exclusion de la Couronne.

Henri de Guise observe tout cela avec attention. Grand maître de France, chef de la maison du roi, il est surtout occupé à barrer la route aux « mignons ». Ces jeunes gens, que leurs adversaires qualifient d'efféminés et accusent d'être « athéistes, épicuriens, blasphémateurs, sodomites », sont en réalité des rejetons de la meilleure noblesse, redoutables bretteurs, prêts à se sacrifier pour leur monarque. Ils se nomment Saint-Luc, Caylus, La Valette, Beauvais-Nangis et Joyeuse. Ils accumulent charges et titres, distribués par le roi pour prix de leur loyauté, ce qui leur vaut la haine de la Cour. Leur audace n'a pas de limites. L'un d'eux exige ainsi de retirer au duc de Guise la dignité de grand maître de France, pour se l'approprier. Le plus proche du roi et le plus influent, le plus détesté aussi de la grande noblesse, est le duc d'Épernon. L'« archimignon » s'est vu gratifié d'une incroyable liste de bénéfices : amiral de France, colonel général de l'infanterie[19], sans compter les gouvernements de Normandie, d'Anjou et de Touraine. Lorsque le roi lui confie de surcroît le gouvernement de Metz, au cœur de leur Lorraine, et lui promet la main de sa belle-sœur, Christine de Lorraine, les Guises, effarés, imaginent en celui qu'on nomme déjà le « demi-roi » le spectre des rivaux d'hier, ces Coligny, Condé et autres Montmorency dont ils ont eu tant de mal à venir à bout. Au moins ceux-ci étaient-ils protestants, ce qui n'est pas le cas du nouveau favori.

19. Un grade lui permettant de nommer des officiers et pour lequel était pressenti Charles de Mayenne, frère… du duc de Guise.

La « guerre des trois Henri »

En juin 1584, la mort de tuberculose de François d'Alençon, duc d'Anjou et dernier frère survivant d'un roi sans héritier, relance la querelle de la succession. Et replonge le pays dans la guerre civile. Car, désormais, le protestant Henri de Navarre peut légitimement prétendre au trône. Enfant, Henri III aimait jouer avec « le petit Henriot », de si agréable compagnie, rieur et espiègle, toujours prêt pour les parties de chasse. Adulte, celui-ci porte beau, il a une belle moustache et est toujours de bonne composition. Le roi espère que ce lointain cousin, qui a changé cinq fois de religion, abjurera une fois pour toutes le culte calviniste. Mais il le sait madré. Quoi qu'il en soit, les trois Henri – Valois, Navarre et Guise – ont toutes les raisons de s'affronter.

Les associations de défense du catholicisme se mobilisent. La première, parisienne et bourgeoise, est nommée Sainte Ligue ou Sainte Union. La seconde, nobiliaire, réunit Guise, son frère Mayenne et le duc de Nevers. Son manifeste propose de rétablir la religion catholique, de supprimer les impôts nouveaux, de rendre ses droits à la noblesse et de réunir les états généraux tous les trois ans, pour mieux brider le pouvoir royal. Son véritable chef n'est autre qu'Henri de Guise, soldat héroïque, homme de culture, séducteur impénitent.

La vieille amitié nouée sur les champs de bataille entre le Balafré et Henri III est morte. Pas seulement à cause de la Ligue. Dans la série de duels qui ont éliminé des mignons du roi, Guise a toujours été du côté de l'arme meurtrière. Ses relations avec la couronne d'Espagne, les subsides qu'il reçoit de Philippe II font de lui le chef du parti de l'étranger. Il y a enfin, et surtout, la propension du duc à railler son dévot cousin, plus moine que monarque à ses yeux.

Sans le dire, mais en y pensant très fort, Guise désire la guerre. Officiellement, pour la défense de la « vraie foi ». Mais, au fond et en réalité, ne veut-il pas tout simplement s'emparer du trône ? En attendant, il repartira au combat, suivi par ses frères, les ducs d'Aumale et d'Elbeuf. La Normandie, la Picardie et la Bretagne se soulèvent, tandis que Bourges, Dijon et Mâcon sont occupées. Bientôt, les provinces du Nord et du Centre se rallient à la Ligue.

Henri III peut, lui, encore compter sur l'Ouest, le Midi, et deux grandes villes, Bordeaux et Toulouse. C'est maigre pour un roi de France. Surtout pour un roi si seul. Sa sœur Marguerite encourage les ligueurs, tandis que sa mère vieillissante, Catherine de Médicis, à force de temporiser et de ne vouloir « rien aigrir ni hasarder », donne le sentiment d'être passée dans le camp adverse. Un chroniqueur de l'époque fait un constat désespérant. Le roi « est à pied, la Ligue parle à cheval ; il porte le sac de pénitent, elle a la cuirasse sur le dos ; et oubliant les armes, il recourt à l'encre et au papier, il fait sa déclaration, mais si froidement que vous diriez qu'il n'ose nommer son ennemi, et qu'il ressemble à un homme qui se plaint sans dire qu'il est abattu ».

Affaibli et pressé de toutes parts, sans argent et sans soldats, Henri III finit par capituler en rase campagne en signant la paix de Nemours (7 juillet 1585), négociée sous le contrôle scrupuleux des Guises. Le monarque renonce aux droits à la succession du huguenot Henri de Navarre, révoque tous les édits de pacification, interdit le culte protestant, supprime la liberté de conscience et les places de sûreté. Sa situation, absurde, est subtilement résumée par un diplomate vénitien : « Il va faire la guerre aux hérétiques et il est jaloux du succès des catholiques. Il désire la défaite des huguenots et cependant il la redoute. Il redoute la défaite des catholiques et cependant il la désire. » De nombreux réformés préfèrent abjurer plutôt que d'être les victimes des futurs massacres. Henri de Navarre, qui a cru à la bienveillance de son cousin royal, tombe de haut.

Pendant ce temps, le roi finasse. Pour combattre Navarre en Guyenne, il porte à la tête de l'armée royale le duc de Mayenne, le propre frère d'Henri de Guise, car il sait que ces deux-là se jalousent. Il confie au « mignon » Joyeuse le commandement d'une armée avec l'arrière-pensée que, victorieux, celui-ci supplanterait Guise dans le cœur de la noblesse. Il divise pour régner. Mais régner sur quel royaume ?

Rien ne bougeant sur le terrain militaire – au grand dam de Guise –, le monarque finit par demander en 1586 à Catherine de Médicis, vieille dame en noir percluse de rhumatismes, de négocier avec… Navarre. Inconcevable !, s'étranglent les Parisiens, qui s'embrasent aussitôt, confortés par les prédicateurs. Leur colère monte d'un cran à l'annonce de l'exécution à Londres le 8 février 1587 de la catholique Marie Stuart.

Le roi est devenu l'ennemi public numéro un des ligueurs. Les injures ne leur suffisent plus, ils rêvent d'enlèvement et d'incarcération. Deux complots sont éventés. La maison de Guise y est étrangère, refusant de se compromettre dans ce genre d'exaction. D'ailleurs, le duc n'a jamais envisagé de renverser le roi, pas plus qu'il n'a projeté quelque révolution du goût des ligueurs. Son objectif, c'est de vaincre les huguenots. N'a-t-il pas promis « de ne descendre jamais de cheval tant que la religion catholique ne sera établie en ce royaume » ? Alors, et alors seulement, il pourrait, si les circonstances s'y prêtent, ramasser la couronne. Pour l'heure, il se contente d'afficher son mépris à l'encontre du roi venu lui rendre visite à Meaux, en juillet 1587.

Sur le terrain, les troupes royales sont taillées en pièces à Coutras (Gironde) le 20 octobre. Le bilan est lourd : 2 000 morts, dont 300 gentilshommes. C'est la première grande victoire d'Henri de Navarre. Le prestige qu'il en tire le servira dans sa longue marche vers le trône, même s'il n'exploite pas sa victoire dans l'immédiat. Henri III a la vie sauve, mais il est vaincu, humilié et de plus en plus impuissant.

Guise, lui, vole de victoire en victoire lors de cette huitième guerre de Religion. Il défait à deux reprises les reîtres allemands, à Vimory (26 octobre 1587), puis, un peu moins d'un mois plus tard, à Auneau, près de Chartres (24 novembre). C'est « le cantique de la Ligue », écrit un mémorialiste.

1588, année de tous les dangers

Portés par leurs succès, les chefs ligueurs, enhardis, réclament au début de l'année 1588 la destitution des officiers suspects, la publication des actes du concile de Trente[20], l'établissement de l'Inquisition dans les grandes villes et l'exécution des prisonniers protestants… Fin avril court la rumeur de l'enlèvement du roi. Dans la capitale, les prédicateurs et la duchesse de Montpensier, sœur de Guise, attisent la colère contre le « tyran » pour mieux préparer les esprits à son assassinat[21], suggéré en chaire et dans les processions. La gloire de Dieu n'exige-t-elle pas d'interrompre le règne diabolique de celui qui ruine la « vraie foi » ? Le roi, de son côté, refuse la capture et l'exécution de Guise. Il se déclare, en revanche, prêt à « faire le roi, car [il a] trop fait le valet ». Mais comment « faire le roi » face à une population parisienne affamée et hostile ? Face à un Guise de plus en plus souverain ? En interdisant ce dernier de séjour à Paris, tranche Henri III. Pourtant, le 9 mai, le Balafré entre dans la capitale par la porte Saint-Denis, accompagné d'une simple escorte, les ligueurs et les milices bourgeoises étant déjà dans la place. Il se rend directement chez Catherine de Médicis, en son hôtel des Halles, sous les vivats de la foule – « Vive Guise, vive le pilier de l'Église ! » –, alors que les femmes touchent le bord de son manteau.

Trois jours plus tard, le 12 mai, à 5 heures du matin, 6 000 soldats, dont 4 000 Suisses, entrent

20. Conduit en réaction à la réforme protestante de Luther, le concile de Trente (1542-1563) confirme les sept sacrements (baptême, pénitence, eucharistie, confirmation, extrême-onction, sacrement de l'ordre et mariage), le culte des saints et des reliques, l'autorité de la Bible, la transsubstantiation (après la consécration, la substance du pain et du vin devient le corps et le sang du Christ).

21. Depuis l'Antiquité et chez certains Pères de l'Église, la doctrine du tyrannicide justifie la déposition ou la mise à mort du « mauvais roi » ou « tyran ».

dans Paris à la demande du roi, au mépris des privilèges de la ville interdisant d'y faire pénétrer une garnison étrangère. Le « tyran » aurait-il décidé de les mater ? Des barriques remplies de pavés, de sable et de terre sont érigées : ce sont les premières barricades[22] de la capitale. Les soldats royaux sont encerclés. Le signal de la révolte vient de la place Maubert. Henri III interdit de tirer sur la foule. Des Suisses sont tués. Pour empêcher un massacre, il demande l'intervention de Guise. Le lendemain, à 4 heures, chapeau à la main et sans armes, le Balafré sort de son hôtel particulier. Les barricades s'ouvrent sur son passage et, sur son ordre, les insurgés relâchent les soldats. « Ce fut là le dernier coup qui acheva de terrasser l'autorité royale », note un témoin. Le duc est maître de Paris. Bientôt du royaume ?

Le lendemain, Catherine de Médicis vient à lui pour négocier. « Madame, il est trop tard », lui répond-il. Les émeutiers, déjà, encerclent le Louvre. Le roi, profitant de la confusion, descend incognito dans le jardin des Tuileries et s'enfuit en direction de Chartres. Jusqu'où va-t-il descendre, alors que la capitale rappelle les pires heures de la guerre de Cent Ans ?

Guise a le sentiment d'avoir été dupé, mais il ne veut rien entreprendre contre le « souverain ». Il tente de contenir les insurgés les plus belliqueux. Le 14 mai, il occupe le Louvre, la Bastille, l'Arsenal, le château de Vincennes. Il ordonne l'arrestation du prévôt des marchands et de deux échevins favorables au roi, il dissout la municipalité, organise une nouvelle

22. Le mot « barricade » vient en effet du gallo-romain *barrica*, désignant un gros fût.

élection et demande au Conseil de « bien tenir le peuple en bride ». Il fait remplacer les capitaines de la milice. Et il avertit le pape : « Considérant en quelle extrémité je me retrouve réduit, il vous plaira de ne pas trouver étrange si, en ce mal extrême, je me résoudrais aux remèdes extrêmes. »

Pourquoi Guise ne profite-t-il pas de ces journées pour s'emparer du pouvoir ? Par légalisme ? Légitimisme ? Ce fut et ce sera sa dernière occasion de franchir le Rubicon. Difficile d'être plus royaliste que le roi, sans doute, et de s'ériger en sauveur sans passer pour un factieux. Le duc sait que l'agitation parisienne heurte la province. La fuite du monarque le déstabilise. Il se répand en déclarations de fidélité à la Couronne. Mais faut-il le prendre au mot ?

Henri III observe les événements depuis Chartres en spectateur engagé. Les Parisiens souhaitent le rétablissement des anciennes libertés municipales, mais sont-ils si nombreux à vouloir le renverser ? Non. La preuve, des délégations de la capitale viennent le voir. Il leur explique qu'il est victime d'un complot. Aux gouverneurs de province, il envoie des messagers pour leur ordonner de tenir bon. Malgré tout, il n'a pas d'autre option que d'accepter les exigences de la Ligue rassemblées dans un texte dit de l'édit de l'Union : amnistie des ligueurs, reprise de la guerre contre les huguenots, diminution des impôts, nomination d'Henri de Guise à la tête des armées royales.

Le 2 août, le Balafré vient à Chartres rendre hommage au roi qu'il a tant humilié. « Mon cousin, dit Henri III, buvons à nos bons amis les huguenots. Et à nos bons barricadeux de Paris, buvons aussi à eux et ne les oublions pas. » Il jure vouloir « gouverner avec ses cousins de Guise ». A-t-il le choix ? Il faut bien qu'il donne le change. Sa dernière carte consiste à convoquer les états généraux, c'est-à-dire les représentants de la nation, et à associer cette dernière au bon gouvernement du royaume, afin de recouvrer sa légitimité face à la Ligue. Les états généraux sont donc convoqués à Blois à la mi-septembre.

Les frondeurs de Blois

Le vent tournerait-il ? Guise est fragilisé par la déroute de l'Invincible Armada, victime, en cet été 1588, des navires anglais puis de la tempête. Le duc perd son meilleur allié, le roi d'Espagne Philippe II. Henri III, si longtemps indécis, est métamorphosé : non seulement il ne transige plus, mais il fait preuve d'autoritarisme. Il commence par renvoyer ses ministres – Cheverny, Villeroy, Bellièvre, Claude Pinard, Pierre Brûlart, tous proches de sa mère. Il leur reproche de lui avoir conseillé de céder aux barricades. Mais avant tout, il s'émancipe. « J'ai maintenant trente-sept ans, explique-t-il au nonce. Je veux m'appliquer moi-même sans faiblir à l'administration de mon royaume et voir si, en gouvernant à ma guise, je pourrais obtenir de meilleurs résultats que par les conseils de ceux dont je me suis séparé. »

Mais les élections des députés des futurs états généraux sont désastreuses, les ligueurs remportant une victoire écrasante. Le roi, fidèle à sa méthode, fait le dos rond. Dans les premiers jours de septembre, il reçoit à Blois les députés les uns après les autres, espérant les circonvenir tout en prenant Guise de vitesse.

Le 16 octobre a lieu la séance d'ouverture dans la grande salle du château. Henri, Catherine de Médicis et la reine Louise à ses côtés, est entouré des cardinaux, princes et ducs. Assis au pied du trône, Guise, grand maître de la maison du roi, tient un bâton orné de fleurs de lys d'or. Henri III fait un discours brillant. Sa fermeté inhabituelle étonne. Il promet de rétablir l'autorité royale, de réformer le gouvernement, d'éradiquer l'hérésie. Les factieux n'auront plus droit de cité. « Il y a des Français qui veulent faire des ligues à part avec des princes à part. [...] Toute autre ligue que sous mon autorité ne se doit souffrir. Ni dieu ni roi ne le permettent. Témoignant ma bonté accoutumée, je mets sous le pied, pour ce regard, tout le passé, mais comme je suis obligé [...] de conserver la dignité royale, je déclare atteints et convaincus de lèse-majesté ceux de mes sujets qui y tremperaient sans mon aveu. » À cette sortie, le Balafré se décompose, et dès la fin de la séance ses partisans exigent la suppression de ce passage. Comme d'habitude, le roi recule. Il devra avaler deux autres prétentions des députés : déclarer l'édit d'Union interdisant l'accès au trône de tout prince protestant, et reconnaître que la loi émane désormais de la volonté commune du roi et des états. Autrement dit, il devra partager le pouvoir avec les représentants de la nation. Impensable. Henri III parvient tout juste à empêcher l'accusation de lèse-majesté à l'encontre d'Henri de Navarre. Maigre consolation.

Début décembre, les frondeurs de Blois repartent à la charge. Ils réclament la vérification des comptes royaux, la baisse des impôts et le droit de les voter. Ils ne contestent plus seulement la politique du gouvernement, mais, chaque jour un peu plus, l'essence de la monarchie. Le roi ne désarme pas. « J'aime mieux mourir que de laisser ainsi amoindrir et abaisser ma dignité. »

À ses yeux, même si les ligueurs ont pris leurs distances avec Guise depuis qu'ils mènent le jeu à Blois, le duc reste le seul responsable de ces humiliations. Même dans l'ombre, l'appétit de ce dernier semble insatiable. N'exige-t-il pas la dignité de connétable ? À ce rythme, déplore un proche, le roi sera bientôt « infailliblement accablé et détrôné par la Ligue ». Pour vaincre, il ne reste au dernier des Valois que la force. Et le crime[23].

Bibliographie sélective

Pierre Chevallier, *Henri III, roi shakespearien*, Fayard, 1985.

Jean-Marie Constant, *La Ligue*, Fayard, 1996.

Joël Cornette, *Les Années cardinales. Chronique de la France. 1599-1662*, Armand Colin-Sedes, 2000.

Bernard Cottret, *L'Édit de Nantes. Pour en finir avec les guerres de Religion*, Perrin, coll. « Tempus », 2016.

Monique Cottret, *Tuer le tyran ? Le tyrannicide dans l'Europe moderne*, Fayard, 2009.

Denis Crouzet, *Les Guerriers de Dieu. La violence au temps des troubles de Religion, vers 1525-vers 1610*, Champ Vallon, 1990, 2 volumes.

23. Huit mois après l'assassinat d'Henri de Guise, le 2 août 1589, Henri III sera à son tour poignardé par le moine Jacques Clément. Le grand vainqueur de la « guerre des trois Henri » sera finalement Henri de Navarre, futur roi de France sous le nom d'Henri IV.

Janine GARRISSON, *Les Derniers Valois*, Fayard, 2001.
Arlette JOUANNA, *La Saint-Barthélemy*, Gallimard, coll. « Folio », 2017.
Arlette JOUANNA, *Le Devoir de révolte. La noblesse française et la gestation de l'État moderne, 1559-1661*, Fayard, 1989.
Arlette JOUANNA, *Histoire et dictionnaire des guerres de Religion* (dir.), Robert Laffont, coll. « Bouquins », 1998.
Nicolas LE ROUX, *Le Régicide au nom de Dieu*, Gallimard, 2006.
Arlette LEBIGRE, *La Révolution des curés, Paris 1588-1594*, Albin Michel, 1980.
Georges LIVET, *Les Guerres de Religion*, PUF, 1970.
Pierre MIQUEL, *Les Guerres de Religion*, Fayard, 1980.
Henri PIGAILLEM, *Les Guises*, Pygmalion, 2012.
Jean-François SOLNON, *Henri III*, Perrin, coll. « Tempus », 2007.
Jean-François SOLNON, *Catherine de Médicis*, Perrin, coll. « Tempus », 2008.

VII

Le Grand Condé

L'orgueil fait homme

Que faire de sa vie lorsqu'à vingt et un ans on entre dans la légende pour son héroïsme sur les champs de bataille ? Comment tenir son rang alors que la monarchie absolue s'astreint à éteindre les derniers feux de la féodalité ? Comment briguer charges et honneurs et se proclamer frondeur ? Comment tourner casaque sans trahir ? « M. le Prince » Louis II de Bourbon-Condé fut rebelle – beaucoup – et courtisan – un peu. Grand soldat, il aurait pu être roi. Mais son arrogance et son orgueil l'empêchèrent d'être un politique avisé et, après être passé à l'ennemi, il finit par aller à Canossa et se mettre au service de celui qu'il avait défié puis même combattu : Louis XIV. Condé : un incroyable destin, qui incarne celui de la noblesse, mais aussi le passage de l'âge de l'honneur à celui des honneurs…

Le 19 mai 1643, vers 5 heures du matin, dans une vaste clairière entourée de bois et de marais dans les

Ardennes, à quelques encablures du fort de Rocroi, deux armées se toisent. Les bataillons des Habsbourg d'Espagne[1], formés d'Italiens et de Wallons, d'Allemands et de Bourguignons, et commandés par don Francisco de Melo, gouverneur des Pays-Bas, ont la certitude de ne faire qu'une bouchée des troupes françaises. Ou de ce qu'il en reste : un mélange hétéroclite de soldats rescapés de régiments anéantis lors des précédentes batailles. Mais les ordres de Louis XIII sont formels : il faut briser l'encerclement du roi d'Espagne, qui prend ses aises au nord du royaume, mais aussi à l'est, en Bourgogne et en Franche-Comté.

À la tête de cette armée de la dernière chance caracole un jeune capitaine de vingt et un ans, le duc d'Enghien.

L'artillerie espagnole prend l'initiative et tire les premières salves. L'infanterie française est bousculée. Le choc est terrible et l'issue incertaine, jusqu'à ce qu'Enghien, en une manœuvre d'une audace inouïe, fonde sur l'ennemi en chargeant son aile droite et sa réserve, alors que l'un de ses lieutenants met en déroute l'aile gauche. Emporté par son enthousiasme, le duc peut aller provoquer le bataillon de

1. Les Habsbourg d'Espagne ont conservé de l'héritage bourguignon de Charles Quint (1500-1558) dix-sept provinces recouvrant la Belgique, le nord de la France, le Luxembourg et les Pays-Bas actuels. Sept d'entre elles se sont révoltées après leur conversion au calvinisme, ont fait sécession, pris le nom de Provinces-Unies (ou Hollande) et conclu une alliance militaire de revers avec la France. Les Habsbourg de la branche espagnole sont également présents dans le nord de l'Italie, en Bourgogne et en Franche-Comté, formant ainsi un cordon hostile aux Français. La priorité de Louis XIII et de son ministre Richelieu est de briser cet encerclement.

tercios viejos, ces redoutables fantassins équipés de pics prêts à transpercer les chevaux. La cavalerie française multiplie les charges jusqu'à ce que l'ennemi cède. La victoire est totale. Vient l'heure du recueillement. « Le prince fléchit le genou, et dans le champ de bataille il rend au dieu des armées la gloire qu'il lui envoyait, écrira Bossuet ; là, on célèbre Rocroi délivré, les menaces de l'ennemi tournées à sa honte, la régence affermie, la France en repos, et un règne qui devait être si beau commencé par un si heureux présage. » Il est 10 heures du matin, les Espagnols ramassent 5 000 morts et autant de blessés. Les Français déplorent la moitié de victimes, mais ils les oublieraient presque tant ils sont heureux de célébrer leur nouveau héros.

Inspiré par Mars, le duc d'Enghien n'a pas un physique d'Apollon : court sur pattes, le visage allongé d'un petit rongeur, une masse de cheveux bruns si drue qu'on dirait un postiche, un front fuyant, un nez à la Cyrano, une grande bouche surmontée d'une fine moustache, des dents en avant… C'est en tout cas sous ces traits peu flatteurs qu'il apparaît dans le tableau de David Teniers accroché au château de Chantilly, le domaine familial maternel. Qu'importe : celui qu'on comparera demain à Alexandre le Grand dégage le charisme des meneurs d'hommes. Son regard bleu respire l'intelligence, sa démarche souple inspire confiance. Il y a quelque chose chez lui « tirant à la ressemblance de l'aigle », notera plus généreusement la mémorialiste Mme de Motteville[2].

2. Confidente de la régente, elle publia des *Mémoires pour servir à l'histoire d'Anne d'Autriche*.

En quatre ans à peine, le jeune Louis II de Bourbon-Condé, connu d'abord sous le nom de duc d'Enghien, s'est forgé la stature d'un grand soldat. Ses premières armes, il les a faites au cours de ces nombreux sièges où Français et Espagnols se disputent les places fortes de la frontière nord chaque année au retour des beaux jours, depuis que Paris a déclaré, en 1635, la guerre à Madrid. Faute d'effectifs suffisants pour conserver les villes, celles-ci changent régulièrement de maître, sans qu'aucun prenne l'avantage, pérennisant ainsi un conflit absurde. En 1640, pourtant, Louis XIII s'est résolu à marquer un point décisif en réglant son compte à l'Artois et à sa capitale, Arras, fidèles aux Habsbourg d'Espagne. Au cours des sept semaines du siège de la ville, le jeune Condé apprend les rudiments de la guerre auprès du maréchal de La Meilleraye : l'art de la circonvallation[3], le commandement simultané de plusieurs armées et la logistique, indispensable au ravitaillement des hommes et des bêtes. Il endure la faim, la soif, la fatigue, au point d'en oublier son mariage prochain, arrangé par son père rompu aux intrigues, avec une nièce de l'homme fort du royaume, Richelieu. Claire-Clémence de Maillé-Brézé a à peine douze ans.

La répulsion du jeune duc pour cette enfant empruntée fait peine à voir. C'est qu'il est amoureux fou d'une amie de sa sœur, la belle et timide Marthe Du Vigean, qui sera sa seule passion. La pauvresse entrera de dépit au carmel, où elle mourra de chagrin

3. Il s'agit de la tranchée fortifiée et protégée par des palissades établie par les assiégeants pour se protéger de l'attaque d'une armée de secours.

vingt ans plus tard. Car le 11 février 1641, l'archevêque de Paris donne la bénédiction nuptiale dans la chapelle du Palais-Cardinal. Les jeunes mariés sont conduits dans leur chambre. Rien ne se passe comme on s'y attendait. Fait exprès : l'Église ne reconnaît-elle pas la non-consommation du mariage comme motif d'annulation ? Dégoût ? Le marié est prostré. Les jours suivants, il délire et se laisse dépérir. Un médecin parvient à le tirer de son état. Condé l'écorché vif n'en sera pas moins accablé par de terribles fièvres tout au long de sa vie. Le meilleur remède pour ce nerveux ? Une bonne campagne militaire. Du mouvement. De l'engagement physique, au risque d'y laisser sa peau. Des bordées entre auberges et lupanars avec ses compagnons d'armes, cadets de grandes lignées : Châtillon-Coligny, Goyon, Pisany. Ils ont le panache des mousquetaires et défient les bonnes mœurs tout en ne jurant que par Dieu.

Louis se fait un prénom

Au début des années 1640, le quinquagénaire Richelieu et Louis XIII (qui va vers ses quarante ans) sont malades et ils savent qu'ils vont mourir. Le pays est au bord de l'éruption. La guerre coûte cher et les impôts ne cessent d'augmenter. Les paysans, va-nu-pieds en Normandie et croquants en Périgord, se soulèvent. Les grands seigneurs, exaspérés d'être écartés du pouvoir, se rassemblent autour de Gaston d'Orléans, frère du roi. Le plus furieux d'entre eux, le comte de Soissons, va jusqu'à lever une armée qui bat les troupes royales près de Sedan. Qui sait s'il n'aurait continué à en découdre si une mort accidentelle ne l'avait stoppé dans son élan ? Même le favori du monarque, Cinq-Mars[4], se met de la partie, qui fomente un coup de force : il échoue et est exécuté.

Dans cette pagaille, le jeune Enghien reste d'une fidélité absolue à Richelieu. Discipliné, il a même fini par consommer son mariage ; bientôt, il aura un héritier : Henri-Jules. Le cardinal est comblé et conseille au roi de confier à son jeune parent l'armée de Picardie. Puis, il rend l'âme, le 4 décembre 1642. Cinq mois plus tard, Louis XIII meurt à son tour. Une page de l'histoire du royaume de France est tournée. Le 18 mai 1643, la reine assure la régence et nomme Mazarin[5] chef du Conseil. Le 19, nous l'avons vu, le jeune Condé se couvre de gloire à Rocroi.

Qui aurait parié sur une telle victoire ? La terrible défaite de l'armée de Champagne, taillée en pièces un an plus tôt près de Cambrai, avait souligné la faiblesse de la monarchie. Plus téméraires, les Espagnols auraient pu s'emparer de Paris, à 150 kilomètres à vol

4. Le marquis de Cinq-Mars (1620-1642) est confié à l'âge de douze ans à Richelieu après la mort de son père. Il obtient de Louis XIII, dont il devient rapidement le favori, les plus belles charges : grand maître de la garde-robe, premier écuyer, grand écuyer de France. Éconduit par ses deux protecteurs dans un projet de mariage, il rallie de dépit Gaston d'Orléans et fomente avec lui un plan prévoyant l'élimination de Richelieu et la signature de la paix avec l'Espagne. Découvert, puis arrêté, il lance depuis l'échafaud de Lyon : « Mon Dieu, qu'est-ce que ce monde ? », avant d'être décapité. Son destin a notamment inspiré Alfred de Vigny.

5. L'Italien Jules Mazarin (1602-1661) sert d'abord le pape. Nonce à Paris, il rencontre Richelieu, qui verra en lui son digne successeur. Pour lui, « l'autorité du Roy, c'est le repos de l'État ». Rien ne doit donc être négligé pour assurer la souveraineté monarchique et juguler les féodalités, toujours promptes à redresser la tête.

d'oiseau. Leur hésitation leur fut d'autant plus fatale qu'après Rocroi un mythe est tombé : les Ibères ne sont pas invincibles. Quant au jeune duc d'Enghien, il vient à la fois de se faire un prénom dans une lignée couverte de gloire et d'honneurs, d'effacer les souvenirs désagréables d'une jeunesse souffreteuse, enfin de laver l'honneur d'un père raillé pour son bilan militaire calamiteux. Sept ans plus tôt, à Dole, capitale de la Franche-Comté espagnole, son armée avait été en effet mise en déroute par à peine 500 assiégés.

Le fils, lui, n'en est qu'au préambule de la célébrité. Dans la foulée de Rocroi, il s'empare de Thionville, ville stratégique pour les Espagnols, parce que située sur la route menant du Milanais à leurs terres des Flandres. L'année suivante, il taille en pièces les Bavarois à Fribourg-en-Brisgau en compagnie d'un autre grand soldat : Turenne. Ensemble, les deux jeunes chefs de guerre remportent à l'arraché la bataille de Nördlingen (1645), ignorant que dans les années futures ils se combattront l'un l'autre, mais toujours dans le respect mutuel.

En quelques campagnes, Enghien acquiert les atours du héros antique. Obnubilé par la beauté du geste, l'intensité du choc, la pertinence de la manœuvre, le duc n'est pas économe de la vie de ses hommes. On le lui reproche : ne va-t-il pas sacrifier la fine fleur de l'aristocratie ? Il feint de ne rien entendre, tout à ses plans de campagne et à sa soif de gloire. En octobre 1646, il prend Dunkerque, deux mois avant que la mort de son père ne lui transmette le titre de Condé. L'année suivante, « M. le Prince » – c'est ainsi qu'on doit dorénavant s'adresser à lui – trébuche devant Lérida, vouant aux gémonies un Mazarin qui ne lui aurait pas donné les moyens de la victoire. Mais il se refait lors d'une superbe victoire à Lens, le 20 août 1648. Deux mois plus tard, les traités de Westphalie[6] mettent fin à la guerre de Trente Ans. Et à la carrière météoritique d'un guerrier hors pair qui n'a que vingt-sept ans et à qui il reste près de quatre décennies à vivre.

Que faire de son existence lorsqu'on est déjà un demi-dieu ? Devenir sinon Dieu, du moins son représentant sur terre : roi, par exemple ? L'hypothèse n'est pas absurde. Si Louis XIII, alors sans héritier, et son frère venaient à mourir, c'est lui, Condé, qui, dans l'ordre de succession, monterait sur le trône de France. Car il est prince du sang : dans ses veines coule celui de Saint Louis. Le fondateur de la branche cadette de la maison de Bourbon à laquelle il appartient était son sixième fils, Robert, comte de Clermont. Le premier à porter le titre de Condé, du nom d'une petite seigneurie située à Condé-en-Brie, est l'arrière-grand-père du jeune prince. À son instar, il s'appelait Louis – Louis Ier de Bourbon – et s'était fait remarquer sur les champs de bataille. Converti à la Réforme, il a été le chef du parti huguenot. Les grands seigneurs réformés à l'origine de la conjuration d'Amboise (1560), qui rêvait d'éliminer le roi François II et ses conseillers, les Guises, avaient même prévu de lui offrir la couronne. Las, le complot échoua et ce Louis, premier du nom, mourut les armes à la main. Son

6. Ces traités mettent un terme au projet impérialiste des Habsbourg et redessinent durablement la carte de l'Europe. L'Espagne reconnaît l'indépendance des Provinces-Unies. La Suède luthérienne annexe la Poméranie occidentale et les évêchés de Brême et Verden. La France récupère l'Alsace.

fils Henri (1552-1588) connut le même sort tragique à la bataille de Coutras (1587), pourtant gagnée par le camp protestant conduit par son cousin Henri de Navarre. Son petit-fils Henri II de Bourbon reviendra à la « vraie foi », moins par conviction que par opportunité, semble-t-il. Ne pourrait-il pas ainsi succéder plus facilement à Navarre, devenu Henri IV, en cas de « malheur » ? Tous ces plans sont réduits à néant lorsqu'en 1601 Marie de Médicis donne enfin à la France un dauphin, le futur Louis XIII, suivi sept ans plus tard par Gaston d'Orléans. Si, devant l'évidence, Bourbon-Condé se résout à renoncer à la couronne, d'autres continuent d'y songer pour lui. Ainsi le maréchal Concini, pourtant proche de la régente, est-il si irrité par la gestion du royaume qu'il projette en 1616 d'enfermer celle-ci dans un couvent, de destituer le jeune Louis XIII, seize ans, et de hisser Condé sur le trône. Le duc se récusera aussitôt et avertira la régente, qui, en guise de remerciements, le jettera en prison pour trois ans. Passant de l'ingratitude à la reconnaissance, elle deviendra plus tard la marraine de son fils, le futur Grand Condé, le nôtre – et le roi sera son parrain. Souvent femme varie…

Rentré dans le rang, Henri II de Condé tentera en vain de gagner la confiance du roi. Mais Louis XIII ne l'aime pas. Richelieu et Marie de Médicis non plus. Le prince s'exile alors sur ses terres, s'y morfond, sans jamais accepter sa disgrâce. Dans une longue lettre, il fait allégeance absolue à un roi indifférent. L'éconduit se tourne alors vers Richelieu, qui lui confie en compensation de pâles missions. Alors, il se consacre à l'éducation de son fils. Le duc d'Enghien aura celle d'un roi, protégé des intrigues de la Cour dans le fief familial du Berry, au cœur de la vieille forteresse de Montrond perchée sur une colline au confluent du Cher et de la Marmande.

Le jeune Louis a des prédispositions. Il n'a pas cinq ans qu'il lit, écrit et s'initie au latin et aux mathématiques. Il poursuit ses humanités dans un collège jésuite puis est envoyé, à quatorze ans, à Paris. Il y dispose de son appartement propre et de sa domesticité : gouverneur, écuyer, pages, aumônier, valets. Il fréquente le salon de sa mère, Charlotte-Marguerite de Montmorency[7]. Séparés, les parents continuent de communier dans la quête d'un avenir brillant pour leur fils. À Paris, l'austère jeune provincial découvre le roman, le théâtre, la frivolité, même s'il consacre l'essentiel de son temps à l'apprentissage du métier des armes à l'Académie royale. Richelieu suggère de parachever l'éducation militaire du jeune homme en le plaçant auprès d'un vieux maréchal. Ce sera le baptême du feu d'Arras.

Le sauveur de la monarchie

Que faire de sa vie ?, s'interroge le jeune Louis. Sur le papier, il a tout. Son père, disparu à la fin

7. Bien que récent, le lignage a brillé d'emblée. Le grand-père, le connétable Anne – il tenait son prénom de sa marraine Anne de Bretagne –, fut le confident des rois, un modérateur dans le conflit entre catholiques et huguenots, ainsi qu'un valeureux soldat, de Marignan à Saint-Denis, où il perdit la vie. Sa petite-fille Charlotte eut le malheur d'être aimée à la folie, à l'âge de quinze ans, par un Henri IV bon quinquagénaire, mais toujours vert-galant. L'insistance du roi fut telle que son mari, d'ordinaire glacial à l'égard de sa femme, faillit en venir aux mains avec son cousin, avant de prendre la fuite pour Bruxelles, territoire espagnol.

de l'année 1646, lui a légué une immense fortune, comparable, dit-on, à celle de Richelieu. La place au Conseil confiée par la reine, même s'il ne s'agit que d'une chambre d'enregistrement, le tient informé des affaires du royaume. La grande maîtrise de la maison du roi, qui place sous son autorité théorique l'ensemble des personnels en charge du quotidien royal, constitue une autre preuve de confiance. Mais la gratification la plus généreuse est l'octroi d'une province, la Bourgogne dans son cas, car elle permet au bénéficiaire de se constituer une clientèle en distribuant postes et fonctions. Condé reçoit aussi les places de Dun, Jametz, Stenay, le comté de Clermont-en-Argonne. Pourtant, il est insatisfait et maussade. Le poste qu'il briguait, c'est l'Amirauté, laissée vacante après la mort au combat de son jeune beau-frère Armand de Maillé-Brézé. Il voit dans le refus de Mazarin une offense personnelle, alors qu'en réalité Anne d'Autriche et son cardinal effectuent un savant dosage des prébendes afin de satisfaire une meute de quémandeurs.

À la mort de Louis XIII, le 14 mai 1643, l'accession au pouvoir de la régente, du lieutenant général du royaume Gaston d'Orléans – populaire dans tout le royaume pour son goût du dialogue et son caractère enjoué, hérités de son père Henri IV – et du « doux et bénin » cardinal Mazarin est attendue avec bienveillance après les « années de plomb » de « l'homme rouge » : Richelieu. « Tant de sang répandu et tant de fortunes renversées avaient rendu odieux son ministère », selon La Rochefoucauld.

La reine et le cardinal n'ignorent pas la précarité de leur pouvoir. Anne d'Autriche cumule les handicaps.

Elle est femme au pays de la loi salique qui lui interdit le trône. Elle est née dans un pays, l'Espagne, en guerre contre la France. Elle n'a pas d'expérience politique. Quant à Mazarin, il a contre lui d'être italien, de s'exprimer avec un fort accent et d'être à la place idéale du bouc émissaire : celle du « ministre-usurpateur ». Ni l'un ni l'autre ne peuvent espérer gagner en popularité en poursuivant la politique du feu roi, celle du « parti de la guerre » et de l'augmentation des impôts pour la financer.

Alors que le jeune Condé soigne dans son château de Chantilly une blessure reçue à Lens le 20 août 1648, il prend connaissance d'un étrange quatrain : « Un vent de fronde / S'est levé ce matin / Je crois qu'il gronde / Contre Mazarin. » La capitale bruisse des rumeurs les plus folles. Au début de l'année, le parlement de Paris, dénonçant l'insupportable pression fiscale, avait osé élaborer avec les autres cours souveraines – Chambre des comptes, Cour des aides – un programme radical, remettant en cause le fonctionnement même de la monarchie : révocation des intendants, accusés de lever brutalement l'impôt ; obligation pour le pouvoir royal de soumettre toute mesure fiscale à leur vote ; ébauche d'un *habeas corpus* ; révocation des emprunts passés ; enquête sur les malversations au détriment de l'État… La Couronne crut pouvoir faire cesser la *bronca* en arrêtant deux des conseillers les plus véhéments du Parlement. C'est l'inverse qui se passa. Le lendemain, les barricades entravaient la ville, prélude à deux jours d'émeute. Les conseillers furent rapidement relâchés, mais la régente avait été impressionnée.

Le 22 octobre, une déclaration royale reprend à son compte la grande majorité des doléances du Parlement. Il s'agit d'un recul tactique. Dans la nuit froide du 5 au 6 janvier 1649, la veille de la fête des Rois, la Cour, Mazarin, Orléans et Condé partent subrepticement à Saint-Germain-en-Laye. La famille royale déserte la capitale pour mieux la punir. C'est Condé qui est chargé d'organiser un blocus de la ville avec une troupe de 8 000 hommes. Le jeune prince ignore qu'en face de grands aristocrates ont rejoint les frondeurs : le duc de Bouillon, Gondi, coadjuteur de l'archevêque de Paris et futur cardinal de Retz, les ducs d'Elbeuf et deux familiers, Longueville, son beau-frère, et le prince de Conti, son propre frère. Condé étrille à Antony la petite armée levée par Retz et défait l'adversaire plus largement à Charenton, la seule véritable bataille de cette première fronde, le 8 février 1649.

Après ces nouvelles victoires, il apparaît comme l'homme fort de la régence. Mais dans cette guerre civile de faible intensité, le héros n'a-t-il pas écorné une gloire gagnée de haute lutte sur de sanglants champs de bataille ? La brutalité de ses troupes et sa fidélité à Mazarin, l'homme le plus haï du royaume, ne lui vaudront-elles pas la haine tenace de la population ? Pourra-t-il, un jour, espérer prendre la succession du cardinal, son véritable objet ? Rien n'est moins sûr tant il indispose par sa morgue et son mépris la régente farouche, son ministre retors et une cour jalouse. Tout semble en effet dû à ce jeune seigneur qui se pavane désormais en sauveur de la monarchie. Il n'y a pas de gratification, prix de ses services, qui le rassasie. À peine la capitale se remet-elle du blocus qu'il réclame déjà la place de Pont-de-l'Arche, afin que son beau-frère, le duc de Longueville – meneur de la Fronde de surcroît ! –, étende son domaine normand. En bonne logique, Mazarin l'éconduit, mais le prince, au lieu d'en rabattre, revient à la charge, exigeant cette fois du cardinal qu'il lui soumette les principales décisions, nominations et projets de mariage de la haute aristocratie. Autrement dit, il lui intime ni plus ni moins l'ordre de s'effacer à son profit ! En moins d'un an d'intrigues, Condé n'aura réussi qu'à créer le premier « parti » de France : celui des « anticondéens ».

Aussi la régente et Mazarin n'éprouvent-ils aucune peine à faire voter dans le plus grand secret l'arrestation du jeune présomptueux, de son frère Conti et de son beau-frère Longueville.

Le plus célèbre prisonnier de France

Le 18 janvier 1650, Condé se rend comme à son habitude au Conseil, où il siège de droit. Le duc d'Orléans s'est fait porter pâle. Mazarin s'est éclipsé discrètement. Le petit roi – Louis XIV a onze ans – salue ses hôtes : « Maman dit que l'on passe en galerie. » Dans la salle de réunion les attend François de Comminges, capitaine des gardes de la reine, qui leur annonce tout de go… leur arrestation. Direction la prison du château de Vincennes. Condé tombe de haut. « Voilà un beau coup de filet, s'écrie le frère du roi, on a pris un lion [Condé], un singe [Conti], un renard [Longueville]. » Anne d'Autriche se justifie : « Où il y va du salut de celui-ci [désignant le roi], il n'y a chose à laquelle je ne me résolve. » La mère a sorti ses griffes.

Une vingtaine de gardes se relaient nuit et jour pour garder les princes logés au troisième étage du donjon. Longueville est sombre et Conti plaintif. Condé, toujours d'humeur égale. Il chante, jure, lit des livres français et italiens, cultive des œillets. À l'automne, par crainte d'une attaque de leurs partisans, les prisonniers sont transférés au château de Marcoussis, au sud-ouest de Paris, puis au Havre. Chassés de toutes leurs places, les partisans de Condé se regroupent à Bellegarde, sur la Saône, mais ils rendent promptement leurs armes à la seule vue du jeune roi vêtu en cavalier au milieu de la troupe venue assiéger la place. Le subterfuge, signé Mazarin, a fonctionné. L'autorité royale serait-elle moins écornée que le cardinal ne le redoutait ? La mère et la jeune épouse de Condé, se sentant menacées à leur tour, quittent à la hâte Chantilly, direction Montrond, puis la Guyenne, où les accueillent les armées amies des ducs de Bouillon et de La Rochefoucauld. À la surprise de tous, celle qu'on prenait pour une oie blanche se métamorphose en Amazone du parti des princes. Condé s'en amuse depuis sa geôle. « Aurais-tu jamais cru, demande-t-il à son jardinier, que ma femme ferait la guerre pendant que j'arrose mon jardin ? »

Turenne s'est retiré à Stenay, une place forte du prince, située sur la Meuse, où il est rejoint par Mme de Longueville. Tous deux signent de leur propre chef, et sans scrupule, un traité d'alliance avec les Espagnols prévoyant une paix « blanche » entre Paris et Madrid – chaque partie récupérant ses territoires perdus – et la libération des prisonniers les plus éminents. Turenne s'arroge dans la foulée le grade de « lieutenant général de l'armée du roi pour la liberté des princes ». Mais son échappée est stoppée à Rethel, le 15 décembre 1650, sonnant le glas de l'armée du prince, et les condéens se rabattent sur la propagande en inondant Paris de pamphlets contre le cardinal : les fameuses « mazarinades[8] ». Dans l'ombre, les héroïnes de la Fronde continuent de s'activer. Anne de Gonzague, princesse Palatine, et Mme de Chevreuse concoctent elles aussi un traité prévoyant la libération des princes et l'éviction de Mazarin, sur fond de signature de la paix avec l'Espagne. Au Parlement, les magistrats approuvent leur initiative. La « Vieille Fronde », celle des magistrats, vient de s'unir à celle des princes. Même l'ondoyant Gaston d'Orléans finit par rejoindre ce nouveau front. Qui aurait cru à une telle mobilisation en faveur de Condé, prince exécré, que tout le monde voyait de bon cœur derrière les barreaux un an plus tôt ?

La situation lui échappant d'heure en heure, le cardinal quitte secrètement la capitale le 6 février 1651, vêtu en cavalier pour ne pas être reconnu. S'il s'enfuit, c'est pour mieux revenir. Une semaine plus tard, il marque un premier point en libérant personnellement les princes rebelles au Havre. Il fait d'une pierre deux coups, volant la vedette aux magistrats en route pour la même mission et semant la discorde

---

8. Le mot, lancé par l'écrivain Scarron, recouvre les milliers de libelles hostiles à la Cour et d'abord au cardinal. Le record est atteint en 1649 avec 2 000 textes à charge contre le « sale rebut d'Italie », le « faquin vêtu de rouge », le « cruel gorgé du sang de la veuve et de l'orphelin », la fiscalité écrasante et la répression des Parisiens. Ces thèmes sont susceptibles de séduire le « bruit commun », l'opinion d'aujourd'hui.

entre les deux frondes. À Paris, Anne d'Autriche, isolée et meurtrie par les libelles orduriers sur ses prétendues relations avec le cardinal, se sent menacée depuis que les Parisiens ont pénétré au Palais-Royal : ils voulaient s'assurer qu'elle n'était pas sur le départ, avec le roi dans ses bagages. Les noms de Gaston d'Orléans et Condé sont fréquemment cités pour la remplacer. Tous deux se récusent. Comment pourraient-ils ? N'y a-t-il pas de la « bonté » dans « le fond du cœur du duc d'Orléans », et, « dans l'âme de M. le Prince », « une naturelle aversion au mal » ?, plaide Mme de Motteville. À moins que l'un et l'autre ne calent devant l'obstacle ?

Libéré par le cardinal, Condé fait un retour triomphal à Paris, accueilli à mi-chemin par les ducs d'Orléans et de Beaufort, le coadjuteur et la reine, qui veut faire bonne figure. Qui l'eût cru ? Après un an de captivité, le prince est happé par mille soucis. Il doit remettre de l'ordre dans ses domaines. Rétablir ses finances, au plus bas depuis la suppression par le pouvoir royal de charges rémunératrices. Rassembler une famille divisée. Rassurer une clientèle dans le doute. Reconstituer une armée anéantie.

La reine, qui continue de prendre conseil auprès du cardinal en fuite, joue de la rivalité entre Condé et Orléans, deux cousins que tout oppose. Le premier est despotique et cassant ; le second temporisateur et aimable. L'un est favorable à une monarchie autoritaire, l'autre à une royauté tempérée s'appuyant sur les corps intermédiaires. Anne d'Autriche n'ignore rien de la popularité de son beau-frère, « heureuse alliance de la souveraineté du monarque et de la liberté des peuples », dira-t-on dans son oraison funèbre. Aussi lui promet-elle un large accès au pouvoir en échange de son consentement au retour de Mazarin. Condé ne réagit pas, affairé à récupérer ses biens, dignités et obligés. Mais le naturel revient vite au galop : il réclame ni plus ni moins la Provence pour son frère. « Il est extrêmement difficile de vivre quinze jours en bonne intelligence avec lui, sans se porter aveuglément à tout ce qui lui plaît », se plaint Mazarin. « Mon cousin le prince de Condé a trop offensé ma maman », regrette à l'unisson le jeune roi. De fait, la reine est si exaspérée qu'elle le fait convoquer en justice pour ses manquements à l'autorité royale. Et les magistrats sont si embarrassés qu'ils préfèrent se déclarer incompétents. La régente finit par se raviser et, en une énième volte-face, propose de n'en plus parler à condition que le prince rentre dans le rang. Mais lui veut au contraire le tenir, son rang. Qu'a-t-il à faire d'un compromis, alors qu'il ne jure que par le défi, la rupture, la rébellion ?

L'échec d'un guerrier en politique

Nouveau coup d'éclat à la proclamation de la majorité de Louis XIV, le jour de ses treize ans, le 7 septembre 1651, où Condé brille par son absence. C'est qu'il n'attend rien du nouveau monarque. Il n'a pas tort. La nomination d'Anne d'Autriche comme chef du Conseil du roi conforte le statut de l'ex-régente, au détriment du Conseil de régence où il avait l'habitude de siéger. La nomination de ministres réputés pour leur hostilité aux condéens l'incite un peu plus à la circonspection. Et s'il fallait, malgré tout, faire contre mauvaise fortune bon cœur ? C'est l'opinion de son frère Conti et de quelques autres fidèles. Mme de Longueville jure au contraire que la guerre à outrance est la seule réponse. Condé penche d'ailleurs du côté de son influente sœur. Les hostilités ne permettraient-elles pas – enfin ! – d'imposer au roi la signature de la paix avec l'Espagne ? Et, à l'occasion, d'agrandir son fief du côté de la Saintonge, du Poitou, de la Gascogne… Il suffirait que deux armées, l'une en Guyenne, l'autre dans les places fortes ardennaises, prennent en tenailles la capitale. Quant aux négociations avec l'Espagne de Philippe IV, elles sont déjà engagées.

Lorsque le gouvernement l'apprend, il déclare Condé coupable de lèse-majesté. Mais qu'en a-t-il à faire ? Le royaume n'est-il pas déjà divisé en trois, avec ses capitales : Bordeaux pour les condéens ; Poitiers pour le roi, qui a fui des Parisiens hostiles ; Paris pour Gaston d'Orléans, toujours aussi ondoyant. Pendant ce temps, Mazarin rassemble méticuleusement des troupes dans l'est du pays. Tout est en place pour une nouvelle guerre civile.

Bientôt, les troupes de Condé s'emparent de Libourne, d'Agen et de Périgueux, avant d'être battues à Cognac, le 15 novembre 1651. C'est un choc psychologique : le vainqueur de Rocroi n'est pas invincible. La veille de Noël, Mazarin, rappelé par le roi, arrive à Sedan à la tête d'une troupe à laquelle se joignent deux chefs de guerre émérites, anciens alliés de Condé : Bouillon et Turenne. Ainsi agissent les grands seigneurs, entre bouderie et chantage, rébellion et soumission, changeant d'alliance au fil de leur humeur et de leur bon vouloir. À Paris, la nouvelle du retour du cardinal déchaîne les passions et sa bibliothèque, d'une grande qualité scientifique, est dispersée pour financer la récompense pour sa capture !

Condé noue une alliance de circonstance avec le duc d'Orléans afin d'imposer, par la force s'il le faut, le départ… du revenant. Mais sur le terrain, il enregistre de nouveaux revers – en Saintonge, puis au sud d'Agen. Fin mars 1652, il change radicalement de stratégie et fonce à bride abattue vers le nord, entouré de quelques hommes de confiance, pour retrouver le gros de son armée en chemin et renouer avec la victoire à Bléneau, en Bourgogne, le 7 avril. L'intervention de Turenne, désormais commandant de l'armée royale, stoppe l'offensive du duc, évitant à Louis XIV l'humiliation d'être fait prisonnier par son cousin. Quatre jours plus tard, le prince n'en investit pas moins la capitale. Mais au fur et à mesure qu'il s'est rapproché de Paris, ses fiefs sont tombés un à un entre les mains des troupes royales. Au début de l'été 1652, il ne lui reste que Bordeaux et ses places ardennaises.

L'heure de vérité a sonné. Le 2 juillet, les armées de Turenne et Condé, les deux plus grands soldats du royaume, se font face pour un combat de rues dans le faubourg Saint-Antoine. Anne d'Autriche s'est réfugiée au carmel de Saint-Denis pour prier. Louis XIV et Mazarin observent les combats depuis les hauteurs du Père-Lachaise. D'emblée, les troupes de Condé semblent devoir l'emporter, jusqu'à ce que l'artillerie du maréchal de La Ferté menace de les mettre en pièces. Elles ne doivent leur salut qu'à l'ouverture de la porte Saint-Antoine où elles s'engouffrent, tandis que les canons de la Bastille tirent sur les royaux. C'est à Mademoiselle[9], fille aînée de Gaston d'Orléans, que Condé doit cette fière chandelle.

Dans la capitale, des agitateurs à ses ordres pourchassent tous ceux qui sont suspectés de pencher pour Mazarin. Pour prouver son hostilité au cardinal, il faut porter sur la tête un bouquet de paille. La tension monte autour de l'Hôtel de Ville, où les notables doivent se réunir, alors que la foule augmente d'heure en heure et que le vin coule à flots, échauffant les esprits. Des coups de feu sont tirés, sans doute par des soldats en civil. Le rassemblement dégénère en émeute – on relèvera une centaine de morts. Condé a renoué avec ses vieux démons en répandant la terreur. Comme si ce seigneur si peu politique ne comprenait que le langage de la force. Le 4 juillet, alors que l'Hôtel de Ville accueille les notables, ses soldats mettent le feu à l'édifice. Cette « Journée des pailles » consomme la rupture définitive avec les Parisiens, qui n'ont pas oublié le blocus que le Bourbon leur a fait subir trois ans plus tôt. Ailleurs, les nouvelles ne sont pas plus encourageantes. La place inexpugnable de son enfance, Montrond, est prise puis rasée. Et si Condé, en réalité, était assiégé dans la capitale qu'il vient d'investir ?

Le roi, la reine et Mazarin ont décidé de le faire capituler sans condition. Le cardinal n'est pas encombré par l'orgueil des grands du royaume, le réalisme de Machiavel est son bréviaire. Les princes acceptent

9. Elle est une des héroïnes de la Fronde, femmes de lettres et héroïnes politiques, souvent duchesses – Longueville, Chevreuse, Châtillon –, grandes lectrices du *Nicomède* de Corneille et de *L'Astrée*, le roman d'Honoré d'Urfé.

de déposer les armes en échange de son départ ? Qu'à cela ne tienne, il prend la route d'un nouvel exil volontaire, le 19 août 1652. Condé, lui, n'est pas près de se rendre. S'il quitte Paris deux mois plus tard, c'est pour rejoindre les Pays-Bas et offrir ses services aux Habsbourg, alors que le jeune roi s'apprête à faire une entrée triomphale dans Paris. Pendant six ans, Condé sera le généralissime de l'armée espagnole, principale adversaire du royaume de France.

Condamné à mort par contumace

Trahison ? C'est le roi qui m'a offensé, plaide le condottiere. À ses yeux, les rapports d'État à État n'existent pas, ou si peu. Seuls comptent le sens de l'honneur et son double, l'orgueil. Si celui-ci est bafoué, tout est permis. Le connétable de Bourbon, son aïeul, n'a-t-il pas fait prisonnier François Ier à la bataille de Pavie (1525), après qu'on lui eut confisqué ses biens ? Son père n'a-t-il pas fini par déserter le camp d'Henri de Navarre ? Et que dire de Turenne, le magnifique Turenne, auréolé de victoires et paré de toutes les vertus depuis qu'il a rallié le pouvoir royal, alors qu'il s'était jadis rangé du côté des frondeurs ?

À la tête de troupes espagnoles, le prince repart au combat. C'est comme chef militaire qu'il s'épanouit et donne le meilleur de lui-même. Il s'empare de plusieurs places en Champagne et dans les Ardennes ; celles-ci seront cédées peu après, faute de troupes pour les défendre. Ironie de l'histoire, il prend Rocroi, la ville où il s'est couvert de gloire vingt ans plus tôt. Cette prise de guerre ambiguë lui vaudra un quatrain acide : « À ton coup d'essai de Rocroi / Fut défaite l'armée ennemie / Et maintenant, contre ton roi / Tu parais, avec infamie / À la tête des ennemis / Que ton courage avait soumis. »

Traître. C'est le verdict du procès instruit par le roi en l'absence du prévenu. Le 27 mars 1653, Condé est condamné à mort par contumace. Il est privé « du nom de Bourbon et de la qualité de prince du sang et [il est condamné] à souffrir la mort telle qu'il plaisait au roi de l'ordonner ». Rejeté par le royaume de France, dans la ligne de mire de Mazarin, promis à toutes les formes d'indignité, il est maintenant lâché par les siens. Sa sœur, longtemps si pugnace, se détourne du monde, emportée par le mysticisme et le combat janséniste ; bientôt elle ira rejoindre son mari le duc de Longueville en Normandie. Conti, au physique ingrat et légèrement bossu, écrasé depuis toujours par la figure de ce frère héroïque, se rallie au pouvoir royal.

Que reste-t-il au prince ? Son fils Henri-Jules II, rebaptisé Henri-Louis, seul enfant mâle et héritier. Il est retiré du cocon maternel et confié aux Jésuites de Namur, car M. le Prince vit désormais à Bruxelles. Sur un grand pied. Sa maison est luxueuse, il y donne des fêtes et y loge ses fidèles. Il continue de subvenir aux besoins de sa femme, recluse à Valenciennes, et de tant d'autres. « De quelque côté que je me tourne, déplore-t-il, je ne vois que ces gens qui me demandent de l'argent et à qui j'en dois de toute manière. »

Le 7 juin 1654, Louis XIV est sacré roi à Reims. La Cour fête l'événement par une action militaire symbolique et peu risquée : le siège de Stenay, l'une des dernières places du prince, sur la Meuse. C'est une humiliation de plus pour Condé, plus engagé que jamais dans son duel avec Turenne. Le maréchal le contraint à lever le siège d'Arras. Deux ans plus tard, c'est à son tour d'obliger le vicomte de La Tour d'Auvergne à renoncer à Valenciennes, puis à lever le siège de Cambrai… La guerre semble sans fin. Son terme est pourtant proche. La bataille des Dunes, le 14 juin 1658, qui se déroule dans un site superbe, entre la plage, les canaux et les prairies gorgées d'eau de Leffrinckoucke, à quelques encablures de Dunkerque, sonne le glas des ambitions espagnoles. Turenne écrase les troupes de Condé.

Les négociations de paix peuvent enfin débuter en cet hiver 1658-1659. La Couronne de France exigera-t-elle la tête de Condé ? Les Espagnols respecteront-ils leur engagement à son égard : l'octroi de la Franche-Comté pour services rendus ? Comme si de rien n'était, M. le Prince fait de la provocation : « Si je pouvais faire révolter toute la France, tant que je serai en l'état où je suis, et attirer tout le monde dans mon parti, je le ferais de tout mon cœur, et l'on aurait grand tort d'en douter. » En secret, il parie sur la disparition de Mazarin, gravement malade. Les diplomates et les juristes, eux, s'affairent à l'île des Faisans, à la frontière espagnole.

La paix des Pyrénées, accompagnée du contrat de mariage de Louis XIV avec l'infante d'Espagne, est finalement signée le 7 novembre 1659. Le roi de France conserve les provinces conquises au nord de l'Artois, à quelques exceptions près ; au sud, le Roussillon et la Cerdagne, soit le nord de la Catalogne ; à l'est, l'Alsace. Jamais depuis trois siècles la France, qui devient la puissance terrestre dominante de l'Europe, n'a été protégée par des frontières aussi sûres. Après vingt-cinq années belliqueuses, Mazarin, architecte en chef de la nouvelle carte continentale, en devient l'arbitre incontesté.

Mais quel sort sera réservé au premier des frondeurs ? C'est un point d'achoppement. Anne d'Autriche et Louis XIV sont partisans d'une punition exemplaire : privation de la totalité de ses charges et dignités et d'une partie de ses biens. Les Espagnols plaident pour la restitution totale de ses biens spoliés. Condé récupère finalement la Bourgogne, en échange de la Guyenne, et le château de Chantilly, propriété maternelle. Quant à la charge inamovible de grand maître de France, elle est transmise à son fils. Mais toutes ces libéralités ont un prix : l'attrition. Dans un texte en annexe au traité, le prince doit admettre ses fautes et prendre un engagement de fidélité au roi. Il « a une extrême douleur d'avoir, depuis quelques années, tenu une conduite qui a été désagréable à Sa Majesté, qu'il voudrait pouvoir racheter de la meilleure partie de son sang tout ce qu'il a commis d'hostilités dans et hors de France [...] ». Sa dernière épreuve sera l'indispensable visite au roi, alors à Aix-en-Provence afin de préparer son mariage avec l'infante. Dans la foulée, le Parlement enregistre les « lettres d'abolition » qui annulent les condamnations de l'ex-proscrit. Mais pas sa culpabilité.

« L'adversité lui avait appris à vivre »

Condé regagne son Ithaque après sept ans d'absence. Soulagé et fatigué. Il n'a que trente-huit ans, mais il est usé par les batailles. Amaigri, les traits marqués, moins sarcastique, il semble saisi par la lassitude. « L'adversité lui avait appris à vivre », note le pamphlétaire Bussy-Rabutin. Et à compter les disparus. Gaston d'Orléans expire le 2 février 1660, précédant d'un an Mazarin, à bout de forces. En 1665, c'est au tour de Philippe IV d'Espagne de s'éteindre, suivi l'année suivante par Anne d'Autriche et Armand de Conti. Une génération s'en va.

À la mort du cardinal, Louis XIV décide de se passer de Premier ministre et du « devoir de conseil » des princes du sang. Le roi ira désormais chercher les ministres dans la noblesse de robe, plus docile. Les grands seigneurs sont écartés, leur rébellion leur a tout fait perdre. Le royaume semble renouer avec la paix. Depuis un quart de siècle, 1661 est la première année sans campagne militaire. Un miracle, même si l'été finit sur un nouveau coup de majesté, l'arrestation et l'emprisonnement pour prévarication du surintendant des Finances Nicolas Fouquet. La monarchie s'impose chaque jour un peu plus.

Le Grand Condé n'est plus que l'ombre de lui-même. Certes, il assiste aux cérémonies, à l'ombre de Gaston d'Orléans, son devancier dans l'ordre dynastique. Mais c'est pour jouer les figurants. Le prince prodigue est tourmenté par ses finances : écrasé de dettes et incapable de renoncer à un train de vie somptueux, à ses cinq cents domestiques répartis entre son hôtel parisien, le château de Saint-Maur et celui de Chantilly. Le domaine hérité de sa mère appelle de gros travaux. Privé de ses charges, le prince doit puiser dans ses propres ressources. Généreux jusqu'au sacrifice dans la bataille, il se révèle âpre au gain dans les affaires domestiques. Il envisage de marier son fils, le duc d'Enghien, à Mlle de Montpensier, de dix-huit ans son aînée, au prétexte qu'elle est richissime. Il se rabat ensuite sur la nièce du couple royal polonais, Anne de Bavière, fût-elle « également laide, vertueuse et sotte » : au moins, il peut y avoir une couronne à la clé. La Diète de la noblesse polonaise s'opposera au mariage. Une chimère de plus.

Passionné par la gloire, le jeune Louis XIV est tenté par la guerre. Aux frontières du Nord et de l'Est, les Pays-Bas espagnols (Flandre, Brabant, Hainaut, Luxembourg) constituent toujours une menace. Et Paris est si proche. Le non-versement de la part d'héritage de son épouse Marie-Thérèse après la mort de Philippe IV, son père, constitue le prétexte idéal pour déclencher un conflit. En mai 1667, une armée de plus de 50 000 hommes se met en branle pour les Pays-Bas. Le nouveau duc d'Enghien se bat fort bien. Condé savoure les compliments du roi sur la bravoure de son fils : « J'espère qu'à mesure que mes incommodités me rendront inutile à Son service, répond-il, il pourra se rendre capable de Lui en rendre à ma place. » C'est à l'âge qu'on reconnaît les pères qui craignent pour leurs progénitures.

Les places espagnoles tombent les unes après les autres, jusqu'à la prise de Lille, fin août. Gonflé par les victoires, Louis XIV décide de se passer – momentanément – de Turenne, son ancien mentor au parler si rude. Il demande à Condé de reprendre du service et lui confie le commandement de l'armée d'Allemagne, jusqu'ici chasse gardée du vicomte congédié. Diviser pour régner, la méthode est vieille comme le monde. En juin 1672, Louis XIV déclare la guerre à la Hollande.

Condé est à nouveau sollicité. Le roi aime le consulter et il ne manque jamais de répondre favorablement à ses demandes de gratification pour ses obligés.

Le 11 août 1674, le vieux guerrier, bientôt cinquante-trois ans, livre sa seule grande bataille sous le règne du nouveau monarque, à Seneffe, près de Charleroi. Une triple armée coalisée, 70 000 hommes au total, Hollandais, Espagnols et Impériaux, commandée par Guillaume d'Orange, est rassemblée aux environs de Namur. En face, 40 000 Français. Du jamais vu. Jusqu'ici l'armée du royaume ne dépassait pas les 10 000 hommes. Condé profite de l'éloignement de l'avant-garde ennemie pour tailler en pièces fantassins et cavaliers de l'arrière-garde. Perclus de rhumatismes, il charge malgré tout à la tête de ses troupes. Pour son ultime prestation, le prince du sang a été royal. « Maintenant, j'ai vu ce que j'ai tant désiré voir, le Grand Condé l'épée à la main », écrira le futur maréchal de Villars.

On compte 10 000 morts et captifs côté français, 15 000 chez l'adversaire. Mais qui l'a vraiment emporté ? Condé ayant coupé la route de la capitale à l'adversaire, on proclame la victoire, fût-elle au prix d'un carnage. Louis XIV accueillera avec des mots aimables l'intrépide cavalier entravé par ses articulations à vif : « Mon cousin, quand on est aussi chargé de lauriers, on ne peut marcher vite. »

L'ermite de Chantilly

Condé ressent le poids des ans et sollicite l'autorisation de prendre congé. Un pan de l'histoire de France se clôt : la haute noblesse frondeuse est atteinte par la limite d'âge. La monarchie a pris sa revanche et elle est en majesté avant de s'élever au zénith. Le grand capitaine se fait ermite en son royaume. Il y déploie la même opiniâtreté que sur les champs de bataille. Son projet est herculéen : assèchement des prés et des marais, détournement de cours d'eau, acquisition de nouvelles parcelles. Il fait appel à Le Nôtre, le jardinier de Vaux-le-Vicomte et Versailles, afin de tracer des voies et des allées et creuser un canal. Il se pique de naturalisme, fait venir des essences rares, plante de la vigne à titre expérimental. Le régisseur Gourville, ex-serviteur de La Rochefoucauld et affairiste sous Mazarin, contrôle ses finances. Exceptionnellement, l'anachorète se fait mondain. Le roi lui fait l'honneur de venir à deux fêtes. À l'une d'entre elles, « le grand Vatel », ancien maître d'hôtel de Fouquet, se donne la mort, persuadé à tort qu'il n'y aura pas assez de poissons pour ses invités.

M. le Prince est un homme de culture. Un grand lecteur : sa bibliothèque compte plus de 10 000 volumes. Mécène, protecteur des arts, il soutient Racine et Molière contre les calomniateurs. Esprit curieux et sceptique, il est attiré par la physique et la métaphysique. Il accueille indifféremment libertins et jésuites. L'étiquette n'est plus de mise. Il se néglige, sa barbe est mal taillée, ses cheveux sont gras et ses vêtements douteux. Le temps passe, les êtres changent, puis s'en vont. Son frère Conti, après une vie de débauche, s'est consacré à la religion. Sa sœur Geneviève a épousé la cause janséniste. La femme de Condé est exilée dans un château du Berry, au prétexte qu'elle aurait eu des liaisons avec des valets.

L'existence du prince est désormais scandée par les naissances et les disparitions de ses petits-enfants : quatre filles sur six survivent, un garçon sur quatre. Son petit-fils ayant plus de goût pour l'équitation et la chasse que pour les études, il reporte tous ses espoirs sur ses neveux. L'approche de la mort réconcilie l'ancien libertin avec la religion. Le 15 avril 1685, il fait ses Pâques en privé dans la chapelle de Chantilly, puis en public dans l'église de Saint-Sulpice. Un jésuite, rencontré lorsqu'ils faisaient leurs études, devient son directeur de conscience. Peu de temps après une visite à la femme de son petit-fils malade de la variole, Condé meurt, le 11 décembre 1686, victime d'une forte fièvre conjuguée à des difficultés respiratoires. Son corps rejoint ceux de ses ancêtres dans le caveau familial du château de Vallery, près de Sens.

« Je viens de perdre le plus grand homme de mon royaume », lâche Louis XIV lors de l'oraison funèbre prononcée quatre mois plus tard, effaçant d'une formule les nombreux tourments que son cousin avait causés à sa Couronne.

Avant de passer de vie à trépas, « M. le Prince le héros », selon la formule de Saint-Simon, a-t-il songé une dernière fois à l'exhortation de son père sur son lit de mort ? « Le plus grand malheur qui pût arriver à un prince du sang [est] de faire un parti contre son souverain, parce que c'[est] perdre une bonne place, pour devenir les esclaves de tous ceux qui les [peuvent] servir. » Pourquoi donc les fils qui pensent s'en affranchir imitent-ils leurs pères ?

Bibliographie sélective

Lucien Bély (dir.), *Dictionnaire Louis XIV*, Robert Laffont, coll. « Bouquins », 2015.

Simone Bertière, *Condé, le héros fourvoyé*, Le Livre de Poche, 2011.

Simone Bertière, *Mazarin, le maître du jeu*, Le Livre de Poche, 2009.

Jean-Marie Constant, *C'était la Fronde*, Flammarion, 2016.

Daniel Dessert, *Argent, pouvoir et société au Grand Siècle*, Fayard, 1987.

Arlette Jouanna, *Le Devoir de révolte. La noblesse française et la gestation de l'État moderne, 1559-1661*, Fayard, 1989.

John A. Lynn, *Les Guerres de Louis XIV, 1667-1714*, Perrin, coll. « Tempus », 2014.

Michel Pernot, *La Fronde*, Éditions de Fallois, 1994.

Jean-Christian Petitfils, *Louis XIII*, Perrin. 2014.

Jean-Christian Petitfils, *Louis XIV*, Perrin, coll. « Tempus », 2017.

Arnaud Teyssier, *Richelieu*, Perrin, 2014.

Denis Tillinac, *La Duchesse de Chevreuse*, Perrin, coll. « Tempus », 2013.

VIII

François Athanase Charette

La Vendée au cœur

Plus que celle des autres chefs de la Contre-Révolution (Cathelineau, d'Elbée, Bonchamps, La Rochejaquelein), la mort de Charette, à trente-trois ans, frappe les esprits. Parce qu'elle intervient au terme d'une vie d'aventures exceptionnelle ; parce que ses méthodes de combat, associées à ses talents de stratège, avaient fait de lui, parmi les généraux vendéens et chouans, le plus redouté de ses adversaires bleus ; parce qu'il ne fut capturé et exécuté qu'au terme d'une longue traque ; enfin parce qu'il symbolise la fidélité totale à une cause et l'esprit de résistance. Pour toutes ces raisons, la défaite militaire et la disparition tragique du héros chouan n'a pas seulement marqué la fin des guerres de Vendée, mais aussi la naissance d'un mythe.

Le 17 juin 1783, un vaisseau de ligne de soixante-quatorze canons pénètre dans la rade de Brest. Il a pour nom l'*Hercule* et rentre des Amériques. Très endommagé. Rescapé de justesse d'une humiliante défaite de la marine française un an plus tôt, au large des Saintes, dans les Antilles, lors de la guerre d'Indépendance des États-Unis. Une bataille féroce au cours de laquelle la flotte de l'amiral Rodney avait fait 5 000 prisonniers et où cinq des trente navires français engagés avaient été détruits ou capturés (dont le vaisseau amiral *Ville de Paris*). Depuis, le cours de la guerre s'était inversé et le traité de Paris, reconnaissant en février 1783 l'indépendance des États-Unis proclamée le 4 juillet 1776, avait été signé par l'Angleterre. Une victoire qui était aussi celle de la France.

Pour accueillir et acclamer les héros, ce jour-là, il y a foule sur les quais du port breton. Un observateur très attentif, nommé Chateaubriand, évoquera la scène dans ses *Mélanges historiques* : « Tout Brest accourut. Des chaloupes se détachent et abordent au môle. Les officiers dont elles étaient remplies, le visage brûlé par le soleil, avaient cet air étranger qu'on apporte d'un autre hémisphère, et ce je ne sais quoi de gai, de fier, de hardi, comme des hommes qui venaient de rétablir l'honneur du pavillon national. » Un d'entre eux se détache en particulier. Assez grand (un mètre soixante-quinze), le nez retroussé, le regard sombre et pénétrant, les cheveux châtain foncé, un menton proéminent, il a fière allure. Il vient de fêter ses vingt ans mais sa prestance lui en donne au moins cinq de plus. Ses supérieurs ont souligné sa vaillance dans les combats, il sait que bientôt il commandera un bateau. Il est heureux, sûr que son destin s'écrira sur les mers ; loin de sa Bretagne natale.

François Athanase Charette a vu le jour le 2 mai 1763 dans le village de Couffé, à quelques dizaines de kilomètres au nord-est de Nantes. De santé fragile, on craint qu'il ne passe pas l'été : il le passera. Ses parents, qui ont déjà eu neuf enfants – dont seulement quatre survivront –, sont issus de la petite noblesse : ils possèdent un manoir et plusieurs métairies. Ancien officier, son père meurt l'année des douze ans de François. C'est son parrain, Louis Charette de La Gascherie, doyen du parlement de Bretagne, qui va prendre en main son éducation. Et son destin. Pas un séjour à Couffé sans lui narrer quelque récit fabuleux ayant pour cadre la Bretagne, ses fées, ses korrigans[1], ses lutins. Mais aussi et surtout des évocations lyriques des exploits de la famille Charette qui, depuis des siècles, verse l'impôt du sang à la France dans des campagnes militaires où ils auront côtoyé Philippe Auguste en Terre sainte ou l'illustre Du Guesclin dans ses combats pour défendre ou agrandir le pré carré des Capétiens. De quoi nourrir les envies de voyages et d'action de François qui a pour l'heure la réputation d'un enfant aimable mais timide, discret, voire nonchalant. Orphelin de père, privé de tendresse maternelle quotidienne, il se façonne un caractère solitaire, renfermé, distant. Les oratoriens d'Angers, chez qui on l'a envoyé, le jugent vif et intelligent, mais passionné par les seules mathématiques.

« Quand il n'y a plus de terre à cultiver, il n'y a plus que la mer à labourer. » Pour lui donner un avenir et l'inscrire dans la tradition familiale, Louis Charette de La Gascherie pousse son filleul, qui vient de fêter ses

1. Créatures légendaires de Bretagne, semblables aux lutins.

quinze ans, à devenir officier de la marine. Négligée depuis un siècle et demi, celle-ci est à nouveau à la mode depuis que la Navy a humilié la Royale sur les côtes d'Amérique du Nord et dans les Antilles lors de la guerre de Sept Ans (1756-1763). Sous l'impulsion de M. de Choiseul, poursuivie par Louis XVI, on invite les jeunes gens à s'engager afin de reconstruire une grande marine nationale et se couvrir de gloire comme les jeunes héros de la frégate *Belle Poule* qui, récemment, au large de Plouescat, ont mis en fuite un vaisseau anglais, le *HMS Arethusa*. Porteur de sa lettre de recommandation, François est reçu à Brest par le comte de Guichen – une légende de la Royale – et incorporé comme aspirant-garde en 1779. Après une année de formation, il embarque, connaît sur le *Hardi* les premiers frissons des combats, gagne ses premiers louis. Il se fait peu d'amis. On le trouve brusque, distant, raide, sardonique. Le futur mémorialiste de Napoléon, Las Cases, est un de ses compagnons de chambrée. À Sainte-Hélène, il décrira Charette à l'Empereur sous un jour peu amène : « Assez commun, de peu d'instruction, volontiers atrabilaire et surtout extrêmement indolent[2]. »

Pour son premier commandement, Charette échappe de peu au naufrage. Mais il croit en Dieu : il n'est pas superstitieux et enchaîne les campagnes. Sur des frégates, des gabares, des caboteurs ou des corvettes aux noms plus évocateurs les uns que les autres : le *Clairvoyant*, la *Loire*, le *Dauphin*, la

2. Napoléon répondra à son mémorialiste qu'« il est des dormeurs dont le réveil est terrible », et qu'il avait gardé, lui, de Charette, l'« impression d'un grand caractère » qui « laisse percer du génie ».

Belette… Sur le *Cléopâtre*, il fait montre d'une autorité sans pitié en abattant le meneur d'une mutinerie. Pas de place pour les traîtres ou les faibles quand on fait la guerre ; il ne se départira jamais de cette ligne. En Méditerranée, il chasse les Barbaresques, découvrant à cette occasion un petit peuple chrétien (les Grecs du Péloponnèse) luttant vaillamment contre l'oppresseur turc ; en mer du Nord, il escorte des convois commerciaux ; aux Antilles, il combat l'Anglais. De ses voyages autour du monde, il rapporte le paludisme et le scorbut – « la peste des mers » –, mais aussi une incomparable expérience de la guerre. Il sait désormais le goût de la peur, de la faim, de la promiscuité, de l'audace, du courage, de la camaraderie, de la victoire, de la défaite. Il a donné raison à ce vieux capitaine qui, un jour, lui avait dit : « Charette, vous êtes grand de taille, soyez-le de bataille. »

Du désarroi à la révolte

En juillet 1789, Charette débarque à Toulon. Lieutenant de vaisseau depuis deux ans, il doute. Son père, sa mère et son parrain sont morts. Il ne possède ni attaches ni fortune. Des émeutes ont éclaté dans tout le pays. Le long des quais, plus personne ne salue les officiers comme lui. Amer, inquiet, François Athanase devine qu'il y a quelque chose de pourri dans le royaume de France. Faisant un peu mentir la devise gravée sur son sabre (« Je ne cède jamais »), il prend un congé de huit mois afin de réfléchir sur son avenir. On le lui accorde.

Sur terre, la réputation de séducteur de Charette ne faiblit pas. Auréolé de ses exploits maritimes, il s'essaie abondamment à d'autres types de conquêtes. Sa cousine Marie-Louise Charette de Boisfoucaud, de onze ans plus jeune que lui, ne le laisse pas indifférent. Il se décide à demander sa main à sa mère. Marie-Angélique Josnet de La Doussetière est veuve, aisée et jeune quadragénaire : elle lui propose plutôt la sienne. Pris de court, flatté et séduit en même temps, il accepte et l'épouse le mois de ses vingt-sept ans. Quelques semaines plus tard, il envoie une courte lettre à ses supérieurs : « Je m'en vais. » Une démission autant mue par le double désir de se poser et de fonder une famille que par son désarroi face à l'atmosphère qui continue de se dégrader. Il n'est plus sûr de vouloir encore appartenir à un corps d'armée acceptant que ses fleurons qui avaient pour beaux noms de baptême l'*Auguste*, la *Couronne* ou le *Dauphin* deviennent le *Jacobin*, le *Ça ira* ou le *Sans-Culotte*...

Les Charette s'installent à La Garnache, dans le manoir de Fonteclose, une gentilhommière en plein pays de Retz entourée d'une vingtaine de métairies. Marie-Angélique, à qui appartient le domaine, aurait rêvé vivre dans son hôtel de Nantes, mais François, qui déteste la ville, a eu le dernier mot. Chaque jour, il sort avec son chien Hardi, baptisé du nom de son premier bateau, et part chasser dès qu'il le peut. Les animaux et les filles... Sa femme n'est pas aveugle, mais espère qu'une fois père il se tiendra sagement. Illusion. La naissance de leur enfant en février 1792 tempère à peine ses ardeurs. Et sa mort subite, à peine deux mois plus tard, moins encore. À peine leur bébé enterré, Charette annonce son souhait de rejoindre la lutte contre-révolutionnaire. Marie-Angélique n'est pas dupe. C'est davantage le souhait de la fuir que l'envie de combattre qui l'anime, même si elle le sait sensible à certains effets regrettables de la Révolution dans la région. Ainsi de la Constitution civile du clergé de juillet 1790, votée par l'Assemblée constituante, qui, par l'obligation faite aux prêtres et aux curés de prêter le « serment cynique[3] », en a poussé beaucoup à abandonner leur chaire et à se cacher, remplacés par d'étranges hommes de Dieu coiffés de bonnets bleu, blanc, rouge. Charette, comme les paysans de son pays, les regarde d'un mauvais œil. Mais lorsque des émeutes éclatent ici et là, il ne manifeste ni détermination ni colère laissant penser qu'il est prêt à prendre les armes. Encore moins à agir comme son frère, Louis Marin, et à traverser la France pour rejoindre les émigrés de l'autre côté du Rhin. C'est pourtant ce qu'il finit par faire.

À Coblence, sa déception est à la hauteur de ses naïves espérances. Personne ne prête attention à ce petit aristocrate breton crotté qui a mis trente mois à comprendre l'horreur qui s'est abattue sur la France. De son côté, voir ces grandes familles aristocratiques françaises s'allier sans scrupule avec les princes des nations (Prusse ou Angleterre) qu'il a jadis combattues sur les mers au péril de sa vie le jette dans un grand trouble. Au bout de deux mois, il rentre, penaud.

---

3. Jeu de mots en cours chez les opposants au « serment civique » imposé aux prêtres, qui doivent jurer fidélité au texte, approuvé par Louis XVI (contre son gré), mais qui sera condamné par le pape Pie VI.

À Fonteclose, il trouve porte close. Marie-Angélique, bouleversée par la perte de leur enfant, lasse de sa vie de femme abandonnée, est partie vivre à Nantes. Voilà Charette seul parmi ses chers paysan(ne)s. Si son séjour chez les émigrés ne lui a guère plu, il n'en est pas moins désormais convaincu du caractère néfaste de la Révolution. Jusque-là prudent, il est prêt à s'engager : ce sera au profit de l'Association bretonne, créée par le marquis de La Rouërie[4], un héros des guerres d'Amérique. Soutenue et financée en partie par le dernier frère de Louis XVI, le comte d'Artois, elle a pour but de coordonner les bonnes volontés contre-révolutionnaires en favorisant un combat intérieur plutôt que l'émigration. Mais bavarder et danser avec les petits nobles de la région l'ennuie assez vite. Il gagne Paris en juin 1792 dans l'espoir qu'y prenne forme une véritable action. Son vœu sera exaucé, mais pas dans le sens qu'il espérait.

Dans la nuit du 9 au 10 août 1792, au lendemain de la publication dans *Le Moniteur* du manifeste de Brunswick qui promet « l'exécution militaire » de Paris si sa population s'en prend à la famille royale, la foule parisienne attaque le palais des Tuileries où demeure justement celle-ci, accusée d'avoir elle-même inspiré le texte du chef des coalisés antifrançais. Bientôt, la place du Carrousel est envahie. Face

4. Officier breton qui, après avoir participé à la Révolution américaine puis approuvé la Révolution française, prit les armes contre celle-ci, coupable à ses yeux de détruire les libertés locales et régionales. À la tête de l'Association bretonne, il organisa les premiers maquis de résistance chouanne, avant de succomber à de fortes fièvres le 30 janvier 1793, quelques jours après la mort de Louis XVI.

à elle, 900 gardes suisses et quelques têtes brûlées qui les ont rejoints pour les aider à défendre le palais. Parmi eux, un certain Henri de La Rochejaquelein et Charette. Qui aperçoit, de loin, la reine Marie-Antoinette et ses deux enfants, Marie-Thérèse et le petit prince royal, Louis-Charles, adresser un salut aux braves venus les protéger des émeutiers.

Durant les heures qui suivent, l'encerclement se précise. À l'aube, le roi et sa famille sont évacués à l'Assemblée, quelques minutes à peine avant que la foule n'enfonce les grilles du palais pour le mettre à sac. C'est un massacre : gardes suisses, domestiques, cuisiniers, femmes de chambre sont indistinctement tués, éventrés, étripés, émasculés. Le château est pillé et brûlé. Charette survit miraculeusement au chaos : ayant revêtu les vêtements d'un sans-culotte abattu par un garde suisse, il parvient à se glisser parmi les assaillants et à quitter les lieux sans être inquiété. Les jours suivants, il se cache chez un cocher rencontré quelques semaines plus tôt, puis chez un étudiant qui lui trouve un sauf-conduit lui permettant de sortir de la capitale. Métier indiqué sur le précieux morceau de papier : « toucheur de bœuf[5] ». En septembre, il est de retour à Fonteclose. La monarchie n'est plus, Louis XVI est emprisonné, la république a été proclamée. Bientôt, la France basculera dans la Terreur.

Dans la demeure familiale désertée par sa femme, il fait venir sa sœur Marie-Anne pour lui tenir compagnie. Il chasse, pêche, s'ennuie. L'annonce de l'exécution du roi, le 21 janvier 1793, le plonge dans la stupéfaction et la tristesse. Un mois plus tard, un

5. Vacher, conducteur de bétail.

décret de la Convention est publié qui prévoit d'enrôler dans les armées républicaines 300 000 hommes de dix-huit à quarante-cinq ans, célibataires ou veufs – par tirage au sort. La disparition du marquis de La Rouërie a mis fin à la seule organisation de résistance royaliste locale, mais l'annonce de la levée en masse rallume la flamme : pour les paysans vendéens et bretons, il n'est pas question d'abandonner leurs terres pour aller combattre dans des régions inconnues au nom d'un régime qui a assassiné leur bon roi. Surtout après avoir appris que les gardes nationaux et les bourgeois (autorisés à racheter le recrutement de leurs fils) en seraient possiblement exemptés. Conséquence : en mars 1793, la Vendée se soulève. Un mouvement populaire, spontané, inorganisé. Et violent. À Machecoul, des gendarmes et des juges sont tués. Un homme de loi, René Souchu, est désigné pour négocier avec les autorités républicaines de Nantes. Catapulté à la tête d'un Comité royaliste, il ne se sent pas capable de mener à bien cette mission et encore moins d'empêcher la répression de s'abattre sur les insurgés. Aussi suggère-t-il d'en appeler à un homme providentiel qui structurerait militairement le mouvement. Justement, il a entendu parler d'un gentilhomme retiré dans le pays de Retz, un jeune hobereau, ancien officier de marine, qui pourrait faire l'affaire.

Enrôlé dans la Contre-Révolution

Le 14 mars 1793, une troupe de paysans armés de fourches, de piques, de faux et de serpes envahit bruyamment le domaine de Fonteclose. Après avoir d'abord refusé de répondre à la foule, Charette finit par descendre dans la cour de sa maison. Vêtu d'un habit bleu roi brodé d'or, une cravate blanche autour du cou, un chapeau gris à large bord sur la tête, il est acclamé. Tous le connaissent. L'air hautain, il interroge d'une voix sévère et ferme :

— Que voulez-vous de moi ?

— Monsieur Charette, vous devez venir nous commander.

— Vous êtes fous : vous aurez toute la France contre vous. Quant à moi, je suis officier de marine, je n'entends rien à la guerre à terre.

— C'est honteux !, lance une voix dans la foule. Honteux qu'un ancien officier du roi ne combatte pas les sacrilèges qui souillent nos églises et emprisonnent les prêtres !

L'envoi fait mouche : Charette est piqué au vif. Il accepte de prendre la tête de la petite troupe, mais à une condition : qu'on lui obéisse sans regimber. Acclamations. Il insiste : « Le premier qui me désobéit, je lui casse la tête. Vous voulez toujours de moi ? » Ovations. Il fait seller un cheval, enfile un uniforme flanqué d'une écharpe et d'un plumet blancs, et va attacher un morceau de tissu blanc sur la plus haute branche de l'orme de la cour, près de la grille d'entrée : « Je jure de ne revenir ici que mort ou victorieux. »

Charette l'ignore, mais dans d'autres régions en lutte, entre la côte atlantique et Saumur, des Sables-d'Olonne à la Loire, on s'est trouvé aussi des chefs : Jacques Cathelineau, Jean-Nicolas Stofflet, le marquis de Bonchamps, Maurice-Joseph d'Elbée, le jeune comte de La Rochejaquelein. Parmi eux, pas un seul n'envisage d'en retirer gloire ou fortune.

Très vite, Charette évalue les forces dont il dispose. Elles sont modestes. Les rebelles ont peu d'armes et presque aucune munition. Trois dizaines de gars seulement sont capables de monter à cheval. Aucun canonnier digne de ce nom n'est à signaler. Pis : la plupart de ses compagnons rechignent à combattre ailleurs que dans leur pays. Or, il est persuadé que seule une guerre de mouvement peut lui permettre d'échapper aux Bleus dont les premiers détachements, sur ordre de Joseph Fouché[6], ont déjà pénétré dans la région, forçant toutes les communes qu'ils traversent à hisser le drapeau tricolore, et décidés, comme ils en ont désormais le droit, à mettre à mort tout « brigand capturé les armes à la main ou portant un signe de rébellion ».

Malgré la faiblesse de ses effectifs, malgré la grogne d'un ancien sous-officier de carrière, Jean-Baptiste Joly, qui s'imaginait, au bénéfice de son âge et de l'antériorité de son entrée en guerre, à la tête de l'état-major rebelle, Charette ordonne de marcher sur le port de Pornic. Le baptême du feu est terrible. Postés aux étages des maisons, les gardes nationaux mitraillent les Blancs. Charette sauve la situation en faisant mettre le feu aux toits de chaume de la ville :

6. Alors proche de Robespierre, élu député à la Convention, fervent partisan de la déchristianisation du pays, il a été envoyé dans l'Ouest pour organiser la garde nationale et pourchasser les Vendéens. En 1794, il pilotera les massacres des contre-révolutionnaires lyonnais, puis deviendra ministre de la Police sous le Consulat et sous l'Empire.

enfumés, les Bleus s'enfuient. Après cette médiocre mais symbolique première victoire, la troupe fait le siège de Challans, mi-avril. Mille hommes gonflés par leur succès, fiers comme Artaban… qui refluent à la première salve d'artillerie. Comme ils le feront, pourtant sept fois plus nombreux, quelques jours plus tard à Saint-Gervais. Souvent ivres avant les combats, peu obéissants, mal préparés, les paysans de Charette se forgent en deux batailles une détestable image : celle d'hommes ayant la panique dans le sang. Le retour à Machecoul n'est pas morose, il est sinistre.

Le temps n'est pas à l'apitoiement. Enhardis par leurs victoires, les Bleus marchent sur Machecoul. La colonne de l'adjudant général Beysser compte 3 000 hommes d'infanterie, 200 cavaliers, huit pièces de canon. Beysser lui-même est précédé d'une réputation terrifiante : on dit que son cheval est recouvert d'une peau de tigre et que son pantalon est en peau humaine ! Dès les premiers bombardements, les Blancs cèdent à la débandade. Charette lui-même voit son destrier coupé en deux sous lui par un obus : il parvient miraculeusement à s'échapper de la ville, livrée au pillage et aux massacres. Parmi les deux cents victimes civiles, le pauvre Souchu, éphémère administrateur de la ville « libérée ». Et une certaine Marie Chevet, lingère de son état, qui est emmenée à Nantes et condamnée à mort pour avoir refusé de dévoiler où se cache Charette. Au visage de son bourreau, elle aura juste le temps de cracher : « Vive le chevalier Charette ! » Désormais, c'est ainsi qu'il signera ses courriers.

Les semaines qui suivent permettent au commandant des Blancs de mesurer l'ampleur de la tâche qui l'attend. Réfugié à Legé, sur le territoire de son rival Joly, il exhorte ses hommes à tenir les positions, ne plus reculer, ne rien lâcher. La chance semble lui sourire : après un premier mouvement d'affolement lors de l'attaque ennemie, ses troupes se reprennent, contre-attaquent et chassent les Bleus, qui laissent derrière eux deux cents morts, deux canons, des chevaux, d'innombrables caisses de munitions… et le fruit de leurs pillages des jours précédents. Ce 30 avril 1793 marque la première victoire d'envergure des Blancs. Charette exulte, sûr d'avoir fait de ses paysans des guerriers. Et de proposer, enthousiaste, de reprendre Machecoul. L'idée est mal accueillie. De violents débats se font jour. Il est même mis en joue ! Le chevalier sait qu'il ne peut laisser passer cette mise en cause de son autorité. Une fois le calme revenu, il convoque ses lieutenants, leur rappelle que ce sont eux qui sont venus le chercher pour le mettre à leur tête et que la condition exigée en contrepartie était l'obéissance absolue. On s'excuse, on se pardonne, on s'embrasse, et ordre est donné de marcher sur Machecoul. Faute de renforts, Charette préfère pourtant renoncer et revenir à Legé… qui est tombée aux mains des Bleus. Sans doute parce que ses ordres, une fois encore, n'ont pas été respectés.

Que faire ? S'en tenir à la seule tactique efficace : esquiver les grandes batailles rangées qui supposent une bonne maîtrise de la cavalerie ou de l'artillerie. Multiplier escarmouches et embuscades en profitant d'une meilleure connaissance du terrain que les Bleus. Pratiquer une guerre d'affût en attirant l'ennemi dans les chemins creux, les coupe-gorge forestiers, où les canons ne voient rien et où les chevaux ne pénètrent pas. Harceler les groupes de Bleus égarés, les retardataires, les combattants harassés de fatigue. Devenir des corsaires de terre ferme.

Une petite semaine de combats victorieux suffit à rehausser le moral des troupes et la cote de Charette. Le butin s'entasse, les ralliements se multiplient, comme celui de ce régiment alsacien engagé contre les Blancs à Pont-James – en son sein, un certain Pfeiffer, qui deviendra le plus fidèle de ses aides de camp. Machecoul est reprise en juin. Admiré, jalousé, le chevalier est désormais le chef incontesté du bocage. Plusieurs milliers d'hommes suivent son panache blanc. Les femmes qui le croisent baisent le Sacré-Cœur qu'il a accroché à sa veste. Certaines s'engagent à ses côtés, comme Marie-Adelaïde de La Touche-Limouzinière, comtesse de La Rochefoucauld, surnommée « Mme de La Garnache »[7].

Rivalités

Charette a beau être puissant, il lui manque encore la reconnaissance. Début juin 1793, il envoie des émissaires auprès de la grande armée catholique et royale d'Anjou et du Bas-Poitou qui vient de s'emparer de Saumur et Angers. Dirigée par les

7. Abandonnée par son mari qui a choisi d'émigrer, cette ancienne voisine de Charette née aux Antilles et dotée d'un caractère bien trempé s'est emparée de la maison commune de La Garnache à la tête d'une petite troupe d'insurgés de la région. Elle y a établi un comité monarchiste avant de rejoindre Charette et de devenir une de ses amazones (et peut-être sa maîtresse). Elle sera capturée par les Bleus en janvier 1794 puis fusillée aux Sables-d'Olonne, la guillotine locale étant en panne.

généraux Bonchamps, Cathelineau, d'Elbée, Stofflet, La Rochejaquelein, Lescure, Laugrenière et Lyrot de La Patouillère, forte de 40 000 hommes disciplinés et obéissants, elle s'apprête à fondre sur Nantes. Il veut en être. On l'y invite. À charge pour lui, lors de l'assaut prévu les 28 et 29 juin, de faire diversion au sud de la ville jusqu'à ce qu'un régiment angevin le rejoigne pour se mettre sous ses ordres et attaquer de concert les îles de la Loire. Charette est un peu vexé d'être tenu à l'écart du cœur de la bataille mais accepte. L'opération tourne mal. Persuadés que Cathelineau a été tué durant les combats (il est en fait blessé), les Angevins ne viendront jamais, mais nul ne daignera prévenir le chef chouan. Par défi, par dépit, il continuera les combats dans sa zone, même après avoir enfin compris que l'attaque des autres divisions royalistes a été un échec.

La non-bataille de Nantes est le premier grand coup d'arrêt à la progression des troupes contre-révolutionnaires. Ses conséquences ne sont pas que militaires : la mort effective de Cathelineau quelques jours plus tard (le 14 juillet !) avive les rivalités parmi les généraux blancs. Le marquis d'Elbée est élu à sa place, mais ses origines relativement modestes et son caractère terne, voire timide, suscitent méfiance et mépris. On le surnomme « général Providence » pour sa propension à convoquer celle-ci dans chaque phrase… L'intégration de Charette au sein du commandement se révèle plus difficile encore. Sa réputation d'être orgueilleux l'a précédé, elle intrigue, inquiète. Bien vite, il apparaît qu'elle n'est pas usurpée. Convié au conseil de guerre où doit être mise en place l'attaque de Luçon, il lui est demandé quelle position il souhaite occuper dans les combats. Las des interminables discussions tactiques qui viennent de se dérouler, il répond, bravache, superbe : « La plus près de l'ennemi. » On le prend pour un vantard, on ricane ; il s'emporte, critique la manière dont Luçon a été perdue quelques semaines plus tôt. On lui donne de mauvaise grâce le commandement de l'avant-garde… Malgré la supériorité numérique des royalistes, quatre fois plus nombreux, la bataille se passe mal. Le repli est ordonné. Charette s'y distingue, réussissant à couvrir brillamment la retraite des autres compagnies. Lui-même, isolé, se retrouve cerné par trois hussards qu'il écarte à coups de sabre, avant de ramasser un de ses hommes blessé, le ligoter à son cheval devant lui afin qu'il ne chute pas et s'échapper miraculeusement du piège. Un acte de bravoure qui ajoute à une légende en train de s'écrire. « L'étincelle qui signale le héros de la Vendée », comme le définira Napoléon encore.

Pendant l'été 1793, le guerrier se repose dans le pays de Retz. Bals, récoltes, vendanges. Un temps d'insouciance et de légèreté qui contraste avec l'excitation qui règne à Paris. L'assassinat de Marat par Charlotte Corday, en juillet, a accéléré le mouvement de répression sanglante engagé depuis le printemps. Après avoir appelé à frapper de terreur « les conspirateurs et leurs complices », Robespierre, devenu l'homme fort du Comité de salut public, proclame l'urgence de détruire « tout ce que la France renferme de rebelles contre l'humanité et contre le peuple ». Dans son viseur : la Vendée et les chouans. Il s'agit ni plus ni moins de « purger le sol de la Liberté de cette race de brigands ». Pour y parvenir, on envoie « le dieu des batailles », l'Alsacien Jean-Baptiste Kléber, à la tête de la redoutable armée de Mayence. Ayant capitulé devant le roi de Prusse après lui avoir vaillamment résisté, il a reçu pour ordre de ne pas combattre pendant un an hors du territoire national. La Vendée fera l'affaire.

À peine a-t-elle quitté Nantes – le 8 septembre – que son armée (16 000 hommes) se distingue en rasant, pillant et brûlant tous les villages de la « Vendée militaire » qu'elle traverse. Charette sait qu'il ne peut s'y opposer à lui seul : il abandonne Legé après avoir feint de lancer sa cavalerie contre Kléber et gagne Montaigu. Qu'il est contraint d'abandonner dans la foulée à la furie ennemie. Comme Torfou quelques heures plus tard. Rien ne semble pouvoir stopper l'armée de métier républicaine. Sauf les femmes. Ulcérées par leurs maris et frères, les habitantes de Torfou les exhortent à retourner au front. Ils sont 20 000, déployés jusqu'à Tiffauges : assez pour reprendre la lutte. Charette achève de les convaincre : « Qui m'aime me suive ! Mes amis, puisque vous m'abandonnez, je vais moi-même vaincre ou mourir… » Galvanisés, les « gueux en sabots » chassent les Bleus qui laissent plus d'un millier des leurs sur le champ de bataille. Kléber lui-même est légèrement blessé – et pas seulement dans son orgueil. « Armée de Mayence, armée de faïence », chante-t-on le soir au cours d'une immense fête décidée quand il aurait fallu pourchasser l'ennemi en déroute jusqu'à Nantes…

La joie des Blancs est de courte durée. Dès les jours suivants, une crise dramatique survient au sein de l'armée de Charette. S'estimant volés par les Angevins lors du partage du butin, des dizaines de ses paysans-soldats désertent. Le moral de ceux qui restent est au plus bas. Lui-même sombre dans une profonde déprime. Il n'est plus lui-même, devient encore plus susceptible, irascible. Visé par un tir sur la route qui le ramène à Legé, il n'hésite pas à abattre l'homme qui a attenté à sa vie, avant de faire piétiner son corps par son cheval. Où est passé le noble et élégant chevalier du printemps ? Est-il devenu le miroir exact de ces révolutionnaires parisiens qui, dans le *Journal des Jacobins*, en appellent à exterminer leurs adversaires : « Détruisez la Vendée ! La Vendée et encore la Vendée ! Voilà le chancre politique qui dévore le cœur de la République française. C'est là qu'il faut frapper ! » Face aux députés de la Convention réclamant « la dépopulation » de la Vendée ou sa destruction afin que « nul homme, nul animal ne trouve sa subsistance sur ce sol », Charette va-t-il adopter un même comportement sanguinaire ?

Général en chef de l'armée catholique et royale

Mi-octobre 1793, Charette fait mouvement à l'ouest. Objectif : Noirmoutier. Pourquoi cette soudaine initiative ? À la fois parce qu'il déteste l'inaction et que l'île présente un double intérêt tactique. Si des troupes royalistes émigrées peuvent un jour rejoindre la Vendée, elles pourraient débarquer sur ses plages ; l'endroit peut aussi faire office de camp retranché pour les blessés et les civils. Il ne faut pas une demi-journée pour s'en emparer. L'acte de reddition stipule : « L'île de Noirmoutier appartient au roi. »

Bouger, encore bouger, toujours bouger. Une fois l'île conquise, Charette repart. La Vendée est à feu et à sang, partout la guerre l'appelle. Il a à peine le temps de déplorer la mort de Marie-Antoinette, décapitée à son tour (le 16 octobre), ou la défaite de la grande armée catholique à Cholet (le 20 octobre) où Bonchamps et d'Elbée ont été blessés à mort : trois colonnes républicaines arrivent de Nantes avec pour mission de l'attraper et de se diriger vers l'île de Noirmoutier qui, selon le vœu de la Convention, « doit être reprise ou engloutie dans la mer ». Rapidement coincé à Bouin, entre mer et marais, il se trouve dans une situation désespérée : raison pour laquelle il organise une grande fête la veille de l'assaut des Bleus… Le lendemain, 1 500 de ses hommes sont mis hors de combat en quelques heures. Après de furieux combats à la baïonnette, il parvient à s'enfuir par les marais impraticables, sous une pluie apocalyptique. Un exploit qui en appelle un autre : à peine sorti de son embourbement avec ses maigres troupes rescapées, il contre-attaque les Bleus à Châteauneuf. Haxo[8] est stupéfait et admiratif au point de l'écrire dans une lettre : « Voilà un homme qui a dansé toute la nuit, qui a soutenu notre assaut dans la matinée, parcouru ensuite trois lieues dans la vase et qui trouve la force de livrer deux combats car lorsqu'il m'eut forcé de reculer, il se heurta aux bataillons des

8. Brillant général de division envoyé en Vendée après avoir participé à la campagne du Rhin. C'est à lui que l'armée révolutionnaire doit la victoire lors de la bataille de Cholet et la prise de Noirmoutier.

cantonnements voisins et se battit jusqu'à la tombée de la nuit, réussissant même à nous enlever un convoi des plus importants. »

Charette estime avoir fait ses preuves comme chef de bande puis comme chef de guerre : il est temps pour lui de devenir chef tout court. La disparition de plusieurs généraux blancs[9] le justifie, son ambition le commande. Le 9 décembre 1793, il est élu contre son vieux rival Joly à la tête de la Vendée maritime, général en chef de l'armée catholique et royale du Bas-Poitou et « représentant de la personne de Louis XVII, notre roi et souverain seigneur ». Ledit roi est en réalité un enfant de huit ans très malade, élevé au Temple dans la haine de sa foi et de sa famille par un couple de révolutionnaires, mais cela, Charette ne le sait pas. Il a toujours en tête l'image de cette petite tête blonde aperçue un soir d'été aux Tuileries...

Décidé à remobiliser tous les Vendéens en les fédérant grâce à une victoire d'éclat, il marche vers Cholet quand surgissent du diable vauvert La Rochejaquelein et Stofflet : ils arrivent du Mans où le général Marceau leur a fait subir une lourde défaite. Ils ont eux-mêmes échappé miraculeusement à la mort. Les retrouvailles des deux grands généraux vendéens se passent très mal. Du haut de ses vingt et un ans, La Rochejaquelein fait la leçon à Charette : passe encore qu'il se soit substitué à lui comme généralissime des armées vendéennes, mais attaquer Cholet, quelle

9. Bonchamps, Lescure, Cathelineau sont morts ; d'Elbée agonise. Charette est sans nouvelles de Stofflet ni de La Rochejaquelein, désigné en octobre comme généralissime des armées blanches.

imprudence ! Vexé, Charette répond à l'insolent en lui reprochant d'avoir quitté le pays pour porter le feu antirépublicain en Bretagne et en Normandie. Avec les résultats que l'on sait. Il l'invite néanmoins à sceller leur réconciliation en le suivant pour attaquer Cholet. La réponse fuse, théâtrale, orgueilleuse, définitive : « Monsieur, je ne suis pas habitué à suivre mais à être suivi. » La Rochejaquelein repart, effectivement accompagné de 600 hommes ! Un mois plus tard, il sera tué d'une balle tirée à bout portant par un grenadier bleu.

Le départ de La Rochejaquelein a plongé Charette dans une forme de honte. Fâché contre son propre orgueil, il prend conscience qu'il est le général suprême d'une armée morte ! Renonçant à Cholet, il revient sur ses terres. Sur le chemin lui arrivent des nouvelles sinistres. À Nantes, ses cousines ont été guillotinées : qu'elles aient chanté des cantiques à la Vierge jusqu'à leur dernier soupir ne suffit guère à le consoler. Noirmoutier est sur le point de tomber[10]. Savenay est reprise, malgré le courageux Cadoudal, au prix d'effroyables massacres perpétrés par « les hussards de la mort[11] » de Westermann[12] qui s'en vantera auprès du Comité de salut public dans une

10. Ce sera le cas début janvier 1794 : elle sera rebaptisée « l'île de la Montagne » en référence à la gauche radicale de l'Assemblée.

11. Escadron de 200 volontaires parisiens créé par l'Assemblée nationale et bientôt renforcé par des volontaires du département du Nord.

12. Officier de cavalerie rallié aux Jacobins, il a ordonné le massacre des gardes suisses du palais des Tuileries en août 1792. Nommé général de brigade en mai 1793, il a été envoyé en Vendée pour réprimer sans pitié le soulèvement.

célèbre lettre : « Il n'y a plus de Vendée, citoyens républicains ! Elle est morte sous notre sabre libre, avec ses femmes et ses enfants. Je viens de l'enterrer dans les marais et les bois de Savenay. J'ai écrasé les enfants sous les sabots des chevaux, massacré les femmes qui, au moins pour celles-là, n'enfanteront plus de brigands. Je n'ai pas un prisonnier à me reprocher. J'ai tout exterminé. »

« Combattu, souvent ; battu, parfois ; abattu, jamais » : la devise que Charette arbore sur son étendard sonne de moins en moins juste. Plus que la chasse à l'homme dont il est victime (Haxo a juré d'apporter à la Convention la tête du chef des « forcenés » ou d'y perdre la sienne : ce sera le cas en mars) ou ses défaites personnelles, c'est l'ampleur des représailles contre les civils de son pays qui l'inquiète et le fait douter. Le nouveau commandant en chef de l'armée de l'Ouest, l'hébertiste Louis-Marie Turreau, a mis en place douze colonnes infernales pour quadriller toute la Vendée rebelle et passer au fil de la baïonnette tous les brigands « qui seront trouvés les armes à la main ou convaincus de les avoir prises pour se révolter contre leur patrie. On en agira de même avec les filles, femmes et enfants qui seront dans ce cas ». Dignes de ceux ayant ponctué l'effroyable guerre de Trente Ans, un siècle et demi plus tôt, les massacres qui seront commis dans les mois suivants feront des milliers de victimes. Kléber lui-même s'en dira horrifié.

Les exactions des Bleus ont une vertu : inciter Charette et les autres chefs vendéens à mettre en commun leurs forces et entre parenthèses leurs ego. Une réunion est organisée dans les ruines de la chapelle du château de La Boulaye, le 22 avril 1794. Cette fois, on fait mine de s'accorder. Le pays est divisé en trois armées : à Stofflet celle d'Anjou, à Sapinaud[13] celle du Centre, à Charette celle du Bas-Poitou et du pays de Retz. Sabre levé, un serment est prononcé de concert par Stofflet, Fleuriot[14], Sapinaud et Charette : ne plus jamais agir sans en avertir les autres armées. Sous peine d'exécution. Vœu pieux. Dès le lendemain, le bouillant Gaspard Bernard de Marigny, héros des guerres d'Amérique, officier de la garde constitutionnelle qui défendit les Tuileries en 1792, commandant d'artillerie dans l'armée de D'Elbée, responsable de tueries de centaines de prisonniers républicains, refuse de se joindre aux troupes mobilisées pour conquérir Saint-Florent. L'attaque échoue, il est rétrogradé dans la chaîne de commandement. « Allez vous faire foutre », répond-il à son interlocuteur venu lui signifier la sanction, avant de quitter les lieux et de s'enfuir. On décide son procès par contumace, avec Charette dans le rôle du procureur. Deux tiers des membres de ce conseil de guerre extraordinaire votent sa mort[15]. Le malaise réel suscité par cette décision a des répercussions immédiates : début juin, incapables de se coordonner, les trois armées butent

13. Démissionnaire de l'armée après la Révolution, Charles Sapinaud de La Rairie a rejoint les insurgés vendéens dès mars 1793. Il est un rescapé miraculeux de la virée de Galerne et de la désastreuse bataille du Mans.

14. Adjoint de Bonchamps, il est lui aussi un rescapé de la virée de Galerne, ayant échappé miraculeusement à la mort lors de la bataille de Savenay.

15. Parti combattre seul les Bleus, Marigny tombe malade et se retire dans un château près de Combrand où les hommes de Stofflet le retrouvent et le fusillent le 10 juillet 1794.

sur les défenses de Challans. Chacun se renvoie la responsabilité de ce nouvel échec. Il est décidé de se séparer : désormais, chacun se battra avec ses propres forces dans la région qu'il commande. Charette installe son quartier général à Belleville-sur-Vie, à l'ombre du château d'où s'était levée, six siècles plus tôt, une autre rebelle en guerre contre le pouvoir central : Jeanne de Belleville, la première femme pirate française.

Guerre et paix

Comme l'année précédente, une trêve qui ne dit pas son nom intervient durant l'été 1794 – le temps des récoltes. Tous les protagonistes de la guerre civile sont épuisés. Charette en appelle au comte d'Artois, frère du défunt Louis XVI, dont l'arrivée en Vendée, selon lui, redonnerait l'élan nécessaire à ses hommes. De leur côté, les républicains veulent profiter de l'exécution de Robespierre et de la fin de la Grande Terreur pour en terminer avec le conflit. Des propositions de paix sont faites : « Rentrez chez vous ! » suggèrent-ils aux chouans. « Vous nous engagez à rentrer dans nos foyers : nous n'en avons plus », s'entendent-ils répondre. Et de subir, à l'automne, de nouvelles petites opérations de guérilla. Mais le temps des colonnes infernales et des bouchers est bien révolu. Paris insiste pour un armistice. Et une amnistie. Voire des réparations. Charette n'a guère confiance mais accepte d'engager des pourparlers. Une rencontre est organisée près de Clisson, le 12 février 1795, au lieu-dit Le Lion d'Or, près du château de La Jaunaye.

Le chef vendéen arrive au rendez-vous entouré de 300 cavaliers et de tout son état-major. Sous la tente des négociations se font face douze commissaires de la Convention sanglés dans leurs beaux uniformes et douze « brigands ». La tenue de Charette ne laisse pas d'intriguer. Il laisse les regards scruter longuement ses habits et ses accessoires : sa veste couleur chair avec parements rouges et retroussis à fleurs de lys, son scapulaire brodé d'un crucifix sur lequel est écrit « Vous qui vous plaignez, considérez mes souffrances », enfin son chapeau à plumes blanche, noire et verte (les couleurs du roi, du deuil et de l'espérance). S'il sent moins de mépris que de curiosité chez ses interlocuteurs, il n'en sait pas moins que ses paysans-soldats inspirent la condescendance des Bleus. Aussi choisit-il, comme sur le terrain des opérations militaires, de prendre l'initiative, preuve qu'il ne s'en laisse pas conter. À peine les vingt-quatre protagonistes sont-ils assis qu'il demande si l'objet de la réunion est l'amnistie (déjà proposée en décembre) ou l'élaboration d'un traité de paix. La réponse est évasive : on est là pour parler de pacification... À la proposition de Paris de reconnaître la forme républicaine du gouvernement français, Charette oppose une liste de vingt-deux demandes : réparation des dommages commis par les Bleus, libre exercice du culte, autonomie administrative et commerciale de la région insurgée unifiée en un seul département, interdiction « aux complices de Carrier et Robespierre » d'y mettre les pieds, suppression des impôts pendant dix ans, dispense d'arborer le drapeau tricolore sur les bâtiments officiels, etc. Sans doute le chef vendéen n'ignore-t-il pas que certaines de ces doléances sont inacceptables. Grand soldat, il a compris d'instinct le principe cardinal de toute négociation politique : en demander le maximum pour en obtenir le minimum.

De fait, les discussions débouchent sur un accord de pacification. Fragile, provisoire, mais réel. Chacun a fait des concessions, des promesses ont été actées. Officielles et officieuses : parmi ces dernières, a cru comprendre Charette, celle d'une libération du petit Louis XVII et de sa sœur, Marie-Thérèse. De son côté, il a accepté de ne plus porter les armes contre la République. Un article qui suscite l'indignation d'une partie du camp royaliste ; entre autres de Stofflet, qui, au retour de Charette à Belleville, refuse de signer l'accord en criant : « Merde à la république ! »

Charette est invité à participer à la fête de la pacification à Nantes, quelques jours plus tard. On lui a demandé d'éviter tout signe ostentatoire provocateur : il entre dans la ville, sur son cheval, le 26 février, par le pont de Pirmil, son chapeau à plumes blanches sur la tête, un crucifix bien visible à son revers. La foule est venue en masse pour apercevoir le chef des brigands, que suivent les négociateurs républicains. Quelques timides acclamations fusent : « Vive l'union ! Vive la paix ! » C'est un faux triomphe pour Charette : impossible d'oublier les torrents de sang de ses amis ou de ses proches qui ont coulé dans les rues de la capitale bretonne. Le malaise atteint son apogée lorsque la troupe traverse la place du Bouffay : c'est là que se trouve la prison révolutionnaire, là où ses cousines ont été guillotinées. Le temps est soudain suspendu lorsqu'il se découvre ostensiblement. Comment ses hôtes, responsables des morts qu'il salue, vont-ils réagir ? Un général républicain se découvre à son tour, sauvant la situation. Le cortège repart jusqu'à l'hôtel où est dressée la table d'un banquet qui ne donnera lieu à aucun incident mais à une scène qui marquera les esprits. Invité à participer à une danse, Charette se retrouve encerclé par un groupe de femmes. « Vous voilà pris, général », s'amuse l'une d'elles. Et le chevalier de briser le cercle en sautant par-dessus la chaîne de bras nus : « On ne prend pas si facilement Charette ! »

De retour dans son petit royaume de Belleville, le général vendéen apprend à ronger son frein. L'inaction lui pèse durant le printemps. Surtout, il attend les deux orphelins royaux pour qui il a fait construire une maison dans la ville. Le 13 juin a été fixé comme date butoir, mais il escomptait bien les voir plus tôt. Leur arrivée, selon lui, mettrait fin aux tensions qui se multiplient entre royalistes et républicains, les premiers reprochant aux seconds de ne pas respecter les termes de « la paix plâtrée » qu'ils ont signée : tous les biens confisqués n'ont pas été restitués, les vexations contre les « bons prêtres » continuent et l'argent des réparations tarde à être versé.

Le 19 juin 1795, le ciel tombe sur la tête de Charette : par une lettre, il apprend la mort de Louis XVII au Temple, onze jours plus tôt. Sa surprise n'est pas feinte : il ignorait que le fils de Louis XVI souffrît d'une tuberculose osseuse qui le condamnait. Les négociateurs républicains, eux, le savaient… Il a été berné. Ses larmes séchées, il se rend sur la place d'armes de Belleville et prononce un discours de quelques minutes qui conclut sans ambiguïté sur ses intentions : « L'honneur et notre attachement au Trône et à l'Autel me dictent aujourd'hui de reprendre les armes. » Après une messe de *requiem* pour le repos de l'âme du petit roi, il fait reconnaître le comte de Provence comme *de jure* le roi Louis XVIII et ordonne dès le lendemain l'attaque du camp des Essarts avec 3 000 hommes. La guerre a retrouvé ses droits, Charette une raison de vivre.

Baroud d'honneur

Reconstituer une véritable armée se révèle plus que difficile : impossible. Les Vendéens ont goûté à la paix et beaucoup rechignent à reprendre le combat, à abandonner de nouveau leurs terres et leurs familles. Le comte de Provence lui-même, dans un courrier qu'il envoie depuis Vérone, où il nomme Charette général de l'armée catholique et royale, manifeste un enthousiasme tout relatif. Les ecclésiastiques sont plus que partagés sur le soutien à lui apporter, estimant que la religion n'a plus besoin de la guerre. L'échec de l'expédition de Quiberon, au cours de laquelle les Anglais devaient livrer du matériel et des armes aux insurgés et faire débarquer plusieurs milliers d'émigrés (juin-juillet 1795), a confirmé à Charette qu'il ne pourrait plus compter que sur ses propres forces. Mais ce combattant dans l'âme essaie de ne pas prêter attention à ces signes de découragement. Après avoir tenté en vain de reprendre Noirmoutier en septembre, il entraîne 15 000 hommes avec lui à La Tranche-sur-Mer pour accueillir le comte d'Artois, qui a réussi à débarquer sur l'île d'Yeu, le 30 septembre, escorté par cent vingt-trois voiles anglaises. Charette est galvanisé. Voilà la dernière occasion de remobiliser ses troupes. Ayant pris le contrôle d'une partie importante de la côte, il s'installe le 12 octobre sur la plage de La Tranche. Il a enfilé pour l'occasion son beau costume avec col rouge marin et ordonné que ses hommes soient tous impeccablement vêtus. Consigne a été donnée d'entonner le vieux chant royal *Vive Henri IV !* à l'arrivée du prince… qui n'arrivera jamais. Un messager vient informer Charette que le futur Charles X a finalement renoncé à débarquer « car les Anglais s'y opposent ». Trop risqué. L'annonce produit sur le chef vendéen l'effet d'un coup de poignard. Son dernier espoir de reconquête des cœurs et des esprits vient de s'envoler. « Allez dire à vos chefs, lance-t-il à l'homme envoyé par Artois, que vous m'avez apporté mon arrêt de mort ; aujourd'hui, je commande 15 000 hommes, demain il ne m'en restera pas 1 500. En manquant à leur parole, vos chefs m'ôtent tout moyen de les servir ; je n'ai plus qu'à fuir ou à chercher une mort glorieuse. Mon choix est fait : je périrai les armes à la main. »

Le retour à Belleville prend l'allure d'un chemin de croix. Un à un, ses hommes le quittent pour rentrer chez eux. Enfin. L'heure des échanges a sonné : leurs armes contre du bétail pour les paysans ; la paix contre le droit de prêcher pour les prêtres. Charette s'enfonce dans l'hiver 1796 et la tristesse. Stofflet, dernier général blanc des temps héroïques, est capturé et fusillé le 25 février à Angers. Il n'en reste plus qu'un… et c'est lui. Bien sûr, il sait que son tour viendra bientôt. Mais il vendra chèrement sa peau. Bientôt, il se décide à quitter Belleville. À pied. Fiévreux. Une poignée de fidèles l'accompagnent. Ils se cachent le jour et marchent la nuit, errant entre Machecoul et

Legé. Ils ne sont plus les bienvenus dans les villages qui, naguère, leur faisaient fête. La peur d'être dénoncés les a envahis : 6 000 écus sont promis à qui capturera le dernier des brigands. Le doute les grignote. Faut-il continuer le combat ? « Tant que la charrette aura une roue, la charrette roulera », insiste le chevalier. Insuffisant pour certains de ses hommes, qui lui reprochent d'avoir rejeté une offre d'exil en Angleterre ou en Suisse adressée par le général Hoche[16]. Charette lui a répondu, toujours aussi bravache, qu'il ignorait que le gouvernement fût devenu une agence de voyages, mais beaucoup n'ont pas goûté au bon mot de leur chef. Ce dernier a compris. Cette nuit-là, il libère chacun de son serment, proposant à ceux qui le souhaitent de fuir avant que l'encerclement engagé par les troupes républicaines ne soit total. Certains s'exécutent, d'autres refusent, persuadés que s'ils vivent, la cause périra, tandis que s'ils meurent, elle vivra.

Le mercredi de la semaine sainte 1796, Charette et quatre dizaines de ses derniers compagnons – dont une femme – sont rattrapés sous une pluie diluvienne par une colonne de Bleus à proximité du bois des Essarts. À leur tête, l'adjudant général Travot : un jeune officier supérieur de renom, courageux, intègre, juste, qui a été blessé durant la bataille de Cholet. Des coups de feu sont échangés. Charette reçoit une balle

16. Victorieux des Prussiens et des Autrichiens à la tête des armées de Moselle et du Rhin, Hoche a été envoyé fin 1794 pour pacifier la région. Chef de toutes les armées républicaines de l'Ouest, il est un partisan de la négociation et de l'apaisement mais n'hésite pas à pratiquer une politique répressive contre les dernières poches de résistance chouannes et vendéennes.

dans l'épaule droite. Une autre a effleuré son crâne. Il saigne abondamment. Pour l'aider à se sortir du guêpier, son aide, Pfeiffer, s'empare de son panache blanc, le pose sur sa tête et attire l'ennemi vers lui tandis que Charette peut s'enfoncer dans les taillis protecteurs du bois de la Chabotterie. La diversion est réussie mais provisoire. Les Bleus ne tardent pas à rattraper Pfeiffer et à l'abattre, découvrant le subterfuge. Les voilà à nouveau sur les basques de Charette, qui, épuisé, s'est hissé sur les épaules de son valet de chambre, Bossard. Celui-ci s'effondre au bout de quelques mètres, une balle fichée entre les omoplates. Deux autres hommes prennent à leur tour le chevalier sur leur dos : ils sont eux aussi tués. Finalement, Charette parvient à ramper jusqu'à une souche creuse et à s'y glisser avec le maigre espoir de ne pas être repéré. Illusion. Apparaît soudain un visage précédé d'une baïonnette. On l'oblige à montrer son visage – méconnaissable.

— Où est Charette ?, interroge Travot.

— Le voilà, répond l'intéressé dans un pâle sourire.

— Est-ce bien vrai ?

— Oui, foi de Charette... Je voulais, Monsieur, si je devais être pris, ne l'être que par vous.

— Que d'héroïsme perdu...

— Non, monsieur, rien ne se perd jamais.

L'échange d'amabilités se termine par une rasade de rhum offerte au prisonnier qui est mis sur un brancard et conduit jusqu'au logis de la Chabotterie. Non pour le soigner, mais pour le rendre présentable pour son exécution.

Le dimanche de Pâques, le vaincu est installé sur une gabarre pour descendre la Maine et rejoindre la Loire. On a estimé que la voie fluviale serait plus rapide et plus sûre pour l'emmener à Nantes, dans cette prison du Bouffay où avaient croupi, avant lui, ses cousines et des dizaines de ses compagnons. On le jette dans un cachot dont il est extirpé sans ménagement le lendemain pour un interrogatoire musclé qui tourne à la séance d'insultes. Puis on l'emmène pour une humiliante promenade-exhibition à la romaine dans les rues de Nantes, comme un miroir inversé du défilé de l'année précédente au cours duquel on lui avait un peu rendu les honneurs. Encadré de troupes à pied et à cheval en grand uniforme précédées de la musique et des tambours, il marche pendant des heures dans ses habits déchirés et salis, son bras droit en écharpe, la tête enveloppée dans un grand mouchoir rougi, le visage creusé par la fatigue des combats et les malheurs des derniers jours. En fin d'après-midi, le « vice-roi de Vendée » est à nouveau interrogé. Après avoir pu voir sa sœur et son tailleur, il est emmené le lendemain, 29 mars 1796, devant le tribunal militaire. Aux accusations d'incitation à la révolte, d'intelligence avec les émigrés et les étrangers, d'exercice d'un pouvoir tyrannique et absolu, etc., il est sans surprise reconnu coupable. Et naturellement condamné à mort. À l'énoncé du verdict, Charette reste de marbre. Il y a longtemps qu'il se sait perdu.

Après s'être longuement confessé dans sa cellule[17], il est conduit dans l'après-midi entre deux haies de

17. Auprès d'un curé constitutionnel, malgré son vœu de voir un prêtre réfractaire.

gendarmes, place des Agriculteurs. La foule crie, l'insulte, lui crache parfois au visage ; chantant le *Miserere*, il semble ne prêter aucune attention à elle. Au moment de rejoindre le mur devant lequel il va être fusillé, l'abbé Guibert lui suggère de se montrer courageux. Charette lui répond sans ménagement : « Monsieur l'abbé, j'ai bravé cent fois la mort. J'y vais maintenant pour la dernière fois. Sans la braver et sans la craindre. »

Il refuse qu'on lui bande les yeux et de s'agenouiller. Dirige lui-même par un signe de tête le feu des dix-huit chasseurs chargés de le fusiller. Son corps mettant plusieurs secondes à glisser vers le sol, la foule croit un instant qu'il a survécu. Ce n'est pas le cas. Il est bel et bien mort. À trente-trois ans. L'âge du Christ sur la croix.

Bibliographie sélective

Anne Bernet, *Charette*, Perrin, 2005.

Anne Bernet, *Histoire générale de la chouannerie*, Perrin, 2016.

Joël Bonnemaison, *Moi, Charette, roi de Vendée*, Monaco, Le Rocher, 1993.

Jean-Joël Brégeon et Gérard Guicheteau, *Nouvelle Histoire des guerres de Vendée*, Perrin, 2017.

Patrick Buisson, *La Grande Histoire des guerres de Vendée*, Perrin, 2017.

Jean-François Chiappe, *La Vendée en armes* (3 volumes : *1793* ; *Les Géants* ; *Les Chouans*), Dualpha, 2006.

Louis-Marie Clénet, *Les Colonnes infernales*, Perrin, 1993.

Hervé Coutau-Bégarie et Charles Doré Graslin (dir.), *Histoire militaire des guerres de Vendée*, Economica, 2010.

Louis Delhommeau, *Le Clergé vendéen face à la Révolution*, Siloë, 1992.

Lionel Dumarcet, *François Athanase Charette de La Contrie, une histoire véritable*, Les 3 Orangers, 1997.

François Furet et Mona Ozouf (dir.), *Dictionnaire critique de la Révolution française*, Flammarion, 1988.

Patrice Gueniffey, *La Politique de la Terreur : essai sur la violence révolutionnaire, 1789-1794*, Fayard, 2000.

Patrice Gueniffey, *Histoires de la Révolution et de l'Empire*, Perrin, coll. « Tempus », 2011.

Françoise Kermina, *Monsieur de Charette*, Perrin, 1993.

Jean-Clément Martin, *La Vendée et la Révolution*, Perrin, coll. « Tempus », 2007.

Reynald Secher, *Vendée, du génocide au mémoricide : mécanique d'un crime légal contre l'humanité*, Cerf, 2011.

Jean Tulard (dir.), *La Contre-Révolution : origines, histoire, postérité*, CNRS Éditions, 2013.

Jacques Villemain, *Vendée 1793-1794. Crime de guerre ? Crime contre l'humanité ? Génocide ? Une étude juridique*, Cerf, 2017.

Philippe de Villiers, *Le Roman de Charette*, Albin Michel, 2015.

IX

Lee

Le général courage

Il est « l'icône du Sud », « la légende sudiste ». Reconnaissable à son uniforme, sa barbe et son cheval gris, Robert E. Lee fut le plus grand officier de la guerre de Sécession qui ensanglanta l'Amérique entre 1861 et 1865. Virginien pur souche, formé à West Point, soucieux de s'inscrire dans les pas de George Washington, il choisit moins le camp des confédérés par conviction que par attachement à sa terre, sa famille, sa communauté naturelle. Avec ses « Misérables », il tint tête pendant de longs mois aux troupes du Nord largement supérieures en nombre et en matériel. Parce qu'il se retrouva à la tête de ceux qui défendaient « une cause perdue » – l'esclavagisme –, ce modèle de soldat aux allures de gentleman jouit d'une réputation détestable. Au point de faire oublier ce que sa défaite eut de glorieux.

C'est une maison à colonnade sans prétention, entourée d'un vaste parc, comme il en existe des milliers en

Virginie. Bâtie en 1848, elle est située à 5 kilomètres au nord-est de la ville d'Appomattox, à égale distance entre Washington et Charlotte. S'étendant sur trois niveaux, son intérieur est joliment décoré, avec goût, sans ostentation. Son propriétaire, Wilmer McLean, est un épicier originaire de Manassas, une ville du nord de l'État qu'il a quittée en 1863. Le fait qu'un boulet de canon tiré par l'armée de l'Union (nordiste) soit tombé au milieu de sa cuisine deux ans plus tôt, lors de la première grande bataille de la guerre de Sécession (Bull Run), quand sa maison de Ripon Lodge surplombant le Potomac servait de quartier général au général sudiste Beauregard, n'avait pas été pour rien dans sa décision. Avec sa famille, McLean, quarante-neuf ans (donc trop âgé pour faire la guerre), avait alors prudemment déménagé 200 kilomètres au sud, dans le comté d'Appomattox, moins exposé aux tentatives d'invasion des armées nordistes.

Mais en ce 9 avril 1865, l'homme est à nouveau rattrapé par l'histoire : c'est dans sa demeure que les deux généraux en chef, Grant et Lee, ont choisi de se rencontrer pour signer la fin des hostilités meurtrières entre l'Union et la Confédération. Il a bien essayé de convaincre le colonel Marshall, secrétaire militaire de Lee, d'organiser plutôt la rencontre dans une ferme abandonnée, à quelques centaines de mètres de sa maison, mais en vain : comme la guerre civile américaine avait commencé chez lui, elle se terminerait aussi chez lui. Non plus dans sa cuisine, cette fois, mais dans son salon.

Seulement accompagné de Marshall et de son ordonnance, Robert Lee arrive le premier dans la maison de McLean. Il a revêtu son plus bel uniforme de cérémonie et ceint son épée d'apparat incrustée de bijoux, dédaignant celle qu'on lui a offerte quelques mois plus tôt sur laquelle figure pourtant une devise de circonstance correspondant à la perfection à la mentalité de cet homme très pieux : « Aide-toi et Dieu t'aidera » (gravé en français).

Bientôt se joint à eux le lieutenant-colonel Babcock, ingénieur militaire de formation devenu aide de camp du général en chef des armées nordistes. Les trois officiers se saluent, échangent quelques mots, puis s'installent dans le salon. En silence. Au loin, on devine parfois le son de quelque canonnade : le pays est toujours en guerre. Comme s'il voulait marquer son statut de vainqueur, le général Grant se fait attendre une demi-heure avant d'arriver, escorté d'une douzaine d'officiers – là aussi, une manière de signaler sa puissance victorieuse. Quand il entre dans la pièce, le contraste saute aux yeux des témoins. D'un côté, l'officier général nordiste de taille moyenne, le visage mangé par une barbe noire, sa veste bleu marine déboutonnée, ses bottes crottées, à son image de fils de tanneur de l'Ohio démissionnaire de l'armée pour alcoolisme, remis miraculeusement en selle à la faveur de la guerre civile. De l'autre, le général virginien de haute taille et à la barbe aussi grise que sa tenue – impeccable, elle –, et dont l'allure aristocratique rappelle à la fois les origines patriciennes et la situation maritale[1]. Tout observateur ignorant des circonstances de cette scène n'hésiterait pas une seconde à désigner celui-ci comme

1. Sa femme, Mary, descend par alliance du premier président des États-Unis et père de la nation, George Washington.

le vainqueur. C'est pourtant bien le général Grant qui, dans quelques minutes, après une poignée de main sans chaleur, va recevoir de son homologue sudiste sa reddition en bonne et due forme.

Les « Misérables » made in USA

Ulysses S. Grant et Robert E. Lee se respectent comme deux anciens de l'académie militaire de West Point et deux chefs de guerre aux qualités supérieures à la moyenne. Ils se connaissent pourtant mal, ne s'étant croisés qu'une seule fois, lors de la campagne du Mexique en 1846-1847. Grant croit bon de le rappeler, de la manière la plus élégante possible : « Je vous ai rencontré une fois auparavant, au Mexique, et me suis toujours souvenu de votre apparence, je pense que je vous aurais reconnu n'importe où. » Lee n'est pas d'humeur à faire des politesses. Est-ce le goût amer de la défaite chez un homme qui l'a si peu connue ? La crainte des pillages dans les heures qui viennent ? Le souvenir frais de l'humiliation subie quelques heures plus tôt quand, précédé d'un drapeau blanc, il s'était approché des lignes yankees pour discuter déjà les termes d'une capitulation avec son homologue et que celui-ci avait envoyé à sa place un simple officier fédéral ? Le cortège de fantômes des 260 000 enfants du Sud disparus en quatre années d'une guerre dont la violence et certaines méthodes annoncent les conflits meurtriers du XXe siècle ? Toujours est-il que la réponse à son cadet de quinze ans est aussi désobligeante que cruelle : « Je sais vous avoir rencontré à cette occasion, j'y ai souvent pensé et essayé de me souvenir de la vôtre, mais n'ai jamais été capable de me rappeler du moindre détail. » L'heure n'est décidément pas aux mondanités.

Grant ne tient pas rigueur à Lee de sa méchante phrase. Si ses manières à lui ne sont pas celles d'un gentleman comme son interlocuteur, l'idée d'humilier un adversaire lui est étrangère. Il est vainqueur, c'est bien assez. D'autant que le Nord aura épuisé cinq grands généraux avant lui[2] pour vaincre ce diable de « renard gris » qui lui fait face. Les conditions de reddition qu'il rédige devant Lee sont dures mais correctes, compte tenu de la situation militaire. C'est ce que semble penser le général sudiste, dont le visage ne trahit aucune colère à leur lecture : livraison des armes et des matériels à l'Union, mais autorisation pour les soldats confédérés, prisonniers sur parole, de regagner leurs foyers après avoir été enregistrés. Quant à l'interdiction pour les hommes du rang de la cavalerie ou de l'artillerie de conserver leurs montures (contrairement aux officiers), Grant promet que des ordres seront donnés pour qu'ils puissent les récupérer plus tard sur demande.

Le soulagement de Lee est manifeste. Il signe l'accord mettant fin à la guerre de Sécession. Serre la main de Grant, salue rapidement les autres officiers nordistes présents dans la pièce et sort en silence, le visage impavide, mais les poings serrés. On lui amène son fidèle Traveller, le cheval sur lequel il a conduit la plupart des campagnes de la guerre[3]. Dans

2. McClellan, Pope, Burnside, Hooker et Meade.

3. De race American Saddlebred, il mourra du tétanos un an après Lee (à quatorze ans) et ses restes seront enterrés tout près de la chapelle où repose son maître, à Lexington.

un bruyant soupir, il le monte et se dirige au pas vers la sortie de la propriété de McLean. Étrangement, les cent coups de canon prévus pour saluer la paix et la victoire du Nord se font attendre. Ils ne viendront jamais. Ainsi en a décidé Grant, convaincu, comme le président Abraham Lincoln (qui sera assassiné dans quelques jours), que la longue voie de la réconciliation entre le Nord et le Sud est à ce prix : s'abstenir de tout triomphalisme. Et comme pour être sûr que Lee a bien compris son état d'esprit, Grant, soudain, accomplit le plus noble des gestes au moment où son ancien adversaire passe devant lui, droit comme un i sur son cheval : il lève en silence son chapeau devant ce vaincu aux airs de vainqueur.

Jusqu'à la bataille de Gettysburg (juillet 1863), la Berezina de l'armée sudiste, le général Lee n'aura, il est vrai, que rarement connu la défaite. Raison pour laquelle un général Scott, Virginien resté fidèle à l'Union, le considérait comme « le plus grand soldat américain vivant » – compliment que d'autres hommes d'État répéteront dans les décennies suivantes, de Theodore Roosevelt à Winston Churchill en passant par Dwight Eisenhower. Avec des effectifs et des moyens logistiques et financiers infiniment inférieurs, à la tête de troupes en haillons baptisées *The Lee's Miserables* en référence aux héros de Victor Hugo[4], Lee est parvenu à tenir tête durant plus de trois ans à son puissant ennemi ; non content d'avoir dirigé ses opérations militaires depuis une ville, Richmond, située à moins de 200 kilomètres de la capi-

4. Traduits en Amérique dans la foulée de leur publication triomphale en France (1862).

tale des États-Unis, il est même parvenu à conquérir à plusieurs reprises une partie du territoire américain situé au nord du Potomac, fleuve marquant la frontière entre le Nord et le Sud, et même à approcher ses canons des faubourgs de Washington. Malgré des revers tactiques, les souffrances de la population civile qui dégénérèrent parfois en émeutes de la faim, la fatigue des hommes mobilisés de dix-huit à quarante-cinq ans, à aucun moment ne fut remise en cause son autorité de commandant des troupes du Sud. Ou plutôt si, une fois, mais à sa propre initiative, au lendemain de la bataille de Gettysburg, rançon de sa folle initiative de conquérir la Pennsylvanie pour obliger le Nord à mettre un terme au conflit. Près de 5 000 morts, 15 000 blessés et 5 000 prisonniers ou disparus en trois jours de bataille. Un mois après le désastre, Lee avait écrit au président des États confédérés, l'oublié Jefferson Davis : « Je demande en toute sincérité à Votre Excellence de prendre des mesures pour me remplacer [...]. Un homme plus jeune et plus habile que moi peut être nommé. Je sais qu'il aura la plus brave et vaillante armée qui fût jamais, et ce serait le plus beau jour de ma vie de voir à sa tête un chef de valeur ; un qui pourrait accomplir plus que je n'ai pu, et tout ce que j'ai souhaité. Je n'ai aucun reproche envers quiconque si ce n'est moi-même. »

Chez d'autres chefs militaires, on pourrait déceler là un coup de bluff, un geste de fausse modestie ou, *a contrario*, une tentative de se désengager d'une campagne qui s'annonce perdue à plus ou moins long terme. Pas chez Robert Lee, dont toute la vie et la carrière laissent penser à l'absolue sincérité de sa démarche et de sa demande, à laquelle le président sudiste refusera bien entendu d'accéder.

L'enfance d'un chef

Robert Edward Lee est né le 19 janvier 1807, cinquième enfant d'un couple de Virginiens pur sucre appartenant chacun de leur côté à une brillante dynastie locale. Henry Lee III, son père, descend d'une famille de révolutionnaires ayant bouté l'Anglais hors du pays et lui-même a accompagné George Washington durant la guerre d'Indépendance au cours de laquelle il s'est distingué à la tête d'une troupe de cavalerie légère. Devenu gouverneur de Virginie, il a épousé Anne Hill Carter, dont un des ancêtres est une figure politique britannique célèbre, envoyée en Amérique par le roi Charles II : Robert « King » Carter, qui devint lui-même... gouverneur colonial de la Virginie en 1726-1727. Enfant, Robert voit peu son père, que les activités professionnelles, les revers de fortune et les convictions politiques éloignent de la maison d'Alexandria, près de Washington, où la famille s'est installée. Après avoir failli être lynché lors de l'émeute de Baltimore en 1812 où sa tiédeur à refaire la guerre à l'Angleterre pour la chasser du Canada voisin est passée pour un acte de trahison[5],

5. Pour assurer la liberté du commerce maritime, le président Madison envisage de reprendre la guerre contre l'Empire britannique et le chasser du Canada voisin. Le Parti fédéraliste, auquel se rattache Lee, y est opposé, soulevant la colère de la population de Baltimore, majoritairement composée d'immigrés européens antianglais et très favorables au commerce avec l'Europe.

Henry s'exile aux Caraïbes, dont il revient cinq ans plus tard, malade. Il meurt sans avoir eu le temps de revoir femme et enfants.

Orphelin de père, Robert est élevé par sa mère dans le respect le plus strict de la foi épiscopalienne (l'anglicanisme à la mode américaine). Sportif, doué en mathématiques et en langues anciennes, il ne goûte guère à la lecture, sinon celle de la Bible – sa foi profonde flirte parfois avec une certaine bigoterie. À dix-huit ans, il est accepté à l'académie militaire de West Point, dans l'État de New York : à défaut de combattre les Anglais se déploie la perspective d'en découdre avec les Indiens, là-bas, à l'ouest. Mary, qui a accouché d'un sixième enfant, est, elle, soulagée de ne pas avoir à payer d'études coûteuses au jeune Robert : les cadets touchent une solde mensuelle de 28 dollars.

Le choix se révèle judicieux. Assidu, appliqué, sobre – chose assez rare dans ce milieu –, discipliné à l'extrême, Robert Lee est un excellent élève. Il brille dans les cours de stratégie militaire de Dennis Mahan, féru des techniques de guerre de Napoléon – rapidité de décision et d'exécution, concentration des forces, souci constant de la communication entre les armées, utilisation massive de l'artillerie… Autant de leçons qu'il appliquera méticuleusement trente-cinq ans plus tard. Sorti deuxième de sa promotion en 1829, il choisit le corps du génie : les années suivantes se passeront à faire bâtir des forts sur les côtes fluviales ou maritimes de Virginie, du Missouri et de Géorgie, tout juste perturbées par le décès de sa mère, la révolte spectaculaire de Nat

Turner[6] et un heureux mariage avec Mary Custis. Fille unique du petit-fils par alliance de George Washington[7], cette lointaine et richissime cousine, qui habite une somptueuse villa à Arlington, se révélera la plus merveilleuse et discrète des compagnes et lui donnera sept enfants (quatre filles et trois garçons qui porteront tous l'uniforme gris) dont il s'occupera avec toute l'attention paternelle dont il avait lui-même été privé.

Après quinze ans d'une vie digne de celle du lieutenant Drogo attendant en vain, dans *Le Désert des Tartares*, que surgisse un ennemi, la guerre fait enfin son apparition, et avec elle le triple espoir pour Lee d'une aventure, d'un acte de gloire et d'un avancement. Le 11 mai 1846, le Congrès américain déclare la guerre à l'insolent Mexique qui, non content de refuser de vendre des terres réclamées par Washington, vient d'attaquer un poste frontalier américain près du Rio Grande (Fort Texas). Le capitaine Lee est envoyé à San Antonio, au Texas, puis, sous le commandement du général Wool, rejoint le nord du Mexique d'où il embarque sur un vapeur en compagnie d'anciens condisciples de West Point qu'il aura l'occasion de revoir à ses côtés ou face à lui comme McClellan, Beauregard, Smith ou Johnston. Objectif : s'emparer de la forteresse de Veracruz. L'opération

6. Le 23 août 1831, des esclaves menés par un homme se prétendant « prophète », Nat Turner, se lèvent contre leurs maîtres dans le sud-est de la Virginie. Une soixantaine de Blancs sont massacrés, déclenchant une répression féroce qui verra plus de cent Noirs tués à leur tour ou condamnés à mort.

7. Stérile, George Washington n'avait pas eu d'enfants mais avait adopté ceux issus du premier mariage de sa femme, dont John Parke, grand-père de Mary.

est une réussite à laquelle il n'est pas étranger : c'est lui qui a été chargé d'une partie de la mise en place de l'artillerie destinée à bombarder la cité mexicaine. Les semaines suivantes ne feront que confirmer ses qualités de stratège, lui valant plusieurs citations et une nomination au grade de major qu'altérera à peine un traité de paix moins sévère qu'il ne l'espérait pour le Mexique vaincu, signé le 2 février 1848[8].

De ces vingt mois de guerre, Lee n'a pas seulement expérimenté la peur rétrospective de la mort quand une sentinelle zélée de son propre camp a failli le faire passer de vie à trépas. Il a aussi et surtout pris conscience d'avoir fait partie de l'équipée militaire qui aura permis aux États-Unis de découvrir une nouvelle salve de ces héros dont elle est si gourmande dans la construction de sa jeune mémoire et de sa mythologie future : le général Winfield Scott, vainqueur du siège de Mexico, bientôt candidat à la présidence des États-Unis et futur conseiller d'Abraham Lincoln dans la guerre de Sécession ; le commandant créole Pierre Gustave Toutant de Beauregard, héros de la bataille de Chapultepec[9], demain candidat malheureux à la mairie de La Nouvelle-Orléans, futur grand général sudiste ; le colonel Albert Sidney Johnston, qui s'est distingué à Monterrey et commandera les troupes sudistes de l'Ouest avant d'être tué au combat en avril 1862 ; le général Zachary Taylor, commandant en chef de l'US Army au Mexique, élu président

8. La Californie, l'Arizona, le Nouveau-Mexique et une partie du Texas passent néanmoins sous contrôle américain.

9. Assaut victorieux (à un contre trois) d'un château sur les hauteurs de Mexico transformé en académie militaire et où s'était retranché un corps de l'armée ennemie (septembre 1847).

des États-Unis en 1848 ; le lieutenant Thomas Jonathan Jackson, promu après avoir refusé un ordre de retraite qu'il jugeait « mauvais », futur brillant adjoint de Lee durant la guerre civile ; le lieutenant Joseph Hooker, qui, en un an, a réussi l'exploit d'être promu à trois reprises, et qui dirigera l'armée nordiste du Potomac ; le lieutenant puis capitaine George Brinton McClellan, officier de génie multipliant les opérations de reconnaissance au péril de sa vie, futur général en chef de l'armée yankee ; sans oublier, bien sûr, le lieutenant Ulysses S. Grant, brillant cavalier présent lors de toutes les grandes batailles (Monterrey, Veracruz, Chapultepec)… Pour toute une génération, la guerre du Mexique aura été un baptême du feu d'une valeur militaire mais aussi politique exceptionnelle. Une future onction de légitimité.

Vers la guerre civile

Les trois années qui suivent l'exaltante campagne du Mexique plongent Lee dans le doute : si la vie de soldat consiste à se morfondre dans une vie de garnison ennuyeuse, n'est-il pas préférable d'embrasser une autre carrière et mieux profiter de sa famille ? Les autorités militaires vont le sortir de son dilemme en le nommant, en août 1852, à la tête de la prestigieuse académie militaire dont il est lui-même issu. Outre son fils Custis et un neveu, il y verra passer là encore de nombreux cadets qu'il sera amené à croiser sur les champs de bataille des années 1861-1865. Dans leurs souvenirs, tous seront unanimes à décrire le directeur de West Point comme un homme sévère mais juste, rigide mais humain, très religieux[10], mais pétri de tolérance.

Une nouvelle étape, cruciale, se déroule en 1855. Avec la décision du ministre de la Guerre, Jefferson Davis (futur président des États confédérés), de créer des régiments appelés à mater Indiens et Mexicains entravant la conquête de l'Ouest se lève la perspective pour Lee de quitter les bureaux de l'état-major au profit du terrain. Adieu cartes, calculs, ingénieurs : place à la vie un peu sauvage et surtout à la raison d'être d'un véritable officier, le commandement. Promu au rang de lieutenant-colonel[11], l'ex-colonel du génie est nommé commandant en second du 2nd US Cavalry Regiment stationné au Texas. À charge pour lui de traquer bandits comanches ou mexicains. Le destin, une nouvelle fois, frappe à sa porte : la mort de son beau-père dans sa maison d'Arlington, où Mary, de santé fragile et guère encline à vivre au milieu du brûlant désert, l'avait rejoint depuis la nomination de Robert au Texas, met un terme à l'aventure. Impossible de la laisser gérer seule – elle est fille unique – l'immense domaine qui compte plusieurs maisons et deux cents esclaves : Lee se met en congé, regagne sa chère Virginie et embrasse pour plusieurs années une paisible vie civile réglée comme du papier à musique. Seul coup de tonnerre dans ce climat ensoleillé : l'affaire John Brown, en octobre 1859, qui rappelle à certains égards celle de Nat Turner et annonce les

10. Il renouvelle ses vœux à l'Église épiscopalienne durant cette période.

11. S'il était colonel par brevet du corps du génie, son grade dans l'armée régulière était toujours celui de capitaine. Il grimpe donc de deux rangs sans passer par le grade de major.

heures sombres dans lesquelles le pays s'apprête à plonger.

Venant du nord du Maryland où ce chrétien mystique exerce le métier d'archiviste, John Brown a attaqué à la tête d'une petite troupe d'abolitionnistes la petite ville de Harpers Ferry pour y voler des armes et les distribuer aux Noirs de l'État invités à se soulever contre l'esclavage. Peu suivi, il est néanmoins parvenu à prendre en otage des civils et à se retrancher dans l'arsenal de la ville avec une vingtaine de compagnons, encerclés par des milices locales bien décidées à lui faire rendre gorge. Le colonel Lee est appelé pour rétablir l'ordre, arrêter les insurgés et empêcher que la situation ne dégénère en sanglantes représailles. L'assaut qu'il commande à la tête de marines[12] mis à sa disposition est une réussite : un seul soldat tué, aucun civil touché, dix rebelles tués (dont deux fils du meneur), Brown lui-même blessé et capturé. Son procès est expéditif, il est condamné à mort et exécuté le 2 décembre 1859, non sans avoir eu le temps de redire sa foi abolitionniste et d'écrire, avec une remarquable prescience, sa vision lucide de l'avenir : « Je suis désormais certain que les crimes de ce pays coupable ne seront jamais expiés autrement que dans le sang. Je pense maintenant que je m'étais vainement bercé de l'illusion que ce pourrait être fait sans un grand bain de sang. »

« Les crimes » dont John Brown accuse son propre pays et qui seront à l'origine de l'effroyable guerre

12. Le corps des Continental Marines (équivalent de nos fusiliers marins) a été créé durant la guerre d'Indépendance. Il est placé sous l'autorité du secrétaire à la Marine.

civile ont un nom : l'esclavagisme. Si la traite des Noirs a été abolie en 1808, les États américains ont loisir, en vertu de la Constitution fédérale, d'autoriser ou d'interdire l'esclavage en leurs frontières. En 1860, quinze d'entre eux tolèrent encore cette pratique, qu'ils justifient, c'est selon, par les contraintes économiques, les « évidences anthropologiques », les « obligations historiques » ou les raisons religieuses. Pour les 4 millions de Noirs, employés majoritairement dans la culture du coton, du riz et du tabac – caractéristiques de l'économie rurale du Sud –, les conditions de vie et de travail diffèrent considérablement selon leurs propriétaires : il existe des fossés entre ceux, authentiquement racistes, pour qui cette main-d'œuvre servile s'apparente ni plus ni moins à des animaux, et ceux, soucieux, pour des questions de rentabilité économique autant que par charité compassionnelle, de posséder des hommes et des femmes en bonne santé, motivés, travailleurs. Certains garantissent même à leurs esclaves leur affranchissement au terme d'un certain nombre d'années de bons et loyaux services.

Pour des raisons morales mais aussi économiques – l'universalisme et le profit sont depuis l'origine les deux mamelles du « rêve américain » –, les États du Nord industrialisé, capitaliste, protectionniste, soucieux de voir l'État soutenir leur croissance par une intervention intelligente, votant plutôt républicain[13], multiplient les campagnes contre les États du Sud,

13. Fondé en 1854, le Parti républicain est né à l'initiative de membres du Parti démocrate et du Parti whig (libéral) opposés au vote d'une loi autorisant l'esclavage au Kansas.

esclavagistes et démocrates[14]. Très majoritairement agricoles, héritiers de l'esprit pionnier des pères de l'Amérique pour qui la liberté doit être totale, ces derniers plaident pour un libre-échangisme intégral avec l'Europe qui achète directement leurs productions et leur vend, à un prix moins élevé que celui proposé par leurs voisins du Nord, des produits manufacturés de qualité. Mois après mois, la tension monte, qui prend bientôt une tournure institutionnelle : ne faut-il pas tirer la Constitution de 1787 vers un système confédéral qui empêcherait Washington, la capitale, d'imposer des mesures refusées par certains États, à commencer par la liberté pour les esclaves et l'augmentation des droits de douane ? C'est ce que réclament de plus en plus de voix du Sud, persuadées que la situation des Noirs n'est qu'un prétexte moral qui cache l'impérialisme économique du Nord. Ne leur est-il pas interdit de résider plus de deux mois dans certains États du Nord, sous risque d'être publiquement fouettés ? Ne sont-ils pas privés du droit de vote ou de celui de témoigner devant la justice dans d'autres, contraints de posséder un permis de circulation dans la plupart ? La notion d'homme libre reste encore bien relative au-delà du Potomac… Preuve qu'on peut être antiesclavagiste en restant raciste. Et que la morale est le cache-sexe bien pratique de la défense d'intérêts économiques bien compris.

---

14. Né à la fin du XVIIIe siècle en opposition au Parti fédéraliste de George Washington, le Parti démocrate est de tendance conservatrice. Son grand leader a été au début du XIXe siècle Andrew Jackson, premier président issu de ses rangs (élu en 1829, réélu en 1833).

L'élection, en novembre 1860, d'un président républicain abolitionniste finit d'affoler les représentants des États du Sud. Malgré les déclarations, qui se veulent rassurantes, d'Abraham Lincoln[15], ils sont persuadés que vient de sonner le glas de leurs espoirs de conserver, outre l'esclavage, toutes ces traditions culturelles, sociales et civilisationnelles qui font leur singularité[16]. Un mois et demi plus tard, l'État de Caroline du Sud se déclare en sécession de l'Union. En février 1861, l'Alabama, la Géorgie, le Mississippi, la Louisiane, la Floride et le Texas la rejoignent dans une Confédération à la tête de laquelle est élu Jefferson Davis, sénateur démocrate du Mississippi qui a participé avec vaillance à la guerre mexicaine et exercé les fonctions de ministre de la Guerre entre 1853 et 1857. Lors de son entrée en fonction, Lincoln

15. En attestera, en mars 1861, son discours prononcé à l'occasion de la cérémonie d'inauguration de son mandat : « Les populations des États du Sud semblent appréhender que l'inauguration d'une administration républicaine ne mette en danger leurs propriétés, leur tranquillité et leur sécurité personnelles. Il n'y a jamais eu aucune cause raisonnable à de telles appréhensions. La plus complète évidence du contraire a même toujours existé, comme chacun a été libre de s'en assurer. On la retrouve dans presque tous les discours publics de celui qui vous parle en ce moment. Je ne fais que citer un de ces discours lorsque je déclare que "je n'ai dessein, ni directement ni indirectement, d'intervenir dans l'institution de l'esclavage dans les États où elle existe". Je crois que je n'en ai pas le droit, et je ne m'en sens point le désir. »

16. Dans ces régions essentiellement agricoles et peu urbanisées, le mode de vie est rural, patriarcal, communautaire, et chaque journée se passe selon un rythme immuable et lent, aux antipodes de celui imposé dans les grandes villes industrielles du Nord. La place de la religion y est primordiale, l'aspiration à une liberté absolue, essentielle. La vision qu'en donne le roman de Margaret Mitchell (comme le film dont il est adapté) *Autant en emporte le vent* le restitue avec beaucoup de justesse.

joue l'apaisement, mais le siège puis l'attaque d'un fort fédéral à Charleston (Caroline du Sud) refusant la souveraineté sudiste met le feu aux poudres. La guerre est déclarée.

L'heure des choix

Robert Lee apprend la sécession de la Caroline du Sud alors qu'il a rejoint l'armée du Texas après deux ans de congés passés à réorganiser le domaine d'Arlington auprès de sa femme. Même s'il n'a guère de sympathie pour le président Lincoln (à l'instar de la plupart des habitants de la Virginie, qui n'a accordé que 1 % de ses voix au candidat républicain), l'idée de voir l'Union se déliter lui fait horreur. Comme la perspective d'avoir à choisir entre deux camps si d'aventure sa chère Virginie rejoignait celui des sécessionnistes. Même s'il n'est pas un partisan fanatique de l'esclavage[17] et qu'il a l'image d'un propriétaire humaniste, mesuré, volontiers favorable à l'affranchissement de ses esclaves, Lee est profondément attaché au pays qui l'a vu grandir. Dans le cadre fédéral des États-Unis, c'est un autonomiste, pas un sécessionniste ou un indépendantiste. Et si l'on doutait de la sincérité de ses sentiments unionistes, un seul fait suffirait à être rappelé : mi-mars 1861, il refuse un poste de général de brigade dans l'armée

17. « Un mal à la fois moral et politique quel que soit le pays. Il est inutile de s'étendre sur ses inconvénients. […] Mais l'émancipation s'obtiendra mieux par la douce influence de l'Évangile que par les tempêtes furieuses d'une controverse à coups de canon », écrit-il dans une lettre en décembre 1856.

confédérée en train d'être créée ! Son geste s'est-il su à Washington ? Toujours est-il qu'il est convoqué quelques jours plus tard par le président Lincoln en personne qui ne lui propose rien de moins que le commandement de l'armée fédérale ! Là encore, il refuse : ne pas déserter pour rejoindre les États du Sud en sécession est une chose ; les combattre en est une autre, quoi qu'en dise son ami le général Scott, autre Virginien qui servira, lui, dans l'armée fédérale (« vous avez fait la plus grosse erreur de votre vie »).

Mais l'histoire est en marche. Inexorablement. À peine a-t-il décliné l'offre de Lincoln que survient le moment redouté : à son tour, par quatre-vingt-huit voix contre cinquante-cinq de ses élus réunis en session extraordinaire, la Virginie bascule dans la sécession. Que faire ? Comme tout bon soldat, Lee sait que le plus difficile n'est pas d'accomplir son devoir mais de le connaître. Prières. « Larmes de sang. » Détresse. Plusieurs jours lui sont nécessaires pour se déterminer entre deux fidélités, deux engagements, deux patriotismes : sa famille, ses proches, ses amis, son mode de vic et sa région natale, d'un côté ; son devoir militaire d'obéissance et son pays, de l'autre. Ou le retrait, comme des centaines d'officiers démissionnaires préféreront le faire.

Le fruit de ses réflexions et de ses hésitations prend la forme de courriers qu'il envoie respectivement au secrétaire à la Guerre de Lincoln, Simon Cameron, à son ami le général Scott, conseiller du même Lincoln, et à sa sœur Anne Marshall (qui vit dans le Nord, à Baltimore). Aux trois, il signifie qu'il quitte l'armée fédérale et affirme son désir ardent de « ne plus jamais tirer l'épée ». « Excepté pour la défense de mon État natal », précise-t-il, comme pour prévenir que sa retraite militaire risque d'être très provisoire, bien qu'il affirme ne caresser « d'autre ambition que de rester à la maison » et souhaiter que « Dieu veuille que mes services ne soient jamais nécessaires ». Vœu pieux et utopique. En effet, moins d'une semaine plus tard, sa présence est réclamée à Richmond, capitale des États confédérés, qui sont désormais au nombre de onze après que l'Arkansas, le Tennessee et la Caroline du Nord ont fait à leur tour sécession. Cette fois, Lee ne se dérobe pas. « Avec toute ma dévotion à l'Union et le sentiment de loyauté et de devoir de citoyen américain, écrit-il dans une lettre poignante adressée à sa sœur, je n'ai pas été capable de me faire à l'idée de lever la main contre mes proches, mes enfants, ma maison. [...] Je sais que tu m'en voudras, mais tu dois penser à moi avec autant de tendresse que tu pourras, et croire que j'ai entrepris de faire ce que je pensais juste. »

Lee fait donc ses adieux au domaine d'Arlington, que quitteront à son tour Mary et le reste de la famille un mois plus tard en raison de la proximité du lieu avec la ligne de front[18]. Commandant des troupes virginiennes, sa mission est claire et immense : aider à bâtir une véritable armée à partir d'un embryon de 30 000 hommes, plus ou moins équipés et armés, appartenant à la milice de l'État.

18. Les Lee ne retourneront jamais à Arlington. Confiée à une de leurs esclaves, Selina Gray, la demeure sera réquisitionnée durant la guerre par l'armée fédérale qui en fera un avant-poste de la défense de Washington... non sans avoir consciencieusement pillé les œuvres d'art qui s'y trouvaient.

Des bureaux au terrain

Avant de glaner son image de général quasi invincible, Lee va essuyer quelques échecs durant les premiers mois du conflit. À la tête de troupes mal préparées, sous-entraînées, vêtues à la diable, peu nourries, mal protégées de la pluie, souvent malades, il échoue à reconquérir la Virginie-Occidentale envahie par le général McClellan. La faute à une certaine arrogance née de l'enthousiasme consécutif à la première grande victoire sudiste à Manassas en juillet (en dépit du boulet de canon dans la cuisine de l'épicier McLean), d'une augurale supériorité numérique et d'une tactique trop complexe et, partant, difficile à mettre en œuvre. Refusant de s'acharner au risque de faire tuer inutilement des centaines d'hommes, il ordonne le retrait de ses troupes de la région. Non sans susciter le dédain d'une partie de l'armée et de la presse chauffée à blanc. Le président Davis est-il lui-même déçu ? Possible. Privé de commandement effectif, il est envoyé sur les côtes de Caroline et de Géorgie (à Savannah, notamment) pour renforcer les défenses maritimes confédérées menacées par la puissante flotte yankee. Comme si on lui rappelait qu'il demeure avant tout un officier du génie. Sans récrimination, sans amertume, sans barguigner, Lee s'exécute. Comme il accepte son rappel à Richmond, en mars 1862, auprès du président. Devant la tournure désastreuse des événements[19], celui-ci tient à

19. Tennessee, Kentucky et Missouri ont rapidement été conquis par les armées nordistes qui descendent le Mississippi

avoir Lee à ses côtés pour « conduire les opérations militaires des armées de la Confédération ». Une fonction de conseiller prestigieuse dans ses termes, mais vide de toute substance effective réelle.

À ce poste, Lee va pourtant briller. Avec un art abouti de la diplomatie – nécessaire pour ne pas froisser le ministre de la Guerre et les généraux sur le terrain –, il impose ses vues dans la gestion du conflit. Il fait voter la loi de conscription (trois ans pour tout homme de dix-huit à trente-cinq ans[20]) qui permet un renforcement immédiat des effectifs. Ordonne un redéploiement quotidien des armées afin de faire face aux assauts des troupes fédérales à l'ouest comme en Virginie. Organise la défense de Richmond en créant des opérations de diversion destinées à affaiblir la marche en avant de l'armée du Potomac de McClellan. Brillamment menées par le général Thomas Jackson – surnommé Stonewall, « mur de pierre », depuis sa victoire lors de la bataille de Manassas, dite aussi bataille de Bull Run[21] –, elles créent un trouble réel au sommet de l'état-major fédéral qui hésite à jeter toutes ses forces dans l'assaut de Richmond. Conséquence : le 1er juin 1862, la bataille de Fair Oaks[22] s'achève sans désigner de vainqueur. Pis : elle marque le commencement de la fin de la

afin de couper la liaison entre les États de l'est et de l'ouest de la Confédération.

20. Qui sera étendu aux hommes valides jusqu'à quarante-cinq ans en juillet 1863, après la déroute de Gettysburg.

21. Admiratif devant sa résistance face aux assauts ennemis, un général confédéré l'avait désigné à ses propres troupes en s'exclamant : « C'est Jackson debout comme un mur de pierre ! »

22. Que les sudistes désignent sous le nom de « bataille de Seven Pines ».

grande offensive nordiste. Et pour Lee, le début de sa montée en puissance. Le général Johnston ayant été sévèrement blessé durant cette bataille, le président Davis choisit son premier conseiller pour le remplacer à la tête de l'armée de Virginie du Nord. Adieu le ministère de la Guerre, place à la vérité du terrain. Trois mois plus tard, les résultats sont là : au terme de plusieurs batailles – Oak Grove, Gaines's Mill[23], Glendale, Malvern Hill, entre le 25 juin et le 1er juillet –, l'armée yankee a reculé de plusieurs kilomètres et ne menace plus Richmond, ayant même presque entièrement abandonné la péninsule virginienne. Malgré de lourdes pertes – 4 000 morts et quatre fois plus de blessés –, Robert Lee est devenu le héros du Sud, statut renforcé par sa proximité avec la troupe dont il partage, au moins dans son ordinaire, le mode de vie frugal – galette de maïs et chou bouilli chaque jour, de la viande seulement deux fois par semaine. Il faut peu de temps pour le voir audacieusement comparé à César ou Napoléon par la même presse qui le considérait, il y a encore peu, comme un simple manieur de bêche – en référence à son rôle de superviseur de renforcement des forts fluviaux et maritimes. *Sic transit...*

Les mois qui suivent confirment l'aura et le prestige de Lee. Au mépris des lois du nombre qui lui

23. Baptisée Cold Harbor par les sudistes, cette bataille a été relatée dans *Campagne du Potomac* par le fils de Louis-Philippe, Louis-Philippe d'Orléans, prince de Joinville, qui y a participé du côté nordiste, avec ses jeunes neveux, le duc de Chartres et le comte de Paris. Ce dernier, nommé comme son frère capitaine à l'état-major de l'armée du Potomac du général McClellan, évoque son engagement dans son journal, *Voyage en Amérique* (voir la bibliographie).

sont défavorables, à rebours de l'apparente logique stratégique qui voudrait qu'il renforce ses défenses, le général gris décide d'envahir les territoires yankees. À l'est, le Maryland, qui n'est resté fidèle à l'Union qu'*in extremis*, puis la Pennsylvanie ; à l'ouest, le Kentucky. Il y a du Bonaparte de la campagne d'Italie dans cette volonté d'offensive à outrance qui compense l'infériorité numérique par la mobilité et l'enthousiasme de ses troupes. L'objectif est autant politique que militaire : forcer Lincoln, mis en situation de faiblesse, à négocier un traité de paix qui avaliserait la sécession du Sud. Après un violent coup d'arrêt à Antietam (septembre 1862), l'ambitieux plan de Lee semble fonctionner. En décembre 1862, il écrase ses adversaires commandés par le général Burnside (qui a succédé à McClellan) à Fredericksburg : plus de 12 000 tuniques bleues sont tuées. Mieux : la démission de Lincoln est évoquée à Washington. Six mois plus tard, nouveau désastre nordiste à Chancellorsville : à un contre deux, les sudistes battent les troupes du nouveau commandant des armées du Nord, le général Hooker. La route est libre pour s'attaquer à la Pennsylvanie et ses 3 millions d'habitants.

Le pari semble d'autant plus fou que Lee est un homme de raison, réputé pour sa tempérance et sa sérénité, y compris au combat, lorsqu'il se tient sur son cheval au milieu de ses artilleurs, plein de cet « héroïsme antique » dont parlait le maréchal de Saint-Arnaud dix ans plus tôt, à propos de Lord Raglan lors de la bataille de l'Alma[24]. En témoigne

---

24. Bataille de la guerre de Crimée (1853-1856), lors du siège de Sébastopol au cours duquel les troupes françaises, britanniques

encore le fatalisme stoïque – et empreint d'une foi aux frontières du mysticisme – dont il a fait preuve à l'annonce de la mort de sa chère fille Ann en octobre 1862, victime de la fièvre typhoïde, à vingt-trois ans. « Dieu s'est montré miséricordieux dans cette épreuve en choisissant celle qui était la mieux préparée à nous quitter[25]. » Durant tout le conflit, Lee manifeste en toutes circonstances l'attachement qu'il porte à sa famille. Les occasions sont rares, mais dès qu'il le peut, il se rend au 707 Franklin Street, à Richmond, où demeure Mary, bientôt victime d'une paralysie précoce. Du matin au soir, entre deux prières et deux offices, elle mobilise ses dernières forces pour préparer vêtements et équipements qui sont envoyés aux blessés du front. À ses côtés œuvrent également les trois filles encore vivantes du couple. Quant à ses fils (Custis, Fitzhugh, dit « Rooney », et Robert Junior, dit « Rob »), Lee s'enquiert presque quotidiennement de leur situation, camouflant ses peurs et ses angoisses de père derrière un masque de fierté qu'il ne retire que dans ses rares moments de solitude.

---

et ottomanes assiégèrent ce port de la mer Noire où mouillait l'essentiel de la marine impériale russe. Le maréchal français de Saint-Arnaud et le général Raglan ont mis au point ensemble le plan d'attaque de la Crimée et participent au conflit en première ligne.

25. Lee emploiera sensiblement les mêmes termes un an plus tard, quand disparaîtra sa bru, Charlotte Georgiana Wickham Lee, épouse de son fils Fitzhugh.

This is the end...

La bataille de Gettysburg (1er-3 juillet 1863) marque, on l'a dit, le tournant décisif de la guerre civile américaine. Déclenchée par le général Lee qui espère, par une victoire décisive en Pennsylvanie, forcer le Nord à négocier un traité de paix, elle s'achève par un désastre humain, politique et militaire qui annonce la défaite finale du Sud[26]. Le temps joue en effet contre la Confédération, qui accuse, semaine après semaine, son déficit humain et industriel par rapport au Nord. Comme l'ont montré les opérations de Crimée, la guerre change de nature, privilégiant la puissance de feu au détriment du nombre d'hommes, à l'instar des mitrailleuses et des cuirassiers, ces monstres d'acier qui annoncent les boucheries à venir et rangent au rang des antiquités les charges de cavalerie ou à la baïonnette, apanage d'une ère héroïque qui sombre avec les tuniques grises.

De cela, Lee est le premier conscient, qui bascule dans une semi-dépression et propose sa démission au président Davis, dont la réponse tient en un mot : « impossible ». Là encore, comment choisir dans sa démarche entre la sincérité d'un homme d'honneur

26. Le président Jefferson Davis décrétera mi-juillet une journée d'humiliation et de prière que Lee transmettra à ses troupes sous la forme d'un ordre débutant par : « Soldats ! Nous avons péché contre le Dieu tout-puissant. Nous avons oublié ses miséricordes et nous avons entretenu en nous l'esprit de vengeance et d'orgueil ; nous ne nous sommes pas souvenus que les défenseurs d'une cause juste doivent être purs aux yeux du Seigneur. […] Dieu est notre seul refuge. Il est notre force. Humilions-nous devant Lui. »

qui offre sa tête après un échec et la crainte de rester à la tête d'une troupe qui, sur le reculoir, démotivée, démoralisée, numériquement bien plus faible que son adversaire, finira vaincue ? Car tel est le destin des confédérés, dont le territoire se réduit comme une peau de chagrin. À l'image du nombre de ses généraux de talent, qui tombent au combat les uns après les autres : Johnston, Jackson, Stuart. En mouvement ou enfouie dans des tranchées comme à Spotsylvania (mai 1864), l'armée subit défaite après défaite. Et ses brefs sursauts d'orgueil – telle l'audacieuse contre-offensive éclair de juillet 1864 menant le général Early aux portes de Washington –, comme ses rares victoires défensives (Wilderness ou la seconde bataille de Cold Harbor[27]), ne font que retarder l'inéluctable avancée des troupes yankees, désormais commandées par le général Grant, vers la capitale confédérée, Richmond, prochaine cible après Atlanta, Savannah ou Charlotte, conquises.

Le siège de Petersburg, qui ouvre la voie jusqu'à Richmond, durera neuf mois (juin 1864-mars 1865) et coûtera la vie à 11 000 Bleus et 4 000 Gris. Comme une ultime illustration de la capacité de résistance des armées sudistes autant que des qualités de génie militaire de Lee, dont les systèmes de fortifications

---

27. Début mai 1864, dans la forêt de la Wilderness, l'armée confédérée, quoique deux fois inférieure en nombre, oblige à la retraite les troupes de Grant ; un mois plus tard, à Cold Harbor, dans un rapport de forces identique, les Gris repoussent à nouveau les Bleus, grâce notamment à un système de défense remarquable : un réseau de tranchées ralentit ou bloque l'avancée de l'ennemi, qui, quasiment immobilisé et statique, voit soudain pleuvoir sur lui d'incessants tirs. Un demi-siècle plus tard, le même type de dispositif sera instauré en Europe sur des milliers de kilomètres de front…

défensives qu'il a mis en place se révèlent d'une redoutable efficacité. Nommé général en chef de toutes les forces confédérées en février 1865, usé physiquement par un conflit aussi interminable que sanglant, il tente un ultime pari en imposant, malgré l'hostilité de nombreux responsables sudistes, la possibilité d'armer les esclaves volontaires moyennant leur prochaine émancipation. Expérience peu concluante : seules quelques compagnies noires voient le jour, et seulement en Virginie. Elles seront les témoins impuissants des derniers jours de la Confédération, scandés par l'abandon de Richmond et le repli de Lee, avec 30 000 hommes, vers Appomattox où un ultime assaut de Grant le force à proposer sa reddition militaire.

Quand, de retour de la ferme de McLean, le grand vaincu annonce à ses vieux grognards sudistes les conditions de la reddition qu'il vient de signer, il s'attend à entendre un immense soupir de soulagement chez ses « Misérables » qu'il a conduits, entre deux moments de gloire, à la plus amère des défaites. C'est au contraire de la tristesse qu'il lit sur le visage de ses vétérans, qui, spontanément, font une haie d'honneur à leur chef quand celui-ci traverse leur bivouac, droit sur Traveller, son chapeau à la main. Soudain, un cri, bientôt repris par tous : « Dites un mot, général, et nous repartirons pour les combattre encore ! »

Pour des générations entières d'habitants des États du Sud, la noblesse morale et la supériorité stratégique de Lee, qui mourra en 1870 après être devenu, pour quelques années, le très apprécié directeur du Washington College de Lexington, auront effacé son statut de vaincu. Sa participation active au processus de réconciliation enclenché par Lincoln[28] puis par Grant lui-même, une fois élu président en 1869[29], ne sera pas pour rien dans l'image positive qu'il véhiculera, au point d'être pleinement réhabilité dans la mémoire collective nationale[30]. L'Amérique réunie pouvait-elle éternellement considérer en paria un de ses enfants qui s'était révélé le meilleur chef militaire de sa génération ?

Bibliographie sélective

Farid Ameur, *Gettysburg, 1er-3 juillet 1863*, Tallandier, 2014.

Farid Ameur, *La Guerre de Sécession. Images d'une Amérique déchirée*, François Bourin Éditeur, 2011.

Vincent Bernard, *Robert E. Lee, la légende sudiste*, Perrin, 2014.

Vincent Bernard, *Le Sud pouvait-il gagner la guerre de Sécession ?*, Economica, 2017.

Vincent Bernard, *Ulysses S. Grant, l'étoile du Nord*, Perrin, 2018.

Le Figaro Histoire, *La Guerre de Sécession, la véritable histoire*, décembre 2017-janvier 2018.

André Kaspi, *La Guerre de Sécession, les États désunis*, Découvertes Gallimard, 1992.

---

28. Dont Lee dénoncera avec fermeté l'assassinat par un nostalgique de la Confédération.

29. Les deux hommes se rencontreront une nouvelle et dernière fois.

30. Après une longue période d'apaisement des mémoires, 2017 a marqué un regain de tension autour de la figure du général Lee. Après avoir voté le retrait de sa statue d'un parc local, la municipalité de Charlottesville, en Virginie, a vu se succéder pendant des semaines manifestations favorables et défavorables à cette décision. L'une d'elles, organisée par des suprémacistes blancs, s'est terminée par la mort d'une contre-manifestante, suscitant un mouvement de colère dans tout le pays, qui a abouti à débaptiser un certain nombre de rues ou de lieux portant le nom du général sudiste.

John KEEGAN, *La Guerre de Sécession*, Perrin, 2009.
James M. MCPHERSON, *La Guerre de Sécession, 1861-1865*, Robert Laffont, coll. « Bouquins », 1991.
Margaret MITCHELL, *Autant en emporte le vent* (roman, 3 tomes), Gallimard, coll. « Quarto », 2003.
Philippe d'ORLÉANS, comte de Paris, *Voyage en Amérique, 1861-1862*, Perrin/Fondation Saint-Louis, 2011.

X

Trotski

Le révolutionnaire trahi

*Chef du soviet de Petrograd pendant la révolution russe de 1905, meneur du coup d'État d'octobre 1917 qui permet aux bolcheviks de s'emparer du pouvoir, orateur exceptionnel, théoricien acéré, fondateur de l'Armée rouge, bras armé de la révolution et successeur pressenti de Lénine, Trotski avait en main tous les atouts pour devenir le deuxième tsar rouge. Pourtant, il a terminé sa vie en paria, assassiné à Mexico sur ordre de l'être qu'il méprisait le plus : Staline. Lev Davidovitch Bronstein a été victime de son arrogance et de son mépris pour la politique politicienne, où les « bureaucrates », même médiocres, peuvent se révéler autrement plus habiles et dangereux. Pourtant, le roman de sa vie et le tragique de sa fin lui confèrent une aura intellectuelle et politique qui ne se démentira pas durant tout le XX*e *siècle. Si Staline a gagné la bataille du pouvoir, Trotski a remporté celle de la postérité.*

4 avril 1922, Moscou. Staline vient d'être élu secrétaire général du Comité central du parti bolchevique. Le nouvel homme fort de la Russie a le triomphe discret parce que sa notoriété est faible. Les membres du Parti connaissent mal cet apparatchik de quarante-trois ans qui est pourtant le seul à avoir un pied à la fois au Bureau politique, au Comité central et à l'Orgburo[1], les trois principales instances exécutives du nouveau régime. L'« appareil » n'a pas de secret pour lui, il en connaît les forces et les faiblesses[2].

La nomination de ce Géorgien d'un mètre soixante-huit au visage grêlé barré d'une moustache est d'autant plus une surprise qu'il ne s'est pas exprimé publiquement au congrès. À peine a-t-on remarqué ses nombreux apartés.

Les membres du Comité central sont d'abord satisfaits de la nouvelle donne. Ils ont soif de stabilité après deux années de guerre civile et cinq ans de troubles sanglants. Depuis la prise du pouvoir par les bolcheviks, le 25 octobre 1917[3], la Russie a payé un lourd tribut. En plus des 2,5 millions de morts tombés au champ d'honneur pendant la Première Guerre mondiale, le plus vaste pays du monde doit déplorer 4 millions de décès causés par la guerre civile et le « communisme de guerre[4] ».

1. Le Bureau d'organisation, chargé de l'application des décisions du Parti.

2. Sa première décision est d'ailleurs de simplifier l'énoncé des directives d'un parti dont les « cadres », dans leur écrasante majorité, n'ont pas dépassé l'enseignement primaire.

3. Les dates sont conformes au calendrier julien en usage en Russie jusqu'en 1918, en retard de treize jours sur le calendrier grégorien utilisé en Occident.

4. Durant la guerre civile (1918-1921), le pouvoir bolchevique a fait autoritairement main basse sur toute la production, action rebaptisée après coup « communisme de guerre », jusqu'à ce que

À cette comptabilité macabre s'ajoutent les 5 millions de victimes de la famine : on a vu des Russes manger de l'herbe et, pis, les cadavres de leurs propres enfants. Sans compter l'émigration des 2 millions de citoyens ayant fui les exactions bolcheviques – l'élite du pays.

Dévastée, la Russie n'a plus de pilote. Le premier tsar rouge, Lénine (cinquante-deux ans), est épuisé à force d'être sur tous les fronts. Submergé par les migraines et les insomnies, il semble à bout de nerfs. Dépressif, il confie à l'écrivain Maxime Gorki qu'il est « si fatigué » qu'il ne peut « plus rien faire du tout ».

En mai 1922, un mois après l'élection de Staline, il est frappé par la première d'une série d'attaques cérébrales. S'il reste officiellement toujours le chef suprême, la question de sa succession est posée. Staline, flanqué de Kamenev[5] et Zinoviev[6], deux piliers du régime, y songe chaque matin en lissant ses bacchantes. Son seul rival se nomme Trotski : un révolutionnaire de quarante-deux ans au pedigree impressionnant, qui domine le Géorgien de six centimètres, mais plus encore par son sens de la rhétorique et son brio. Orateur d'exception et intellectuel

Lénine décide de changer de cap, en redonnant – on ne peut plus timidement – un peu de concurrence dans le cadre de la Nouvelle Politique économique (NEP).

5. Lev Kamenev (1883-1936) est membre du Comité central bolchevique en 1905 et de la rédaction de l'*Iskra*, le journal de Lénine en exil. En 1918, il devient président du Soviet suprême de Moscou, puis commissaire du peuple et président du Politburo. Il participe activement à la marginalisation de Trotski, son beau-frère. Il sera fusillé, comme Zinoviev, sur ordre de Staline.

6. Grigori Zinoviev (1883-1936), entré au parti bolchevique en 1906, bras droit de Lénine en exil, préside en 1918 le soviet de Leningrad et le Komintern (l'Internationale communiste). Comme Kamenev, il sape l'autorité de Trotski avant de se rallier trop tardivement à lui, en 1924.

affûté, organisateur doublé d'un meneur d'hommes, il est arrogant, hâbleur, si sûr de son talent qu'il écrase les autres sous son mépris : c'est son talon d'Achille. Il est admiré ou détesté, mais ceux qui le haïssent sont plus nombreux et au faîte du pouvoir.

Un jeune paysan radicalisé

Leiba, le prénom de naissance de Trotski, est le cinquième d'une fratrie de huit enfants. Son père, David, possède une exploitation dans le sud de l'Ukraine, dans la province de Kherson, le long de la mer Noire. Propriétaire prospère, il cultive le blé et élève bovins, moutons et porcs. Il est un de ces colons encouragés par l'Empire pour sécuriser la frontière de la « Nouvelle Russie » avec les Ottomans. Ils sont souvent d'origine allemande ou juive, comme les Bronstein[7], qui, plutôt que le yiddish, parlent un sabir ukraino-russe. À neuf ans, Grisha – un de ses diminutifs –, tignasse auburn et yeux gris-bleu, fréquente une école luthérienne où il parfait son russe et apprend l'allemand. Le futur tribun a une enfance de petit paysan. Il monte à cheval et aide son père à tenir les comptes. Celui-ci rêve d'un fils ingénieur ; l'intéressé se verrait plutôt mathématicien. Sa rencontre avec un jeune populiste tchèque à Nicolaïev, près d'Odessa, où il a été envoyé pour ses études

7. Au fur et à mesure des partages de la Pologne (1772-1795) entre la Prusse, l'Autriche et la Russie, plusieurs centaines de milliers de Juifs se sont retrouvés russes et ont été assignés le long d'un axe Baltique-mer Noire. C'est le tsar Alexandre Ier (1777-1825) qui a eu l'idée d'installer des colonies agricoles juives.

secondaires, en décidera autrement : il sera révolutionnaire professionnel. C'est-à-dire un individu qui, selon la définition du nihiliste russe Netchaïev, n'a « pas d'intérêts particuliers, d'affaires privées, de sentiments, d'attaches personnelles, de propriété, pas même de nom ».

Le jeune militant participe à la création de l'Union ouvrière de la Russie méridionale (1897) tout en lisant *L'Art d'avoir toujours raison* de Schopenhauer. Déjà, il se distingue par un mélange d'intransigeance et de dureté envers ses semblables. Il est comme un moujik avec son cheval, dit un de ses camarades : capable de tous les sacrifices si celui-ci est au mieux de sa forme et l'envoyant à la boucherie dès qu'il n'est plus bon à rien.

Arrêté pour ses activités subversives par l'Okhrana, la police tsariste, il est jeté en prison, puis condamné en 1898 à quatre ans d'exil en Sibérie orientale, où il épousera la jeune révolutionnaire Alexandra Sokolovskaïa, future mère de ses deux filles, Zinaïda (1901) et Nina (1902).

Au contact des relégués de la région d'Irkoutsk, celui qui adopte désormais le prénom de Lev – prononcer « Liev », plus russe et moins juif ; l'équivalent de Léon en français – se radicalise, rédige des tracts, lit des textes politiques, y compris celui d'un certain Lénine, en exil en Suisse : *Que faire ?* Il rencontre des hommes qui feront parler d'eux, entre autres Dzerjinski, noble polonais et futur créateur de la Tcheka, la sinistre police secrète soviétique. Bronstein Jr. se fait remarquer pour ses talents de critique littéraire, qu'il exerce dans des revues. La Sibérie, remarque l'historien anglais Robert Service, est une « université révolutionnaire libre en pleine taïga ». C'est aussi une terre de peuplement, un Far-East prometteur à peine surveillé : un petit paradis comparé à l'enfer que Trotski contribuera à mettre en place – le goulag. L'État tsariste, bon prince, verse un traitement aux exilés, les autorise à se déplacer dans les villages voisins et à chercher un emploi rémunéré : lui est aide-comptable, comme il le fut auprès de son père.

La vie n'est finalement pas si désagréable à quelques encablures de la Mongolie, mais l'appel du large révolutionnaire est le plus fort. Le jeune relégué s'enfuit à l'été 1902 à bord du Transsibérien avec un faux passeport au nom de Trotski[8], abandonnant sans remords femme et enfants. L'évadé passe de la forêt de conifères aux jardins à l'anglaise. Il rejoint à Londres Lénine, directeur de l'*Iskra*[9], journal marxiste partisan d'une organisation centralisée de révolutionnaires professionnels dont les membres ont organisé son exfiltration. C'est sa future seconde femme, d'origine cosaque, Natalia Sedova, qui lui trouve un logement dans la capitale anglaise. Il y fait la connaissance des vétérans du Parti social-démocrate, Gueorgui Plekhanov[10], Vera Zassoulitch[11], et écrit sous le pseudonyme de Pero (« Plume »). Il assiste au IIe congrès du Parti social-démocrate qui débouche en 1903 sur la scission entre les bolcheviks (« majoritaires ») de Lénine

8. L'origine de ce pseudonyme est méconnue : nom d'un surveillant de Sibérie, du vendeur du faux passeport du village polonais de ses ancêtres ?

9. *L'Étincelle*.

10. Gueorgui Plekhanov (1856-1918) est le fondateur et théoricien du mouvement social-démocrate russe, marxiste malgré son nom.

11. Vera Zassoulitch (1849-1919) est une anarchiste russe passée au marxisme.

et les mencheviks (« minoritaires ») de Martov, plus favorable au recrutement de militants ouvriers qu'à la constitution d'un noyau dur de marxistes endurcis.

Trotski est intellectuellement plus proche de Lénine, qu'il admire, mais il redoute son autoritarisme et le suspecte de vouloir établir une « dictature *sur* le prolétariat ». Or, « un régime de caserne ne saurait convenir à notre parti, pas plus que l'usine ne saurait être son modèle ». Il rejoint donc les mencheviks – un choix qui lui sera toujours reproché par les bolcheviks historiques –, malgré leur modération à l'encontre de la classe moyenne. Deux ans plus tard, il rompra avec eux au nom de la nécessaire réunification du Parti et parviendra à se brouiller avec les deux clans.

D'un soviet l'autre, via le Bronx

Les coups de feu tirés un certain 9 janvier 1905 à Saint-Pétersbourg par les soldats sur une foule pacifique venue présenter au tsar des cahiers de doléances font plusieurs centaines de morts. Le *Dimanche rouge* inaugure la révolution. Trotski est le premier des cadres marxistes à rentrer clandestinement au pays pour organiser l'insurrection armée. Huit mois plus tard, en octobre, alors que la grève générale bat son plein, il prend la direction du premier soviet – un conseil de délégués élus – de la capitale. L'insurrection fait long feu après que le régime, affaibli par la guerre avec le Japon[12], eut lâché du lest en se déclarant

12. La guerre russo-japonaise (8 février 1904-5 septembre 1905) voit la victoire surprise de Tokyo qui récupère une moitié

favorable au principe d'une monarchie constitutionnelle. Mais en quelques mois, l'étudiant en marxisme de vingt-six ans s'est métamorphosé en praticien de la révolution. Son arrestation, le 16 décembre, son procès, sa condamnation – pour subversion (et non insurrection, délit plus grave) – à la déportation à vie, puis sa nouvelle fuite vers la Finlande dans un traîneau tiré par des rennes et guidé par un cocher ivre – comme dans un roman de cape et d'épée – ajoutent à la légende qu'il est en train de tisser.

En exil en Europe – Vienne, Berlin, Zurich, Paris, Madrid – puis à New York, il peaufine son profil d'infatigable défenseur de l'unité du Parti et de penseur de la révolution, multipliant articles et tribunes. Son credo : dans un pays où la question agraire n'a pas été résolue, la clé de la révolution passe par l'adhésion de la paysannerie, entraînée par le parti du prolétariat. La « révolution socialiste » débutera sur le terrain national, mais pour assurer sa pérennité elle devra se propager de manière ininterrompue dans le monde, en particulier dans les pays les plus arriérés dans le domaine économique. Ainsi le veut la dynamique de la « révolution permanente ». Jusqu'à l'instauration définitive du pouvoir ouvrier.

Trotski le graphomane a plus de fourmis dans les jambes que dans les mains. Peu après que les bolcheviks ont pris leur indépendance avec leurs autres camarades socialistes en élisant leur propre Comité central, il part en septembre 1912, pour six mois, comme correspondant de guerre, alors que l'Empire

---

de l'île de Sakhaline, la Russie devant céder en plus le sud de la Mandchourie à la Chine.

ottoman affronte la Ligue balkanique (Grèce, Serbie, Monténégro, Bulgarie)[13]. Il a besoin du terrain pour nourrir sa réflexion. Ainsi, à son retour, estime-t-il la guerre entre la Serbie et l'Autriche inéluctable.

Lorsque le premier conflit mondial éclate, il doit quitter Vienne : citoyen russe, le réfugié politique devient un ennemi. Il finit par s'installer à Paris, désespéré que les partis socialistes de la IIe Internationale aient rallié l'effort militaire de leurs pays respectifs contrairement à leurs engagements pacifistes. En septembre 1916, le proscrit est frappé d'un nouvel arrêté d'expulsion qui lui permet de partir à la découverte de l'Amérique, seule nation prête à l'accueillir. C'est dans le Bronx, où il a ses quartiers, qu'il prend connaissance des grèves et des manifestations de Petrograd, en février 1917. Cette fois, il est beaucoup plus loin du champ de bataille qu'en 1905 et manque l'hallali de l'autocratie.

Qu'importe : le mois suivant il embarque avec sa famille, direction la Scandinavie. Après un mois de rétention au Canada, il finit par gagner Petrograd le 4 mai, cette fois après Lénine. Le président charismatique du soviet de 1905 est porté en triomphe à son arrivée à la gare de Finlande. Sur place, le gouvernement (très) provisoire de Kerenski s'empêtre dans la poursuite impopulaire de la guerre et l'impossibilité d'accoucher d'un programme commun entre libéralisme et socialisme, avant d'affronter la tentative de putsch du général Kornilov[14]. Trotski, briè-

---

13. Battus en mai 1913, les Turcs sont privés de l'essentiel de leurs possessions européennes en vertu du traité de Londres.

14. Le général Kornilov (1870-1918), un des seuls fils de paysans à atteindre ce grade dans l'armée tsariste, est nommé commandant en chef de l'armée par Kerenski. Doutant de la

vement arrêté, ressort en prônant la méthode forte. « Des têtes doivent tomber, le sang doit couler [...]. La force de la Révolution française, c'était la guillotine qui raccourcissait d'une tête les ennemis du peuple. » Il est donc dans de bonnes dispositions lorsque Lénine le charge de prendre le pouvoir par la force : une méthode que dénoncent les autres dirigeants bolcheviques, Kamenev, Zinoviev et un certain Staline. Le 11 octobre, le principe du coup d'État n'en est pas moins approuvé. Trotski fait la tournée des popotes en promettant aux soldats qu'ils n'iront pas sur le front s'ils se rallient à la « cause ».

Prenant prétexte de la fermeture de l'imprimerie d'un journal bolchevique, le 25 octobre, Léon Davidovitch, à la tête des premières milices rouges et des marins de Cronstadt – ville russe de la Baltique située en face de Petrograd –, fait occuper les points stratégiques de la ville, en particulier le palais d'Hiver, siège du gouvernement provisoire, et arrêter les ministres. Devant le congrès des soviets, il adresse un discours bref et mordant : « À ceux qui sont sortis d'ici et à ceux qui proposent un compromis, nous avons l'obligation de répondre : vous êtes des individus pitoyables, en faillite, finis. Allez donc où vous devez aller : dans la poubelle de l'histoire. »

Un nouveau gouvernement, le Conseil des commissaires du peuple, ou Sovnarkom, est constitué. Son

---

détermination de ce dernier, il décide de renverser le gouvernement provisoire. Le refus des soldats d'exécuter ses ordres et le sabotage, par les cheminots, des voies ferrées acheminant ses troupes jusqu'à la capitale, Petrograd, signent son échec. Démis de ses fonctions, emprisonné, il parvient à s'évader. Il prend alors le commandement d'une armée blanche, dite « des Volontaires ». Il meurt au combat le 13 avril 1918.

président est naturellement Lénine, qui en propose à Trotski la direction. Refus de l'intéressé. Vladimir Ilitch insiste et lui offre le ministère de l'Intérieur. Même réponse. En 1922, Lénine proposera à nouveau à Trotski – et Kamenev – de devenir vice-présidents du Conseil pour faire contrepoids à l'appareil du Parti, donc aux partisans de Staline. Trotski, à nouveau, déclinera l'offre. Mépris des hommes ? Phobie administrative ? Dandysme ? Dans *Ma vie* (1930), ses Mémoires au style élégant, il justifie ses renoncements par ses origines juives. Trotski a été éduqué les premières années de sa vie dans la tradition de ses ancêtres, malgré un milieu familial fortement déjudaïsé. Adulte, il revendique son athéisme et ne se sent nullement juif. Internationaliste, révolutionnaire marxiste, il combat les bundistes[15], socialistes juifs, et les sionistes, nationalistes juifs, pour lesquels seule la création d'un État assurera la sauvegarde d'un peuple dispersé et à la merci des pogroms. Mais il n'est pas dupe de l'usage que ses adversaires peuvent faire de cet « aspect personnel [...] qui ne joue aucun rôle dans [sa] vie personnelle [...] mais qui a une grande importance politique » dans un pays à l'antisémitisme virulent. Étrangement, il accepte de devenir commissaire du peuple aux Affaires étrangères à la fin de l'année 1917. En exportant la révolution, ne va-t-il pas « prouver » par son internationalisme son inaptitude au patriotisme, « trait de caractère » du « Juif apatride » ?

15. Membres du Bund, ou Union générale des travailleurs juifs de Lituanie, Pologne et Russie : une organisation laïque créée à la fin du XIXe siècle, militant pour l'émancipation des travailleurs juifs par le socialisme. La quasi-totalité de ses membres sera liquidée au goulag et dans les camps d'extermination nazis.

Paix carthaginoise

Dans ses nouveaux habits, Trotski doit gagner la paix avec Berlin et Vienne imposée par Lénine[16], qui craint qu'en cas de poursuite de la guerre les troupes russes, épuisées et en proie à des désertions massives, ne s'écroulent devant les armées des Puissances centrales. Qui s'empareraient ensuite de Petrograd, puis de Moscou. La paix signée à Brest-Litovsk le 4 mars 1918 a des allures de capitulation[17], mais la priorité pour Oulianov est de gagner du temps pour reconstituer une force digne de ce nom. Le pouvoir est d'ailleurs transféré plus à l'est, de Petrograd à Moscou. La direction du Parti s'installe au Kremlin et la Tcheka dans l'immeuble de la Loubianka, une grosse compagnie d'assurances. Le commissaire aux Affaires étrangères est nommé commissaire à la Guerre. Sa nouvelle mission : mettre sur pied une armée, combative et loyale, pour remporter la guerre civile en gestation. Son nom : l'Armée rouge. Pragmatique, Trotski recrute plus de 130 000 officiers tsaristes[18] (la moitié de l'effectif total) pour former et encadrer la troupe,

16. Pour la majorité des dirigeants bolcheviques, une paix séparée constitue une concession à « l'impérialisme capitaliste ». Trostski, lui, était favorable à la cessation des hostilités… sans signature de la paix.

17. Les bolcheviks cèdent 800 000 kilomètres carrés (une fois et demie la France), un quart de leur population et de leur production industrielle, un tiers de leur production agricole et les deux tiers de leur charbon et fer.

18. Ils acceptent par nécessité économique, nationalisme ou goût de l'ordre. De surcroît, leurs familles deviennent des otages en puissance.

plus 200 000 sous-officiers[19], auxquels il adjoint des commissaires politiques chargés de les surveiller.

La nouvelle armée connaît l'épreuve du feu au mois d'août contre les Blancs[20], puis contre les Verts – les paysans insurgés contre les réquisitions[21] et la conscription obligatoire[22] –, les opposants de tous bords – sociaux-révolutionnaires[23], anarchistes, ouvriers et marins déçus, enfin peuples de l'Empire aspirant à la souveraineté. S'il a calé devant les responsabilités politiques proposées par Lénine, le chef de l'Armée rouge n'a jamais flanché sur le front intérieur. Il signe un décret promettant l'exécution des familles internées, couvre le massacre de 50 000 prisonniers adverses, ordonne l'ouverture de « camps de concentration[24] », gonfle les effectifs de la Tcheka, la police politique, qui passeront de 12 000 à 280 000 en trois ans. « Notre parti est pour la guerre civile, martèle-t-il. La guerre civile, c'est la lutte pour le pain. Vive la guerre civile ! »

---

19. Staline prendra prétexte de cette initiative pour railler les militaires de carrière : « les spécialistes », incapables selon lui de conduire la guerre civile.

20. En référence à la couleur de la croix de Saint-Georges, la plus haute distinction militaire de l'Empire tsariste.

21. On dénombrera environ cent quarante insurrections de grande ampleur.

22. Créée officiellement le 23 février 1918, la nouvelle Armée rouge compte 800 000 hommes à l'été suivant et plus de 5 millions deux ans plus tard.

23. À l'origine, le Parti socialiste-révolutionnaire (SR) est le parti des paysans révolutionnaires, favorable à l'abolition de la propriété privée avec indemnisation des propriétaires. Il se scindera ensuite entre les plus radicaux, les « SR de gauche », et les modérés rassemblant paysans aisés et intellectuels au sein des « SR de droite ».

24. Le goulag, le système concentrationnaire, sera inauguré en 1931.

Vêtu d'un uniforme vert ou d'une veste en cuir, avec culotte de cheval, guêtres, casquette ou chapeau de fourrure selon la saison, il parcourt tous les fronts à bord d'un train blindé, véritable monstre d'acier composé de deux locomotives et d'une douzaine de wagons-lits[25]. Deux cents hommes des troupes de choc vêtus de cuir noir assurent la sécurité de ce ministère de la Guerre roulant. La force de l'Armée rouge est dans son unité face aux Blancs, plus puissants, mais divisés. En mai 1919, elle repousse les forces de l'amiral Koltchak vers l'Oural, puis une autre armée blanche en Estonie, réduisant à néant les espoirs de la contre-révolution, même si les combats s'étireront jusqu'en 1921.

En septembre 1918, moins d'une semaine après une tentative d'assassinat à son encontre[26], Lénine instaure la « terreur rouge » afin de « protéger la République soviétique contre « ses ennemis de classe ». Il fait « fusiller sur-le-champ tout individu impliqué dans des organisations de gardes blancs, des complots, des insurrections ou des émeutes ». À Petrograd, 1 300 otages sont passés par les armes ; à Cronstadt, 400 autres, à moins qu'ils n'aient été coulés dans des barges en mer. Au total, 15 000 tsaristes, SR, mencheviks, anarchistes…[27] sont assassinés au cours de l'automne. Pendant ce temps, Trotski

25. Ce convoi ferré loge une imprimerie qui publie un journal quotidien, une bibliothèque, une salle de jeux, une infirmerie, un groupe électrogène, des stations télégraphique et radiophonique…

26. Cette affaire n'a jamais été élucidée, même si l'auteur est officiellement la socialiste-révolutionnaire Fanny Kaplan.

27. En comparaison, sous les tsars, de 1825 à 1917, ont été rendues 6 321 sentences de mort, dont 1 310 pour la seule année 1906.

parade devant les troupes à Moscou. Comme le tsar, jadis. Comme le maréchal Joukov, demain, en 1945.

Mais c'est du 28 février au 18 mars 1921 que Trotski déploie tout son savoir-faire révolutionnaire : dans la répression des ouvriers et des matelots de Cronstadt, révolutionnaires d'élite d'octobre 1917 qui se sont soulevés pour réclamer du pain et des libertés. « L'autocratie bolcheviste », comme ils la nomment désormais, incarnée par le « feld-maréchal » Trotski, répond à leur cahier de doléances par un déluge d'artillerie, suivi d'un assaut. Le 18 mars au soir – ironie de l'histoire, cinquante ans après le commencement de la Commune à Paris –, les mutins sont écrasés. Bilan : 10 000 morts, auxquels il faut ajouter un millier de prisonniers et de blessés fusillés sur place, 2 000 condamnés à mort, 6 000 envoyés en camp, dont 4 500 mourront dans l'année. Trotski ne craint pas de pratiquer la terreur la plus sanguinaire, théorisée dans *Défense du terrorisme* (1920). Chef de l'Armée rouge, il surveille de près le front idéologique : l'Internationale communiste[28], la scission de la SFIO dont sortira le Parti communiste français en 1920, ou encore la situation en Allemagne où il plaide pour l'insurrection. Au côté de Lénine, pilote vieillissant, le théoricien de la « révolution permanente » fait de plus en plus figure de dauphin officieux. Sauf qu'il est assis à la place du mort.

---

28. Il est l'auteur du manifeste initial de cette organisation chargée « de généraliser l'expérience révolutionnaire de la classe ouvrière, de débarrasser le mouvement des mélanges impurs de l'opportunisme et du social-patriotisme »…

L'impossible succession

En 1922, l'appareil répressif tourne à plein. Le Guépéou, mieux structuré, remplace la Tcheka. Le nouveau code pénal élargit la notion de crime contre-révolutionnaire à « tout acte visant à abattre ou à affaiblir le pouvoir ». Une commission fiche les intellectuels, qui peuvent être envoyés en exil intérieur ou internés en camp. « Dehors, gentlemen ! », plaisante Lénine entre deux attaques. Pendant ce temps, tapi dans l'ombre, Staline verrouille l'appareil en multipliant les petites attentions. Il augmente les salaires des cadres du Parti[29] et ajoute une prime en nature : viande, sucre, beurre, cigarettes. Six ans plus tard, bon prince, il renouvellera le geste, avant de liquider ses obligés lors des purges de 1937-1938.

Très affaibli, Vladimir Ilitch Oulianov n'est pas dupe des manœuvres de l'ancien séminariste géorgien, qu'il a trop longtemps protégé. Les débats qui agiteront le Parti les années suivantes seront des prétextes à des règlements de comptes personnels sous couvert de questions stratégiques : nature de l'Union des Républiques socialistes soviétiques[30], monopole du commerce extérieur[31].

29. Cinq ou six fois celui d'un ouvrier.

30. Staline, en accord avec la « ligne » générale, se satisferait d'une autonomie minimale de l'Ukraine, de la Biélorussie, de la Géorgie, de l'Azerbaïdjan, de l'Arménie… Lénine veut, au contraire, en finir avec le nationalisme russe et la « russification ». Toutes les républiques devraient être sur un pied d'égalité. Puisqu'on ne discute pas les oukases du tsar rouge, Staline recule. Le 30 décembre 1922 naît l'URSS à la sauce léniniste.

31. Staline y est opposé et compte sur la Nouvelle Politique économique (NEP) pour faciliter les échanges avec l'extérieur. Lénine n'en démord pas : l'économie russe est si fragile et en retard

Au cours du seul mois de décembre, Oulianov subit cinq nouvelles attaques. Il peine désormais à dicter des lettres. Dans l'une d'elles – qualifiée ultérieurement de « testament » –, il se prête à un jeu de massacre sur les dirigeants bolcheviques susceptibles de lui succéder. Staline ? « Il a concentré dans ses mains un pouvoir illimité. » Trop brutal, il doit être écarté du secrétariat général. Trotski ? S'il est « sans doute l'homme le plus capable du Comité central [...] », il « a une assurance excessive et un engouement excessif pour le côté purement administratif des choses ». Faute de dégoter un successeur digne de lui, Oulianov recommande la création d'un organisme collectif. Il savoure ses dernières victoires tactiques le ci-devant « merveilleux Géorgien » et souhaite y associer Trotski. « J'ai l'impression que *nous* avons, sans coup férir, gagné la partie, uniquement par une simple manœuvre. Je propose de ne pas *nous* arrêter là et de continuer à mener l'offensive », lui écrit-il. Mais le destinataire semble étrangement absent de cette lutte pour le pouvoir. Manque d'intérêt ? Mépris pour la cuisine politicienne ? Excès de cérébralité... et naïveté ? Pourtant, Trotski continue d'impressionner ses interlocuteurs par la froideur de son regard, accentuée par son pince-nez de notaire de province, son timbre de voix tout aussi glacial, ses discours affûtés, tranchants et sans empathie. Mais il agace pour le soin narcissique qu'il apporte à ses tenues et à ses gestes. Au pays des soviets, mieux vaut être Machiavel que Brummell.

---

qu'elle doit mettre des barrières. Sinon, l'importation massive de produits étrangers, moins chers et de meilleure qualité, annihilera l'industrie soviétique. Une fois de plus, le point de vue de Lénine finit par l'emporter. Et une fois de plus, tacticien prudent, Staline esquisse un pas de deux.

En un ultime effort, Lénine tente de remettre en selle son cadet de neuf ans et passe l'éponge sur leurs nombreux différends, le dernier portant sur le rôle des syndicats[32]. Le 5 mars 1923, il rompt avec Staline et invite Trotski à le combattre. Ce sera l'ultime recommandation du leader bolchevique, écarté à jamais de la scène publique quatre jours plus tard par une nouvelle attaque.

Mais Staline-le-bureaucrate n'a pas perdu son temps, il a verrouillé le prochain congrès en contrôlant la nomination des délégués et en faisant signer par les membres du Bureau politique une lettre de défiance à l'encontre de Trotski. Orateur médiocre, personnage grossier et dissimulateur, il fait sourire avec son gros accent du Caucase et son allure empesée. Plus pour longtemps. Il joue de toutes les cordes, se présentant en gardien de la pureté idéologique et en surjouant la mystique du Parti et de son unité.

Trotski dégaine enfin dans la *Pravda* une critique en règle de l'appareil et de sa bureaucratisation. La riposte est foudroyante. Le 19 janvier 1924, deux jours avant la mort de Lénine à cinquante-trois ans, Staline fait adopter par le Comité central une résolution dénonçant une « tentative directe de discréditer

32. Dès le IIe congrès du Parti ouvrier social-démocrate de Russie, en 1903, Trotski avait comparé Lénine à Robespierre et dénoncé ses penchants autoritaires. Concernant les syndicats, il voulait les « secouer », choisir leurs dirigeants, et les charger d'accroître la productivité du travail, « puisque c'est l'unique moyen d'améliorer la situation des masses ouvrières ». De son côté, Lénine a dénoncé à plusieurs reprises la « manie bureaucratique », les « projets fantaisistes », la propension à « l'emballement, l'exagération, l'obstination », pis, « l'incapacité à comprendre la politique » du fondateur de l'Armée rouge.

l'appareil du Parti ». De manière là encore incompréhensible, Trotski fait amende honorable. À la publication du « testament » d'Oulianov, brûlot anti-Staline, il ne tente pas de reprendre l'initiative. Lorsque les critiques pleuvent contre la politique brutale de russification de la Géorgie menée par le Géorgien Djougachvili[33] et sa réélection au poste de secrétaire général, il demeure encore sur l'Aventin.

Le 27 janvier 1924, lorsque les prétendants à la succession portent le cercueil du défunt, comme autant de mafieux à la disparition du *padrone* – Staline, Zinoviev, Kamenev, Boukharine, Molotov –, il est le seul absent. Le Géorgien a tout fait pour l'empêcher de rentrer de la station de la mer Noire où il se repose. C'est le premier épisode d'une mise à l'écart méthodique. Trotski sera ensuite exclu de la réunion dite « des Sept », où les décisions capitales du Politburo sont prises, puis du Comité central. Au lieu de porter le fer, il s'isole en ergotant sur les rôles respectifs du Parti et de l'État. Staline, lui, continue de placer ses hommes ; certains seront encore en poste à sa mort, en mars 1953 : Molotov, Vorochilov, Kalinine, Mikoyan, Kaganovitch, Kirov, Ordjonikidze... Et il se fait un plaisir de railler la « désespérance permanente » du concepteur de la « révolution permanente[34] », qui continue de théoriser sur la bureaucratie. « Pour assurer à des milliers de fonctionnaires grands ou petits leur bifteck, leur bouteille de vin et autres bonnes choses, il se trouvait

33. Staline est un pseudonyme de clandestinité de celui qui est né Iossif Vissarionovitch Djougachvili.

34. Pour Trotski, puisque l'économie est mondiale et que le capitalisme se joue des frontières, seule la victoire du prolétariat des pays avancés assurera la pérennité de la révolution russe.

qu'il fallait un régime totalitaire », écrit-il, se mettant à dos tout le Parti.

Pourtant, Trotski aurait pu facilement en finir avec le secrétaire général du Comité central. Il lui suffisait d'encercler le bâtiment avec un régiment de l'Armée rouge. Le scénario lui a été soufflé. Mais il ne veut pas coller à l'image d'un « apprenti Bonaparte » auquel le réduisent ses adversaires. Aurait-il intégré sa prochaine défaite ? Faisant ses adieux à Boris Souvarine[35], il confie : « Ils me tueront. »

La descente aux enfers semble sans fin. En janvier 1925, il est démis de son poste de commissaire du peuple aux Affaires militaires et navales. Fragilisé, il l'est un peu plus lorsque Zinoviev propose son exclusion du Politburo. Staline a alors beau jeu de s'y opposer au nom de « l'union ». Quelques mois plus tard, ce dernier se débarrassera de Zinoviev et Kamenev. Piteux, ceux-ci formeront avec Trotski l'opposition « réunifiée », ou opposition de gauche : une « organisation illégale à l'échelle du pays », décrétera aussitôt le *Vojd* (« le guide »), désormais inexpugnable.

Pendant que la nomenklatura règle ses comptes, la Russie crie famine. Les paysans bradent leurs rares biens. Les koulaks sont rançonnés. En Sibérie et dans le Caucase, d'ex-soldats de l'Armée rouge tombent dans le banditisme. Des grèves paralysent les usines.

En 1927, Trotski, surmené, multiplie les syncopes – sans doute une forme d'épilepsie – et subit calomnies

35. Communiste français d'origine ukrainienne, puis communiste oppositionnel antistalinien, puis anticommuniste, Boris Souvarine (1895-1984) dirigera la revue *Est-Ouest*. On lui doit la première biographie d'envergure de Staline.

et attaques antisémites. En novembre, il est exclu du Comité central du PCUS, puis du Parti, tandis que débute la déportation en Sibérie de 8 000 « trotskistes ». Adolf Joffé[36], l'un de ses plus proches amis, très malade, se suicide. « Vous avez toujours eu raison en politique depuis 1905 et Lénine aussi l'a reconnu », lui écrit-il dans une lettre-testament. Mais, ajoute-t-il en forme de critique : « La certitude de la victoire ne peut résider que dans une intransigeance résolue, dans un refus de tout compromis, comme ce fut le secret des victoires de Vladimir Ilitch. » Le journaliste américain Louis Fischer, correspondant à Moscou, développe une analyse voisine : « Trotski était un amalgame tourmenté de morale et de puissance, de philosophie et de terreur, de littérature et de révolution ; une personnalité divisée. Staline était un bloc de silex. »

Le 17 janvier 1928, la famille Trotski est exilée à Alma-Ata, dans le sud du Kazakhstan, dans la lointaine Asie centrale. Le voyage dure une dizaine de jours. Malaria, chiens enragés, ravitaillement difficile : l'accueil est rude. Comme si de rien n'était, l'ancien chef de l'Armée rouge se dit ravi d'aller à la chasse au canard. « Passer neuf jours au grand air […], manger du mouton à la belle étoile […], ne pas se laver, ne pas s'habiller, tomber de cheval dans la rivière, passer presque vingt-quatre heures sur un petit échafaudage, au milieu de l'eau et des joncs […], il n'est pas fréquent d'éprouver cela », écrira-t-il. Le bonheur serait-il dans le pré ?

36. Ce proche de Trotski dirigea la délégation soviétique qui négociera la paix de Brest-Litovsk (23 février 1918). Il fut ensuite nommé ambassadeur à Berlin.

L'exilé de l'intérieur commence la rédaction de ses souvenirs. Il travaille sur la Chine et l'Inde, lit des ouvrages sur l'économie, la lutte anticoloniale, en français, allemand, anglais. Le père et le fils organisent comme ils peuvent l'opposition, affaiblie un peu plus chaque jour au fil de l'exil de centaines de ses membres. Le Guépéou filtre la correspondance de la PME révolutionnaire Bronstein, avant d'exiler les deux gendres du *Prophète désarmé*[37], bientôt fusillés. En décembre, un émissaire du Guépéou lui intime l'ordre de cesser toute activité politique. Un mois plus tard, alors qu'il s'apprête à aller chasser trois tigres de Sibérie, il est informé de son expulsion pour « activité antisoviétique ». Au sein du Parti, personne ne lève le petit doigt pour le défendre.

Le paria de la révolution

Les années 1929 et 1930, Staline déporte 1 800 000 paysans et en profite pour liquider l'opposition « de droite » de Boukharine[38]. Le dernier round peut opposer le Géorgien à son ennemi, qu'il hait à proportion du mépris dont Trotski n'a jamais cessé de l'accabler. Le héros de la révolution de 1905, le père de l'Armée rouge, encerclé, dépossédé, a déjà perdu. Il va connaître dix années dramatiques d'exil, où le

37. Selon le titre du deuxième tome de la trilogie biographique contestée de Trotski par le journaliste et historien anglais, d'origine juive polonaise, Isaac Deutscher : *Le Prophète armé*, *Le Prophète désarmé*, *Le Prophète hors la loi*.

38. En réalité, cette opposition dite « de droite » s'oppose essentiellement aux réquisitions des paysans.

vide autour de lui se fera chaque jour un peu plus, au fur et à mesure des meurtres de ses proches et de ses amis. Jusqu'à son assassinat, le 20 août 1940, dans la villa de Coyoacán, en banlieue de Mexico.

Pourtant, il semble vouloir tirer le meilleur parti de chacune de ses relégations, en écrivant, en lisant et en parlant littérature. Son épanouissement intellectuel contraste avec son malheur public. Devant des membres de la commission d'enquête internationale sur les procès staliniens, présidée par le philosophe américain John Dewey, il fera, en 1938, une étrange confidence : « Je n'aspire pas au pouvoir personnellement. Mon activité littéraire me donne plus de satisfaction. Le pouvoir est un fardeau, mais c'est un mal nécessaire et inévitable. Lorsque vos idées sont victorieuses, vous devez l'accepter. Mais le mécanisme du pouvoir est une chose misérable. »

Depuis son premier exil sur l'île turque de Büyükada (Prinkipo pour les Grecs) jusqu'à sa dernière demeure mexicaine, Trotski aura la même vie réglée de moine-soldat de la révolution. Levé à 6 h 30, il boit une tasse de thé, puis s'installe à sa table de travail. À 9 heures, il prend un petit déjeuner avec Natalia, son épouse. Puis, il repart travailler. À 13 heures, il déjeune avec les présents, collaborateurs et gardes du corps. À l'heure de la sieste, il monte lire dans sa chambre, boit un thé et se remet au travail. Jusqu'au dîner, à l'heure anglaise, vers 19 heures. Sa vie est saine, il ne boit pas d'alcool (Staline et ses amis soudards géorgiens l'avaient très mal pris lorsqu'il avait tenté d'interdire le vin au Kremlin), ne fume pas. Il lit à nouveau, puis se couche.

Sans doute a-t-il rêvé secrètement de cette existence recluse et réglée fondée sur la connaissance et l'écriture. Dans l'avant-propos de *Ma vie*, Lev Davidovitch confie que « l'envie de [s]'instruire ne [l]'a jamais quitté, [il] a eu comme le sentiment que la révolution [l]'empêchait de travailler méthodiquement ». En outre, le site turc est radieux. « C'est un endroit où il fait bon écrire, surtout en automne et en hiver, quand l'île se vide et que les bécasses font leur apparition dans le parc. [...] À dix mètres de la murette, nous pêchons des poissons, à quinze mètres des homards. » Parfois, il embarque sur le petit bateau d'un Grec et pêche des maquereaux.

Marxiste « people »

Des militants et sympathisants étrangers[39] viennent lui rendre visite ou travailler à ses côtés. Il déclare la faillite de l'Internationale communiste face au fascisme, et se bat pour proclamer une nouvelle Internationale, la IVe du nom, « bolchevique-léniniste[40] ». Il écrit chaque jour des dizaines de lettres aux militants, envoie des notes, tente d'empêcher les scissions, commente l'actualité : fascisme, nazisme, guerre d'Espagne, Front populaire, et redoute une prochaine guerre mondiale[41].

39. Parmi lesquels le surréaliste et futur sociologue français Pierre Naville, Georges Simenon ou Marjorie, la belle-fille d'H. G. Wells...

40. La IVe Internationale sortira des limbes en 1938.

41. La réponse idoine au fascisme constitue une autre pomme de discorde avec Staline. Pour le Géorgien, après les périodes de révolution (1917-1921), puis de stabilisation (1921-1928),

Le cénobite marxiste songe à sortir de sa cellule pour participer au combat politique. Mais les pays sollicités, Allemagne, Angleterre, France, Pays-Bas, Autriche…, refusent d'accueillir ce diable rouge. D'autant que le Guépéou propage la rumeur qu'en accord avec Staline il serait en réalité chargé de la propagande soviétique en Europe. Sa rhétorique ne serait qu'un leurre, puisqu'il est le meilleur agent de Moscou !

Pendant ce temps, en URSS, le futur « petit père des peuples » engage à marche forcée la collectivisation agricole et promulgue le premier plan quinquennal. Autrement dit, le programme de Trotski… Pas tout à fait, à en croire l'intéressé, qui y voit une « application bureaucratique déformée[42] » de ses propres théories. Mais nombre d'opposants, troublés et séduits par un Staline s'appropriant les slogans de Trotski, se rallient. Pour le paria, ce sont des « âmes mortes », ces personnages médiocres dénoncés un siècle plus tôt par l'écrivain Nikolaï Gogol. « La révolution est une grande mangeuse d'hommes », lâche-t-il, moraliste à ses hcures.

La vengeance est un plat qui se mange froid. Comme le bortsch. Le 20 février 1932, Staline prive

---

la nouvelle étape doit être celle de la radicalisation. Le principal obstacle à cette dernière est la social-démocratie, sœur jumelle du « social-fascisme ». Absurde, rétorque Trotski, qui propose, à l'inverse, « le front unique » des sociaux-démocrates et des communistes contre le nazisme.

42. Lorsqu'on demande à Trotski si le « merveilleux Géorgien » l'a imité, il répond : « Quand un homme a un furoncle sur le cou, un bon chirurgien enlèvera le furoncle d'un coup de bistouri. Un savetier tranchera le cou du malade. Il est vrai que Staline est allé beaucoup plus loin que ce que j'avais proposé. »

Trotski et sa famille de la citoyenneté soviétique. Quiconque se réclamera de lui ou correspondra avec lui sera considéré comme un « agent de l'étranger ». L'étrangleur caucasien serre un peu plus le nœud coulant autour de sa victime, lorsque Lev Davidovitch apprend le suicide au gaz à Berlin de Zina, sa fille aînée, sur le point d'être expulsée après la prise du pouvoir des nazis. Cinq ans plus tôt, sa fille cadette Nina était morte de tuberculose.

Trotski constate, impuissant, l'effondrement du « prolétariat le plus puissant d'Europe » dans l'Allemagne nazie. Il lit le *Voyage au bout de la nuit* de Céline. Le roman « secoue de fond en comble le vocabulaire de la littérature française », note-t-il, mais il « ne propose en aucune façon la mise en accusation des conditions sociales de la France ».

Été 1933. L'exilé débarque à Marseille et s'installe près de Royan, car il est interdit de séjour à Paris. Il se rend néanmoins à l'occasion dans la capitale, grimé, pour rencontrer des militants. Ceux-ci sont impressionnés et frappés par la courtoisie et l'ironie du « Vieux ». Malraux ne peut s'empêcher de décrire un « éblouissant fantôme à lunettes », qui se mue en « statue asiatique ». Le Bouddha, dernier avatar du marxisme ? À cinquante-quatre ans, le révolutionnaire professionnel est pourtant usé. « La jeunesse s'est enfuie depuis longtemps, mais j'ai remarqué soudain que le souvenir même que j'en avais s'est enfui, le souvenir vivant des visages. » Les maîtres de Moscou, en revanche, ne l'ont pas oublié. Une campagne est lancée contre les « hitléro-trotskistes ». En réalité, de nombreux membres du Parti communiste allemand ont adhéré au mouvement nazi : le sujet est tabou. Trotski est un des premiers à faire le lien entre les « rouges » et les « bruns » : « La bureaucratie, note-t-il, gouverne le pays avec des méthodes presque identiques à celles du fascisme. » Éloigné des responsabilités, il sombre plus que jamais dans l'abstraction, les concepts : le marxisme, la révolution, le prolétariat, la « IVe ». Sa vision du monde devient apocalyptique : si le prolétariat ne le reconnaît pas en nouveau messie laïque, l'humanité le regrettera amèrement.

Staline n'a que faire du dogme. Politique d'abord et toujours, il prend prétexte de l'assassinat de Kirov, secrétaire du parti communiste de Leningrad, pour lancer les grandes purges. Trotski est désormais indésirable en France. Direction la Norvège. Lorsqu'il débarque, un militant le décrit « fort, les épaules larges, très vif, très leste, souriant, heureux, fraternel », des « yeux gris acier, dominateurs et changeants ». Il a toujours le sens de la formule : « Le stalinisme est la syphilis du mouvement ouvrier. » Staline, lui, a le sens pratique. À Paris, l'agent du Guépéou Mark Zborowski, alias Étienne, est devenu l'homme de confiance de Sedov, le fils et principal collaborateur de Trotski. Correspondance, contacts, réseaux : rien de l'opposition n'échappe à l'œil de Moscou. Même l'agent littéraire de Trotski à New York, Leber, est un espion russe.

L'année 1936 inaugure une nouvelle étape de la répression stalinienne. Emprisonnés à la Loubianka, Zinoviev et Kamenev « avouent » que Trotski a donné l'ordre de liquider Staline, et d'autres dirigeants comme Kirov ou Vorochilov. En août, leur passage devant la justice inaugure le premier des trois procès dits « de Moscou », qui, jusqu'en mars 1938, aboutiront à la liquidation du Bureau politique, du Comité central, des maréchaux et d'un tiers des officiers de l'Armée rouge, tous fusillés ou envoyés en camp. « Staline ne vise pas les idées de l'adversaire, note Trotski, il vise la nuque. »

Terminus Mexico

Le Mexique du général Lázaro Cárdenas, avocat des républicains espagnols, accepte d'accueillir le pestiféré. Le 9 janvier 1937, le pétrolier *Ruth* débarque au port de Tampico. Le « Vieux » et sa parentèle sont accueillis par Max Shachtman, chef de file des trotskistes américains, et la déjà fameuse Frida Kahlo[43] – avec qui il aura une brève liaison l'été suivant –, épouse du peintre Diego Rivera, ancien syndicaliste du bâtiment, auteur de vastes fresques murales. À Coyoacán, dans la banlieue de Mexico, les Bronstein s'installent dans une basse maison bleue, avec un patio rempli de plantes. Trotski apprend que son autre fils Serge Sedov, un ingénieur toujours resté à l'écart de la politique, est accusé d'avoir voulu empoisonner des ouvriers de l'usine où il travaille. Il sera fusillé. Dans la foulée, on l'informe de l'assassinat de son ancien secrétaire Erwin Wolf.

Au deuxième procès de Moscou, le procureur général Vychinski déclare que « le trotskisme

43. La peinture de Frida Kahlo (1907-1954) est « un ruban autour d'une bombe », disait André Breton. Très handicapée par une polio et un grave accident, l'artiste multiplie les liaisons sulfureuses.

contre-révolutionnaire est devenu depuis longtemps déjà le pire détachement d'avant-garde du fascisme international ». La police politique arrête le frère de Natalia. L'année suivante, le frère aîné de Trotski, Alexandre, apolitique s'il en est, est condamné à mort – quatre des cinq fils de celui-ci seront déportés au goulag, le cinquième sera fusillé. Sa sœur, Olga, épouse du bolchevik Kamenev, est elle aussi passée par les armes, comme ses deux fils cinq ans plus tôt. Sa première femme, Alexandra Sokolovskaïa (mère de Nina et Zinaïda), et la famille de celle-ci sont expédiés au goulag. Staline déclare en novembre : « Tous les trotskistes doivent être pourchassés, abattus, exterminés. »

L'année 1938 est une tragique répétition de l'année précédente. Le 13 février, Léon Sedov, le fils aîné, meurt à Paris des suites d'une opération suspecte, probablement liquidé. Le 2 mars s'ouvre le troisième et dernier procès de Moscou, celui « du centre des droitiers et des trotskistes ». Le délire complotiste n'a plus de limites : « [...] quand je lis un nouveau télégramme qui parle des préparatifs de Boukharine pour assassiner Lénine, des liaisons de Rakovski[44] avec l'État-Major général japonais, ou de l'empoisonnement du vieux Gorki par les médecins du Kremlin, note Trotski, il me semble que je rêve et que je délire. »

À la veille de la Seconde Guerre mondiale, il est seul, épuisé par l'assassinat des siens et de ses vieux

44. Christian Rakovski (1873-1941), médecin roumain d'origine bulgare, fut un diplomate soviétique. Grand ami de Trotski, il lâcha celui-ci et l'opposition de gauche. Son ralliement à Staline ne lui épargna pas un procès et une exécution en 1941.

camarades qui, avant de mourir, se sont pour la plupart reniés publiquement et l'ont couvert de boue. Ses meilleurs partisans ont été assassinés pendant la guerre d'Espagne[45]. Quant à son ultime terre d'exil, elle n'est pas sûre. Le Parti communiste mexicain, à la solde de Moscou, lance une campagne de presse contre lui. Le 24 mai 1939, à 4 heures du matin, un commando d'une vingtaine d'hommes armés pénètre dans sa maison, arrose sa chambre à la mitraillette et lance des grenades. Sans faire de victimes. Parmi les trente personnes arrêtées, un membre du Bureau politique du Parti communiste mexicain justement. Le scandale est énorme. Moscou change de tactique ; après la force, l'entrisme. Le NKVD fait approcher une militante trotskiste américaine, Sylvia Ageloff, par un de ses agents, Ramón Mercader (alias Frank Jacson et Jacques Mornard), fils d'une militante communiste du PCF proche de l'un des principaux tueurs du NKVD, afin d'avoir accès au « Vieux », entouré de gardes du corps. Entré au Mexique en octobre 1939, Mercader parvient à pénétrer pour la première fois dans la maison de Trotski à Coyoacán le 28 mai 1940.

Cet été-là, le monde a changé de physionomie. Grâce au pacte de non-agression signé avec Staline, Hitler a conquis la plus grande partie de l'Europe continentale et prépare la bataille d'Angleterre. En France – vaincue et à demi occupée –, le maréchal

45. Le NKVD liquide systématiquement les responsables des mouvements marxistes antistaliniens, tel le POUM (Parti ouvrier d'unification marxiste), dont le leader, Andreu Nin, avait pourtant pris ses distances avec Trotski et les organisations anarchistes (CNT, FAI).

Pétain a lancé la « Révolution nationale » ; Blum, Daladier, Mandel et le général Gamelin ont été arrêtés ; de Gaulle a été condamné à mort par contumace ; Henri Frenay lance un mouvement de résistance qui deviendra Combat. Les pays Baltes, annexés par l'URSS, sont désormais des républiques soviétiques.

Le 20 août, dans la banlieue de Mexico, un homme mince à l'abondante chevelure et aux petites lunettes cerclées, la soixantaine, donne à manger à ses lapins. Quelques minutes plus tard, il reçoit dans son bureau un visiteur qui lui apporte un article. Il le lit et, d'après Leonardo Padura[46], lâche : « "C'est de la merde, Jacson", et avec son crayon, il biff[e] la feuille de droite à gauche, de gauche à droite. » « À cet instant, imagine l'écrivain cubain, Ramón Mercader [...] leva le bras droit, le brandit au-dessus de sa tête, agrippa avec force le manche raccourci et ferma les yeux. Il ne put voir, au dernier moment, le condamné, les feuilles raturées à la main, qui tournait la tête et avait juste le temps de découvrir Jacques Mornard en train d'abattre de toutes ses forces un piolet qui cherchait le centre du crâne. Le cri de terreur et de douleur ébranla les fondations de l'inutile forteresse de l'avenue Viena. » Ses gardes du corps se précipitent et découvrent l'éternel lutteur – si cérébral – un piolet dans le crâne, aux prises avec son meurtrier[47]. Le « Vieux » a juste le temps de commander qu'on épargne l'assassin pour le faire parler, de

46. Dans *L'homme qui aimait les chiens*, Paris, Métailié, 2011.

47. Arrêté par les gardes du corps de Trotski, remis à la police mexicaine, condamné à vingt ans de prison, il parviendra à masquer longtemps sa véritable identité. Libéré en août 1960, il rejoindra Moscou où il sera décoré de l'ordre des Héros de l'URSS et promu général. Il mourra en 1978.

dire sa confiance en la victoire de la IVe Internationale et son amour indestructible pour Natalia.

Trotski aura une seconde vie. La mort métamorphosera l'artisan de la révolution d'Octobre et l'impitoyable chef de l'Armée rouge pendant la guerre civile en un pur esprit, porteur d'un communisme alternatif « à visage humain », à qui les tueurs de Staline n'ont laissé aucune chance. Un quasi-saint, un martyr en tout cas : le comble pour un marxiste athée.

Bibliographie sélective

Claude Anet, *La Révolution russe. Chroniques 1917-1920*, Phébus, 2007.

Pierre Broué, *Trotsky*, Fayard, 1988.

Stéphane Courtois, *Lénine, l'inventeur du totalitarisme*, Perrin, 2017.

Alexandre Jevakhoff, *La Guerre civile russe, 1917-1922*, Perrin, 2017.

Jean-Jacques Marie, *Trotski*, Payot, 2006.

Jean-Jacques Marie, *Le Trotskysme et les Trotskystes*, Armand Colin, 2002.

Alexander Rabinovitch, *Les bolcheviks prennent le pouvoir*, La Fabrique, 2016.

Robert Service, *Trotski*, Perrin, 2011.

Robert Service, *Staline*, Perrin, 2013.

Boris Souvarine, *Sur Lénine, Trotski, Staline*, Allia, 2007.

Alexandre Sumpf, *1917. La Russie et les Russes en révolution*, Perrin, 2017.

Alexandre Sumpf, *La Grande Guerre oubliée*, Perrin, coll. « Tempus », 2014.

Léon Trotski, *Ma vie*, Gallimard, 1953.

Léon Trotski, *La Révolution trahie*, Éditions de Minuit, 1963.

XI

Chiang Kai-shek

L'habit trop grand du généralissime

À quarante ans, le fils de paysan devenu un grand chef militaire avait réussi l'impossible : unifier le vaste Empire chinois après avoir défait les seigneurs de la guerre. Mais ce soldat sans scrupule et indécis fut dépassé par ses succès fragiles. Son apathie à l'égard de l'envahisseur japonais après 1932, sa complaisance et son inaction face à la corruption et au pillage du pays par les dirigeants de son parti, le Guomindang, ont fini par détacher de lui chaque jour un peu plus le peuple chinois. Et ouvert un boulevard aux partisans communistes de Lin Biao et Mao Zedong, l'obligeant, après une humiliante défaite, à se réfugier sur l'île de Formose (Taïwan) qu'il dirigera d'une main de fer de 1949 à sa mort, en 1975.

À chaque croisée des chemins, le « généralissime » Chiang Kai-shek se retire du jeu, dans son village natal de Xikou – trois rues hâtivement tracées en moyenne montagne, à 1 000 mètres d'altitude –, dans la province du Zhejiang, dans le sud de cet immense Empire chinois meurtri par les invasions, les coups de force et les sécessions.

En ce mois d'août 1927, il goûte une fois de plus la sérénité des lieux, la vue des paysans affairés sur les terrasses où poussent le riz et le thé vert. À quarante ans, cet homme svelte d'1 m 70, au visage fin barré d'une moustache et au crâne rasé, aime gravir le pic des Mille Toises pour mieux s'imprégner du panorama de son enfance.

Celle-ci défile alors par bribes, les souvenirs funestes écrasant les rares instants de bonheur. La mort du père, « paysan riche » et notable respecté, lorsqu'il avait neuf ans, a déclassé et fragilisé à jamais la famille. La disparition de son frère cadet, deux ans plus tard, est un nouveau choc pour le jeune garçon, soumis de bonne heure à la fragilité des choses. Sa mère, privée de son enfant favori, porte par défaut tous ses espoirs sur ce fils devenu unique par le malheur. Elle lui enseigne la discipline et les bonnes manières, au risque de l'étouffer de ses conseils et de son attention maladive. Quant à ses précepteurs, ils peinent à enseigner les indispensables « treize classiques » de la littérature chinoise à cet enfant maigrichon, colérique et violent, à qui on impose, à quatorze ans, un mariage avec une paysanne aussi solide que disgracieuse, de cinq ans son aînée.

Mais tout cela n'est-il pas du passé ? Le mois prochain, il demandera la main de Meiling Song, la fille de l'une des familles les plus riches de la Chine : une grande bourgeoise passée par les universités américaines. Dans un anglais bostonien, elle répète qu'elle n'a « d'orientale que la face ». Le rejeton de la Chine profonde tient là sa revanche. Bientôt, il sera le nouveau maître de l'empire du Milieu au côté d'une femme splendide.

Mystère de l'association des êtres. Il n'y a pas plus extravertie, brillante et polyglotte qu'elle. Il n'y a pas plus corseté, provincial et taiseux que lui. La famille Song mise – investit, devrait-on dire – sur un général plein d'avenir, synonyme de gains futurs dans une Chine en proie à la corruption. Et pourtant, cette union sans passion trouvera son rythme de croisière au fil des épreuves. « Que feriez-vous, vous les hommes, sans de jolies femmes comme nous ? », plaisantera Meiling le jour de son centième anniversaire, célébré dans un gratte-ciel new-yorkais.

L'obsession : réunifier la Chine

En cette année 1927, Chiang Kai-shek est depuis cinq ans général et chef d'état-major de la jeune république de Chine fondée en 1911 à Nankin par Sun Yat-sen, son modèle[1]. Il a étudié en URSS le

1. L'été 1911, en tentant d'accaparer des chemins de fer des provinces du Centre financés avec des capitaux privés locaux, le gouvernement mandchou voit se détacher la classe moyenne modérée, qui se rallie aux républicains, tandis que plusieurs provinces proclament leur indépendance. Un gouvernement républicain provisoire est établi à Nankin. Il élit à sa tête Sun Yat-sen, vite évincé (1913) par le général Yuan Shikai, porte-parole des républicains les plus conservateurs, qui a convaincu les Mandchous d'abdiquer formellement. Yuan Shikai est à son tour écarté par des chefs militaires divisés en factions rivales. En 1917, les provinces du Sud feront sécession et Sun Yat-sen reviendra à Canton à la tête d'un gouvernement hostile à Pékin. Mais les vrais maîtres de la

fonctionnement de l'Armée rouge et les institutions de ce nouveau régime qu'il admire pour sa virtuosité à en finir avec l'ordre ancien et sa passion de l'ordre. Depuis ce séjour, il est suspecté d'être un officier révolutionnaire. Pourtant, il n'est pas marxiste, ne croit pas à la lutte des classes et se méfie des communistes chinois. Comme Sun, il admet qu'il y a en Chine « des pauvres et des moins pauvres », mais que la bonne doctrine se résume aux « trois principes du peuple » : « nationalisme », « démocratie », « bien-être du peuple », dans l'ordre de préférence. S'il lit le *Manifeste du parti communiste* de Karl Marx et quelques ouvrages de Lénine sur le conseil de ses officiers, il préfère la poésie de Tagore[2]. Le poète indien « tient l'infini et l'immortalité comme bases de la vision de la vie et estime que l'amour et le bonheur donnent leur sens à toute activité dans le monde », écrit-il dans le journal qu'il tiendra tout au long de sa vie, alors que « Lénine considère la lutte et le pouvoir comme les moyens de la révolution mondiale ». Chiang ne s'en revendique pas moins « nationaliste révolutionnaire », déterminé à « lutter contre l'impérialisme international », incarné par les puissances occidentales depuis les guerres de l'Opium[3], et les

Chine restent les seigneurs de la guerre. Face aux désordres qu'ils généreront, Sun Yat-sen fera alliance avec les communistes en 1924, tout en se rapprochant de Moscou. Il meurt l'année suivante.

2. Rabindranath Tagore (1861-1941) est le premier Asiatique prix Nobel de littérature (1913).

3. Face au fléau de l'opium dans les années 1830, l'empereur mandchou tranche pour la répression. Problème : le trafic est organisé par la Grande-Bretagne qui comble ainsi son déficit commercial avec la Chine, dont elle importe le thé, mais qui ne lui achète rien. La Compagnie des Indes orientales assure la production de la drogue au Bengale, la vend aux enchères de Calcutta à des

« instruments » de celui-ci en Chine : les seigneurs de la guerre. Son objectif final, c'est de recouvrer l'unité de la Chine, brisée depuis la chute, en cette terrible année 1911, de la dynastie des Qing, et menacée sans relâche depuis à la fois par la Grande-Bretagne au Tibet, le Japon en Mandchourie et la Russie tsariste en Asie centrale et en Mongolie.

Avec beaucoup d'habileté, l'anticommuniste Chiang, représentant de l'aile droite du Guomindang[4], saura ménager à partir des années 1920 l'allié soviétique qui a renoncé en apparence aux appétits du tsarisme conquérant. Il mise sur les *sovietniki*, leurs conseillers militaires – parmi eux, le fameux Borodine, agent du Komintern (l'Internationaliste communiste) et personnage des *Conquérants* de Malraux –, pour encadrer ses troupes, mais aussi, sans l'avouer, pour prendre le pouvoir.

Au printemps précédent, il a déjà fait place nette en mettant aux arrêts les soldats suspects et en s'arrogeant tous les pouvoirs dans le parti. Il a dans la foulée maté une mutinerie de mercenaires, puis un complot – jamais avéré[5]. Ce coup de force – véritable coup d'État – accompli, il peut poursuivre sans crainte la Beifa, l'expédition du Nord planifiée par un autre

---

trafiquants et paie le thé avec cet argent. Pour Londres, l'arrêt de cette activité lucrative est inacceptable. Un corps expéditionnaire est donc envoyé en mer de Chine : c'est le début de la première guerre de l'Opium (1839-1842). Ce conflit inégal et de faible intensité sera conclu par l'humiliant traité de Nankin, qui prévoit la cession de l'île de Hong Kong et l'ouverture de cinq ports aux Anglais.

4. Ou Kuomintang. Parti nationaliste fondé (en 1912) et dirigé par Sun Yat-sen.

5. Chiang Kai-shek l'a attribué tour à tour à son rival au sein du Guomindang Wang Jingwei, aux communistes et à l'instructeur russe Kuibychev.

conseiller soviétique : Vassili Konstantinovitch Blücher (1889-1938)[6], alias Galen.

Sur le papier, l'avantage va aux 200 000 soldats des seigneurs de la guerre, trois fois plus nombreux que l'armée de Chiang, incroyable patchwork rassemblant régiments de droite et communistes, miliciens, cadets de l'académie de Whampoa, bandits locaux... Malgré ce manque patent d'unité et la corruption de quelques chefs adverses aidant, le général nationaliste contrôle à la fin de l'année 1926 six provinces et 170 millions d'habitants, soit le tiers de la population du pays.

Alors que ses troupes progressent, le général est rattrapé par la politique. Quelle doit être la nature de la « révolution chinoise » lancée depuis Sun Yat-sen ? Doit-elle devenir exclusivement nationaliste ? Ou porteuse de changements radicaux en faveur des paysans – plus de 90 % de la population –, via une transformation radicale de la propriété foncière ? Chiang livre sa réponse en écrasant le mouvement ouvrier révolutionnaire à Shanghai entre avril et décembre 1927 – faisant 10 000 victimes – avec l'appui de gangsters de la Bande verte, une société secrète qu'il a probablement fréquentée dans sa jeunesse agitée. Il étend cette « terreur blanche » à l'ensemble du pays, diffusant des listes

6. Cet ancien ouvrier métallurgiste, devenu sous-officier du tsar, a pris du galon en combattant en Sibérie les généraux blancs Wrangel et Koltchak. Membre du tribunal qui condamne à mort le maréchal Toukhatchevski en 1937, il mourra sous la torture l'année suivante pour s'être opposé à la poursuite des purges. Chiang Kai-shek était plus proche de Borodine, chef des conseillers soviétiques et partisan d'une consolidation préalable de la révolution à Canton. Borodine mourra au goulag en 1949.

de communistes à arrêter, parmi lesquels un certain Mao Zedong[7].

Chiang n'a jamais été dupe du double jeu du Parti communiste chinois (PCC) et des agents du Komintern. « Les communistes causent des troubles à l'intérieur. Ils ne s'arrêteront pas avant que notre parti n'éclate et que toute l'armée s'effondre [...] », a-t-il noté dans son journal. L'ambiguïté est désormais levée, mais elle a un prix : la rupture avec Moscou.

Les mains libres – tout du moins le croit-il –, le chef nationaliste passe un accord de bonne intelligence avec les marchands et les propriétaires fonciers et concentre un peu plus le pouvoir entre ses mains au moyen d'un Conseil central politique à ses ordres. Maître du jeu, il a décidé de se retirer à Xikou, pour revoir le paysage de son enfance et méditer.

Il revient aux affaires après un détour par le Japon pour demander à sa future belle-mère, qui prend les bains dans l'archipel, la main de sa fille Meiling. Auparavant, comme l'avait exigé sa future belle-famille, il a divorcé de sa première femme et promis d'étudier les Évangiles pour sa conversion au christianisme[8].

Lorsqu'il reprend au printemps suivant, en 1928, l'expédition du Nord – sa « marche sur Pékin » –, il doit affronter, en plus des seigneurs de la guerre, des troupes japonaises parfois alliées de certains d'entre eux. Le 12 juin, il entre malgré tout dans la ville, même si c'est plus au sud, à Nankin, qu'il installera symboliquement son gouvernement, parce que la ville

7. Mao est alors directeur à l'Institut de formation des cadres du mouvement paysan, à Canton, qui recrute brancardiers, terrassiers et autre main-d'œuvre indispensable en période de guerre.

8. Ce sera chose faite en 1930.

fut capitale des Ming. À la fin de l'année, Chiang Kai-shek peut regarder avec fierté le drapeau bleu au soleil d'argent à douze pointes qui flotte désormais sur la Chine réunifiée : il est l'artisan de cette large victoire.

Entre débauche et ascétisme

Vingt-deux ans plus tôt, l'ancien écolier frêle choisissait à presque dix-neuf ans la carrière des armes, voguant vers le Japon où étaient formés les officiers chinois. L'archipel était alors un modèle jalousé pour son ouverture sans complexe au monde[9], son armée puissante et disciplinée, capable d'assurer la souveraineté du pays : l'exacte image inversée d'une Chine en proie au féodalisme et à l'anarchie.

Le jeune provincial du Zhejiang est fasciné par la propreté et l'éclairage public de Tokyo, la rigueur du code militaire inspiré de celui des samouraïs, le *bushido*[10], et les geishas au visage blafard. Étudiant réservé, loyal et consciencieux – mais sujet à de fréquents emportements –, le jeune Chiang mène la vie réglée d'un moine-soldat. Lever à 5 heures, toilette à l'eau froide, gymnastique et méditation. Ses repas sont frugaux : bol de riz et tranches de navet séché, rehaussé parfois d'un peu de poisson ou de viande. Pendant ses permissions, il rentre en Chine, et c'est durant l'une d'elles qu'il fait la connaissance à Shanghai d'un homme d'affaires influent, lié à la

9. Depuis l'ère Meiji, en 1868.
10. « Voie du guerrier. »

société secrète contrôlant les bas-fonds du port. Par son truchement, il rencontre pour la première fois les jeunes militants du parti nationaliste de la Ligue jurée[11], prêts à en découdre avec les imposteurs mandchous Qing.

À l'automne 1911, lorsque la révolution éclate à Shanghai, il est lieutenant et vient d'achever son stage d'artillerie au Japon. Aussitôt, il traverse la mer et prend part aux combats à la tête d'une colonne de « volontaires de la mort », où se côtoient pêcheurs et voyous des sociétés secrètes affiliées à la Triade, la mafia chinoise. Le 1er janvier 1912, le vainqueur Sun Yat-sen inaugure son mandat de président de la République en rendant hommage aux Ming, dernière dynastie Han qui régna glorieusement sur la Chine de 1368 à 1644. Un mois plus tard, le dernier empereur de la dynastie Qing, d'origine mandchoue, Puyi, six ans, abdiquera.

Chiang Kai-shek est un homme de main du nouveau régime. Il sévira peu de temps, Sun étant balayé par le général conservateur Yuan Shikai[12], partisan d'une restauration de l'ancien régime, mais sans les Mandchous, et candidat à la dictature. Le lieutenant Chiang, désormais le crâne rasé, entre dans la

11. En chinois *Tongmenhui* – l'ancêtre du Guomindang.

12. Yuan Shikai a rallié auprès de lui les plus conservateurs, en particulier les gros propriétaires terriens. Quand le Guomindang obtient une majorité au Parlement, il fait assassiner son chef de file dans cette assemblée et contraint les chefs républicains à l'exil. Partisan du pouvoir personnel, il pratique à l'extérieur une politique de conciliation, voire de soumission, avec le Japon. Mais incapable de contrôler les militaires qui sont désormais les chefs des provinces, les « seigneurs de la guerre », il ne peut empêcher la sécession des territoires sudistes, puis le retour aux affaires de Sun Yat-sen.

clandestinité en se cachant dans la concession internationale de Shanghai. Il fomente des complots et lève des fonds auprès des riches marchands chinois d'outre-mer. Il côtoie assidûment la pègre. Il joue, boit, fréquente les maisons closes, s'affiche avec une courtisane renommée. On le reconnaît à ses vestes à trois boutons avec col en Celluloïd : une rigueur toute nippone aux antipodes de sa vie dépravée. Mais son existence lui paraît fade et vaine. Dans son journal, il dresse un autoportrait peu flatteur : « Brutal et tyrannique. Irritable. Vaniteux, têtu, méchant, extravagant, jaloux, avare, luxurieux, arrogant. Plein de tristesse et d'indignation. Aime se donner en spectacle et fanfaronne sur sa richesse. »

Le retour aux affaires de Sun Yat-sen à Canton, en 1917, après la sécession des provinces du Sud en révolte contre l'impéritie de Yuan Shikai, marionnette des seigneurs de la guerre, lui redonne le goût de vivre, d'autant qu'il est nommé chef de corps d'armée. Formidable promotion. Il renoue avec la grandeur et la servitude de cette vie militaire qui canalise le mieux son inclination à la mélancolie. Il épouse Jennie – après avoir répudié sa première femme – et provoque un scandale en lui transmettant une blennorragie, souvenir de ses anciennes bordées. Honteux, il s'impose un retour brutal à l'ascèse, s'interdisant l'alcool, se levant à l'aube, reprenant les exercices physiques, se nourrissant chichement, troquant même le thé pour une vulgaire eau bouillie.

Il met à profit cette disposition d'esprit puritaine pour observer le monde et ébaucher une doctrine politique. Il accouche d'une étrange combinaison des « idéaux de George Washington », des « méthodes de

Napoléon » et du modèle bismarckien, au goût de « fer et de sang[13] ». Sa promotion au grade de chef d'état-major le sort de ses rêveries et lui confère enfin stabilité et ordre intérieur. Il va pouvoir se consacrer à son unique quête : la réunification de la Chine.

L'invasion japonaise

En cette année 1928, Chiang a atteint son but. Mais l'édifice est si fragile qu'il doit d'urgence désarmer les troupes des seigneurs de la guerre. « Les soldats sont comme l'eau, dit l'adage chinois : ils peuvent porter le bateau de l'État ou le faire sombrer. » Malgré cette précaution, des irréguliers continueront de désorganiser la liaison ferroviaire Pékin-Canton et le trafic sur le Yangzi Jiang, dans un pays déjà miné par la famine et les inondations[14].

L'insécurité du pays, ajouté à son comportement dictatorial, suscite une vague de contestation. Et comme si cela ne suffisait pas, deux menaces extérieures le déstabilisent un peu plus. Au sud, dans les montagnes du Jiangxi, une république soviétique chinoise défendue par 50 000 soldats de l'Armée rouge vient d'être proclamée. Au nord, les Japonais se sont emparés de douze villes de Mandchourie, contrôlant désormais un territoire de 800 000 kilomètres carrés rebaptisé

---

13. En particulier cette phrase : « Ce n'est pas par des discours et des votes à la majorité, affirmait le chancelier allemand en 1862, que les grandes questions de notre époque seront résolues, comme on le croyait en 1848 [le printemps des peuples en Europe], mais par le fer et le sang. »

14. À titre d'exemple, les inondations de 1931 font 200 000 victimes et privent 20 millions d'habitants d'un toit.

Mandchoukouo, un État fantoche où ils installent l'empereur déchu Puyi.

L'invasion de la Mandchourie suscite la colère des étudiants, qui manifestent aux cris de « À Tokyo ! », investissent le ministère des Affaires étrangères chinois et molestent le ministre. Débordé par la fronde populaire, Chiang préfère démissionner de tous ses postes et gagner Xikou, son ultime repaire.

À son retour quelques semaines plus tard, au début de l'année 1932, des fusiliers marins japonais ont débarqué à Shanghai. Chiang décide… de ne rien faire. Son raisonnement : les Japonais, même avec 300 000 hommes, sont incapables de s'emparer de tout le pays, et les attaquer serait suicidaire, eu égard à la supériorité de leur armée. Bref, il est plus utile de se consacrer à l'élimination des « bandits communistes ». Cette politique, il la résume à la chinoise, par un slogan : « Faire des concessions à l'extérieur et pacifier à l'intérieur. »

À ceux qui lui reprochent son attentisme, le général répond par une métaphore : « L'invasion japonaise est extérieure et ressemble à une maladie de peau qui suppure de plus en plus. Les troubles du banditisme sont internes : c'est une maladie cardiaque. » Après trois premières campagnes décevantes, les troupes nationalistes finissent par battre à plate couture l'Armée rouge à Guangchang, en avril 1934. Six mois plus tard, celle-ci entamera la Longue Marche, retraite piteuse – que Mao sublimera en épopée – d'une longue colonne d'hommes à bout de forces s'étirant sur 80 kilomètres. Au bout d'une année, elle prendra ses quartiers au Nord-Shanxi, à la limite du désert de Gobi, où elle commencera à affûter ses armes pour reprendre le combat.

La métamorphose

Les communistes défaits, Chiang va-t-il enfin s'attaquer aux Japonais ? Ou s'esquiver, une fois de plus ? Le 9 décembre, le généralissime se rend à Xi'an, capitale du Shaanxi, en réponse à l'invitation de Zhang Xueliang, un ancien seigneur de la guerre du Nord rallié, dont il a fait son second. Ce dernier est partisan depuis longtemps de mettre un terme à la guerre civile pour mieux unir toutes les forces chinoises, communistes comprises, contre les Japonais. Il a même passé, au-delà de toutes ses prérogatives, un accord secret en ce sens avec l'un des dirigeants du PCC, Zhou Enlai, futur ministre des Affaires étrangères de Mao. Il a invité le généralissime officiellement pour qu'il s'explique devant ses troupes impatientes d'en découdre, mais en réalité pour lui forcer la main. À son arrivée, ce dernier ne s'attendait pas à être accueilli par les cris hostiles d'étudiants. Encore moins à être fait prisonnier par son hôte trois jours plus tard. Le marché ? Ou bien Chiang accepte la constitution d'un front uni de tous les « patriotes chinois » et sa vie sera sauve, ou bien… Après quinze jours de négociations, menées côté nationaliste par Meiling, son épouse, et T. V. Song, son beau-frère, Chiang accepte devant Zhou Enlai d'intégrer l'Armée rouge afin de lutter, ensemble, contre les forces impériales japonaises[15].

15. Chiang Kai-shek fera condamner Zhang Xueliang à dix ans de prison.

Les premiers combats débutent sept mois plus tard à la suite d'un autre « incident » – litote appréciée des Chinois –, celui du « pont Marco Polo[16] », à une quinzaine de kilomètres de Pékin. Les Japonais prennent vite le dessus, s'emparent de la région de Pékin, puis des deux provinces du Hebei et du Shanxi, dans les montagnes de l'Ouest. Ils ne font pas de quartier, massacrent à la baïonnette et exécutent les prisonniers. Ils ne rencontrent pas de résistance, sauf dans la province montagneuse du Shanxi, où la 8e armée commandée par Zhu De, vétéran de la Longue Marche, fondateur de l'Armée rouge chinoise, multiplie les embuscades. Emportés par leur succès, les Japonais ouvrent un second front à Shanghai, plus stratégique pour Tokyo car le grand port commercial, situé entre Taïwan, au sud, la Corée, au nord, et le Japon méridional en face, assure le contrôle d'un vaste espace maritime. La bataille durera d'août à novembre 1937. Les concessions internationales ne sont pas directement visées, mais des paquebots rapatrient par prudence des familles d'Européens vers l'Indochine. « Cela se passait assez loin de la ville, et la seule vue qu'on eût encore des opérations, on pouvait l'avoir du haut des terrasses et des toits de la concession française, qui étaient noirs de monde, témoigne le journaliste Robert Guillain. Entre deux drinks, j'y montai tout de même. »

---

16. Dans la nuit du 7 au 8 juillet 1937, des coups de feu auraient été tirés sur les soldats japonais depuis la petite ville de Wanping, où stationnent des troupes chinoises et où un militaire japonais aurait disparu. Le commandement nippon transmet une plainte et demande d'entrer dans la ville pour chercher le disparu. Le prévisible refus chinois entraîne leur attaque.

Shanghai constitue la bataille majeure du conflit sino-japonais, mais le pire des massacres a lieu en décembre à Nankin, après que le président de la République chinoise Chiang Kai-shek eut donné l'ordre d'abandonner la ville, qu'il avait pourtant juré de défendre jusqu'au bout. Une terrible panique s'ensuit, des soldats chinois fuyant, d'autres tirant sur leurs frères d'armes pris pour des déserteurs. Une fois la ville investie, les Japonais massacrent systématiquement les soldats désarmés pendant six jours. Pour plus d'efficacité, un ordre suggère de « constituer des groupes de douze soldats attachés ensemble et fusillés les uns après les autres », ou d'utiliser une mitrailleuse, et dans les deux cas de brûler ensuite les corps avec de l'essence. Le but étant aussi d'anéantir la base du Guomindang, les policiers, fonctionnaires et autres serviteurs de l'État sont à leur tour liquidés. Dans une troisième phase, les troupes impériales s'en prennent aux civils : viols à grande échelle, meurtres, pillages. Le nombre des victimes chinoises est estimé à 100 000 morts[17]. Le massacre inaugure l'ère des crimes contre l'humanité qui caractérisera la Seconde Guerre mondiale.

Les habitants de Nankin ont eu le sentiment d'avoir été abandonnés, mais leur président ne cessera de justifier la retraite de ses troupes : « Le choix est entre préserver notre force et mener une guerre prolongée ou sauver la face, mais nous épuiser. La première option est plus importante. » À vrai dire, même dans

17. Même si les autorités chinoises avancent le chiffre de 300 000 morts. L'essentiel des violences (entre 50 000 et 90 000 morts) a eu lieu après la fin des combats, hors viols, estimés entre 8 000 et 20 000.

la pire posture, le généralissime ne variera jamais, jusqu'à la reddition de Tokyo huit ans plus tard. Convaincu que le conflit sera long, il appelle à la patience. « Le sort de la guerre ne se décidera ni à Nankin ni dans quelque autre ville, mais dans les campagnes de notre immense pays et par la volonté inflexible de notre peuple. Nous lutterons pas à pas pour chaque pouce des 40 millions de lis[18] carrés de notre territoire. »

Au début de l'année 1938, la machine de guerre nationaliste – reconstituée par des officiers allemands depuis la rupture avec Moscou – est exsangue. Plus de la moitié des divisions d'élite et des jeunes officiers ont été anéantis, alors que les Japonais ne déplorent « que » 40 000 morts et blessés. Leurs 250 000 soldats, bientôt portés à 800 000 avec l'apport des réservistes, sont de véritables professionnels, répartis dans des régiments spécialisés, infanterie, cavalerie, génie… Leur aviation de 1 500 appareils écrase en nombre les 300 avions chinois. Quant à leur flotte, elle est la troisième du monde[19]. Comment résister ? En évitant le contact frontal. La république de Chine, ou ce qu'il en reste, déménage en catastrophe son siège de Nankin à Wuhan, dans le Hubei, plus central, puis à Chongqing, dans le Sichuan, encore plus au sud-est, au fur et à mesure de la poussée des troupes de Tokyo. Meiling l'Américaine ne perd pas pour autant ses bonnes habitudes de patricienne : elle fait bâtir dans le nouveau QG nationaliste une villa

18. Le li est une unité de mesure équivalant à environ 576 mètres.

19. Elle comprend notamment une quarantaine de canonnières capables de remonter les fleuves pour pénétrer en territoire chinois.

où l'on peut danser le fox-trot et où la sécurité est assurée par l'ex-capitaine de la Reichswehr Walter Stennes, un SA emprisonné par Hitler qui a réussi à s'évader.

Dans la débâcle, le Guomindang est parvenu à rapatrier plus de 600 usines et 120 000 tonnes de matériel, 40 000 ouvriers et 10 000 techniciens capables de remettre en marche la machine de production. Un exploit.

« La stratégie de l'ennemi consiste à vouloir s'emparer de la Chine sans combattre, martèle le généralissime, imperturbable. Je veux qu'il combatte sans rien obtenir. L'ennemi souhaite une guerre rapide vite résolue ; je veux qu'il fasse la guerre sans pouvoir la résoudre. Ainsi, nous obtiendrons forcément la victoire. » Il finit par confier des commandements à des officiers de valeur longtemps laissés à tort sur la touche pour leur déloyauté supposée. L'heure n'est plus à la finasserie. Mais Chiang est toujours aussi incapable d'entendre la moindre critique alors que les revers se succèdent.

En juin 1938, il ordonne de faire sauter les digues du fleuve Jaune pour ralentir l'ennemi. Quatre mille villages et une dizaine de villes sont engloutis par les eaux, 400 000 paysans sont noyés, 2 millions de réfugiés sont condamnés à l'errance. La fin justifie les moyens. Les paysans chinois s'en souviendront.

Le 21 octobre, la chute de Canton, principal centre de ravitaillement de la nouvelle capitale provisoire Chongqing, sonne l'hallali. Un malheur n'arrivant jamais seul, quelques jours plus tard, le numéro deux du Guomindang, Wang Jingwei, fait défection. Partisan d'une « paix raisonnable », il déserte pour Hanoi, dans l'Indochine sous occupation japonaise[20]. Dans l'adversité, Chiang pratique le déni jusqu'à l'absurde. « Bien qu'aujourd'hui, écrit-il dans son journal, je sois de toutes parts accablé par les bandits japonais, les conditions sont mille fois supérieures à la situation périlleuse lors de l'incident de Xi'an. » En réalité, la république de Chine est privée des trois quarts de sa population et de la quasi-totalité de son industrie. Les réquisitions brutales exaspèrent la paysannerie, alors que l'inflation frôle les 170 %. L'armée est en lambeaux. À peine un tiers des 4 500 000 soldats dispose d'un fusil. Mal nourries, dans un état sanitaire lamentable, les troupes sont démoralisées, tandis que des officiers supérieurs arrogants et corrompus continuent de s'enrichir dans des trafics en tous genres. Chiang dénonce ces comportements, mais ne sévit jamais.

Les campagnes perdues par les nationalistes et abandonnées par les notables passent méthodiquement sous contrôle communiste, les Japonais se contentant d'occuper les villes et de maîtriser les voies de communication. Le parti de Mao séduit les campagnes en baissant les fermages, en luttant contre l'usure et en organisant l'autodéfense des villages. Le Guomindang ne lâche pas seulement des territoires, il perd le peuple.

20. Héros de la lutte contre les Mandchous dans sa jeunesse, proche de Sun Yat-sen, dont il est un moment l'héritier présomptif, Wang Jingwei finira par rejoindre en 1940 le gouvernement fantoche installé par les Japonais à Nankin. Il meurt dans un hôpital de l'archipel, à Nagoya, fin 1944.

L'illusion de la puissance

Le 7 décembre 1941, l'attaque japonaise contre Pearl Harbor, principale base américaine dans le Pacifique, et l'entrée en guerre des États-Unis extraient Chiang Kai-shek de plus de trois années de guerre d'usure. « Nous offrons à notre nouvelle bataille commune tout ce que nous avons pour nous tenir à vos côtés jusqu'à ce que l'océan Pacifique et le monde soient libérés de la malédiction de la force brutale et d'une perfidie sans fin », télégraphie-t-il aussitôt au président Roosevelt, grand partisan d'un front chinois capable de fixer 800 000 soldats japonais et des centaines d'avions. « Aujourd'hui, le succès de la stratégie politique de la guerre de résistance est au pinacle, ajoute-t-il. Toute chose, quand elle parvient à son extrême, inverse son cours. Serai-je capable de ne pas renoncer à ma prudence et de ne pas m'inquiéter ? »

Pourtant, comment ne pas s'inquiéter ? Dix-huit jours après Pearl Harbor, les Japonais investissent Hong Kong, prélude à six mois de conquêtes tous azimuts : les Philippines, Singapour, la Birmanie – source de ravitaillement essentielle pour le sud de la Chine –, les Indes néerlandaises (future Indonésie), les îles Salomon, s'autorisant même un bombardement de Darwin, dans le nord de l'Australie. Comment ne pas douter, alors que débute une terrible famine dans le Hunan, qui fera entre 2 et 3 millions de morts ? Chiang Kai-shek s'autoconvainc que l'hirondelle fait le printemps. Tokyo n'a plus pour objectif la conquête totale de la Chine : contrôler les régions conquises suffit largement à sa peine. La bataille de Midway, en juin 1942, stoppe l'offensive commandée par l'amiral Yamamoto. Et l'éclatante victoire américaine de Guadalcanal, huit mois plus tard, semble indiquer que la roue de la fortune a définitivement tourné. Toutes ces nouvelles confortent le dirigeant chinois, même s'il faudra attendre l'automne 1944 pour que la marine japonaise soit anéantie à la bataille du golfe de Leyte, au centre de l'archipel philippin.

Sur les photos officielles de la conférence du Caire, fin novembre 1943, l'optimisme transparaît. Chiang Kai-shek est en grande conversation avec son voisin, Franklin D. Roosevelt, tandis que Winston Churchill s'esclaffe au côté de Meiling. Le président chinois n'appartient-il pas au club fermé des « quatre grands » ? Lui y croit. « Le prestige et l'influence de notre nation et sa grandeur spirituelle ont atteint une hauteur sans précédent dans son histoire », note-t-il dans son journal. Les Alliés ne lui ont-ils pas promis de récupérer la Mandchourie et Taïwan, après s'être engagés à mettre fin aux humiliants traités inégaux imposés par les guerres de l'Opium ? Grâce à son action, la Chine ne va-t-elle pas accomplir l'un des « trois principes du peuple » énoncés par son maître Sun Yat-sen : reconquérir sa pleine souveraineté ?

Et pourtant. Alors que la république de Chine semble briller de mille feux à l'extérieur, la gangrène gagne. Dai Li, le terrible chef de la police secrète, a arrêté sans preuves 600 officiers accusés de vouloir renverser le généralissime et une quinzaine d'entre eux sont immédiatement fusillés. La contrebande et la corruption redoublent, puisant sans vergogne dans l'aide américaine, sous l'œil scandalisé de la population. Les piliers du régime, les Song – la belle-famille de Chiang – en tête, sont les premiers à se servir.

L'armée impériale, battue sur les mers, n'a pas renoncé. La culture de guerre japonaise, fondée sur la mystique du « nouveau samouraï » exaltant le sabre et la baïonnette, a banni de son vocabulaire le mot reddition. En avril 1944, 500 000 soldats, appuyés par 200 avions, 400 tanks, 20 000 camions et plus de 2 000 embarcations fluviales, lancent l'offensive *Ichigo* (« Numéro un »). L'objectif : rétablir par voie terrestre la liaison vitale avec l'Asie du Sud-Est pourvoyeuse de riz, de pétrole et de caoutchouc, en ouvrant une route vers l'Indochine et en s'emparant des aéroports du sud-est de la Chine utilisés par l'aviation américaine. Huit mois plus tard, l'armée nationaliste déplore la perte de 750 000 soldats et de la quasi-totalité de l'équipement de quarante divisions, obligeant les Américains dirigés par le général Stilwell à prendre les opérations en main.

En dépit des apparences, pourtant, le Japon perd pied. Ses troupes sont épuisées et la chaîne logistique brisée. La plus grande crainte de l'état-major de Tokyo est un débarquement américain dans l'archipel.

Dans cette ultime bataille, Chiang Kai-shek n'existe plus. D'ailleurs, il n'est plus sur les photos de la conférence de Yalta (4-11 février 1945) et de Potsdam (17 juillet-2 août)[21]. Il n'a pas été invité. Sa présence parmi les grands de ce monde aura été brève.

---

21. Où il est décidé que l'URSS entrerait en guerre contre le Japon trois mois après la capitulation allemande ; qu'elle

Dernier acte de la guerre du Pacifique, le 8 août 1945, l'URSS déclare la guerre au Japon. L'Armée rouge mènera une campagne éclair contre 800 000 soldats japonais exténués et capturera l'empereur fantoche Puyi, vestige d'un autre monde. Comme le redoutait Chiang, les soldats soviétiques du maréchal Malinovski prennent leurs quartiers dans les grandes villes et laissent les soldats communistes de Lin Biao contrôler les campagnes et puiser dans l'énorme stock d'armes japonaises. Le transfert opéré par l'Armée rouge au profit de l'Armée populaire de libération (APL) de Mao transforme d'un coup un ramassis de guérilleros en une armée moderne : plus de 900 avions de combat, 2 500 canons, 9 000 mitrailleuses, 25 000 camions… tandis que Lin Biao a l'intelligence politique d'intégrer dans ses rangs 150 000 soldats « fantoches ».

Les Américains, déjà dans la logique de l'après-guerre, inquiets de cette alliance entre communistes, organisent un vaste pont aérien et acheminent 200 000 soldats nationalistes de Canton à la muraille de Chine, bientôt suivis de 200 000 autres. L'objectif : récupérer ce qui peut l'être de l'armement et de l'équipement des 2 millions de soldats japonais sur le sol chinois.

Le 14 août 1945, le général Xu Yongshang, au nom du généralissime, reçoit, au côté du général MacArthur, la reddition du Japon sur le cuirassé *Missouri*. La guerre mondiale est finie. La guerre civile chinoise peut reprendre.

---

récupérerait le sud de Sakhaline et prendrait possession des Kouriles ; que Port-Arthur deviendrait une base militaire soviétique, tandis que la Mandchourie, Taïwan et les îles Pescadores retourneraient à la Chine.

Mauvais démons

Le 3 mai 1946, le gouvernement nationaliste a retrouvé ses bureaux à Nankin. Chiang est acclamé lorsqu'il traverse la capitale en décapotable. Il espère proche la réunification du pays, juste après la défaite des communistes, d'autant plus prochaine que les premiers affrontements ont tourné à l'avantage des nationalistes. À la fin de l'année, l'Armée rouge chinoise aura d'ailleurs abandonné 175 000 kilomètres carrés et perdu cent soixante-cinq villes.

Le généralissime, une fois de plus, a le tort de lâcher la bride aux caciques du Guomindang, qui renouent avec leurs mauvaises manières : corruption, confusion entre biens publics et privés, jeu, prostitution. Le ministre de l'Économie Weng Wenhao est bien seul, qui tente de relever la Chine. Il y a pourtant urgence. L'inflation mine le pays[22], les capitaux et les devises s'évaporent, le riz, principale céréale alimentaire, manque, et un marché noir s'est développé. Le peuple gronde. Les ouvriers, cornaqués par de nouveaux syndicats indépendants du Guomindang, multiplient les grèves. Les étudiants organisent des meetings contre « la faim et la guerre civile » et dénoncent les brutalités des soldats américains stationnés, après le viol d'une étudiante de Pékin. Le pouvoir reste sourd et répond aux appels du peuple par la répression.

Les communistes n'ont qu'à laisser faire, le fruit est presque mûr. À l'été 1947, le vent a tourné et leurs

---

22. Pour une base 100 en 1937, le fabi, la monnaie nationale, atteint dix ans plus tard les 10 300 000…

troupes infligent des défaites successives aux nationalistes. En janvier de l'année suivante, de nouvelles manifestations d'étudiants embrasent Shanghai, suivies d'une vaste agitation sociale. Les 30 000 entraîneuses de bar se mettent de la partie, encouragées par leurs souteneurs à mettre à sac le bureau des affaires sociales de la ville pour protester contre la fermeture de leurs établissements… En février, la police intervient brutalement pour mettre fin à l'occupation d'une usine de coton par 6 000 ouvrières. Bilan : trois morts, 2 000 arrestations.

Le piège mandchou

En Mandchourie, le général communiste Lin Biao consolide ses forces. Ayant réuni 700 000 hommes, face à 400 000 soldats nationalistes, il prend l'initiative en septembre 1948 et occupe toute la région quatre mois plus tard. Sa tactique est simple et efficace. Il coupe les voies de communication pour mieux liquider les garnisons éparpillées. L'aviation nationaliste, qui aurait pu renverser la situation, reste clouée au sol faute de carburant et de pièces détachées. Le 24 janvier 1949, Pékin tombe comme un fruit mûr après le ralliement du général commandant la place.

La situation est si désespérée que le généralissime charge son fils Ching-kuo de préparer le repli à Taïwan, future base arrière de la reconquête fantasmée de la Chine continentale[23]. Celui-ci fait ache-

23. L'île a une superficie de 36 000 kilomètres carrés et est peuplée de 8 millions d'habitants. En comparaison, la Chine

miner 3 000 caisses contenant des objets du musée de Pékin et une partie du trésor de la Banque de Chine : 300 millions de dollars en or, argent, devises. Mais les nationalistes ne sont pas les bienvenus sur l'île. Les élites taïwanaises n'ont que mépris pour les « péquenots » (ils parlent des « montagnards ») du continent qui les envahissent. Quant aux Chinois du continent, ils haïssent ces « traîtres » qui ont collaboré pendant cinquante ans avec Tokyo, parlent japonais et ont su moderniser l'île pendant l'occupation. Le 21 janvier 1949, fidèle à sa tactique – l'effacement en cas de crise majeure –, Chiang se retire de son poste de président de la République et de chef des armées. « Durant ces décennies où je me suis consacré à la politique, regrette-t-il dans son journal, j'ai peu fait pour la construction du pays et l'amélioration des conditions de vie du peuple [...] nous devons faire de l'amélioration du niveau de vie du peuple la pierre angulaire de notre politique. » Terrible aveu. Mais n'est-il pas trop tard ?

Pour la dernière fois de sa vie, il se rend à Xikou, son bourg natal, avec la famille de son fils. Il y séjourne plus de trois mois – c'est long, alors que le pays vacille –, visite le temple des ancêtres, et, vêtu d'une robe noire de lettré, s'installe dans un petit pavillon où il médite et lit. En avril, le gouvernement nationaliste s'est déplacé à Canton ; la ville tombera six mois plus tard. Le 7 mai, le journal de Chiang ressemble à un faire-part de décès : « La république

continentale a une superficie de 9 millions de kilomètres carrés et compte 500 millions d'habitants. Le changement d'échelle est à la mesure de la débandade nationaliste.

de Chine est tout près de la mort. Cela m'émeut et me fait monter les larmes aux yeux. Il n'y a qu'une route devant nous, mais elle est tortueuse. » Début décembre, il parvient à Chengdu, ultime siège du gouvernement. Le 10, alors que les communistes approchent de l'aéroport, il prend l'avion pour Taipei, capitale de Taïwan. Il ne reverra jamais la Chine continentale.

Chiang établit un régime autoritaire protégé par le parapluie militaire américain. Jusqu'à sa mort, un quart de siècle plus tard, il concentre l'essentiel du pouvoir : président de la république de Chine, patron du Guomindang et commandant en chef des armées.

Avec l'aide généreuse des États-Unis, il modernisera le pays à marche forcée. « L'interminable exil taïwanais dans lequel Chiang acheva sa carrière, président perpétuel d'une Chine de fiction, rappelle la sortie manquée d'un artiste médiocre qui, son numéro terminé, s'accroche sur les planches sans trouver le moyen de prendre élégamment congé, cependant que le public bâille et s'en va et qu'un à un s'éteignent les lampions de la rampe », observe avec sa verve salutaire le grand sinologue belge Simon Leys.

Chiang Kai-shek s'éteint en 1975. Trois ans après le rapprochement entre Washington et Pékin et la rencontre historique entre le président américain Richard Nixon et le « Grand Timonier » Mao Zedong, son plus terrible adversaire. Mais avant que les États-Unis ne rompent, en 1979, les relations diplomatiques avec Taipei pour n'avoir qu'un seul interlocuteur : la République populaire de Chine.

Bibliographie sélective

Alya Aglan et Robert Frank (dir.), *1937-1947. La Guerre-Monde*, t. I et II, Gallimard, coll. « Folio Histoire », 2015.

Marie-Claire Bergère, *Sun Yat-sen*, Fayard, 1994.

Lucien Bianco, *Les Origines de la Révolution chinoise, 1915-1949*, Gallimard, 1967.

Brian Crozier, *The Man Who Lost China : the First Full Biography of Chiang Kai-shek*, New York, Scribner's Sons, 1976.

Jacques Guillermaz, *Une vie pour la Chine. Mémoires (1937-1989)*, Hachette, 1994.

Harold Isaacs, *La Tragédie de la Révolution chinoise*, Gallimard, 1967.

Rémi Kauffer, *Le Siècle des quatre empereurs*, Perrin, 2014.

Simon Leys, *Images brisées*, Robert Laffont, 1976.

Julia Lovell, *La Guerre de l'opium, 1839-1942*, Buchet-Chastel, 2017.

Jean-Louis Margolin, *L'Armée de l'Empereur. Violences et crimes du Japon en guerre, 1937-1945*, Fayard, coll. « Pluriel », 2009.

Philippe Paquet, *Madame Chiang Kai-shek*, Gallimard, 2010.

Alain Roux, *Chiang Kaï-shek : le grand rival de Mao*, Payot, 2016.

Jay Taylor, *The Generalissimo : Chiang Kai-shek and the Struggle for Modern China*, Cambridge, Harvard University Press, 2009.

XII

Che Guevara

La chute finale d'un homme fait mythe

Il a incarné le visage d'une jeunesse occidentale qui trompait son ennui dans les chimères d'une révolution libertaire. Par sa mort héroïque, les armes à la main, tué par la soldatesque d'un régime militaire – la Bolivie du général Barrientos –, le « Che » est devenu pour des décennies le symbole du héros révolutionnaire, pur dans ses intentions comme dans ses actes. Mais il y avait maldonne. Le séducteur argentin n'était pas un ange, mais le digne héritier de Saint-Just proclamant « la Vertu ou la Terreur ». Tyrannique avec ses hommes, méprisant avec ceux qu'il était censé libérer, capable d'une ironie mordante, ce mystique qui s'ignorait a vécu ses combats, de Cuba à la Bolivie en passant par l'Afrique, comme une montée au Golgotha.

Juillet 1966, province de Pinar del Río, sur l'île de Cuba. Une quinzaine d'hommes s'entraînent dans le plus grand secret dans l'ex-ranch d'un Américain chassé par la révolution cubaine. Lever à 5 heures du matin, tir avec des armes de tous calibres de 6 à 11, marche forcée avec un sac d'une vingtaine de kilos entre midi et 18 heures, lorsque la moiteur liquéfie le corps et brise la volonté. Cette ascèse armée rappelle de bons souvenirs à leur instructeur, l'Argentin Ernesto Guevara de la Serna, treillis vert olive, silhouette longiligne (un mètre soixante-quinze) et démarche souple. Son visage, plus pâle que celui de ses compagnons, ses traits fins, ses cheveux mi-longs, sa barbe et sa moustache n'ont pas beaucoup changé depuis cette époque – dix ans plus tôt – où il crapahutait déjà dans un ranch, à 50 kilomètres de Mexico, avec un petit groupe de Cubains. Leur chef était un jeune avocat du nom de Fidel Castro, trente ans, et leur instructeur un ancien général de la République espagnole. Guevara devait être le futur médecin du groupe. Aujourd'hui, il en est le chef et son objectif est d'aller allumer en Bolivie le premier *foco*[1], le foyer révolutionnaire d'un « nouveau Vietnam », dont les flammes se propageront à l'Argentine, l'Uruguay, au Brésil et au Pérou, embrasant tout le continent dans son sillage. Mais l'urgence, cet été-là, c'est la marche, « élément de base de la guérilla qui ne peut s'encombrer de gens lents ou fatigués », comme il l'écrit dans *Souvenirs de la guerre révolutionnaire*.

1. Le jeune normalien français Régis Debray a théorisé cette stratégie, à la suite d'entretiens avec ses amis Castro et le Che, sous le nom de « foquisme », dans un ouvrage publié en 1967, *Révolution dans la révolution*. Il y estimait qu'avec une guérilla soutenue par les paysans, la révolution n'avait plus besoin d'un parti de masse pour l'emporter, comme l'enseignaient les écrits de Lénine et Trotski.

Les futurs pyromanes de l'Amérique latine à l'entraînement sont des nostalgiques de la sierra Maestra, base de départ de la révolution cubaine. Tous sont des officiers aguerris et ils s'ennuient à mourir dans les habits de bureaucrates qui sont les leurs depuis leur entrée triomphale à La Havane, le 1er janvier 1959. Qu'ils soient vice-ministre de l'Industrie ou du Sucre, directeur des Mines, chef d'une administration, ils rêvent de troquer leur *guayabera*, la chemise blanche ample qui retombe sur le pantalon, contre le treillis de leurs plus belles années. Fidel, lui, conserve en toutes circonstances son uniforme : il est le « commandant en chef » à vie. L'indépassable Líder Máximo. Malgré ses doutes sur le projet aventureux du Che, il assiste une fois par semaine aux exercices de ses anciens camarades de combat, balançant à son habitude entre fraternité et cynisme.

Le 23 octobre 1966, le Che quitte La Havane. « Vous savez, mon sort est de mourir comme un guérillero et je mourrai en guérillero », confie-t-il. La route est longue ; il doit emprunter des chemins détournés afin de brouiller les pistes : Moscou, Prague, Paris – où il achète une curieuse casquette à oreillettes, qui remplacera le fameux béret à étoile du photographe Alberto Korda, ainsi qu'une pipe – et enfin La Paz. À chaque étape, il change de papiers d'identité, mais il conserve, lui l'hidalgo qui fait chavirer tous les cœurs, la nouvelle physionomie façonnée par les services secrets cubains : celle d'un voyageur de commerce du nom de Ramón Benitez, étriqué dans un costume anthracite, crâne à moitié chauve, verres de lunettes épais, mâchoire déformée par une prothèse buccale. Sa petite fille Aleida n'y a vu que du feu, trouvant malgré tout que cet étrange Espagnol qui se présente comme un ami de son père pourrait être argentin.

Le Che finit par atterrir dans la capitale bolivienne, puis gagne, dans le sud-est du pays, la province de Santa Cruz et son chef-lieu de 20 000 habitants : Camiri. Après deux heures de transport en Jeep, il atteint une ferme abandonnée, bientôt rejoint au compte-gouttes par une cinquantaine de guérilleros cubains, péruviens, vénézuéliens ou argentins, et une poignée de Boliviens, enrôlés de force alors qu'ils étaient soûls par le peu scrupuleux chef du syndicat des mineurs, Moisés Guevara, un homonyme.

La ferme – la *granja* – comprend deux pièces recouvertes de tôle ondulée – *calamina*, en espagnol – d'où son nom : Casa de Calamina. Le bâtiment a été choisi pour son isolement, non loin du fleuve Ñancahuazú, la « gorge encaissée » en langue indienne. Signe prémonitoire ? Les derniers survivants mourront onze mois plus tard comme des chiens dans un cul-de-sac, après avoir subi une nature hostile peuplée d'épineux en tous genres, de moustiques, tiques et *boros*, minuscules mouches pondant des larves dans la chair humaine. Le camp est organisé sur le modèle d'El Hombrito (« Le Petit homme »), base de départ de la révolution cubaine, avec des tunnels pour cacher matériel radio, documents et conserves, un potager, une bibliothèque. Il est prévu pour durer puisque le Che table sur une phase insurrectionnelle de dix années avant l'embrasement de toute l'Amérique latine. Pour l'heure, il a installé son hamac sur un petit monticule, à quelques centaines de mètres de la ferme : un vieux réflexe pour ne pas se laisser surprendre par l'adversaire.

Marche au bout de l'enfer

Un peu plus de deux mois après leur installation, alertée par un voisin curieux, la police bolivienne a repéré les mouvements de ceux qu'elle prend pour des narcotrafiquants. Ensuite, c'est l'armée qui surveille ce groupe étrange, alors que le Che donne le départ, le 1er février 1967, d'une marche de reconnaissance de… quarante-huit jours, afin d'endurcir les corps et d'aller à la rencontre des paysans, sans le soutien desquels la guérilla ne serait plus qu'une colonne perdue dans la forêt.

La course tourne vite au calvaire. Lestés de sacs d'une trentaine de kilos, mal chaussés, contraints d'ouvrir leur chemin à la machette, les guérilleros sont épuisés avant d'avoir engagé le moindre combat. Ils ont beau payer les aliments rubis sur l'ongle, le contact avec les autochtones est calamiteux. Les villageois, isolés, analphabètes, ne parlant que le guarani, se méfient de ces Blancs armés et hirsutes ne s'exprimant qu'en espagnol ou en quechua, une autre langue indienne qu'ils ne comprennent pas plus.

Guevara aurait-il un pressentiment ? Dans une lettre envoyée à son père, il se compare au « chevalier à la Triste Figure » de Cervantès : « […] au milieu de la poussière que soulèvent les sabots de Rossinante, la lance en garde pour percer les bras des gigantesques ennemis qui m'assaillent, je laisse ce petit papier et son message quasi télépathique, porteur d'un *abrazo* pour vous tous. » Lorsque ce n'est pas à Don Quichotte, c'est au Christ et aux premiers martyrs chrétiens qu'il s'identifiera quelques jours plus tard au moment de traverser le Rio Grande. « Nous sommes arrivés au Jourdain. Baptise-moi », feint-il d'ordonner à un de ses compagnons d'infortune, avec cet humour noir qui lui vaut l'incompréhension de tous. Sans doute cette journée-là aurait-il fallu filer la métaphore biblique. Car les « rebelles » font une halte dans la maison de Honorato Rojas, un paysan à qui ils achètent du maïs. Il entrera dans l'histoire comme celui qui a donné la colonne et le Che aux rangers boliviens. Il sera le Judas de ce calvaire tropical.

« Les gens étaient à bout, note Guevara dans son journal intime, à commencer par moi. » Les revers se succèdent : arrestation de deux déserteurs, premier mort par noyade. Régis Debray observe, mi-fasciné mi-stupéfait, « cette procession de clochards bossus », « somnambules à la queue leu leu, harnachés ou plutôt bâtés, bringuebalants, déguenillés ». Le jeune philosophe de vingt-sept ans avait suivi en janvier à La Havane la première conférence des pays du tiers-monde engagés dans la révolution : la Tricontinentale. Puis il avait reçu la mission de trouver un site en Bolivie pour la prochaine expédition du Che. « Danton », son nom dans la clandestinité, avait proposé deux emplacements, l'un dans l'Alto Beni, près du Pérou, l'autre, au centre du pays, dans la zone semi-tropicale du Chapare. Le Che ignorera le rapport argumenté du « Francés ». Il n'écoute personne, ni les communistes boliviens[2]

2. Le leader du Parti communiste bolivien, Mario Monje, arc-bouté sur la ligne de « coexistence pacifique » prônée par Moscou,

– des « trouillards » –, ni les syndicats de mineurs – des « petits-bourgeois ». Il aurait été inspiré de relire ses propres textes : « La guerre de guérilla, c'est la guerre du peuple tout entier [...]. Il est inconcevable que sans cet auxiliaire puissant de petits groupes armés puissent survivre à la persécution organisée d'une armée bien équipée. » Il n'est pas davantage prolixe avec ses compagnons d'armes. « Une distance infinie, intérieure, séparait le Che des siens, comme un mur de silence et de crainte », note « Danton ». « Se moquant de se faire comprendre ou non, ajoute-t-il, il n'explique pas les ordres, il n'informe pas la troupe, ne lui demande rien, ne lui donne jamais la parole. » Si Guevara avait rendu publique sa présence, affirmeront après coup des témoins, des centaines de militants communistes et nostalgiques du bolivarisme – cocktail d'indépendance, d'unité nationale et de justice sociale – l'auraient sans doute rejoint.

La première embuscade sérieuse, en mars, redonne de l'allant à la colonne. Sept militaires du gouvernement de La Paz sont tués, soixante-dix autres sont faits prisonniers et renvoyés en caleçon – honte suprême – dans leurs casernes. Après cette « belle journée d'actions guerrières », le Che tire avec plaisir sur un *puro*, un de ces cigares cubains qu'il déguste aux grandes occasions. La dernière ? L'humiliation n'est pas toujours bonne conseillère. Le commandant en chef de l'armée bolivienne débarque à Camiri, suivi du chef de l'État en personne, le général Barrientos. Pas question pour eux de perdre la face. À la

---

est un opposant farouche à la guérilla et à « l'aventurisme gauchiste ».

fin du mois, le petit groupe de *barbudos* est encerclé par 2 000 soldats dans un rayon de 100 kilomètres. Le nœud coulant se resserrera jusqu'à l'asphyxie.

Le Che, toujours aussi sûr de lui, parie sur le manque d'équipement de l'armée bolivienne, son armement obsolète, son faible entraînement. Dans la jungle, il ignore l'arrivée depuis Saigon – l'Amérique est en pleine guerre du Vietnam – d'instructeurs américains chargés de former des rangers spécialisés dans la lutte antiguérilla. Prudent malgré tout par expérience, l'Argentin répartit sa colonne étique – une cinquantaine de combattants à peine pour mettre le feu à un continent de près de 18 millions de kilomètres carrés ! – en trois groupes. Il prend la tête de l'avant-garde et du centre, avec la ferme intention de se délester des moins aptes au combat : Debray, trop cérébral et sans aucune expérience militaire, l'Argentin Ciro Roberto Bustos, un caricaturiste invité par le Che, sans oublier George Andrew Roth, un soi-disant journaliste anglo-chilien – superbe couverture pour un agent de la CIA… – venu l'interviewer. Les trois indésirables sont débarqués dans un village et aussitôt repérés, arrêtés. L'élargissement rapide de Roth aggrave les soupçons sur son véritable rôle. L'aviation bombarde les alentours et une délégation formée du curé, du médecin et du sous-préfet implore les guérilleros de déguerpir. Le Che finit par obtempérer et tente de rejoindre l'arrière-garde. Faute de matériel radio, les deux groupes tourneront l'un autour de l'autre, en vastes cercles concentriques, sans jamais se rencontrer, tandis que les accrochages se multiplient. Le Cubain Rolando, vingt-sept ans, membre du Comité central, lecteur de Stendhal et « meilleur homme de la guérilla », tombe sous les balles, tandis que le Bolivien Loro, blessé, capturé, sera jeté du haut d'un hélicoptère.

De mai à octobre 1967, la colonne rebelle tente de sauver sa peau, à la recherche de tout ce qui pourrait l'aider : eau, nourriture, médicaments pour l'asthme du Che, qui semble s'être glissé dans la peau de Lope de Aguirre, lieutenant du conquistador Pizarre et en rupture avec lui, dérivant avec quelques hommes sur un radeau à la recherche de l'introuvable Eldorado[3].

Les organismes sont exténués. « Journée de rots, de pets, de vomissements et de diarrhées, un véritable concert d'orgue », note le diariste Ramón Guevara. Un matin, il se réveille « souillé comme un nourrisson ». « On m'a prêté un pantalon, mais comme je ne peux pas me laver, j'empeste à une lieue. » La petite troupe tente de s'extraire de l'opération « marteau et enclume » de l'armée bolivienne : une unité s'enfonce dans un canyon, une autre en bloque la sortie. « Nous sommes désormais des surhommes invincibles », martèle le Che, roi du déni, juste après la perte de son ex-garde du corps, qu'il surnommait affectueusement « l'inséparable compagnon ». Les autres *compañeros*, il les traite comme des chiens. Coutumier de la *descarga*, la sortie offensante, de l'engueulade déplacée et des *castigos*, brimades de sergent-chef qui font pleurer les plus endurcis, il aime humilier, « comme s'il voulait briser la communion, blinder sa solitude », écrira Debray. Parce qu'il a la « structure du sectaire parfait », au nombre desquels « saint Dominique, les saints et les martyrs chrétiens » ?

---

3. Ce personnage a été ressuscité par l'acteur Klaus Kinski dans le film de Werner Herzog : *Aguirre, la colère de Dieu* (1972).

Début août, l'armée bolivienne découvre les ultimes caches de la guérilla dans la forêt, tandis que l'Argentin à bout de souffle se compare à « une véritable loque humaine », tout en se persuadant que « ce genre de lutte nous permet de devenir des révolutionnaires, échelon le plus élevé de l'espèce humaine ». Le mois suivant, l'arrière-garde est décimée. Le chef met le cap sur le nord pour sortir de cette zone mortifère. Il repasse devant la maison du paysan Honorato Rojas. Des soldats en embuscade ouvrent le feu à leur traversée du fleuve. C'est le carnage. Le Che perd ses chaussures, objets de première nécessité avec l'arme ; jusqu'à la fin, il sera chaussé d'*abarcas*, sandales artisanales typiques de Bolivie.

Début septembre, le procès semi-public de Debray, Bustos et d'une poignée de déserteurs offre une publicité inespérée à une épopée avortée. Son « battage » a donné « plus de valeur guerrière à notre mouvement que dix combats victorieux », admet le *comandante*.

Négligeant les consignes de sécurité, son avant-garde est à son tour mise en pièces. Le commando chargé d'embraser l'Amériquc latine se trouve réduit à dix-sept morts-vivants s'enterrant au fond d'un ravin. Dans la débâcle, le Che conserve son sens de la dérision. « Ces onze mois consacrés à notre guérilla se sont passés sans encombre, de manière bucolique », note-t-il dans son *Journal de Bolivie* à la date du 7 octobre. Le lendemain, vers 13 heures, le groupe est accroché à la mitrailleuse et au mortier. Le Che est blessé au mollet alors qu'une balle percute son fusil et qu'une autre transperce sa casquette. Avec Willy, un *compañero* bolivien, il tente d'échapper à l'encerclement, mais les deux hommes sont rapidement cueillis par les rangers. « *Yo soy Che Guevara* », dit l'un des deux individus hirsutes au capitaine Gary Prado Salmón qui n'en croit ni ses oreilles ni ses yeux. « Il avait un regard impressionnant, témoignera le futur général de l'armée bolivienne, des yeux clairs, une tignasse presque rousse et une barbe fournie. »

Une funèbre procession remonte les 2 kilomètres séparant la gorge où s'est produit l'accrochage du village de La Higuera. Les morts sont allongés sur des branchages, les blessés sur des civières. Le Che se cramponne, les bras en croix, entourant les épaules de deux hommes. « Pas de prisonniers » : les ordres de La Paz sont formels. Deux sergents se portent volontaires pour les exécutions. Le 9 octobre, Mario Terán tire neuf balles de M-2 dans le thorax et les jambes du Che, épargnant son visage. Le corps est déposé sur une civière ficelée sur le patin d'un hélicoptère juste après la bénédiction de Roger Schaller, le curé suisse du village. À son arrivée à l'aéroport de Valle Grande, la dépouille est mitraillée par les photographes, puis transportée à l'hôpital San Juan de Dios. Les corps des autres guérilleros sont déposés sur le sol de la buanderie, transformée en morgue. Celui de Guevara gît sur un lavoir en ciment. Deux religieuses allemandes lavent le corps de cet homme ébouriffé et malingre, qui se métamorphose en un ange au sourire ironique. C'est la dernière photo du « martyr ». On ne peut voir que ses mains ont été amputées – un seul doigt aurait suffi – pour vérifier ses empreintes digitales.

Dans le magazine *Lettres nouvelles* du mois suivant, le critique d'art anglais John Berger fait l'analogie entre la dépouille du *comandante* et deux tableaux célèbres, *La Leçon d'anatomie* de Rembrandt et *Le Christ mort* de Mantegna. Dans le cadavre squelettique du Che, dit autrement Régis Debray, « se rejoignirent les deux idéaux funéraires de la chrétienté : la victime expiatoire qui meurt pour racheter les péchés des siens, et le paladin s'immolant en silence à son Charlemagne, tel le comte Roland refusant jusqu'au bout de jouer de l'olifant ». La légende est née. Elle sera relayée par les tee-shirts à l'effigie de l'Aguirre argentin et autres bérets bientôt portés par une jeunesse occidentale en révolte scandant : « Hô, Hô, Hô Chi Minh, Che, Che Guevara ! »

Suicide programmé

Et si le Che avait pris le chemin de la Bolivie pour s'y perdre ? « Il m'a moi-même fallu vingt ans pour m'avouer ce paradoxe, corroboré par cent indices », confiera Régis Debray dans *Loués soient nos seigneurs*. L'amateurisme, la désinvolture, la vanité du *comandante* ne sautent-ils pas aux yeux ? Sur le papier, la Bolivie semblait réunir les conditions favorables à une insurrection. Le pays n'est-il pas le plus pauvre du cône sud, instable politiquement, sujet à des coups d'État à répétition, doté d'une tradition syndicale forte chez les mineurs ? Aux frontières de cinq États – Brésil, Pérou, Chili, Argentine et Paraguay –, n'occupe-t-il pas une position centrale pour allumer un *foco* insurrectionnel, base de départ de l'incendie de tout le continent ? Sa superficie, deux fois la France, son faible peuplement, 5 millions d'habitants, n'en font-ils pas un territoire peu maîtrisable et un champ de manœuvres idéal pour des irréguliers ? Voilà pour les apparences. La réalité ? L'ancien Haut-Pérou de l'Empire inca est un pays jeune, né en 1825, qui doit son nom au Grand Libérateur Simón Bolívar, son éphémère président. Le pays est coupé en deux. L'Ouest andin, dominé par l'Altiplano, concentre les richesses minières, argent, étain, et parle quechua. L'Est tropical, couvert de plaines amazoniennes, vide d'hommes, parle guarani. La guérilla a choisi cette terre inhospitalière, pensant s'y mouvoir comme « un poisson dans l'eau » avec la complicité des communautés indigènes. C'est ignorer que la Bolivie est d'abord un pays au nationalisme blessé, amputé et reculé du fait de l'appétit de ses voisins[4]. Depuis, tout étranger y est suspect, *a fortiori* l'arme à la main. Ce nationalisme a une autre caractéristique, il est nourri d'idéologie révolutionnaire, ce qui le rend imperméable au castrisme d'exportation. En 1952, quatorze ans avant l'arrivée de la guérilla, le Mouvement nationaliste révolutionnaire (MNR) s'était emparé du pouvoir par la force et avait mis le pays sens dessus dessous : nationalisation de mines d'étain et distribution de terres aux indigènes, instauration du suffrage universel et accès plus large à l'éducation. Plus audacieux encore, le régime avait ouvert l'armée à la petite classe moyenne, aux fils de mineurs et de paysans. La greffe avec la caste militaire avait mal pris, mais elle avait assuré l'émergence de « jeunes officiers » d'origine modeste.

4. Le Chili l'a privé d'accès à la mer à l'issue de la guerre du Pacifique (1879-1883), ensuite le Paraguay s'est emparé de la moitié de son territoire d'origine pendant la guerre du Chaco (1932-1935).

Le général Barrientos incarne cette génération de soldats sortis du rang. Négociateur hors pair, il a su faire cesser les affrontements entre les communautés paysannes. Mieux, il leur a fait signer un pacte, dit militaire-paysan, garantissant les titres de propriété octroyés par la réforme agraire. Affichant sa proximité avec le peuple, il se déplace de village en village en hélicoptère pour les naissances, les mariages et les enterrements, n'oubliant jamais de laisser au passage une petite somme d'argent au chef du village. Populaire, Barrientos a le soutien des « jeunes officiers ». Ceux-ci seront en première ligne pour combattre le Che, qui prétend leur imposer « sa révolution » alors qu'ils ont déjà accompli la leur.

Un routard asthmatique

Le 9 octobre 1967, la boucle est bouclée. Ernesto Guevara, qui a parcouru le monde, a vécu les dix-huit premiers mois de sa courte existence à quelques centaines de kilomètres de La Higuera, où il a été abattu. « Il alla […] planter sa croix non loin de l'Argentine, la terre de sa mère, de ses fiancées et de ses tangos où il aurait aimé mourir », suggère Debray.

Guevara père exploitait 200 hectares d'un *yerbal*, une plantation de maté, variété de houx que les Argentins, son fils en tête, sirotent en infusion dans une petite calebasse. Le domaine, à plus de 1 000 kilomètres au nord de Buenos Aires, est aux portes du Brésil et du Paraguay : une terre de *misiones* où, déjà, les jésuites évangélisaient les Indiens guaranis par la force et où les sentiers se dégageaient à la machette. Le Che serait-il leur lointain héritier ?

La maison en bois sur pilotis de la famille domine le fleuve. Le soir, le contremaître extrait avec une aiguille en or les tiques incrustées dans les pieds de l'enfant. Né le 14 juin 1928, celui-ci porte le même prénom que son père, Ernesto Guevara Lynch, qui a alors vingt-sept ans. Sa parentèle, sur le sol argentin depuis dix générations, compte une majorité d'ancêtres espagnols, auxquels s'ajoute une branche irlandaise venue de Normandie[5]. Sa femme, de six ans sa cadette, est une riche orpheline passée par le collège du Sacré-Cœur de Buenos Aires : Celia de la Serna y Llosa. La famille compte en majorité des propriétaires terriens et des militaires[6]. Celia, promise au carmel, a eu le coup de foudre pour ce séducteur anticonformiste qui abandonnera pour elle ses études d'architecte et se fera entrepreneur en bâtiment.

L'exploitation du maté n'ayant pas tenu ses promesses, la famille retourne à Buenos Aires et prend ses quartiers dans la banlieue chic de San Isidro. C'est là que le Che subit, à l'âge de deux ans, sa première crise d'asthme, déclenchée par l'angoisse de voir sa mère, grande nageuse, s'éloigner de la plage du très select club nautique où il l'attend. La vie de la famille s'en trouve bouleversée. Les parents déménagent à 700 kilomètres à l'est, dans la province de Córdoba,

5. Au nombre des ancêtres : Hugues de Linch, commandant la cavalerie de Guillaume le Conquérant à la bataille d'Hastings (1066), ainsi que Charles Lynch, planteur et juge en Virginie, à l'origine du lynchage, exécution sommaire à laquelle le Che aura recours contre les traîtres.

6. Un colonel s'illustra dans la « conquête du désert », le nom épique donné au nettoyage ethnique des Indiens de la Pampa.

où la chaleur est sèche et l'air, pur. Ernesto Jr. se forge une volonté et un contrôle de soi hors du commun. À dix ans, c'est un trompe-la-mort. Au football, il garde les buts parce qu'on y encaisse des coups. Il nage des kilomètres, jusqu'à épuisement, traverse un ravin de 40 mètres de haut sur un simple tuyau. Il pratique tous les sports de l'élite argentine : boxe, pelote basque, alpinisme, rugby, équitation, escrime. Lorsque les crises le clouent au lit, il dévore Dumas, London, Stevenson, Jules Verne… Des poètes : García Lorca, Machado, Baudelaire. Plus grand, il lit les Américains Steinbeck et Faulkner et cite de mémoire des passages de *Don Quichotte*. C'est aussi un bon joueur d'échecs.

À dix-neuf ans, le prodige se destine à la médecine. Les jeunes filles ont le béguin pour ce jeune homme ironique, toujours un livre à la main, féru de psychanalyse et rêvant de grands espaces. Son premier grand périple sera un tour de l'Argentine profonde sur un vélo équipé d'un petit moteur. L'étudiant découvre la pauvreté, le monde indien et métis.

À l'université, il tombe amoureux de María del Carmen Ferreyra. Il lui propose le mariage et un voyage en roulotte. Puisqu'elle refuse, il fera cette fois le tour de l'Amérique latine pour parachever son éducation politique et sentimentale. El Pelado, le Tondu, surnom qu'il doit à ses cheveux ras, part fin décembre 1951 avec son ami Alberto Granado, de sept ans son aîné[7], sur une vieille Norton 500 centimètres cubes, la Poderasa (la Vigoureuse). Leur itinéraire : la Patagonie

7. Après l'arrivée au pouvoir de Castro, il devient professeur de médecine à Cuba.

chilienne, puis plein nord, direction les États-Unis, en longeant la cordillère des Andes. Cette année-là, Jack Kerouac achève une de ses traversées ouest-est des États-Unis qui lui inspireront *Sur la route* (1957). Le futur guérillero avait tout pour devenir un de ces routards, héros de la Beat Generation.

Les deux amis ont juste 350 dollars en poche. Pour tenir sept mois et parcourir 10 000 kilomètres, c'est peu. Ils dorment dans les hangars, les garages, dans une léproserie, où ils donnent un coup de main. Pour se sustenter, ils s'invitent à un *asado*, le barbecue argentin, ou à une séance de pêche. Lorsque la chance n'est pas de leur côté, ils se rabattent sur un quignon de pain et du maté. Ils améliorent l'ordinaire avec des petits boulots : déménageurs, entraîneurs de football. Leur périple tient du roman picaresque. Ils ne comptent plus leurs chutes de moto, jusqu'au milieu d'un troupeau de vaches. Ils sont chassés d'un village pour avoir écrasé un porcelet ou coursés par un mari jaloux pour avoir trop serré sa femme au bal. Ce voyage est leur Grand Tour, leur éveil au monde et aux hommes. Et le début de l'engagement politique d'Ernesto, avec des accents nihilistes. « Je sais que moi, éclectique disséqueur de doctrines et psychanalyste de dogmes, hurlant comme un possédé, je prendrai d'assaut les barricades ou les tranchées, je teindrai mon arme dans le sang et, fou furieux, j'égorgerai tous les vaincus qui tomberont entre mes mains », jure-t-il dans ses *Notes de voyage*.

À peine obtient-il son titre de docteur en médecine[8] qu'il décampe. En train, cette fois : Bolivie, Pérou,

8. Selon certains témoignages, il n'aurait jamais eu le diplôme.

Équateur, Guatemala, Costa Rica. Il entend parler de l'attaque de la caserne Moncada, le 26 juillet 1953, menée par un avocat de vingt-sept ans, Fidel Castro, en lutte contre le dictateur Batista[9]. Au Nicaragua, il suit avec intérêt l'expérience réformatrice éphémère du jeune colonel Árbenz, qui s'est mis en tête de lancer une réforme agraire avant d'être renversé par un coup d'État fomenté par la CIA avec l'appui des propriétaires terriens et de la multinationale United Fruit. Il exulte à ce premier compagnonnage politique : « Ici, tout a été très amusant, écrit-il à sa tante Beatriz, les tirs, les bombardements, les discours [...] qui ont rompu la monotonie dans laquelle je vivais. » Il ajoute, fanfaron : « J'ai juré devant un portrait de notre vieux et regretté camarade Staline [il vient de mourir le 5 mars] que je n'aurais pas de repos avant d'avoir vu ces pieuvres capitalistes exterminées. »

Il voulait être médecin, puis « routard », il sera un révolutionnaire professionnel. Il était sceptique et ironique, il devient militant et austère. Trotski perce sous Don Quichotte.

9. Fulgencio Batista (1901-1973), fils de paysans engagé dans l'armée, participe en 1933 à la « révolte des sergents » qui débouche sur la constitution du gouvernement des « cent jours », à forte connotation nationaliste et sociale. L'année suivante, il participe à l'instauration d'une junte militaire, où il devient chef d'état-major de l'armée. Élu président de la République en 1940, il ne se représente pas en 1944. Il revient au pouvoir en 1952 lors d'un coup d'État.

Mauvaise rencontre à Mexico

Prochaine étape : Mexico. Ernesto a décidé de prendre son temps. Il prend ses quartiers et donne chaque matin une consultation à l'hôpital, où il croise un Cubain rencontré au Guatemala. Celui-ci lui présentera la « colonie cubaine », y compris le fameux Castro dont la radio lui avait appris les exploits. À leur première rencontre, les deux jeunes gens parlent dix heures d'affilée, de la révolution, de l'avenir du continent… « À l'aube, j'étais déjà médecin de la future expédition », écrira l'Argentin, fasciné par cet orateur infatigable à la voix fluette, athlète de plus d'un mètre quatre-vingt-dix, teint blême, regard de myope. Tout oppose les deux hommes, selon Régis Debray : « Guevara était d'abord un homme du Livre, quand les *criollos*[10] sont des gens de tradition orale, rétifs à la synthèse, à l'organisation, à l'enchaînement logique. »

Près de dix-huit mois plus tard, le 23 novembre 1956, le *Granma*, vieux yacht bourré d'armes, de munitions et de ravitaillement, prend la mer depuis le port mexicain de Tuxpan, en direction de la province d'Oriente, où « le père de la nation cubaine » José Martí avait débarqué en 1895 pour combattre les Espagnols. Deux jours plus tard, l'embarcation prend l'eau. Le 2 décembre, elle s'échoue sur un banc de sable. « Ce ne fut pas un débarquement, mais un naufrage », témoignera le Che. Suivi d'une déroute.

---

10. Les *criollos*, créoles en français, sont les descendants des colons espagnols établis dans les îles des Caraïbes.

Mitraillage de l'aviation, noyades, exécutions sommaires des prisonniers. Guevara est touché au cou, mais la blessure est superficielle. Seuls vingt-sept des quatre-vingt-deux apprentis guérilleros rejoignent après plusieurs semaines d'errance le camp de base perché dans la montagne.

Les débuts ont le goût amer de la poisse. À la première attaque d'un poste de gardes, les armes s'enrayent, les grenades n'explosent pas, la dynamite reste muette. « Me voici dans la jungle cubaine, vivant et assoiffé de sang », n'en fanfaronne pas moins l'apprenti libérateur argentin. La chance sourit enfin aux *barbudos*[11] le 28 mai 1957, lors de l'attaque spectaculaire de la garnison de l'Uvero, au pied de la sierra Maestra et au bord de la mer. Le Che s'y singularise par son « mépris absolu du danger », fonçant sur l'adversaire mitraillette sur le côté, et son « excessive agressivité », notera Castro.

Retour dans la sierra. L'Argentin accorde des consultations aux paysans. « Femmes édentées, vieillies prématurément, enfants aux ventres énormes, parasitisme, rachitisme, avitaminose en général », note le médecin des déshérités, qui se fait une spécialité de l'arrachage de dents. Pourtant, à vingt-neuf ans, il est sur le point de lâcher Esculape pour Mars. Chef d'une colonne de soixante-quinze hommes, il est capitaine, bientôt *comandante*, le plus haut grade de l'Armée de libération nationale. Dans son treillis vert olive, un Colt 45 à la ceinture, on le reconnaît

11. Barbus, les guérilleros le deviennent au fur et à mesure qu'ils n'ont pas l'occasion de se raser ; ils le resteront après la victoire en signe de distinction et de reconnaissance.

aux poches latérales de son pantalon de combat gonflées de livres, de munitions et du miraculeux aérosol seul à même de le soulager en cas de crise d'asthme. De sa chemise débordent carnets, papiers et stylos. Il quitte rarement sa casquette à visière ou son béret, ornés d'une étoile dorée. Un détail surprend chez ce combattant plus exigeant avec lui-même qu'avec les autres : ses chaussures de parachutiste mal lacées.

En 1958, il est nommé numéro deux de la guérilla et devient l'adjoint indispensable de Castro après l'échec de la grande offensive des forces de Batista, baptisée « FF » : « Fin de Fidel. »

En dépit de sa supériorité logistique et numérique, le dictateur cubain a piteusement échoué. Quatre cent cinquante de ses soldats sont faits prisonniers ; leurs armes, dont deux blindés, confisquées. S'ensuivent quatre mois de combats entrecoupés de cyclones et d'inondations sous les ordres des frères Castro, Fidel et Raúl – le cadet dans l'ombre et aux ordres –, de Camilo Cienfuegos, ouvrier de La Havane jovial, de l'ancien instituteur Huber Matos, et de Guevara.

Les deux dernières semaines de cette fatidique année 1958, l'Argentin s'empare en une campagne éclair des bourgs et des casernes de la ville de Santa Clara, dernier verrou avant La Havane. « Les francs-tireurs mitraillaient de tous côtés et lui, tranquille, avançait comme si de rien n'était au milieu de la rue », racontera un témoin. Avec moins de 400 hommes et un armement laissant à désirer, en cinq jours de combat il viendra à bout de 3 000 soldats retranchés dans douze casernes protégées par des tanks et d'un train blindé suréquipé. Dans la ville, où il a appelé la population à dresser des barricades, il se déplace d'un front à l'autre dans une Toyota rouge. Guevara tisse sa légende de *guerrillero heroico*. Plus personne n'ignorera le « Che », qui doit son surnom à cette manie des Argentins de ponctuer leurs phrases par cette interjection populaire[12]. Bientôt, il aura la première chanson à sa gloire : « Dégage de la piste / Sinon, je t'en éjecte / Car voilà le Che Guevara / Qui en finit avec le monde. »

Le 1er janvier 1959, alors que la forteresse de Santa Clara tient encore, on apprend la fuite de Batista à Saint-Domingue. Castro décide que le lendemain un Cubain entrera dans La Havane. Ce sera Camilo Cienfuegos, pas un étranger, fût-il déjà illustre, comme le Che.

Petits ajustements entre amis

Après plus de deux années dans la sierra, le spartiate Guevara est catapulté dans la ville des plaisirs, La Havane, vaste casino doublé d'un bordel, crachant des dollars au rythme du mambo et du cha-cha-cha. Les jours de Gomorrhe sont comptés. Castro a mis les points sur les i lors de son premier discours-fleuve, prononcé le 8 janvier : « Rien ni personne ne pourra sauver les criminels. » Guevara se chargera de l'épuration, à la tête de la Cabaña, forteresse à l'entrée de la rade bâtie par les Espagnols au XVIIIe siècle et transformée en prison et en tribunal spécial. On y distribue les condamnations à mort : cent quatre-vingts

12. « *Che !* », dérivé probable de l'italien « *ciao* », est ainsi couramment utilisé en Argentine pour interpeller quelqu'un et attirer son attention.

en six mois. « La justice révolutionnaire est une justice véritable, elle n'est pas rancœur ou débordement malsain », assure le Torquemada marxiste, qui donne du baume au cœur à chaque peloton d'exécution en apparaissant *puro* au bec.

Dans la sierra Maestra, il avait exécuté lui-même les traîtres. Le premier avait été Eutimio Guerra, un petit paysan acheté pour liquider Castro. « J'ai résolu le problème en lui tirant sur le côté droit du cerveau une balle de pistolet calibre 32 », écrira l'« ange » exterminateur. À la Cabaña sont exécutés policiers et soldats de Batista, mais aussi tous les « corrupteurs de la morale publique », l'impresario du théâtre porno-burlesque Shanghai en tête. Le pardon est étranger au *comandante*. À une femme qui le supplie d'épargner son fils, il indique du doigt l'aumônier : « C'est un maître en consolation. »

Castro n'est pas mécontent d'avoir mis à l'écart dans cette forteresse-prison ce combattant incomparable, mais si rabat-joie, si *pesado*, un crime au pays de la fête, de la *pachanga*. Il y aura toujours un fossé d'incompréhension entre l'Argentin à l'ascétique figure et les Cubains façonnés par le *choteo*, cette propension à s'amuser de tout.

Plus que tout, Castro redoute les écarts de langage marxistes du va-t-en-guerre Guevara, alors qu'il s'efforce d'amadouer l'oncle Sam en répétant à l'envi que Cuba ne sera « ni dictature de gauche, ni dictature de droite », mais « révolution humaniste, vert olive[13] ».

---

13. Tout le monde n'est pas dupe. Un journal conservateur, bientôt interdit par le nouveau pouvoir, compare la révolution cubaine naissante à une pastèque : « Verte en surface, rouge à l'intérieur. »

El Caballo, « le cheval » – parce que, comme l'animal, Fidel « en a » –, est le prince de l'ambiguïté et son *compañero* lui sabote la partition. C'est pourquoi il lui confie des missions économiques et des voyages à l'autre bout du monde, où il deviendra l'ambassadeur extraordinaire de la révolution. En moins de deux ans, Guevara est successivement nommé à la tête du département industriel de l'Institut national de la réforme agraire[14], de la Banque centrale, puis du ministère de l'Industrie. « Sorti par un caudillo pragmatique des gauchismes de l'adolescence, cet outsider sans territoire ne lui devait rien de moins que son entrée dans le monde réel et la possibilité d'y faire ses preuves », note le lucide Debray. L'« outsider » joue le jeu et « sa vie se résume en un seul mot : travail, travail et encore travail ». La révolution n'a-t-elle pas « besoin de toutes nos minutes » ? Il débute sa journée en milieu de matinée et la termine vers 4 heures du matin, ses rendez-vous se tenant vers minuit. Simone de Beauvoir s'étonnera d'être reçue à cette heure indue, alors qu'elle accompagne son « petit mari » en reportage pour *France-Soir*[15]. Mais

14. INRA, mais rien à voir avec notre Institut national de la recherche agronomique…

15. Le reportage, intitulé « Ouragan sur le sucre », comprendra seize articles. Sartre compare le Líder Máximo à Jean de la Croix et présente avec sa modération coutumière le Che comme « l'homme le plus parfait de notre époque ». Castro les emmène – mène ? – en bateau à Cienaga de Zapata, la plus grande zone humide des Caraïbes, qui abrite un millier d'espèces de plantes, près de trois cents espèces d'oiseaux et trente de reptiles. Les deux intellectuels français seront présents le 5 mars 1960, le jour du meeting où le photographe Alberto Korda prend le fameux cliché de Guevara coiffé de son béret. Il s'en est fallu de peu que le trio n'orne les tee-shirts du monde entier.

elle ne fait pas de commentaire. Quand le philosophe existentialiste demande à son interlocuteur : « Quel est le projet de votre révolution ? », celui-ci répond sans barguigner : « Reculer le champ du possible. »

Le *Time* juge que Fidel est « le cœur et l'âme de la Cuba actuelle » ; Raúl, « le point fermé sur la dague de la révolution » – il est ministre de la Défense ; Guevara, « le cerveau », mais aussi « l'élément le plus fascinant et le plus dangereux du triumvirat ». Le magazine américain aurait-il réinventé le légendaire trio Lénine-Staline-Trotski ?

Dangereux, le Che l'est d'abord pour l'économie cubaine. À l'été 1960, les décrets de nationalisation s'abattent sur trente-six domaines sucriers, deux raffineries de pétrole, les compagnies d'électricité et de téléphone : les trois quarts des biens américains dans l'île. L'« homme nouveau », sa nouvelle marotte, doit renoncer au salaire, remplacé par des « stimulants moraux » : fanions et éloges dans des assemblées ouvrières. Et la lecture de *Don Quichotte*, publié sur son ordre à 100 000 exemplaires par l'Imprimerie nationale.

La radicalisation du régime – suppression des partis politiques, fermeture des journaux, nationalisation des universités catholiques, création de comités de défense de la révolution chargés de la surveillance des quartiers – est sa tasse de maté. Il ne cille pas lorsque Huber Matos, figure historique de la révolution, est condamné à vingt ans de prison, officiellement pour s'être opposé à la réforme agraire. Il ne se pose pas plus de questions lorsque le *comandante* le plus populaire, Camilo Cienfuegos, meurt dans le crash étrange d'un avion (28 octobre 1959). Ou que la Bibliothèque nationale de Cuba se transforme en tribunal pour condamner trois cents intellectuels. Ou encore que les Unités militaires d'aide à la production (UMAP), camps de travail à la mode tropicale, accueillent tous les « déviants » – opposants politiques et homosexuels.

Le Che n'a jamais été le libertaire fantasmé par l'extrême gauche européenne, c'est un stalinien pur jus. Mais un stalinien suicidaire, et c'est sa constance dans l'autodestruction qui en fait un personnage romantique.

Les aventures d'Ernesto au Congo

Son premier voyage officiel, à l'été 1959, est chargé. Il durera trois mois et lui permettra de rencontrer les grandes figures du tiers-monde, les « non-alignés » sur Moscou et Washington : Nasser, Nehru et Tito. Les voyages le distraient à peine. Il est le VRP ironique du « foquisme », se dépeignant en « Alice au continent des merveilles ».

Juste avant son départ, il lui prend de revoir sa petite fille et d'annoncer son divorce à la mère de celle-ci, qui l'a initié au marxisme : la Péruvienne Hilda Gadea. Sa nouvelle épouse, la femme idéale puisque militante exemplaire, s'appelle Aleida March, rencontrée pendant la bataille de Santa Clara[16]. Mais à sa propre génitrice, sa seule confidente, il écrit : « Je n'ai ni foyer, ni femme, ni enfants, ni parents, ni frères. Mes amis ne sont mes amis qu'autant qu'ils

16. Elle lui donnera quatre enfants.

pensent politiquement comme moi. » Le Che est et sera un homme seul. Par nature et par goût.

Dans cette existence réglée, les crises internationales le sortent de son ordinaire de bureaucrate qui ne tarde pas à lui peser. Le vétéran – il n'a que trente-trois ans – reprend du service grâce à la CIA qui a orchestré, avec les anticastristes réfugiés aux États-Unis, l'opération de la baie des Cochons[17], lancée le 15 avril 1961. Pourtant, il ne se trouve pas au PC opérationnel, où ses états de service auraient dû le placer. Serait-ce le début de la disgrâce ? Lors de la « crise des fusées » d'octobre 1962[18], en revanche, il semble revenu au zénith, puisqu'il est chargé de la défense de la province de Pinar del Río, la plus équipée en missiles. Mais ensuite, le Che retourne à ses chères études de planification économique. S'il s'inquiète de l'hémorragie de techniciens vers la Floride, il promet qu'en 1980 le revenu cubain sera supérieur au « yanqui ».

17. Au lendemain de son élection, Kennedy est convaincu par Allen Dulles, le patron de la CIA, de lancer une opération contre Castro. Une première série de frappes aériennes, déclenchées depuis le Nicaragua, échoue. Deux jours plus tard, le 17 avril 1961, la « brigade 2506 », nom de code des forces d'invasion, débarque à Playa Girón et Playa Larga, sous le feu castriste. Le 19, les forces anticastristes déplorent 118 tués et 1 200 prisonniers. C'est un désastre.

18. Khrouchtchev, le dirigeant de l'URSS, a fait acheminer à Cuba des cargos chargés de missiles nucléaires, protégés par des sous-marins d'attaque. Le déploiement de ces armes est inacceptable pour Washington. Débute le 16 octobre une crise politique de treize jours, d'une intensité dramatique, qui inspirera moult historiens et romanciers. Les Soviétiques finiront par retirer les missiles contre la promesse américaine de ne pas envahir l'île et le retrait des missiles américains de Turquie et d'Italie. Pour l'opinion internationale, JFK est sorti vainqueur de ce bras de fer, paroxysme de la guerre froide, même si la réalité est plus contrastée.

Toujours en mouvement pour accoucher du socialisme, il a la machette nerveuse. Il participe à tous les « travaux volontaires » imposés par le régime. Les films de propagande l'affichent, si possible torse nu et coiffé du chapeau de paille des *macheteros*, coupant la canne et conduisant des tracteurs. Tel un manuel de propagande ouvert, il martèle que « le socialisme économique sans la morale communiste, ça ne l'intéresse pas ». Peu nombreux sont ceux qui remarquent son visage bouffi par la cortisone censée juguler son asthme. Et lui ne voit pas la détestation qu'il suscite chez les Cubains. Une blague en forme de conte moral court sur son compte : « Il y a ici un ogre terrible, c'est le Che, c'est le type qui t'envoie à Guanahacabibes [principal camp de travail de l'île], celui qui punit, qui fusille, qui se mêle de tout. »

Le tandem Castro-Guevara se disloque, aucun des deux ne peut l'avouer. Le nouveau *caudillo*, tout à l'exercice absolu du pouvoir, goûte le charme discret de la nomenklatura. Il est le nouveau chef de clan galicien[19] et son domaine, Cuba, est autrement plus vaste que celui de son père. L'Argentin, lui, rêve toujours d'« homme nouveau » et de champs de bataille à conquérir. « S'il y a bien un mystère, note Régis Debray, il est dans cette fidélité à toute épreuve du nomade pour le seul chef sédentaire qu'il se soit connu. »

Le roué Castro saura donner au congédiement les allures d'une ultime mission héroïque : créer un

19. Une grande majorité de créoles cubains sont originaires de la Galice, province occidentale d'Espagne, et de sa capitale, La Corogne.

nouveau *foco* au Congo, où l'ex-Premier ministre Lumumba a été assassiné[20]. Le Che fait l'ultime tournée des popotes : Mali, Guinée, Sénégal, Ghana, Dahomey. Puis il file vers la Chine, s'entretient avec Mao – au grand dam de Castro, qui en prend ombrage. Il repart de Pékin, direction l'Afrique, avec une escale à Paris où il demande à voir *La Nef des fous* de Jérôme Bosch, au Louvre. VRP vibrionnant du « foquisme », il fait une halte au Caire. Nasser lui déconseille son expédition congolaise : « Cela ne réussira pas. En tant que Blanc, vous serez aisément repéré, et si nous trouvons d'autres Blancs pour vous accompagner, vous fournirez aux impérialistes l'occasion de dire qu'il n'y a pas de différence entre vous et les mercenaires. » Le colonel égyptien est dans la *realpolitik*, le Che, dans l'héroïsme baroque. « Le moment critique de la vie d'un homme est celui où il prend la décision d'affronter la mort, tente-t-il d'expliquer à un Nasser impavide, s'il décide de l'affronter, il est un héros, que son entreprise se solde par un succès ou par un échec. » Dialogue de sourds.

Le 14 mars 1965, le Che fait sa dernière apparition en public. Au terme de cet ultime tour du monde en quatre-vingt-seize jours, il débarque à Cuba, aussitôt enlevé par Castro qui l'emmène dans une villa située à une vingtaine de kilomètres de La Havane. Les deux vieux camarades de combat, sans doute en présence de Raúl, ont une discussion serrée, semble-t-il

20. Patrice Lumumba (1925-1961), Premier ministre de la République démocratique du Congo, a été « liquidé » par le chef des armées, Mobutu, et le président katangais, Tschombe, avec la complicité de la Belgique, ex-puissance coloniale, et de l'ensemble du camp occidental.

entrecoupée d'éclats de voix. Que se sont dit les deux hommes ? C'est le trou noir de leurs biographies. Les temps ont changé. Aligné sur Moscou, Fidel ne jure plus que par la « coexistence pacifique ». Guevara est toujours dans ses chimères, et le premier refuse sans doute de couvrir les foucades de son ancien second.

Avant de quitter La Havane, tout début avril, il recopie un poème du communiste chilien Pablo Neruda : « Que rien ne nous amarre / Que rien ne nous lie / J'aime l'amour des marins / Qui donnent un baiser et s'en vont / Je pars. Je suis triste. Mais je suis toujours triste. »

Il rédige des lettres à ses enfants, à ses parents, à qui il demande de se souvenir du « petit condottiere du XXe siècle », et à Fidel. « Je renonce formellement à mes charges à la direction du parti, à mon poste de ministre, à mon grade de commandant, à ma condition de Cubain », écrit-il au Líder Máximo. Le texte sera lu en octobre devant le Comité central du Parti communiste cubain. La séparation entre les deux hommes est désormais publique et politique ; dédouanant Castro tout en le couvrant d'éloges. Le Che est « un aventurier qui a été à la fois l'instrument de Fidel Castro et sa victime », affirmera l'ancien *comandante* Huber Matos.

Fin avril 1965, après plusieurs détours par l'Europe de l'Est communiste, Alger, Le Caire, Nairobi, Dar es-Salaam, le Che débarque sur les rives du lac Tanganyika. À la tête d'une centaine de combattants cubains noirs – pour faire africains –, au côté de Kabila père, il vient reprendre le Congo, tenu d'une main de fer par Mobutu. Très vite, il déchante. Le feu révolutionnaire n'est pas au rendez-vous. Dans les campements clandestins, où femmes et enfants se promènent en toute ingénuité, les Congolais mettent à plein volume la musique dansante. Ils refusent de creuser des tranchées au prétexte que celles-ci sont réservées aux morts. Ils ne voient pas l'intérêt d'être initiés au tir, d'autant qu'ils ne peuvent, disent-ils, fermer l'œil droit. Au moindre accrochage, ils décampent et abandonnent leurs armes.

« Un de nos camarades disait pour plaisanter qu'au Congo étaient réunies toutes les conditions *contraires* à la révolution », remarque un Guevara désabusé. Il méprise son « allié » Kabila[21], qui n'a rien pour lui : ni « le sérieux révolutionnaire », ni « l'idéologie qui guide l'action », ni « un esprit de sacrifice qui accompagne les actes ».

Sept mois après leur débarquement, les Cubains rentrent chez eux. « Ceci est l'histoire d'une décomposition », expliquera leur chef, disciple de Cioran[22] qui s'ignore. « Durant les heures au Congo, je me suis senti seul, comme jamais je ne l'avais été, ni à Cuba, ni à aucun endroit de mes pérégrinations à travers le monde. » Le dernier des conquistadors ne peut imaginer le Golgotha qui l'attend en Bolivie.

---

21. Lequel finira par renverser Mobutu en 1997, trente ans après la mort du Che.

22. Émile Cioran (1911-1995), philosophe marqué par le scepticisme, voire le pessimisme, né en Roumanie et ayant vécu la majeure partie de sa vie à Paris.

Bibliographie sélective

« Benigno », *Vie et mort de la Révolution cubaine*, Fayard, 2003.

Régis Debray, *Les Masques. Une éducation amoureuse*, Gallimard, 1987.

Régis Debray, *Loués soient nos seigneurs. Une éducation politique*, Gallimard, 1996.

Ernesto Che Guevara, *Combats d'un révolutionnaire. Journaux de voyage et autres textes*, Robert Laffont, coll. « Bouquins », 2010.

Pierre Kalfon, *Che*, Seuil, 1997.

Jean-Pierre Lavaud, *L'Instabilité de l'Amérique latine, le cas de la Bolivie*, L'Harmattan, 1991.

Jacobo Machover, *La Face cachée du Che*, Armand Colin, 2017.

Jorge Ricardo Masetti, *Avec Fidel et le Che. Ceux qui luttent et ceux qui pleurent*, Les Belles Lettres, coll. « Mémoires de guerre », 2017.

Huber Matos, *Et la nuit est tombée. De la révolution victorieuse aux bagnes cubains*, Les Belles Lettres, 2006.

Thierry Noël, *La Dernière Guérilla du Che*, Vendémiaire, 2014.

Serge Raffy, *Castro*, Fayard, 2013.

Paco Ignacio Taibo II, *Ernesto Guevara, connu aussi comme le Che*, Payot, 1997.

David Van Reybrouck, *Congo. Une histoire*, traduit du néerlandais par Isabelle Rosselin, Arles, Actes Sud/Babel, 2013.

XIII

Richard Nixon

N le maudit

Le trente-septième résident de la Maison Blanche a été l'un des plus grands présidents des États-Unis. À l'intérieur, il a mené une des politiques sociales les plus généreuses pour les pauvres et les Noirs, bien au-delà de celles que les présidents démocrates avaient instaurées jusqu'alors. À l'extérieur, il a mis fin à la plus longue guerre des États-Unis : celle du Vietnam. Last but not least, *il a fait sortir le monde de vingt-cinq ans de guerre froide par ses initiatives diplomatiques, notamment en direction de la Chine communiste. Comment un tel virtuose de la politique a-t-il pu tomber sur une affaire de pieds nickelés comme le Watergate, alimentant à ses dépens une légende noire dont il n'a jamais pu se départir, et qu'il ne méritait certes pas ?*

Ce 9 août 1974 souffle sur Washington le vent mauvais des jours de défaite. Un hélicoptère s'apprête à transférer Richard Nixon et sa femme Pat de la

Maison Blanche à la base Andrews Air Force, d'où un appareil doit les acheminer vers la Californie natale du président des États-Unis. Les parlementaires, les juges, les journalistes – tous ceux qu'il vomit – ont eu sa peau, qu'il a chèrement vendue. Menacé de destitution *(impeachment)* pour entrave à la justice, outrage au Congrès et abus de pouvoir dans « l'affaire du Watergate », l'infatigable lutteur a jeté l'éponge. La veille, il a annoncé sa démission pour le lendemain midi, comme l'avait fait en 1969 le général de Gaulle, l'un des rares Français qu'il admire.

Pour la dernière fois, il tient à s'adresser à la télévision au peuple américain. « Parfois j'ai réussi, parfois j'ai échoué, mais j'ai toujours pris à cœur ce que Theodore Roosevelt[1] avait dit sur l'homme dans l'arène, “dont le visage est couvert de sueur, de poussière et de sang, qui se bat vaillamment, qui se trompe, qui échoue encore et encore, car il n'y a pas d'effort sans erreur et échec, mais qui fait son maximum pour progresser, qui connaît le grand enthousiasme et la grande dévotion, qui se consacre à une noble cause, qui sait qu'au mieux il connaîtra *in fine* le triomphe d'une grande réalisation et qui, s'il échoue, échouera ayant tenté de grandes choses”. » Le discours est superbe. Même K.-O. debout, il reste le meilleur orateur de la classe politique américaine. Mais à quoi bon ? Nixon a été renvoyé à sa caricature, forgée depuis près de trente ans : celle de Tricky Nixon, « Nixon le Tricheur », alias Tricky Dick – réputation qui lui colle à la peau depuis sa

1. Theodore Roosevelt (1858-1919), président républicain des États-Unis de 1901 à 1909.

première campagne électorale, en 1946. Dans les mémoires individuelles, Mr Hyde l'emporte toujours sur le bon Dr Jekyll.

Ce soir-là, plutôt que de visionner un film avec Spencer Tracy, il préfère passer en boucle le *Patton* de Franklin J. Schaffner, avec George G. Scott dans le rôle du général victorieux à Bastogne. Patton : le courage, l'entêtement, un caractère de cochon, un langage de charretier. Tout ce qu'il aime.

Le survivant de la fratrie

La légende noire du trente-septième président des États-Unis s'est un peu plus enkystée en sa dernière année de mandat. Les artistes, surtout, s'en sont donné à cœur joie. Dans son roman *Our Gang* (1971), l'écrivain juif new-yorkais et démocrate Philip Roth – là encore, tout ce que Nixon déteste – avait campé le personnage de « Dixon le tricheur », chef d'État paranoïaque qui fait bombarder des camps de scouts… Le cinéaste George Lucas bientôt prendra modèle sur lui pour incarner la figure maléfique de l'empereur de *La Guerre des étoiles* (1977). Son confrère Robert Altman le fera monologuer entre une bouteille de whisky et un pistolet dans *Secret Honor* (1984)… Le lâcheront-ils un jour ?

Un quart de siècle après avoir quitté le pouvoir, Nixon continuera de figurer en tête du classement des plus mauvais présidents, devant ses prédécesseurs passés à la trappe de l'histoire : Warren Harding, James Buchanan, Franklin Pierce. Dans certains sondages, il dépasse Hitler dans l'ignominie, tandis que dans un autre, signé Gallup, heureusement, il est considéré comme l'un des hommes les plus admirés dans le monde. Souvent peuple varie…

Le mystère de Nixon tient dans sa chute, fascinante : comment ce président qui avait décroché la Lune, promise par son prédécesseur et rival John Fitzgerald Kennedy, a-t-il pu tomber si bas ? La Lune ? C'était en juillet 1969, cinq ans plus tôt : une éternité. Le chef de la Maison Blanche s'entretenait alors avec l'astronaute Neil Armstrong, le premier homme à arpenter l'astre de la nuit. Autres temps, autres mœurs. Depuis, il a été traîné dans la boue, et le voilà déchu. Mais il continuera de servir le pays jusqu'à son dernier souffle, il vient de s'y engager devant le personnel de la Maison Blanche réuni pour une courte cérémonie d'adieux.

À quelques mètres de ce bureau ovale où, pendant cinq ans, six mois et vingt jours, il a été aux commandes de la première puissance mondiale, il ne peut s'empêcher de faire le rapide bilan d'une vie inaugurée le 9 janvier 1913 dans le petit bourg californien de Yorba Linda par le sourire de sa quaker de mère, Hannah. Cette jeune femme discrète, pétrie de culture latine et grecque, parlant français et allemand, était une sainte. Elle veillera jusqu'au trépas deux de ses fils aînés, Arthur, mort subitement en 1925, et Harold, emporté par la tuberculose, huit ans plus tard. Richard est un survivant et il a de l'énergie à revendre pour trois.

En ce jour le plus noir, le plus humiliant d'une vie entièrement dédiée à son pays, d'une existence scandée par les coups durs et les échecs, toujours surmontés jusque-là, il se souvient de la recommandation ultime de son père, vénéré lui aussi, parce qu'il avait bâti sa maison de ses propres mains : « Richard, continue toujours à te battre. »

Frank Nixon était un lutteur, « un grand homme », celui qui « fait son travail » sans broncher : conducteur de tramway, planteur – malheureux – de citronniers, gérant d'une station-service, puis d'une épicerie. Les enfants donnent un coup de main. Dès 4 heures du matin, le petit Richard charge les fruits et légumes au marché de gros de Los Angeles. À 8 heures, il prend le bus pour l'école quand ses petits camarades sont à peine sortis de leurs rêves. Élève timide et sombre, il frappe ses maîtres par son brio et son don pour la rhétorique. Malgré son inexpérience de la vie, aucun thème ne l'impressionne. « Est-il préférable de louer ou d'être propriétaire d'un logement ? », « Quels sont les privilèges que vous confère la Constitution ? »... À chaque sujet, par sa verve et son pouvoir de conviction, il l'emporte haut la main. Il ignore qu'il fera du droit, mais il est déterminé à faire de la politique. Pour « aider les gens ».

Politique, d'abord

À dix-sept ans, Richard Nixon obtient une bourse pour deux prestigieuses universités de la côte est, Harvard et Yale, mais la mort de son frère tuberculeux l'empêche de s'y inscrire car il doit rester au côté de ses parents. « Cette épreuve, écrit-il dans ses *Mémoires*, contribua à mon fatalisme, qui ironiquement m'aida à me préparer et à surmonter les crises difficiles. » Il étudie l'histoire et les sciences politiques au Whittier College, en Californie, puis il intègre l'université Duke, la « Harvard du Sud », en Caroline… du Nord, où il découvre une terre marquée par la guerre de Sécession, le racisme et la ségrégation. Sa vie est celle d'un étudiant pauvre vêtu d'un unique pull mauve. Une bourse universitaire et des petits boulots ne suffisent pas à se loger et se nourrir. La dernière année, il occupe avec trois condisciples une cabane en forêt, sans eau ni électricité. À l'aube, il vient se raser dans les toilettes de l'université, et il prend sa douche dans le gymnase, après l'entraînement de handball. La vie quotidienne est si rude qu'il envisage à plusieurs reprises de tout plaquer. À chaque fois, il est retenu par l'ultime recommandation de son père, si proche du fameux poème de Kipling *Tu seras un homme mon fils* : « Si tu peux voir détruit l'ouvrage de ta vie / Et sans dire un seul mot te remettre à bâtir… »

Son diplôme en poche, il passe brillamment le concours d'admission au barreau de Californie. À vingt-quatre ans, le voici avocat au cabinet Wingert & Bewley, à Whittier, spécialisé en droit fiscal successoral. La richesse est au coin de la rue. Mais est-ce véritablement son but ?

En ce 9 août 1974, dernier jour passé à la Maison Blanche, se tient aux côtés de Nixon son épouse Pat, indispensable pilier. Son patronyme exact est Thelma Catherine Ryan, mais elle est née peu avant la Saint-Patrick, d'où ce surnom. Elle est silencieuse, comme au jour de leur première rencontre dans une troupe de théâtre amateur. Ce jeune homme maladroit n'était pas à son goût, mais elle fut impressionnée par ses efforts surhumains pour la séduire : ne força-t-il pas sa nature jusqu'à l'accompagner à la patinoire ? Elle finira par dire « oui » à sa demande en mariage en mars 1940, lors d'un très romantique coucher de soleil à Dana Point, à côté de San Clemente – plus tard, les époux Nixon y acquerront une résidence.

S'il y a un couple modèle, c'est bien celui-là, malgré toutes les rumeurs charriées pendant le Watergate. Ils ont deux filles, Julie, née en 1946, une future Mme Eisenhower – elle épousera le petit-fils du général –, et Patricia, deux ans plus tard. Pourtant, Nixon n'a pas toujours écouté son épouse. En cette même année 1946, il a bataillé avec elle toute une nuit pour la convaincre du bien-fondé de sa candidature au Congrès, chaudement encouragée par les hiérarques républicains. Elle finit par le laisser prendre son destin en main, et sa carrière, d'emblée fulgurante : membre républicain à la Chambre des représentants à trente-trois ans, en s'illustrant, ce qui ne manquait pas de courage, par une attaque en règle contre le New Deal de Roosevelt. Sénateur quatre ans plus tard après avoir chargé cette fois les « rouges » – allant jusqu'à accuser son adversaire, une femme, d'« être rose jusqu'à ses sous-vêtements ». Vice-président des États-Unis à trente-neuf ans. Et président, enfin, de la gloire à la chute.

S'il avait écouté Pat, en serait-il là aujourd'hui ? Qui sait ? N'a-t-il pas songé à se retirer de la vie publique après son double échec, en 1960, face à Kennedy lors de la Présidentielle, puis deux ans plus tard, pour le poste de gouverneur de Californie ? Il avait alors cédé à la « tentation de New York », renouant avec sa profession d'avocat à Big Apple.

Mais le virus de la politique était trop fort et la côte est n'était pas son genre. Après un intermède de six ans, il s'est jeté à nouveau dans l'arène, parcourant le pays à la rencontre des Américains pour défendre des idées plus centristes, plus consensuelles que celles des deux ténors du Parti républicain, le droitier Barry Goldwater et le libéral Nelson Rockefeller. Dick n'est plus le même. Les épreuves lui ont donné une patine, il s'est assagi, il n'a plus cette nervosité qui a longtemps joué contre lui. Il briguera donc une nouvelle fois la magistrature suprême, et ce sera la bonne. En 1968, il est élu président des États-Unis. Un tel retour victorieux à cinquante-six ans est une anomalie dans l'histoire politique américaine, peu propice aux secondes chances, contrairement à sa mythologie.

Les fuites du Pentagone

Las, il n'y a pas loin du Capitole à la roche Tarpéienne. La machine a commencé à se détraquer le 13 juin 1971, avec la publication à la une du *New York Times* des « Papiers du Pentagone » *(Pentagon Papers)*, un résumé de trente années de politique américaine au Vietnam décryptées à travers ses archives secrètes. Ce brûlot, ironie de l'histoire, est placé juste à côté d'une chronique sur le mariage de la fille aînée du président, la chère « Tricia ».

Pour Nixon, « introverti exerçant une profession d'extraverti » – c'est sa propre formule –, rien n'est plus sacré que le secret et plus horripilant que les bavards irresponsables : journalistes[2], intellectuels de la côte est et autres sempiternels donneurs de leçons. Cette fuite consommera la rupture entre Nixon et la presse, et renforcera les tendances paranoïdes de l'équipe de la Maison Blanche, qui constitue, du coup, une équipe de « plombiers » chargée d'identifier et de surveiller les fauteurs de troubles.

Le « traître » est vite repéré. Il s'appelle Daniel Ellsberg. L'homme n'a pourtant pas le profil d'un *radical* chevelu se déhanchant au rythme d'un Jimi Hendrix sabotant l'hymne américain au festival de Woodstock. C'est un ancien capitaine des marines, jadis faucon puis collaborateur de Robert McNamara, patron du Pentagone, et enfin analyste à la Rand Corporation[3], gendre d'un ami de Hoover, le patron du FBI. Un homme du sérail. Précisément, rien ne peut mettre plus en rogne le président américain. Ellsberg est la preuve vivante que l'on ne peut compter sur personne. Les ennemis de l'Amérique sont partout : opposants à la guerre du Vietnam, mais aussi suprémacistes blancs héritiers du Ku Klux Klan, radicaux noirs émules de Malcolm X et du Black Power, partisans en tout genre de la contre-culture, et même, donc, d'anciens marines, « retournés » au nom d'une certaine idée de la morale, contraire à l'intérêt supérieur de leur patrie. Il n'en faut pas plus pour nourrir la méfiance endémique de Nixon, qui a toujours en tête le trait d'esprit de son amie Golda Meir, Premier ministre d'Israël : « Ce n'est pas parce qu'on est paranoïaque qu'on n'a pas d'ennemis. »

---

2. Il sera le président qui donnera le moins de conférences de presse (une petite quarantaine) depuis la présidence d'Herbert Hoover (1929-1933).
3. Institution américaine de conseil et de recherche.

Qu'a-t-il donc fait de son mandat ? Nixon s'interroge, lui qui n'a pourtant pas ménagé ses efforts pour pacifier les États-Unis et mettre un terme à cette guerre civile et raciale larvée. Son modèle est outre-Atlantique : Benjamin Disraeli, Premier ministre de la reine Victoria, un conservateur à la fibre sociale comme il les apprécie[4]. Dès son arrivée à la Maison Blanche, il a décidé de renforcer l'État providence, de réduire la pauvreté et d'encourager l'émergence d'une classe moyenne afro-américaine. Lui qui, enfant, avait vu les ravages de la Grande Dépression et les « sans-dents » mendier à l'épicerie familiale sera le plus enthousiaste à réformer en profondeur le système d'assistance sociale, à créer un revenu minimal garanti pour toute famille de quatre personnes vivant sous le seuil de pauvreté – une révolution en Amérique –, même s'il butera sur l'hostilité des membres soi-disant « progressistes » du Congrès.

Trente ans plus tard, le président démocrate Barack Obama instaurera un système proche, mais moins généreux selon le prix Nobel d'économie Paul Krugman, peu suspect de sympathie républicaine.

Le chef de la Maison Blanche s'est efforcé de ramener le calme dans les banlieues en proie aux émeutes sous la présidence de son prédécesseur direct, le démocrate Lyndon Johnson. C'est encore lui, Nixon, à qui l'on reproche ses « petites blagues » sur les Noirs,

4. Benjamin Disraeli (1804-1881), Premier ministre éphémère en 1868, puis pendant six ans lors de son second et véritable gouvernement (1874-1880), encourage la construction de logements sociaux, réforme la santé publique, étend la scolarisation et limite le temps de travail (en particulier pour les enfants). Il fait toujours figure de modèle pour les intellectuels conservateurs de droite.

les Américains d'origine italienne, irlandaise, et les Juifs, qui aura accéléré le plus la politique d'intégration des écoles du Sud, pour en finir avec la séparation entre les écoliers blancs et noirs.

Mais ce 3 septembre 1971, l'urgence est le cambriolage du cabinet du psychiatre d'Ellsberg pour y dérober le dossier médical de son patient. C'est la première mission des « plombiers », emmenés par l'avocat Gordon Liddy, un vétéran de la guerre de Corée obsédé par le IIIe Reich – il a choisi sa femme pour son « profil aryen » –, et Howard Hunt, un ancien de la CIA, spécialisé dans le recrutement de militants anticastristes à Miami. Le casse est un fiasco, premier d'une longue liste.

Pourquoi le président a-t-il perdu son sang-froid pour cette affaire de « papiers du Pentagone » qui accablent d'abord les administrations précédentes, celle de Kennedy en tête[5] ? L'occasion n'était-elle pas trop belle pour en finir avec la légende dorée de JFK. Côté pile : un beau gosse au sourire carnassier tout droit sorti d'une nouvelle de Scott Fitzgerald, héros de la Seconde Guerre mondiale, séducteur du Tout-Hollywood portant jupon. Côté face : un « fils à papa » priapique et dilettante. Mais peut-on raisonnablement s'attaquer à un homme transfiguré en saint par son martyre à Dallas ? Impossible. Le président n'est d'ailleurs pas coutumier des bassesses. Il

5. Les premiers conseillers américains ont été envoyés au Vietnam en 1955 par le président Eisenhower. JFK a intensifié cette politique avec l'envoi de 15 000 « experts », la construction de bases navales et aériennes, l'autorisation donnée aux deux escadrilles de bombardiers d'utiliser des défoliants. Sous Lyndon B. Johnson, l'engagement a culminé avec la présence de 500 000 soldats américains et le recours systématique aux bombardements.

a toujours été *fair play* avec son « meilleur ennemi », et après son assassinat, avec le clan Kennedy, et ses deux prétendants successifs Robert, puis Teddy.

Lorsqu'ils se croisent, ces deux fauves, qui ont débuté ensemble leur carrière politique, ont des échanges courtois. Mieux, ils se soutiendront discrètement l'un et l'autre à chaque fois que leurs sièges respectifs seront menacés, usant de subtiles manœuvres politiciennes. Ce n'est pas un hasard si John Fitzgerald Kennedy invite Nixon à son mariage avec Jacqueline Lee Bouvier, future « Jacky », le 12 septembre 1953, à l'église Sainte-Marie de Newport (Rhode Island).

Mais le rejeton d'un épicier de la Californie profonde ressentira toujours un « complexe de classe » à l'égard de ce double inversé. Il a beau réaliser l'incarnation du rêve américain par sa brillante ascension sociale, il a toujours été lesté par ses origines modestes. Provincial corseté dans des costumes qu'il ne quitte jamais – on ne l'imagine pas en pantalon blanc et polo, façon yachtman, comme JFK –, il est terne, gauche, mal à l'aise avec autrui et maladroit avec la gente féminine. Psychologiquement, il ne fait pas le poids face à Kennedy, qui lui infligera sa défaite la plus cuisante lors d'un débat télévisé de l'élection présidentielle de 1960. Bronzé, souriant, décontracté, mis en valeur par un costume sombre, le candidat démocrate fait une bouchée de Nixon, pourtant plus capé, expert en politique étrangère et alors en tête des sondages, mais desservi par un teint grisâtre qui rappelle son costume, un visage suant à grosses gouttes, les traits crispés et une barbe drue qui pousse trop vite. Quel contraste ! Servie par la généralisation de la télévision, la communication vampirise déjà la politique.

La légende forcera l'antagonisme entre les deux hommes. Dans le film d'Oliver Stone, Richard Nixon examine un portrait de Kennedy et soupire : « Quand ils te contemplent, ils voient ce qu'ils voudraient être, lorsqu'ils me regardent, ils voient ce qu'ils sont. » Ce qu'ils sont ? La « majorité silencieuse », l'électorat de Nixon. Il a consacré à celle-ci l'un de ses plus beaux discours, le 3 novembre 1969 : « Unissons-nous en faveur de la paix. Soyons aussi unis pour nous prémunir contre la défaite. Parce que nous devons le comprendre : le Nord-Vietnam ne peut battre ou humilier les États-Unis... »

Les tribulations des « plombiers »

Pendant ce temps-là, les « plombiers » échafaudent des plans. En cette période d'élection présidentielle, leur nouvelle cible est le quartier général de campagne du Parti démocrate, situé dans un ensemble de bâtiments baptisé Watergate, sur les rives du Potomac, à Washington. Leur objectif est de poser des micros espions, en particulier dans le bureau du président du Comité national démocrate, Larry O'Brien, ancien conseiller de Kennedy et ex-directeur de campagne de Humphrey. L'opération se déroule sans anicroche, mais les micros laissant à désirer, les « plombiers » doivent revenir sur les lieux du crime. Le samedi 17 juin 1972, ils sont cinq à être arrêtés à 2 heures du matin par la police du District de Columbia. Parmi eux figure James McCord, un ancien du FBI et de la CIA. L'indélicat est porteur d'un carnet d'adresses où figurent des numéros de téléphone de la Maison Blanche, notamment celui de Howard Hunt, conseiller… de Nixon.

Sitôt l'arrestation rendue publique, la présidence s'en tient à un démenti laconique : « Le Président n'a rien à voir avec cette affaire. » En réalité, Nixon est secoué par ces révélations dont il sait d'emblée la dangerosité. « Qu'on dise au FBI que nous souhaitons dans l'intérêt du pays qu'ils ne creusent pas davantage cette affaire. Point barre », aboie-t-il à son principal conseiller Haldeman. Point barre ? Trop tard, la digue est rompue. La première vague du tsunami vient de déferler. Le 15 septembre 1972, les cambrioleurs seront inculpés et leur procès est prévu quatre mois plus tard.

Pourquoi Nixon se réfugie-t-il dans le mensonge, même tacite, lui qui sait mieux que personne depuis l'« affaire Hiss[6] » qu'aux yeux de la justice américaine le mensonge est plus dévastateur que le délit ? Sentiment d'impunité ? Conviction qu'il est toujours sorti vainqueur des crises ?

Sa première crise, il l'avait expérimentée vingt ans plus tôt, en 1952, pendant la campagne de

6. En 1948, Alger Hiss est accusé d'espionnage au profit des Soviétiques. Personne ne veut croire que ce diplomate chevronné, membre de la délégation américaine à la conférence de Yalta, secrétaire général de la conférence de San Francisco à l'origine de la création des Nations unies, patricien élégant et affable, ancien de Harvard, ait pu trahir son pays. Personne, sauf Nixon, membre de la Commission des activités antiaméricaines de la Chambre des représentants, qui flaire le gros poisson : le suspect est « trop suave, trop lisse, trop confiant ». Finalement confondu, il sera condamné pour parjure, et l'élu californien gagnera en célébrité. Son anticommunisme foncier en ce début de guerre froide lui vaudra le surnom de « McCarthy en col blanc ».

Dwight D. Eisenhower. Colistier du général, il avait été victime d'une campagne l'accusant de disposer d'une caisse noire alimentée par divers bailleurs de fonds. Son propre camp avait commencé à le lâcher. Il avait alors décidé de contre-attaquer, fidèle à sa maxime : « Dans ce genre d'histoire, il y a un moment où il faut chier ou se relever du pot. » Il avait choisi de s'adresser au peuple américain à la télévision pour laver son honneur. Sa défense *pro domo* restera un modèle du genre. La caisse ? Oui, elle existe, mais elle n'a rien de secret. Les bailleurs de fonds ? Oui, ils versent de l'argent, mais ils ne reçoivent aucune compensation. Son enrichissement illicite ? Il dresse le catalogue de ses biens : sa maison à Whittier, où il loge ses vieux parents ; celle de Washington, où il vit en famille ; une assurance-vie de 4 000 dollars ; des remboursements de prêts ; une Oldsmobile 1950… « Voilà, c'est tout, avait-il conclu. C'est ce que nous avons. Et c'est ce que nous possédons. Ce n'est pas beaucoup. Mais Pat et moi avons la satisfaction de savoir que chaque centime a été honnêtement acquis. » Sur le ton de la confidence, il avait enfin avoué avoir accepté un petit cocker spaniel envoyé du Texas par un supporter républicain. Soixante millions d'Américains avaient regardé, médusés. Et pleuré à l'évocation du chiot. Cet exercice de haute voltige passera à la postérité sous le nom de « *Checkers Speech* » – du nom du chien.

Nixon est donc convaincu qu'il résoudra avec sa maestria coutumière cette nouvelle crise, ce d'autant plus qu'il la pilote à distance depuis la Maison Blanche. Les Américains ne semblent d'ailleurs pas intéressés par la polémique, éclipsée par ses succès diplomatiques – sa rencontre avec Mao, puis l'accord sur la réduction des armements avec les Soviétiques – et la campagne pour l'élection présidentielle. Les sondages le donnent d'ailleurs largement gagnant, lui le « candidat de la paix et de la prospérité ». Le démocrate McGovern est trop à gauche pour son électorat, et Nixon a su séduire les démocrates du Sud, conservateurs et racistes. L'annonce par son secrétaire d'État Henry Kissinger de la fin prochaine de la guerre du Vietnam conforte son avance. De fait, Nixon écrase son adversaire en novembre 1972 avec plus de 60 % des voix. Il remporte 49 États sur 50 et 520 grands électeurs sur 537. C'est un triomphe.

La proie de ses conseillers

Étrangement, après chaque victoire, Richard Nixon est déprimé : *Omne animal triste post coïtum*[7]. Il prend des décisions aberrantes, exigeant la démission en bloc de ses collaborateurs, à l'exception de ceux du premier cercle, Haldeman et Ehrlichman, abrités dans la résidence présidentielle de Camp David – le « bunker », selon leurs adversaires –, officiellement pour réfléchir à un plan de bataille contre un Congrès démocrate hostile.

L'entourage de Nixon a toujours été son talon d'Achille. Son conseiller le plus important, donc le plus dangereux, est, précisément, Harry Robbins

7. La citation exacte est : « Tout être vivant est triste après le coït, à l'exception du coq et de la femme » *(praeter gallum mulieremque)*. Elle est de Galien de Pergame (v. 131-v. 201 apr. J.-C.), médecin d'origine grecque célèbre dans la Rome impériale.

Haldeman, secrétaire général de la Maison Blanche, l'homme qui fait tourner la machine gouvernementale et filtre l'accès au bureau présidentiel. On l'accuse d'avoir érigé un mur entre la Maison Blanche et le reste du monde. « Bunker », « mur de Berlin », la presse américaine se délecte de ces métaphores alors qu'Haldeman, comme son adjoint et ancien condisciple John Ehrlichman, sont d'origine allemande. « Prussiens », « dobermans », « bergers allemands », voire « nazis » au plus fort du Watergate : ce sont les noms d'oiseaux auxquels ils ont droit.

À ce tandem s'ajoute l'omniprésent Henry Kissinger, chef du Conseil national de sécurité, puis secrétaire d'État, c'est-à-dire ministre des Affaires étrangères.

Étrange couple que celui formé par le quaker californien jamais à court d'une « petite blague » antisémite et l'intellectuel juif chassé de sa Bavière natale par le nazisme, adepte de Metternich[8] et à jamais convaincu que l'hostilité règne en ce bas monde. Les armes de ce courtisan maladivement jaloux, qui élimine tous les concurrents potentiels, sont l'intelligence et l'humour. Interlocuteur privilégié du président sur les affaires internationales, « Dear Henry » n'est pas, malgré les apparences, le concepteur du grand dessein de politique étrangère de la Maison Blanche : c'est Nixon en personne. À l'inverse, le promoteur des méthodes musclées en diplomatie, avec l'aide de la CIA, au Chili, lors du coup d'État contre Salvador Allende en 1973, n'est pas « Tricky Dixon » à

8. Le diplomate autrichien Klemens Wenzel von Metternich (1773-1859) est le principal acteur du congrès de Vienne (1814-1815), où les vainqueurs de Napoléon tracent de nouvelles frontières et tentent d'établir un nouvel ordre européen.

la sulfureuse réputation, mais cet ex-professeur policé de Harvard au terrible accent allemand. S'il l'admire, Nixon se méfiera toujours de son *Jew-boy*, son « petit Juif », car selon lui il relève de la psychiatrie, sans compter qu'il le soupçonne – à juste titre – de vouloir s'approprier la politique étrangère.

Dans l'entourage direct du chef de la Maison Blanche gravite un autre personnage démoniaque : l'électron libre Charles Colson. Le président a choisi en personne cet ancien capitaine de marines culotté comme pas deux pour contourner le « mur de Berlin ». « Ce Colson a des couilles de gorille[9] », s'exclame-t-il admiratif. Le problème, c'est qu'il pousse Nixon vers ses mauvais penchants et l'encourage dans ses excès. C'est lui, par exemple, qui a recruté l'équipe de bras cassés du Watergate. On connaît la suite.

Si Nixon a des conseillers, il n'a pas vraiment d'amis, à l'exception de Robert Abplanalp, inventeur de l'aérosol, et de Charles G. « Bebe » Rebozo, un *self made man* d'origine cubaine. Un drôle d'assortiment, là encore. À leur première rencontre, Rebozo, l'anticastriste de Key Biscayne, ressent de l'antipathie pour ce politicien californien incapable de tomber la veste par 40 °C, qui ne connaît rien au golf, ne boit pas, ne s'intéresse pas aux femmes, et n'arrête pas de parler. Ils ont cependant appris à se connaître et sont devenus inséparables.

Réflexion faite, Nixon avait raison d'être déprimé après sa réélection triomphale. Car le 8 janvier 1973,

9. Après une condamnation à la prison, Colson deviendra un prédicateur de la droite fondamentaliste. Lors d'un sermon, il déclarera : « Jésus eut Judas, Nixon eut John Dean », du nom du conseiller « félon » du président américain.

quelques jours après sa prestation de serment présidentielle, les suspects du cambriolage du local du Parti démocrate défilent devant le juge Sirica, un « dur » surnommé « Maximo Sirica » pour sa propension à infliger les peines les plus lourdes. De leur côté, les sénateurs créent une commission d'enquête présidée par le démocrate Ervin, épaulé dans ses investigations par une centaine de collaborateurs. Le Watergate n'est plus un fait divers, c'est une affaire nationale qui va tout balayer sur son passage, au point d'occulter les accords de Paris, signés le 27 janvier à l'hôtel Majestic, qui mettent un terme à la guerre du Vietnam, le conflit le plus long de l'histoire américaine.

Comme pour justifier la thèse du « complot de l'intérieur », à laquelle croient mordicus Nixon et Kissinger, c'est le numéro deux du FBI Mark Felt qui fait changer de nature l'affaire en se confiant aux journalistes du *Washington Post* Bob Woodward et Carl Bernstein. Son nom de code : « Gorge profonde », en référence à *Deep Throat*, film pornographique à succès. Ses motivations ? Il veut faire payer à Nixon de ne pas l'avoir nommé numéro un à la place de Hoover. Il parle beaucoup. Au début de l'année 1972, raconte-t-il, Gordon Liddy, l'un des principaux « plombiers » de la Maison Blanche, a soumis à l'ancien ministre de la Justice et directeur de la campagne républicaine John Mitchell un plan ambitieux, baptisé *Pierres précieuses (Gemstone)*, prévoyant pêle-mêle l'enlèvement d'opposants à la guerre du Vietnam, l'espionnage des candidats démocrates, ou encore le lancement d'une candidate noire pour diviser ces derniers. Dans cette longue liste ne sera finalement retenue que l'effraction du siège du Parti démocrate, dans un immeuble du complexe du Watergate.

Chaque jour qui passe ébranlera un peu plus la ligne de défense de Nixon, tandis que ses collaborateurs quitteront le navire les uns après les autres. À commencer par l'un des plus proches, John Dean, qui acceptera de collaborer avec la justice, en échange d'une remise de peine[10] : le pire des scénarios. Lorsqu'il informe le « Prussien » Haldeman de son intention de tout lâcher, celui-ci répond, désabusé : « Quand le dentifrice est sorti, difficile de le faire rentrer. » Dean, c'est le traître, le Iago du drame shakespearien qui se joue à la Maison Blanche. Le juge Sirica condamnera les accusés du Watergate à de lourdes peines – jusqu'à trente-cinq ans de prison pour Hunt et vingt pour Liddy –, mais pas définitives, afin de les inciter à parler.

Pour la première fois de sa vie politique, Nixon le stratège est paralysé. Au lieu d'appeler à la rescousse des pénalistes brillants, il s'entête à assurer seul sa défense. Il a perdu la main et mène la politique de la terre brûlée. Joueur d'échecs en difficulté, il sacrifie ses pièces maîtresses, Haldeman et Ehrlichman, « démissionnés », puis il limoge Kleindienst, le ministre de la Justice. Il le remplace par Elliot Richardson, ex-secrétaire à la Défense, qui ne trouve pas mieux pour se couvrir que de nommer comme procureur spécialement chargé de l'affaire du Watergate un professeur de droit de Harvard proche du clan Kennedy…

« Lorsqu'il s'agit de violer la loi, nous le faisons sur-le-champ », plaisantait jusqu'ici le cynique Henry

10. Il ne passera que quatre mois en prison.

A. Kissinger. Nixon disait la même chose en termes choisis : « Lorsque le président commet une action, elle n'est pas illégale, à condition que des menaces significatives pèsent sur la paix et l'ordre de la nation. » Rien de scandaleux dans ces propos. Dans l'histoire américaine, les exemples ne manquent pas où les présidents ont pris des libertés… sur les libertés. Abraham Lincoln a fermé les journaux et suspendu l'*habeas corpus* pour tenter de sauver l'Union au début de la guerre de Sécession. Washington, Adams, Jefferson avaient invoqué « le privilège de l'exécutif » pour justifier leur refus de livrer des informations aux pouvoirs législatif et judiciaire.

Ah, si au moins les dirigeants du FBI et de la CIA étaient compréhensifs, s'ils empêchaient les fuites et bloquaient certaines enquêtes… Hélas, Edgar Hoover, l'indéboulonnable patron du FBI, ce « fils de pute dépravé » – soupçonné de se travestir après le service –, n'a jamais voulu marcher dans la combine. Trop prudent, trop méfiant, trop politique[11].

11. À sa mort, le 2 mai 1972, le chef de la Maison Blanche organisera pourtant des funérailles nationales, mais il aura toutes les peines du monde à lui trouver un successeur. Nixon propose aussitôt un successeur à sa botte, choisi hors du FBI. Son candidat sera recalé. Le suivant aussi. Finalement, un homme du sérail succédera à Hoover, preuve que le président ne peut rien contre le FBI. Nixon n'a pas plus la main avec la CIA, qui sera accusée après coup, mais sans preuves, d'avoir organisé le Watergate pour faire tomber un président hostile.

Sur un fil

Le 16 juillet 1973, l'affaire prend une nouvelle ampleur avec la révélation devant la commission d'enquête du Sénat, par un collaborateur de la Maison Blanche, Alexander Butterfield, de l'existence d'un système secret d'écoutes.

Celui-ci a été installé deux ans plus tôt par une équipe de techniciens du service chargé de la protection du président des États-Unis. Les micros ont été cachés dans les téléphones et dans les pièces susceptibles d'abriter des conversations de la plus haute importance : bureau présidentiel, Cabinet Room... À part les installateurs, deux hommes sont au courant, H. R. « Bob » Haldeman, le directeur de cabinet de Nixon, et Butterfield.

Cette pratique illégale est scandaleuse eu égard aux libertés individuelles, mais familière aux présidents depuis Franklin D. Roosevelt. Son propre fils, James, membre de la Chambre des représentants, tentera de rassurer Rose Mary Woods, la secrétaire particulière de Nixon, effondrée par la tournure des événements : « Tout ce dont on l'accuse, mon père en a fait deux fois plus ! »

Truman, Eisenhower, Kennedy, Johnson, tous les chefs de la Maison Blanche ont eu recours aux écoutes. Lorsque Nixon y est entré, le patron du FBI, J. Edgar Hoover, lui a d'emblée conseillé de ne passer aucun coup de fil depuis le standard, piégé. Dans ses *Mémoires*, il raconte qu'il a fait débarrasser les câbles suspects placés sous son lit, avant de se raviser et de faire enregistrer le trop peu fiable Henry Kissinger.

Longtemps, on s'est interrogé sur la motivation réelle de ces écoutes. La paranoïa ? Tous les leaders en sont peu ou prou atteints. Nixon, sans doute peut-on l'affirmer aujourd'hui, voulait être réélu pour sauver l'œuvre d'une vie : sa politique étrangère patiemment tissée, pour sortir du bourbier vietnamien, et, au-delà, tendre vers la paix universelle. Rien que cela. Déjà dans son premier discours d'investiture, en janvier 1969, il avait affirmé que « le plus grand honneur que l'histoire peut conférer est le titre de pacificateur », mais personne n'y avait prêté attention. Ultime hommage, et revanche, cette phrase est aujourd'hui gravée sur sa pierre tombale.

Dans son panthéon personnel, Nixon a tenu en très haute estime Woodrow Wilson, son prédécesseur à la Maison Blanche dans les années 1913-1921. Ce fils de pasteur résolu à « émanciper le monde » après la Première Guerre mondiale[12] avait tenté d'introduire un système de sécurité collective : une idée révolutionnaire qui fut entravée par le Sénat, mais qui lui valut en lot de consolation le Nobel de la paix.

Redevenu simple péquin, Nixon aura tout loisir, à son tour, dans la dizaine de livres qu'il publiera, de reconstituer les étapes longuement mûries, « pas

12. Wilson a d'abord rompu avec un siècle d'isolationnisme en déclarant la guerre à l'Allemagne en 1917 (et en instituant la conscription). Dans son « Discours en quatorze points » prononcé en janvier 1918 et passé à la postérité, il propose entre autres la fin de la diplomatie secrète, le désarmement, la restitution de tous les territoires occupés, la liberté de navigation et de circulation, la liberté de commercer… En refusant de ratifier le traité de Versailles, signé le 28 juin 1919 entre l'Allemagne et les Alliés, le Sénat américain rejettera aussi le projet de charte pour une Société des Nations, incluse dans la première partie du texte.

à pas » – *step by step* –, de ce nouvel ordre international élaboré avec son secrétaire d'État Henry Kissinger. Acte I, les États-Unis jouent l'intimidation en simulant une attaque nucléaire, afin de signifier aux gérontes du Kremlin de quel bois les soi-disant « impérialistes décadents » se chauffent. Acte II, les deux hommes engagent des négociations secrètes avec les Soviétiques pour mettre un terme à la folle course aux armements qui menace la paix mondiale et signent dans la foulée les accords Salt[13], inaugurant ainsi la détente, nouveau chapitre des relations entre les deux États et leurs « blocs » respectifs, après vingt-cinq ans de guerre froide. Acte III, Nixon et Kissinger, qui ne sont pas nés de la dernière pluie, font entrer dans le jeu un troisième larron en manque de reconnaissance, la Chine de Mao Zedong, inventant la « diplomatie triangulaire » Washington-Moscou-Pékin, inaugurée par la poignée de main historique de Nixon et de Mao, le 29 février 1972. Un geste incroyable. Dix-huit ans plus tôt, en 1954, alors que s'achevait la guerre d'Indochine, le secrétaire d'État John Foster Dulles avait refusé la main tendue de son homologue Zhou Enlai. Cette fois, les dirigeants chinois autoriseront des caméras occidentales à filmer la place Tien'anmen : une première. Et une fanfare jouera *The Star-Spangled Banner*, l'hymne américain : « *Oh, say, can you see, by the dawn's*

13. Les accords Salt (Strategic Arms Limitation Talks), signés le 26 mai 1972, prévoient la limitation pour cinq ans de la fabrication d'armes stratégiques et de l'installation de rampes de lancement de missiles balistiques. Les accords Salt II, signés en 1979, cette fois avec le président Jimmy Carter, mais toujours avec Leonid Brejnev côté soviétique, apporteront des restrictions supplémentaires et interdiront l'envoi d'armes nucléaires dans l'espace.

early light / What so proudly we hail'd at the twilight's last gleaming... » Nixon n'avait rien laissé au hasard dans cette opération spectaculaire, consultant même Malraux, qui connaissait pourtant mieux la brasserie Lipp que les arcanes de l'empire du Milieu. « Vous allez rencontrer un homme qui a eu une destinée fantastique et qui croit qu'il est en train de jouer le dernier acte de sa vie, lui avait expliqué le plus sérieusement du monde l'auteur de *La Condition humaine*. Vous penserez sans doute qu'il s'adresse à vous, mais en réalité il sera en train de s'adresser à la mort. »

Quels que soient les oracles du ténébreux ministre de la Culture du général de Gaulle, les Américains peuvent désormais, grâce au soutien tacite de Pékin, s'extraire du bourbier vietnamien où les démocrates Kennedy et Johnson les ont enferrés. Mais pour se faire respecter, la colombe doit d'abord se montrer faucon, à l'image du pygargue à tête blanche, le rapace figurant au centre du blason officiel de la présidence des États-Unis. Avant de signer la paix, Nixon intensifie la guerre, déclenchant une nouvelle escalade au Cambodge censé abriter le QG viêt-cong. Le président américain suit à la lettre sa propre « théorie du fou » : persuader l'adversaire qu'il n'est pas dans une logique rationnelle et qu'il est donc prêt à tout, y compris au pire. « Les gens réagissent à la peur, pas à l'amour, observe-t-il. Ce n'est pas ce que l'on enseigne au catéchisme, mais c'est la vérité. » Cette politique lui vaut la détestation des groupes radicaux, en particulier des étudiants, qui se soulèvent en masse sur les campus, Berkeley en tête, contre le « criminel de guerre » et

« monstre moral »[14]. L'acte IV, c'est la « vietnamisation de la guerre », le remplacement des GI par des soldats sud-vietnamiens : le « jaunissement des cadavres ». L'acte V pourra clore la tragédie avec un accord sur un cessez-le-feu et le principe d'un retrait des troupes américaines à la fin de janvier 1973.

L'Amérique assiégée

Évidemment, les juges et parlementaires n'ont rien à faire d'une défense et illustration de la politique étrangère américaine. « Si MM. Dean, Halderman, Ehrlichman ou Colson ont rencontré en privé le président dans le Bureau ovale, il y a donc des enregistrements de ces conversations », s'interroge le président de la commission. Et comment ! En un peu plus de deux ans, près de quatre mille heures de conversations ont été enregistrées. Un pactole pour la justice américaine et de la dynamite pour l'exécutif.

L'affaire prend d'emblée une nouvelle tournure : pour connaître la vérité, il suffit d'écouter les enregistrements. Nixon envisage de détruire les bandes, mais il se laisse facilement convaincre qu'une nouvelle dissimulation aggraverait son cas. La commission sur le Watergate exige les bandes, tandis que Nixon refuse de les lui remettre. Le ministre de la Justice Elliot Richardson nomme sous la pression du Congrès un procureur spécial indépendant, Archibald Cox, doté

14. Le 4 mai 1970, c'est le drame à l'université de Kent : la garde nationale tire sur les étudiants et fait quatre morts. Plus de 100 000 personnes défileront en signe de protestation dans les rues de Washington.

du pouvoir d'investigation à la Maison Blanche. Le président propose de remettre des résumés des bandes. Refus de Cox. Nixon somme son ministre de licencier le procureur spécial. Il refuse et donne sa démission. Le ministre adjoint, également sollicité, refuse également, le numéro trois du ministère acceptant finalement. C'est « le massacre du samedi soir ». Et le début de la fin pour Nixon. « Un acte désespéré » pour le démocrate Teddy Kennedy.

Des milliers de télégrammes indignés parviennent à la Maison Blanche, qui exigent la destitution du président. Nixon annonce qu'il va rendre publiques plus de mille pages de transcriptions écrites, mais pas toutes, notamment celles de sa conversation du 23 juin 1972 avec Haldeman[15]. Si celles-ci tombent entre les mains des juges, elles signeront en effet son arrêt de mort. Qu'on en juge par ces extraits.

Haldeman : « [...] Ça va dans des directions où on ne veut pas que ça aille [...] le moyen de maîtriser tout cela est de dire à Pat Gray [le patron du FBI] : "Restez en dehors de ça, il y a des trucs ici dans lesquels nous ne voulons pas que vous pénétriez." »

Nixon : « C'est une suite de quiproquos, disons au FBI ce que nous souhaitons, dans l'intérêt du pays, qu'ils ne creusent pas davantage cette affaire. Un point, c'est tout. »

En droit, cette suggestion a un nom : « obstruction à la justice », et cela est très grave, aux États-Unis plus que dans toute autre démocratie.

---

15. On peut la consulter sur le site de l'université de Virginie : http://whitehousetapes.net/transcript/nixon/smoking-gun. Son titre, « Smoking gun », signifie « le pistolet fumant [du criminel] ».

« Les emmerdements ne volant qu'en escadrille », selon l'expression d'un autre président, français, lui[16], Nixon doit se séparer en octobre 1973 de son vice-président, Spiro Agnew, accusé de fraude fiscale, qu'il remplace par le pâle chef de la minorité républicaine du Sénat, Gerald Ford. Le mois suivant, nouvelle calamité, le fisc lui inflige un redressement. Face à cette terrible humiliation, il choisit de s'adresser directement au peuple américain dans une intervention télévisée, le 17 novembre 1973. Il martèle : *« I'm not a crook*[17]*. »* Cet hiver-là est lugubre au sommet de l'État. Les commentateurs les plus hostiles comparent la Maison Blanche au bunker de Hitler à la fin du IIIe Reich.

La guerre des bandes magnétiques

L'année 1974 sera celle des procédures judiciaires et de la chute finale. Dès le début de l'année, Nixon perd trente-neuf points dans les sondages. Le 1er mars, les « sept » du Watergate sont inculpés. Parmi eux, les principaux collaborateurs du président : Mitchell, Haldeman, Ehrlichman, Colson. Tous seront condamnés à la prison. Le 24 juillet, un nouveau bras de fer oppose Nixon à la justice. Cette fois-ci, le procureur spécial Cox saisit la Cour suprême. Dans un arrêt devenu célèbre puisqu'il oppose, exceptionnellement, le pays à son président, « United States *versus* Richard

16. Jacques Chirac.
17. La phrase complète est : « Le peuple doit savoir si son président est un escroc ou non. Eh bien, je ne suis pas un escroc. J'ai mérité tout ce que je possède. »

Nixon », la Cour suprême estime que le principe du « privilège exécutif » ne peut être excipé. En clair, les bandes doivent être livrées. De son côté, la commission judiciaire de la Chambre des représentants planche sur l'hypothèse d'une destitution *(impeachment)* du président des États-Unis[18]. Suprême humiliation, les travaux parlementaires sont radiodiffusés pendant six jours. Les articles demandent que Nixon soit jugé pour abus de pouvoir, outrage au Congrès, fraude fiscale… Pendant ce temps-là, chaque nouvelle transcription se transforme en charge supplémentaire. L'une d'elles prouve noir sur blanc que Nixon a bel et bien été informé du cambriolage du Watergate et qu'il a donné son feu vert pour entraver l'enquête. John Ehrlichman est jugé coupable de faux témoignage et de complicité dans l'affaire Ellsberg. Les soutiens de Nixon au sein du Parti républicain se mettent à fondre au soleil. Il lui faut une trentaine de voix de sénateurs pour éviter la destitution ; il n'en recueille pas la moitié.

Le 5 août, il remet la fameuse bande magnétique du 23 juin 1972, où en six minutes les enquêteurs auront la preuve de la tentative d'étouffement de l'affaire. Nixon-le-lutteur préfère alors jeter l'éponge. Cette fois, c'est fini.

Deux jours plus tard, le chef de la Maison Blanche s'entretient de sa démission avec le vice-président Ford, son successeur. Puis avec Kissinger. Le secrétaire d'État, d'habitude si réservé, le prend dans ses

18. Un seul président a connu cette procédure ignominieuse : Andrew Johnson, le successeur de Lincoln. Il s'en est sorti à une voix près.

bras. Le soir, Nixon le rappelle et lui donne rendez-vous dans la Lincoln Sitting Room, une petite pièce. Il est affalé dans un canapé. Les deux hommes resteront ensemble à boire. Nixon pleure. Puis il demande à Kissinger, dont il s'est toujours méfié, de l'accompagner dans la Lincoln Bedroom et de s'agenouiller à son côté. Les deux hommes prient. Ce soir-là, son secrétaire d'État – plus pour longtemps – lui assure que l'histoire fera de lui un grand président. Dicky répond, ironique : « Cela dépend qui écrit l'histoire, Henry. »

Le 8 août, le président annonce sa démission pour le lendemain à midi. Le 9 août, à 12 h 03, le nouveau président des États-Unis Gerald Ford prête serment[19]. « Notre long cauchemar national vient de prendre fin », dit-il.

Les Nixon vont pouvoir s'installer dans leur résidence de San Clemente (Californie). Le président déchu demande le transfert de ses archives : plus de 45 millions de pages de documents et près d'un millier de bandes magnétiques, pour l'aider dans la rédaction de ses futurs Mémoires. Problème : la procédure du Watergate n'étant pas close, des archives peuvent être requises. Est-ce à dire aussi que l'ancien président pourrait être traduit en justice ? Il peut échapper à cette dernière en bénéficiant de son propre pardon, mais il n'usera pas de cette étonnante prérogative. Gerald Ford s'en chargera. Pour fermer la parenthèse, se justifiera-t-il après avoir été accusé

19. Il est le seul président dans l'histoire américaine à n'avoir été élu ni à la vice-présidence ni à la présidence.

de déni de justice[20]. Pour Nixon, un pardon ne valant que pour une faute ou un crime, ce 8 septembre 1974 où il est officiellement pardonné sera le jour « le plus humiliant » de sa vie. Épuisé physiquement et psychiquement, il réchappe d'une phlébite. Cloué au lit après son opération, ses adversaires et la presse l'accusent de simulacre.

Le feuilleton judiciaire n'est pas terminé. Début janvier 1975, les accusés du Watergate seront jugés coupables d'entrave à la justice et de parjure. Nixon travaille à ses Mémoires avec d'autant plus d'empressement que ses frais de justice l'ont mis sur la paille. Il se refera avec la vente de sa résidence de Key Biscayne, en Floride, et le contrat avec le journaliste et présentateur britannique David Frost pour une série d'entretiens filmés. Diffusé en 1977, ce programme sera regardé par une cinquantaine de millions d'Américains. Un record.

Au Parti républicain, les modérés, incarnés par Nixon, doivent laisser la place aux conservateurs à la Ronald Reagan, puis aux « néoconservateurs » des années Bush, père et fils. Une nouvelle période s'ouvre.

Le 30 avril 1975, vingt-sept mois après les accords de paix au Vietnam, Saigon tombe entre les mains des communistes.

Jusqu'à la fin de sa vie, dix-neuf ans plus tard, les rares rayons de soleil viendront de l'empire du Milieu. En février 1976, Mao – qui mourra sept mois plus tard – affrète spécialement un avion pour faire venir

---

20. Cette décision a sans doute contribué à son échec face au démocrate Jimmy Carter en 1978.

Nixon à Pékin. Trois ans plus tard, Deng Xiaoping, nouveau maître de la Chine rouge, en visite d'État à Washington, exigera du président Carter la présence de son prédécesseur. L'ancien président n'a rien perdu de sa vivacité d'esprit et de son intelligence aiguë. En 1978, il publie *RN : The Memoirs of Richard Nixon*, premier de la dizaine de livres qu'il écrira pendant sa retraite forcée et qui seront autant de succès de librairie. Homme des fidélités, il assiste en 1980 aux obsèques du shah d'Iran, lâché par tous, à commencer par les États-Unis et la France, ses « meilleurs » alliés, puis, un an plus tard, à celles du président égyptien assassiné Sadate. Chaque année qui passe, le « maudit » se fait un peu plus distant. Le paria ressuscite en oracle, de plus en plus écouté en raison de sa vista diplomatique. On l'aperçoit à l'enterrement de Pat, le 22 juin 1993. Nixon lui survivra moins d'un an. Il sera inhumé à son côté, en Californie, après une crise cardiaque.

Vingt ans après le Watergate, le pestiféré s'est métamorphosé en vétéran de la classe politique, homme d'expérience, sage. Sont présents à ses obsèques, le 27 avril 1994, Bill Clinton au côté de tous les anciens présidents vivants : Ford, Carter, Reagan, Bush et leurs épouses ; Henry Kissinger, son ex-secrétaire d'État, le chef de la minorité républicaine au Sénat, Bob Dole, le révérend Billy Graham. Les images de cet ultime hommage en forme de réhabilitation de l'un des plus grands présidents américains sont impressionnantes.

Au soir de sa vie, Nixon s'était fait de plus en plus moraliste, semblant lâcher Machiavel pour Chamfort. « Je crois, écrivait-il, que l'homme est à la fois bon et mauvais, à la fois lumière et ténèbres. Parfois, le mal l'emporte sur le bien dans certaines situations, car bien que l'homme puisse être bon, il arrive que les instincts maléfiques le submergent. Hobbes avait raison lorsqu'il affirma que la vie de l'homme est solitaire, terne, viciée, brutale et courte. C'est une lutte perpétuelle. »

Bibliographie sélective

Georges Ayache, *Kennedy-Nixon, les meilleurs ennemis*, Perrin, 2012.

Nicole Bacharan et Dominique Simonnet, *Les Secrets de la Maison Blanche*, Perrin, 2014.

Conrad Black, *Richard M. Nixon, A Life in full*, New York, Public Affairs, 2007.

Antoine Coppolani, *Richard Nixon*, Fayard, 2013.

André Kaspi, *Les Américains*, t. II, Seuil, coll. « Points Histoire », 1986.

André Kaspi et Hélène Harter, *Les Présidents américains. De Washington à Obama*, Tallandier, coll. « Texto », 2014.

Henry Kissinger, *À la Maison Blanche, 1968-1973*, Fayard, 1979.

Denis Lacorne et Augustin Vaisse, *La Présidence impériale, de Franklin D. Roosevelt à George W. Bush*, Odile Jacob, 2007.

Pierre Melandri, *Histoire des États-Unis*, t. 1, Perrin, coll. « Tempus », 2013.

Claude Moisy, *Nixon et le Watergate. La chute d'un président*, Hachette, 1994.

Richard Nixon, *Mémoires*, Stanké, 1978.

Table

collection tempus
Perrin

Déjà paru

768. *Aumônier de la France Libre* – René de Naurois.
769. *Régner et gouverner* – Thierry Sarmant et Mathieu Stoll.
770. *Napoléon* – Élie Faure.
771. *Speer* – Martin Kitchen.
772. *Histoires extraordinaires* – Alain Decaux.
773. *Juliette Récamier* – Catherine Decours.
774. *La traque du* Bismarck – François-Emmanuel Brézet.
775. *Les Présidents et la guerre* – Pierre Servent.
776. *Au palais Farnèse. Souvenirs d'une ambassade à Rome* – André François-Poncet.
777. *La guerre civile russe* – Alexandre Jevakhoff.
778. *Journal 1932-1943* – Ivan Maïski.
779. *L'Empire du Bien* – Philippe Muray.
780. *Baudelaire* – Marie-Christine Natta.
781. *Nouvelle histoire de la Révolution française* – Jean-Clément Martin.
782. *Le soldat oublié* – Guy Sajer.
783. *Une ligne dans le sable* – James Barr.
784. *Le pape qui a vaincu le communisme* – Bernard Lecomte.
785. *Joseph Bonaparte* – Thierry Lentz.
786. *1989, l'année qui a changé le monde* – Pierre Grosser.
787. *Les derniers feux de la monarchie* – Charles-Éloi Vial.
788. *Les secrets de Vichy* – Bénédicte Vergez-Chaignon.
789. *Les lieux de l'Histoire de France* (dir. Michel Winock et Olivier Wieviorka).
790. *Churchill, le dictionnaire* – Antoine Capet.
791. *Des héros ordinaires* – Maurin Picard.
792. *Les grands vaincus de l'histoire* – Jean-Christophe Buisson et Emmanuel Hecht.

Pour en savoir plus
sur les Éditions Perrin
vous pouvez consulter notre site Internet

www.editions-perrin.fr

lisez!

et nous suivre sur les réseaux sociaux

Editions Perrin

@EditionsPerrin

@editions.perrin

MIXTE
Papier issu de
sources responsables
FSC® C003309
FSC
www.fsc.org

L'éditeur de cet ouvrage s'engage
pour la préservation de l'environnement
et utilise du papier issu de fôrets gérées
de manière responsable.

Imprimé en Allemagne
par GGP Media GmbH Pößneck
en décembre 2019

K08564/01